安徽省规划教材
安徽省一流教材
安徽师范大学教材建设基金资助项目
安徽师范大学国家级一流本科专业（法学）建设点系列成果

刑法学总论

彭凤莲◎主　编
雍自元◎副主编

安徽师范大学出版社
ANHUI NORMAL UNIVERSITY PRESS
·芜湖·

图书在版编目(CIP)数据

刑法学总论 / 彭凤莲主编. — 芜湖 : 安徽师范大学出版社, 2021.11
ISBN 978-7-5676-5364-1

Ⅰ. ①刑… Ⅱ. ①彭… Ⅲ. ①刑法—法的理论—中国 Ⅳ. ①D924.01

中国版本图书馆CIP数据核字(2021)第205466号

刑法学总论 彭凤莲◎主 编 雍自元◎副主编

责任编辑: 郭行洲
责任校对: 祝凤霞
装帧设计: 丁奕奕
责任印制: 桑国磊
出版发行: 安徽师范大学出版社
芜湖市北京东路1号安徽师范大学赭山校区 邮政编码: 241000
网 址: http://www.ahnupress.com/
发 行 部: 0553-3883578 5910327 5910310(传真)
印 刷: 安徽联众印刷有限公司
版 次: 2021年11月第1版
印 次: 2021年11月第1次印刷
规 格: 787 mm × 1092 mm 1/16
印 张: 22.75
字 数: 420千字
书 号: ISBN 978-7-5676-5364-1
定 价: 68.00元

编写说明

自2011年全国人大常委会出台《刑法修正案（八）》以来，2015年、2017年、2020年又相继通过《刑法修正案（九）》《刑法修正案（十）》《刑法修正案（十一）》，刑法内容日渐丰富，刑事司法解释的规模日趋庞大，刑事司法实践在习近平法治思想指引下也出现了许多新气象，国家刑事法治建设得到蓬勃发展。

与此相应，我们编写的《刑法学》教材自2011年出版以来，因社会时势变迁，历经两轮修订，数次重印，在本科生、研究生、继续教育等不同类别学生中使用已逾10年，深受读者垂爱。本教材先后被评为安徽师范大学优秀教材、安徽省“十二五”规划教材、安徽省一流教材。本教材最近一次重印是在2019年8月根据《刑法修正案（十）》的内容修订出版的。2020年12月26日全国人大常委会通过了《刑法修正案（十一）》，自2021年3月1日起施行。这是在新时代推进全面依法治国的重大时代背景下对刑法作出的重要修订。

为了适应《刑法》特别是《刑法修正案（十一）》的内容和精神，更好地满足刑法学教学需要，我们对2019年出版的《刑法学》（第2版第5次印刷）作出了以下修订：一是在结构上，鉴于该教材内容越来越多，体量愈来愈大，故而将其拆分为《刑法学总论》和《刑法学分论》两册出版，便于阅读和携带。二是在内容上，及时增补了《刑法修正案（十一）》和最新的刑事司法解释的内容，补充了最新的刑法学研究成果。三是在写作体例上，在正文中加入了大量解释性、辅助理解的案例，这些案例主要取材于近年来法律职业资格考试（司法考试）案例，以及最高人民法院、最高人民检察院发布的指导性案例；在章末设置了“思考题”“阅读书目”，并增加了二维码，内容涵盖“学术争鸣”“典型案例”，供学有余力的学生拓展学习。

《刑法学总论》由彭凤莲担任主编，雍自元担任副主编，最后由主编统改定稿。具体写作分工如下：

彭凤莲：第一章至第三章；

余秋莉：第四章至第十章；

雍自元：第十一章至第十九章。

本书难免有不足之处，祈望读者批评指正。

编　者

2021年10月

目 录

绪　言

对刑法学的学习研究应建立在对其概念的科学界定和对其研究对象的准确定位基础之上，并对刑法学的分类、刑法学的体系有所了解，而且还应掌握正确的学习研究方法。

一、刑法学的概念与研究对象

刑法学有最广义的刑法学、广义的刑法学与狭义的刑法学之分。最广义的刑法学是研究有关犯罪与刑事责任的一切问题的科学，其研究对象包括实体的规范、犯罪原因与对策、刑事诉讼程序、刑罚的执行、刑事政策等。这种最广义的刑法学实际上是刑事法学。广义的刑法学，是指对现行刑法进行解释（刑法解释学）、对刑法规范的哲学基础进行阐释（刑法哲学或理论刑法学）、对刑法的历史进行研究（刑法史学）、对不同的刑法进行比较（比较刑法学）的学科。狭义的刑法学，是以一国现行刑法及其所规定的犯罪、刑事责任和刑罚的科学为研究对象的学科，又被称为刑法解释学或规范刑法学。

本书以规范刑法学为主，研究刑法及其所规定的犯罪、刑事责任和刑罚，包括：刑法的概念、性质、地位、目的、原则和适用范围等，刑法规范、刑法规范的哲学基础，对刑法规范的立法解释与司法解释，刑事责任的设定与实现，刑罚措施与非刑罚措施，刑罚的裁量与适用等。

二、刑法学的分类

刑法学属于部门法学，刑法学的研究对象因其概念范围的广狭而不同，因其研究对象的不同形成了以下几种主要类型：

（1）规范刑法学，是指以本国的现行刑法为研究对象，主要采取注释方法揭示法条的内容，并加以评注而形成的刑法规范知识体系。在规范刑法学中，按其内容可以分为普通刑法学与特别刑法学。以刑法典为基础，全面研究刑法内容的，可以称之为普通刑法学；而从某方面或某类罪的角度研究刑法特定的内容，如经济刑法学、军事刑法学、行政刑法学等，可以称之为特别刑法学，属于普通刑法学的分支。

（2）理论刑法学，是指采用思辨方法，对蕴含在法条背后对法条起支撑作用的法理加以阐述而形成的刑法知识体系。在理论刑法学中，按照其内容又可以分为刑法法理学与刑法哲学。

（3）比较刑法学，是指采用比较方法，研究各国刑法，探求其立法思想和原理的异同，阐述其特征而形成的刑法知识体系。

（4）外国刑法学，是指研究本国以外各国刑法及其理论的刑法知识体系。

（5）国际刑法学，是指对国际刑事法律规范——包括刑事实体法规范和刑事程序法规范——进行研究而形成的刑法知识体系。

近几年，教义刑法学风生水起，但学界意见不一。陈兴良教授力倡教义刑法学，其出版的《教义刑法学》以教义或曰信条（Dogma）为核心意念，以三阶层的犯罪论体系为逻辑框架，采取专题研究的方式，体系性地叙述了刑法教义的基本原理，展示了以教义学为内容的刑法学。杨兴培教授则反对刑法教义学这个概念：“刑法教义学作为一种刑法解释方法，从表现形式上来看，它并不是一种独立新颖的解释方法；从解释内容来看，它并没有提供什么新的内容，也没有说清楚它跟其他刑法解释方法的相互关系或者有什么区别；怎么区别的。如果说刑法教义学作为一种理论体系，那么就看它有无提出了什么新的观点；论证了什么新的理论。也正是在这方面，刑法教义学并没有有所作为。”[①]

三、刑法学的体系

刑法学的体系，是指依据一定原理构筑的刑法理论有机统一体。刑法学由总论与分论构成，前者主要研究《中华人民共和国刑法》（以下简称《刑法》）的总则及相关刑法理论，后者主要研究《刑法》的分则规范。

刑法总论部分主要有刑法的基本原则，刑法的效力范围，犯罪的概念和构成，犯罪客体，犯罪客观方面，犯罪主体，犯罪主观方面，正当行为，故意犯罪的停止形态，共同犯罪，罪数形态，刑事责任，刑罚的体系和种类，刑罚裁量，刑罚裁量制度，刑罚执行制度，刑罚的消灭等。

刑法分论，又称罪刑各论，主要包括危害国家安全罪，危害公共安全罪，破坏社会主义市场经济秩序罪，侵犯公民人身权利、民主权利罪，侵犯财产罪，妨

①杨兴培：《刑法学：诸多名词概念亟待斟酌》，载《法治研究》2018年第2期。

害社会管理秩序罪，危害国防利益罪，贪污贿赂罪，渎职罪，军人违反职责罪等。

刑法分论通常与刑法的分则体系相一致，但刑法总论的体系与刑法总则的框架并不一致。因此，刑法学体系之争，聚焦于总论体系的构建上。刑法学总论体系争论的观点主要有：犯罪论—刑罚论，犯罪论—刑事责任论，犯罪论—刑事责任论—刑罚论，刑法论—犯罪论—刑事责任论，刑法论—犯罪论—刑事责任论—刑罚论。

四、刑法学的学习方法

（一）学习刑法学的根本方法

在刑法学的学习研究中，必须坚持马克思主义的指导地位，坚持马克思主义立场观点方法，把辩证唯物主义和历史唯物主义作为刑法学学习研究的根本方法。马克思主义立场观点方法，贯穿于马克思列宁主义、毛泽东思想、中国特色社会主义理论体系之中，是马克思主义科学思想体系的精髓所在。掌握和运用马克思主义立场观点方法来研究和解决中国的实际问题，是以毛泽东同志为主要代表的中国共产党人留给我们的传家宝。学习研究中国的刑法，坚持马克思主义立场观点方法，是要解决中国的刑事司法公正问题。

（二）学习刑法学的具体方法

1. 解释学方法

刑法解释学是我国刑法学主流的学习研究方法。法学本科生要学会通过语义分析、逻辑分析等基本手段，对刑法规范的含义进行理解，进而掌握刑法学这门核心课程的知识结构体系和主要内容，并形成一定的理论思维。

2. 刑法典与司法解释并重方法

刑法学的教学内容体系的安排与刑法典、刑法司法解释紧密相连。刑法的法条是刑法学习的重要内容，因此，不仅要掌握刑法学的体系结构，还要掌握刑法典的体系结构。同时我国在长期的司法实践中，形成了一个较为庞大的司法解释库，虽然司法解释效力位阶低于刑法条文，但司法解释往往对司法实践有更为具体的指导作用，因此，司法解释也是我们学习刑法必须要关注的内容。学习刑法要关注最新刑法立法动态和司法解释动态。

3. 案例学方法

案例来源很多，例如，我国裁判文书网上有大量的真实案例，我们可以根据学习进度与学习内容适时查找相关案例进行学习，重点学习裁判文书中的说理部分。再如，最高人民法院、最高人民检察院的指导性案例政策导向作用渐趋凸显，对指导性案例重点学习案例裁判要旨，理解其“指导意义”何在，形成研究性学习思维习惯。当然，还可以现场观摩刑事案件的庭审或网络直播的刑事案件的庭审，等等。

4. 法考真题检验方法

司法考试、法律职业资格考试已实行多年，形成了一个庞大的真题库。跟随刑法学教学进度，及时用真题检验学习效果，是巩固刑法学习内容的一个行之有效的方法。

第一章　刑法学总论概述

刑法学总论主要解决刑法学的基本概念、基本理论与基本法律制度，内容主要包括：刑法学的概念与研究对象，刑法的概念、渊源、机能与任务，刑法的规范、体系与解释，刑法的基本原则，刑法的效力范围，犯罪的概念与特征，犯罪构成，正当行为，故意犯罪停止形态，共同犯罪，罪数形态，刑事责任，刑罚的概念、体系和种类，刑罚裁量，刑罚执行，刑罚消灭等。刑法学总论内容以刑法总则为基础，又不拘泥于刑法总则。刑法学总论侧重对刑法总则部分的相关内容进行阐释和研究，所涉及的是刑法学的基本问题，它对刑法学分论有理论奠基和指导作用。

第一节　刑法的概念、渊源、机能与任务

刑法是刑法学最主要的研究对象，刑法的概念、渊源、机能与任务等问题是刑法学研究的基本范畴。

一、刑法的概念

关于刑法的概念，主要有三种代表性的观点：一是刑法是规定犯罪与刑罚的法律，二是刑法是规定犯罪、刑事责任与刑罚的法律，三是刑法是规定犯罪及其刑事责任的法律规范的总和。这三种说法涉及刑事责任在刑法中的地位，尤其是刑事责任与刑罚的关系问题。刑事责任是犯罪的法律后果，刑罚是刑事责任实现的最主要方式。基于此，刑法是掌握政权的阶级，为了维护其阶级利益，根据本阶级的意志，以国家名义颁布的，规定犯罪、刑事责任与刑罚的法律规范的总和。

刑法是独立的部门法，我国刑法是中国特色社会主义法律体系的重要组成部分。相对于民事法而言，刑法属于刑事法；相对于程序法而言，刑法属于实体法；相对于宪法而言，刑法属于子法；相对于任意法而言，刑法属于强行法；相对于私法而言，刑法属于公法；相对于继受法而言，刑法属于固有法。

广义刑法是指一切规定犯罪、刑事责任和刑罚的法律规范的总和。它包括《刑法》、单行刑法和附属刑法。狭义刑法是指系统规定犯罪、刑事责任和刑罚的《刑法》。我国刑法学界习惯将具有普遍适用效力的《刑法》称为普通刑法，将适用于特定的人、时、地、事的单行刑法和附属刑法称为特别刑法。

二、刑法的渊源

刑法渊源是指刑法权产生的根据和刑法的表现形式，可以分为直接渊源和间接渊源两类。刑法直接渊源是指成文的刑法，包括刑法典、单行刑法、附属刑法；间接渊源一般指习惯、案例、解释、学说等。由于国家性质和所属法系不同，世界各国刑法渊源的范围也不同。大陆法系国家按照罪刑法定原则，仅以成文法为刑法的渊源；而英美法系国家遵从正当程序原则，判例则为刑法的重要渊源。我国刑法根据其在效力意义上的来源，表现为下列几种形式。

（一）《刑法》

《刑法》是指国家以刑法名称颁布的，系统规定犯罪、刑事责任与刑罚的法律，如1997年《中华人民共和国刑法》。

刑法修正案，是指全国人民代表大会及其常设机构对刑法条文的修改和补充。1997年《刑法》生效以来，全国人大常委会于1999年出台第一个刑法修正案，至今共颁布了11个刑法修正案[①]。刑法理论与实践的发展是刑法修正的前提和基础。刑法修正案，作为对刑法条文的具体修正或增删，与现行刑法具有同等法律效力，它不是单行刑法，而是《刑法》的组成部分。

（二）单行刑法

单行刑法，是指国家以决定、规定、补充规定、条例等名称颁布的规定某一类犯罪及其刑事责任或者刑罚的某一事项的法律。1979年《刑法》实施之后、1997年《刑法》实施之前，立法机关一共颁布过24个单行刑法。1997年《刑法》实施之后，全国人大常委会1998年通过了一个单行刑法，即《关于惩治骗购外汇、

①《中华人民共和国刑法修正案》（1999年12月25日）、《中华人民共和国刑法修正案（二）》（2001年8月31日）、《中华人民共和国刑法修正案（三）》（2001年12月29日）、《中华人民共和国刑法修正案（四）》（2002年12月28日）、《中华人民共和国刑法修正案（五）》（2005年2月28日）、《中华人民共和国刑法修正案（六）》（2006年6月29日）、《中华人民共和国刑法修正案（七）》（2009年2月28日）、《中华人民共和国刑法修正案（八）》（2011年2月25日）、《中华人民共和国刑法修正案（九）》（2015年8月29日）、《中华人民共和国刑法修正案（十）》（2017年11月4日）、《中华人民共和国刑法修正案（十一）》（2020年12月26日）。

逃汇和非法买卖外汇犯罪的决定》，这是至今唯一有效的单行刑法。这表明，单行刑法是1997年《刑法》实施以前我国刑法修订的常用方法，1997年《刑法》实施后不再是我国刑法修订的常用方法。

（三）附属刑法

附属刑法，是指民商、经济、行政等非刑事法律中规定的刑法规范的总称，是从立法体例上对刑法所作的一种分类，除法律有特别规定的以外，附属刑法适用刑法总则规定的一般原则。附属刑法的形式特征是“构成犯罪的，依法追究刑事责任。”如《中华人民共和国食品安全法》第149条规定：“违反本法规定，构成犯罪的，依法追究刑事责任。”《中华人民共和国药品管理法》第114条规定：“违反本法规定，构成犯罪的，依法追究刑事责任。”

此外，民族自治地方的省级人民代表大会根据当地民族的政治、经济、文化的特点和刑法的基本原则制定的变通或补充的规定，也是刑法的渊源，但不具有普遍效力。

需要指出的是，指导性案例目前在我国其实是一种非正式意义上的法律渊源。作为非正式的法律渊源，它具有辅助性，即效力上的说服性和参考性、功能上的从属性、效力位阶上的次级性和产生方法的有限性。

三、刑法的机能

刑法的机能是指刑法现实的与可能发挥的作用。刑法理论一般认为刑法具有以下三种机能。

（一）行为规制机能

行为规制机能，也称秩序维持机能，是指刑法具有使对犯罪行为的规范评价得以明确的机能，通常以禁止规范、命令规范的方式来表达。禁止、命令，一般并不直接规定于刑法条文中，而是作为规定具体犯罪与刑罚的刑法分则条文的逻辑前提抽象存在。例如，故意杀人罪（《刑法》第232条）中隐含的禁止杀人的逻辑前提，受贿罪（《刑法》第385条）中隐含的禁止受贿的逻辑前提，高空抛物罪（《刑法》第291条之二）中隐含的禁止从建筑物或其他高空抛掷物品的逻辑前提，拒不执行判决、裁定罪（《刑法》第313条）中隐含的执行判决、裁定命令的逻辑前提，拒不救援友邻部队罪（《刑法》第429条）中隐含的救援友邻部队命令的逻辑前提。

（二）法益保护机能

法益保护机能，是指刑法具有使法益不受侵害的机能。法益是指法律所保护的利益。刑法上的法益概念，可以分为实体的刑法法益和形式的刑法法益。实体的刑法法益，基于个人主义的思想，重在刑法法益的内容，例如，诈骗罪、盗窃罪侵犯的刑法法益是财产，此外还有防止诈骗、盗窃行为的利益。形式的刑法法益，基于全体主义的思想，重在刑法法益的方法，例如贪污贿赂罪侵犯的法益除公务人员职务行为的廉洁性之外，还有抑制不法得利意思的利益。刑法法益的概念应该是以实体的内容为主兼顾形式的概念。

刑法通过规定何种行为是犯罪以及配置相应的法定刑，通过司法活动惩罚各种犯罪行为，保护各种法益不受犯罪侵害或威胁。1997年《刑法》实施以来，随着新罪名的不断增加，刑法对法益的保护逐渐走向了精细化，即在对法益的类型进行区分并权衡其位阶的基础上，分别强化不同的刑法保护力度。刑法对法益的保护是区别对待的，这在重罪、轻罪之犯罪圈及法定刑上得以集中体现。对于重罪，刑法不仅处罚预备犯、未遂犯，还出现了预备行为正犯化、帮助行为正犯化的趋势，而且可能只有定性分析而无定量分析，例如《刑法》第120条之二准备实施恐怖活动罪和《刑法》第120条之一帮助恐怖活动罪。

（三）人权保障机能

人权保障机能，又称自由保障机能，其基本含义是：保障无罪的人不受刑事追究，保障有罪的人只受法律规定的追究，保障公民个人自由不受国家刑罚权不当侵害。刑法既是善良人的大宪章，也是犯罪人的大宪章。人权保障机能是近现代刑法的生命，随着我国尊重与保障人权进入宪法内容，刑法的人权保障机能便有了宪法依据，在司法实践中更加得以强调。

四、刑法的任务

我国刑法是“根据宪法，结合我国同犯罪作斗争的具体经验及实际情况”制定的，立法目的是“惩罚犯罪，保护人民”（《刑法》第1条）。该立法目的决定了：“中华人民共和国刑法的任务，是用刑罚同一切犯罪行为作斗争，以保卫国家安全，保卫人民民主专政的政权和社会主义制度，保护国有财产和劳动群众集体所有的财产，保护公民私人所有的财产，保护公民的人身权利、民主权利和其他权利，维护社会秩序、经济秩序，保障社会主义建设事业的顺利进行。”据此，刑法的任务包括以下四个方面。

（一）保卫国家安全、人民民主专政的政权和社会主义制度

国家安全是指国家政权、主权、统一和领土完整、人民福祉、经济社会可持续发展和国家其他重大利益相对处于没有危险和不受内外威胁的状态，以及保障持续安全状态的能力。当代国家安全包括政治安全、国土安全、军事安全、经济安全、文化安全、社会安全、科技安全、网络安全、生态安全、资源安全、核安全、生物安全、太空安全、极地安全、深海安全、海外利益安全等。

人民民主专政是我国的国家性质，也是我国的国体，其本质是人民当家作主。人民代表大会制度是人民民主专政的政权的组织形式，是我国的政体，我国人民代表大会制度是我国的根本政治制度。

社会主义制度是我国的根本制度。在中国共产党领导中国特色社会主义事业不断发展进程中，经济、政治、文化、社会等各个领域形成了一整套相互衔接、相互联系的中国特色社会主义制度。

国家安全、人民民主专政的政权和社会主义制度是国家利益、人民根本利益的集中体现，因此必须运用刑法同危害国家安全和企图推翻人民民主专政的政权、破坏社会主义制度的犯罪行为作斗争。刑法分则第一章危害国家安全罪集中体现了对国家安全、人民民主专政政权的捍卫。

（二）保护社会主义的经济制度

我国《宪法》第6条第1款规定："中华人民共和国的社会主义经济制度的基础是生产资料的社会主义公有制，即全民所有制和劳动群众集体所有制。社会主义公有制消灭人剥削人的制度，实行各尽所能、按劳分配的原则。"第2款规定："国家在社会主义初级阶段，坚持公有制为主体、多种所有制经济共同发展的基本经济制度，坚持按劳分配为主体、多种分配方式并存的分配制度。"我国是社会主义国家，必须坚持公有制作为社会主义经济制度的基础。公有制是社会主义生产关系区别于资本主义生产关系的本质特征，是劳动人民当家作主的经济基础，是社会化大生产的客观要求。没有作为主体地位的公有制经济，就不能确保我国社会的社会主义性质，就不能坚持社会主义道路，就不能巩固和发展社会主义制度。公有制经济包括国有经济、集体经济、混合所有制经济中的国有成分和集体成分。我国《宪法》第12条规定："社会主义的公共财产神圣不可侵犯。国家保护社会主义的公共财产。禁止任何组织或者个人用任何手段侵占或者破坏国家的和集体的财产。"同时，《宪法》第11条规定："在法律规定范围内的个体经济、私营经济等非公有制经济，是社会主义市场经济的重要组成部分。国家保护个体经济、

私营经济等非公有制经济的合法的权利和利益。国家鼓励、支持和引导非公有制经济的发展，并对非公有制经济依法实行监督和管理。”刑法分则第三章破坏社会主义经济秩序罪、第五章侵犯财产罪、第八章贪污贿赂罪等集中体现了对社会主义经济制度的保护。

（三）保护公民人身权利、民主权利和其他权利

人身权利，是指公民依法享有的与人身直接相关的权利，包括生命健康不受侵犯，人身自由不受侵犯，人格尊严不受侵犯，住宅不受侵犯等。保护公民人身权利主要是指保护公民的生命权和健康权。生命权是公民依法享有的生命不受非法侵害的权利。保护公民的生命权不受非法侵害，是我国法律的首要任务。生命权是公民最重要的人身权利。任何人都不能非法剥夺他人的生命权。健康权是公民依法享有的身体健康不受非法侵害的权利。保护公民的健康权，就是保障公民身体的机能和器官不受非法侵害。公民的民主权利，主要是指公民依法享有的选举权、被选举权、通信自由权等。其他权利，是指公民人身权利、民主权利以外的权利，例如婚姻自主权，年老、年幼、患病的家庭成员的受赡养、抚养、扶养的权利等。

为了保护公民的人身权利、民主权利和其他权利不受侵犯，保障公民能够更好地依法行使自己的人身权利、民主权利和其他权利，并使其不受侵犯，刑法分则第四章专章规定了侵犯公民人身权利、民主权利罪。1997年《刑法》施行以来，立法机关不断通过刑法修正案增加了保护公民人身权利、民主权利方面的罪名，如组织出卖人体器官罪，负有照护职责人员性侵罪，雇用童工从事危重劳动罪，侵犯公民个人信息罪，虐待被监护、看护人罪，组织残疾人、儿童乞讨罪，组织未成年人进行违反治安管理活动罪等。

（四）维护社会秩序、经济秩序

社会秩序是指动态有序平衡的社会状态，是为维护社会公共生活所必需的秩序，由法律，行政法规，国家机关、企业事业单位和社会团体的规章制度等所确定和维护。社会秩序主要包括社会管理秩序、生产秩序、工作秩序、交通秩序和公共场所秩序、司法秩序等。经济秩序是指通过法律、经济伦理和行政手段建立起来的经济发展的相对稳定的关系模式、结构和状态。经济运行规则、市场规则和国家在不同经济发展时期所制定的宏观经济政策都是发展和维护经济秩序的手段。刑法分则第二章危害公共安全罪、第三章破坏社会主义经济秩序罪、第六章妨害社会管理秩序罪集中规定了对社会秩序、经济秩序的维护。

第二节　刑法的规范、体系与解释

理解刑法规范、刑法体系与刑法解释是学习、研究刑法的基础。

一、刑法规范

（一）刑法规范的概念

以禁止、处罚犯罪行为为内容的法律规范，就是刑法规范，也称罪刑规范。

法律规范一般分为义务性规范和授权性规范。刑法规范主要是义务性规范，其中又以禁止性义务规范为主，命令性义务规范为辅，并主要以刑罚作为制裁手段。禁止性义务规范以消极义务为内容，即禁止人们为一定的行为，人们只要消极地不实施刑法禁止的行为即可，它一般直接由刑法加以规定，无需其他法律予以特别规定。命令性义务规范以积极义务为内容，即命令人们为一定的行为，是禁止性义务规范的必要补充，它除了由刑法加以规定外，其他部门法往往会具体规定如何履行此义务。刑法规范也有授权性规范，例如正当防卫、紧急避险等刑法规范。刑法授权性规范是刑法义务性规范的补充。

（二）刑法规范与刑法条文的关系

刑法条文表达刑法规范，是刑法规范的载体，因此刑法规范是刑法条文的内容与实质。但二者并不能等同，刑法总则中的许多一般性规定与原则性规定，就不是刑法规范。有时一个条文可能表达几个规范，例如《刑法》第114条规定了放火罪、决水罪、爆炸罪、投放危险物质罪、以危险方法危害公共安全罪5个罪刑规范；有时几个条文可能只表达1个规范，例如《刑法》第382条、第383条共同表达了贪污罪1个规范。刑法条文是直观的，刑法规范则不是直观的。

二、刑法体系

刑法体系是指刑法的组成与结构，狭义的刑法体系是指刑法典的体系。我国《刑法》共452条，分为两编和附则。第一编总则共5章，第二编分则共10章。基本层次是：编—章—节—条—款—项。在刑法修正案中，为应对出现的一些新情况，条文序号采取了第多少条之一、之二……等表达方式，例如《刑法》第293条之一（催收非法债务罪）、第336条之一（非法植入基因编辑、克隆胚胎罪）。

若同一条款表达两个意思，分别称为前段与后段，例如《刑法》第29条第1

款关于教唆犯及其处罚原则的规定："教唆他人犯罪的，应当按照他在共同犯罪中所起的作用处罚。教唆不满十八周岁的人犯罪的，应当从重处罚。"若同一条款表达三个意思，分别称为前段、中段与后段，例如《刑法》第53条第1款关于罚金缴纳的规定："罚金在判决指定的期限内一次或者分期缴纳。期满不缴纳的，强制缴纳。对于不能全部缴纳罚金的，人民法院在任何时候发现被执行人有可以执行的财产，应当随时追缴。"

有时在一个刑法条文的同一款中，如用"但是"这个连接词来表示转折关系的，则从"但是"开始的这段文字，称为"但书"。但书多是对前段内容的例外、限制、相反或补充规定，主要包括如下情况：

第一，与前段构成例外关系，如《刑法》第8条关于保护管辖规定中的"但是按照犯罪地的法律不受处罚的除外"。但书前面的内容是外国人在我国领域外对我国国家或者公民犯罪，"而按本法规定的最低刑为三年以上有期徒刑的，可以适用本法"。

第二，与前段构成限制关系，例如《刑法》第73条第1款关于缓刑考验期限规定中的"但是不能少于二个月"。但书前面的内容是拘役的缓刑考验期限为原判刑期以上1年以下，而拘役的刑期是1个月以上6个月以下。

第三，与前段构成补充关系，如《刑法》第37条关于非刑罚处罚措施规定中的"但是可以根据案件的不同情况，予以训诫或者责令具结悔过、赔礼道歉、赔偿损失，或者由主管部门予以行政处罚或者行政处分。"但书前面的内容是"对于犯罪情节轻微不需要判处刑罚的，可以免予刑事处罚"。

第四，与前段构成相反关系。如《刑法》第13条关于犯罪概念规定中的"但是情节显著轻微危害不大的，不认为是犯罪"。但书前面的内容是"一切……危害社会的行为，依照法律应当受刑罚处罚的，都是犯罪"。

三、刑法解释

（一）刑法解释的概念

刑法解释是对刑法规定含义的阐明，刑法解释的对象是刑法规定。刑法规定之所以需要解释，主要是因为刑法条文具有一定程度上的抽象性、用语的多义性，以及社会发展的复杂多变性，为了刑法的统一理解与适用，刑法解释便十分必要了。

（二）刑法解释的效力

1.正式的刑法解释

（1）刑法立法解释是指国家最高立法机关即全国人民代表大会及其常委会对刑法的含义所作的解释。包括三种情况：一是用刑法条文对有关刑法术语所作的解释，如《刑法》第94条“本法所称司法工作人员，是指有侦查、检察、审判、监管职责的工作人员”。二是由国家立法机关在法律的起草说明或修订说明中对某种特定的刑法术语或条文所作的解释，例如在《〈关于中华人民共和国刑法（修订草案）〉的说明》中指出：“罪刑相当，就是罪重的量刑要重，罪轻的量刑要轻，各个法律条文之间对犯罪量刑要统一平衡，不能罪重的量刑比罪轻的轻，也不能罪轻的量刑比罪重的重。因此，草案明确规定：‘刑罚的轻重，应当与犯罪分子所犯罪行和承担的刑事责任相适应。’。”三是刑法在施行中发生歧义，由全国人大常委会进行解释，如《全国人民代表大会常务委员会关于〈中华人民共和国刑法〉第三十条的解释》《全国人民代表大会常务委员会关于〈中华人民共和国刑法〉有关信用卡规定的解释》。刑法立法解释具有与刑法同等的效力，可以在刑事裁判文书中直接援引。立法解释不禁止扩大解释，但禁止类推解释。

（2）刑法司法解释是指最高人民法院、最高人民检察院就刑法适用问题单独或联合作出的法律解释。凡属于法院审判工作中具体应用法律的问题，由最高人民法院进行解释，例如《最高人民法院关于审理拒不执行判决、裁定刑事案件适用法律若干问题的解释》。凡属于检察院检察工作中具体应用法律的问题，由最高人民检察院进行解释，单独由最高人民检察院发布的刑法司法解释比较少。最高人民法院与最高人民检察院的解释如果有原则性的分歧，报请全国人大常委会解释或决定。实践中，刑法适用问题具有共性，所以最高人民法院与最高人民检察院联合发布司法解释的情形居多，例如《最高人民法院、最高人民检察院关于办理组织考试作弊等刑事案件适用法律若干问题的解释》。最高人民法院发布的司法解释，包括“解释”“规定”“批复”“决定”四种形式，一般编排“法释”字文号。最高人民检察院发布的司法解释，包括“解释”“规则”“规定”“批复”“决定”五种形式，一般编排“高检发释”字文号。司法解释作为对法律的解释，具有法律效力，可以在裁判文书中援引。

立法解释的效力高于司法解释的效力，因此二者冲突时，不是适用新解释优于旧解释的原则，而是适用立法解释优于司法解释的原则。

2. 非正式的刑法解释

非正式的刑法解释主要指学理解释。学理解释是指由国家宣传机构、社会组织、科研单位或专家学者从学理上对刑法含义所作的解释。非正式的刑法解释不具有法律效力，不能直接引用，但对法律适用有参考价值。

（三）刑法解释的方法

刑法解释的方法有多种，一般可以分为文理解释和论理解释。对同一刑法条文中的同一概念，既可以进行文理解释也可以进行论理解释。

1. 文理解释

文理解释是指从刑法条款语义出发阐释刑法规定含义的解释方法，如《刑法》第91条把“公共财产”解释为包括国有财产、劳动群众集体所有的财产、用于扶贫和其他公益事业的社会捐助或者专项基金的财产。再如，《刑法》第232条故意杀人罪中的“杀人”是指非法剥夺他人生命。一般情况下，通过文理解释可以获得对于刑法条文的正确理解的，就不需要再采用其他解释方法。

2. 论理解释

论理解释是指按照立法精神，联系刑法产生的缘由、沿革及其他相关事项，对刑法规定作逻辑分析，从而阐明其真实含义的解释方法，又可分为当然解释、体系解释、同类解释、扩张解释与限制解释等。

（1）当然解释。是指刑法规定虽未明示某一事项，但依规范目的、事物属性和形式逻辑，将该事项当然包含在该规范适用范围之内的解释。当然解释适用的规则是，出罪举重以明轻，入罪举轻以明重。当然解释追求结论的合理性，但并不必然符合罪刑法定原则。例如，非法持有枪支成立非法持有枪支罪，刑法惩罚“涉枪”型犯罪，主要是考虑到枪支具有严重的杀伤力，可能危害公共安全。根据当然解释，入罪举轻以明重，非法持有大炮更应该构成犯罪，然而刑法没有规定非法持有大炮罪，如果将持有大炮解释成持有枪支以非法持有枪支罪论处，便违反了罪刑法定原则。对于当然解释，入罪时，要求同时符合形式当然和实质当然。从实质来看，大炮的杀伤力大于枪支，将大炮解释为枪支，符合实质当然。但从形式来看，根据2008年3月实施的公安部《枪支致伤力的法庭科学鉴定判据》的规定，枪支的管状器具的直径通常小于20毫米。如果大于20毫米，就不能认定为枪支。因此，将持有大炮解释成持有枪支，成立非法持有枪支罪，不符合形式当然，违反了罪刑法定原则。

（2）体系解释。是指将被解释的法律条文或法律概念放在整个法律体系中来理解，联系此法条与其他法条的相互关系来解释法律。例如，按体系解释，刑法分则中的“买卖”一词包括购买和出卖两种行为，只要实施了其中一种行为就属于买卖。

（3）同类解释。是指当刑法在列举了相关事项的同时又设置了概括性规定时，对于附随于确定性词语之后的概括性词语，应当根据确定性词语所涉及的同类事项确定其含义及范围。即运用列举和概括两种方法来共同表述概念的，概括的方法所表述的概念的外延应与列举方法所表述的概念的外延处在同一个层级上。之所以既用列举又用概括的方法来表述，就是要使概括的表述方法与列举的表述方法具有可比性，即用列举来为概括提供参照。因此，对于刑法分则条文在列举具体要素后使用的“等”“其他”用语，应按照所列举的内容、性质进行同类解释。例如，《刑法》第20条第3款规定的特殊正当防卫，在列举了“行凶、杀人、抢劫、强奸、绑架”之后采用了“以及其他严重危及人身安全的暴力犯罪”的表述。

（4）扩大解释。又称扩张解释，是根据时势变迁，对刑法条文作超过字面意思的解释。例如司法解释把抢劫正在使用中的银行或者其他金融机构的运钞车的，视为“抢劫银行或者其他金融机构”。立法上对随身携带枪支等国家禁止个人携带的器械以外的其他器械进行抢夺的，解释为以抢劫罪定罪，也属于扩大解释。《最高人民法院、最高人民检察院关于办理组织考试作弊等刑事案件适用法律若干问题的解释》第3条规定，具有避开或者突破考场防范作弊的安全管理措施，获取、记录、传递、接收、存储考试试题、答案等功能的程序、工具，应当认定为作弊器材。将“程序”解释为作弊器材，也属于扩大解释。故意损毁文物罪和走私文物罪的对象“文物”，应扩大解释为包括具有科学价值的古脊椎动物化石、古人类化石。《刑法》第49条规定“审判的时候怀孕的妇女，不适用死刑”，司法解释将“审判的时候”扩大解释为从羁押到执行的整个诉讼过程，而非仅仅指法院审判阶段；将“怀孕的妇女”扩大解释为不仅包括正在怀孕的妇女，而且包括案件起诉到法院以前、在羁押期间做人工流产的妇女，还包括在羁押期间自然流产后，又因同一事实被起诉、交付审判的妇女。将盗窃罪的对象“公私财物”解释为“他人的财物”，去掉了“他人占有”的限制，扩大了盗窃罪的对象，属于扩张解释。将《刑法》第171条规定的出售假币罪中的“出售”解释为“购买和销售”，属于扩大解释。立法解释将《刑法》第196条规定的信用卡诈骗罪中的“信用卡”解释为“由商业银行或者其他金融机构发行的具有消费支付、信用贷款、转账结算、存取现金等全部功能或者部分功能的电子支付卡”，属于扩大解释。

一般而言，扩大解释，从解释的内容来看，是法条用语的概念扩张，没有超出用语的可能含义，没有逾越概念位阶；从解释的实质标准衡量，符合刑法的目的，没有超出公民可预测范围。虽然罪刑法定原则并不禁止扩大解释，但这并不意味着扩大解释的结论都符合罪刑法定原则，扩大解释的结论也可能是错误的。任何解释的结论都可能违背罪刑法定原则，所以立法解释和司法解释都可以进行扩大解释，但都不得进行类推解释，除非是有利于被告人的类推解释。

（5）缩小解释。又称限制解释，是对刑法条文作窄于字面意思的解释。例如，司法解释将《刑法》第111条为境外窃取、刺探、收买、非法提供国家秘密、情报罪中的“情报”解释为“关系国家安全和利益、尚未公开或者依照有关规定不应公开的事项”，属于缩小解释。

对同一刑法条文的同一概念，不可能同时既作扩大解释又作缩小解释。例如，《刑法》第237条第1款规定的强制猥亵罪中的“猥亵”与该条第3款规定的猥亵儿童罪中的“猥亵”主、客观内容应是完全相同的。

此外，要注意理解类推解释的含义。类推解释是指在一个具体事实与法律规定情况相似，但根本不可能为该法条的字面含义所包容的前提下，以其相似性作为援引某一法律规定为依据的解释方法。类推解释违背刑法目的和公民可预知性、逾越刑法条文用语含义、将法条的内容不当地扩大到“相类似”的行为。它过分超出了字面含义，与被解释的对象具有的是“类似性”而不是“同一性”。类推解释本身逾越了法律用语的含义，违反罪刑法定原则，是不允许的。如将盗窃骨灰的行为认定为盗窃尸体，即属于类推解释。罪刑法定原则禁止类推解释，但有利于被告人的除外。

思考题

1. 如何理解刑法的任务与机能？
2. 如何理解刑法规范与刑法条文的关系？
3. 如何理解罪刑法定原则与刑法解释的关系？
4. 如何理解刑法解释的效力？

阅读书目

1. 葛恒浩：《刑法解释基础理论研究》，法律出版社2020年版。
2. 劳东燕：《功能主义的刑法解释》，中国人民大学出版社2020年版。
3. 刘永强：《刑法机能史与理论的展开》，中国政法大学出版社2019年版。
4. 蒋涛：《罪刑法定下我国司法解释的完善》，中国政法大学出版社2015年版。

第二章　刑法的基本原则

刑法的基本原则具有指导刑事立法和刑事司法的重要作用，1997年《刑法》明确规定了刑法的基本原则，分别体现在《刑法》第3条、第4条和第5条。

第一节　刑法基本原则概述

刑法基本原则是一个带有全局性、根本性的问题，因此对其应有准确的认识和理解。《刑法》第3条、第4条和第5条分别规定了罪刑法定原则、适用刑法人人平等原则与罪责刑相适应原则。

一、刑法基本原则的概念

刑法基本原则，是指刑法本身所具有的，贯穿于全部刑法规范，必须得到普遍遵循的具有全局性、根本性的准则，并体现刑事法治基本精神，其特征有如下三方面。

（1）一般说来，刑法基本原则应是刑法所特有的原则，而不是各个部门法所共有的原则，但也不排除与其他部门法共同适用同一原则。

（2）刑法基本原则应贯穿于刑法始终，是具有全局性、根本性的原则，而不是只适用刑法总则或者刑法分则的原则。

（3）刑法基本原则应是刑法的制定、解释与适用都必须遵循的原则。

二、刑法基本原则的确定与意义

（一）刑法基本原则的确定

刑法明确规定了三项基本原则，即罪刑法定原则、适用刑法人人平等原则和罪责刑相适应原则。那么，除了这三项原则之外，还有没有其他基本原则？比如罪责自负原则、教育与惩罚相结合原则。这是学界纷争的问题。“马工程”教材

《刑法学》上册的总论中，首先论述的是宪法规定的“保障人权原则”，然后依次论述了刑法规定的三项基本原则，最后论述了法律没有明确表述的两项“其他基本原则”——罪责自负原则、主客观相统一原则。本书不否认刑法在这三项原则之外还有其他基本原则如罪责自负原则，但本书只分析《刑法》明确规定的三项基本原则：罪刑法定原则、适用刑法平等原则和罪责刑相适应原则。

（二）刑法基本原则的意义

1. 指导刑事立法

制定刑法典、单行刑法、刑法修正案、对刑法条文作立法解释等刑事立法活动，都必须遵循刑法基本原则。

2. 指导刑事司法

在刑事案件的立案、侦查、审判、刑罚执行等刑事司法过程中，必须贯彻刑法基本原则，强化法治意识和司法公正观念，反对特权思想和徇私舞弊。

3. 促进刑事法治

刑法基本原则是贯穿于全部刑法规范和刑法适用的原则，遵循贯彻刑法基本原则必将促进我国刑事立法和刑事司法的发展完善，对刑法任务与目的的实现具有保障作用，从而保障中国特色社会主义法治事业的顺利进行。

第二节　罪刑法定原则

罪刑法定原则是当今世界各国刑法中最普遍、最重要的一项原则，体现了现代社会民主与法治的发展趋势。

一、罪刑法定原则溯源

（一）罪刑法定原则的含义

罪刑法定原则的经典表达来自拉丁文的法律格言：“法无明文规定不为罪，法无明文规定不处刑”。一般认为，罪刑法定原则是17至18世纪之间，资产阶级为反对封建特权和法官司法擅断而在刑事方面提出的具有划时代意义的刑法原则。但其思想肇始于1215年英王约翰签署的大宪章，其中第39条规定，凡是自由民除经其贵族依法判决或遵照国内法律之规定外，不得加以扣留、监禁、没收其财产，剥夺其法律保护权，或加以放逐、伤害、搜索或逮捕。这一规定奠定了“正当程序”的思想基础。英国1628年的《权利请愿书》、1688年的《人身保护法》也从不同角度巩固了罪刑法定思想。外国刑法理论通常认为，现代意义上的罪刑法定原则的法律渊源是1789年的法国《人权宣言》、1791年的法国《宪法》和1810年的法国《刑法》。《人权宣言》第8条规定，在绝对必要的刑罚之外不能制定法律，不依据犯罪行为前制定且颁布并付诸实施的法律，不得处罚任何人。1810年法国《刑法》第4条规定，没有在犯罪行为时以明文规定刑罚的法律，对任何人不得处以违警罪、轻罪和重罪。罪刑法定后来成为国际人权法上的基本原则。《公民权利和政治权利国际公约》第15条第1款规定："任何人的任何行为或不行为，在其发生时依照国家法或国际法均不构成刑事罪者，不得据以认为犯有刑事罪。所加的刑罚也不得重于犯罪时适用的规定。如果在犯罪之后依法规定了应处以较轻的刑罚，犯罪者应予减刑。"

罪刑法定原则的基本要求是：第一，罪刑法定化，即犯罪和刑罚必须由法律事先加以明文规定，不允许法官的擅断。第二，罪刑实定化，即对构成犯罪的行为和犯罪的具体法律后果，刑法应作出实体性的规定。第三，罪刑明确化，即刑法的条文必须文字意思清楚，表达确切。

（二）罪刑法定原则的思想渊源

罪刑法定原则沿革意义上的思想渊源，是自然法理论、三权分立思想与心理强制说。

自然法与实在法相对应。奴隶制时期，古希腊罗马法学家认为自然法是产生于自然界的规范的总和。中世纪经院哲学家认为自然法是神的一切吩咐的总和，是上帝意志的体现。17、18世纪资产阶级思想家霍布斯、洛克、孟德斯鸠等人认为自然法是人类理性的体现，是人类的自然要求而永恒存在。

三权分立是西方资本主义国家的基本政治制度的建制原则，其核心是立法权、行政权和司法权相互独立、互相制衡。17世纪，英国著名思想家洛克《政府论》的发表，表明现代意义上的分权理论初步形成。洛克在《政府论》中，把国家权力分为立法权、行政权和对外权，这三种权力应该分别由不同的国家机关行使。立法权属于议会，行政权属于国王，对外权涉及和平与战争、外交与结盟，也为国王行使。法国启蒙思想家孟德斯鸠更进一步发展了分权理论，提出著名的"三权分立"理论。他在《论法的精神》中，将国家权力分为三种：立法权、行政权和司法权。所谓"三权分立"，就是通过法律规定，将三种权力分别交给三个不同的国家机关执掌，既保持各自的权限，又要相互制约保持平衡。

心理强制说，由德国刑事古典学派的代表费尔巴哈提出，强调运用人对刑罚的恐惧心理来压抑、控制个体的犯罪欲望，认为人不仅能区分善恶，分清是非，而且具有权衡利弊，进行选择的本能。人在实施犯罪前，既能预见犯罪成功带来的精神上、肉体上的满足，亦能预见犯罪失败后遭刑罚惩罚所带来的痛苦。该理论以人为理性动物，又有自私的特性为基点。心理强制说强化人们对犯罪与刑罚必然相系的确信，除对具体犯罪立即执行刑罚之外，尤其重要的是以法律预先明确规定各种犯罪及犯罪后应受的刑罚处罚。由此，意欲犯罪者无论有何犯罪趋向，都将面临刑罚的威慑，从而使刑罚的心理强制作用得以充分发挥。

但是现在西方学者一般认为，民主主义与尊重人权主义是罪刑法定原则的思想基础。民主主义是指对于什么行为是犯罪，对犯罪应处以何种刑罚，应由国民自己决定——由国民选举自己的代表组成立法机关，由立法机关制定法律决定。尊重人权主义是指为了保障人权，就要使国民事先能预测自己行为的性质和后果，因此，对“罪”与“刑”都必须在事前明确规定。德国刑法学家冯·李斯特指出，刑法既是善良人的大宪章，也是犯罪人的大宪章。刑法是善良人的大宪章，意即一个人没有实施刑法规定的犯罪行为，就不能对其定罪处刑；刑法是犯罪人的大宪章，意即行为人即使实施了刑法规定的犯罪行为，也必须依照刑法定罪处刑，保障其不受超出刑法规定的不当刑罚。这就是尊重人权主义的体现。

（三）罪刑法定原则的派生原则

1. 禁止类推

类推，是指将法律没有规定为犯罪的行为比照刑法分则最相类似的条文定罪量刑的制度。刑法作为成文法，理所当然具有抽象性和相对于社会发展的滞后性，因此不能够针对每一个行为作出具体的规定，从而出现了对于法律没有规定的行为，援引与其性质相类似的刑法条文适用于该行为的法律类推适用。这是对于刑法秩序维持机能的维护，通过对法律条文含义的类推，能够最大限度地遏制和制裁没有被规定为犯罪但是足以对社会造成危害的行为。在维护社会秩序优先于保障个人权利的时期，类推是被允许的。然而，刑法通过严厉的刑罚手段来限制个人的权利从而调整社会关系，具有国家强制性和惩罚性，类推制度虽然最大限度地惩治了危害社会的行为，但是也不可避免地损害了刑法对法律行为所具有的可预测性和可评价性的功能。因此，在权利意识苏醒，尤其在国家尊重和保障人权入宪的年代，类推制度便不再具有合法性。罪刑法定原则禁止类推适用法律，即不得类推适用不利于被告人的刑法规定，但是允许类推适用有利于被告人的刑法规定，此即严格的罪刑法定。

2. 禁止事后法

事后法是行为实施后，在适用法上出现的新的法律。禁止事后法也称禁止溯及既往，是指行为人是否有罪以及如何处罚只能依据行为时的法律，而不能依据行为后颁布实施的法律对其之前的行为进行评价。但对被告人有利的法律具有溯及既往的效力，此即事前的罪刑法定。罪刑法定原则禁止适用不利于行为人的事后法，但不禁止适用有利于行为人的事后法。

3. 排斥习惯法

习惯法是独立于国家制定法之外，依据某种社会权威和社会组织确立的、具有一定强制性的行为规范的总和。成文法出现以前，主要靠习惯法发挥作用。在现代法律体系中，定罪量刑以制定法为依据，刑法是立法机关制定的成文法，习惯法不是刑法的渊源。此即成文的罪刑法定，习惯作为刑法的渊源违反罪刑法定原则。

4. 禁止不定刑、不定期刑

罪刑法定原则要求严格依照法律定罪处刑，立法者不能规定、司法者不能适用绝对不定刑和绝对不定期刑，刑罚法规要适当。此即确定的罪刑法定原则。

绝对的不定刑是就刑种而言的，即法律完全不规定应处何种刑罚，完全由法官自由裁量。绝对的不定期刑是就刑期而言的，即法律仅规定应处何种刑罚而不规定刑期的幅度，裁判时只作罪名宣告，不指明所需服刑的刑期，而完全由行刑机关根据罪犯表现决定释放时间。依据绝对不定刑，犯罪人不管犯何种罪，都没有相应的刑罚，所以它与罪刑法定原则相悖。依据绝对不定期刑，犯罪人即使犯有重罪，也可能在短期内获释。刑期的长短根据犯罪分子改造的效果来确定，而改造效果的标准很难确定，因此它也与罪刑法定原则相悖。

5. 明确性原则

刑法关于犯罪、刑罚及其相互关系的规定应当清楚明确，不能模糊不清。刑法明确性原则是由罪刑法定原则派生出来的，要求刑法从形式和实质上都必须清楚、确切，面向立法并指导司法的原则，包括形式明确和实质明确两个方面。判断明确性应从一般人、立法者、司法者三个角度来确立综合性标准，刑法明确性永远是相对的，必须通过立法与司法共同实现。刑法分则的部分条文对犯罪的状况不作具体描述，只是表述该罪的罪名，这种立法体例并不违反罪刑法定原则。

6. 适正性原则

刑法法规内容的适正性包括两个方面：一是禁止处罚不当罚的行为，不该入罪的不能入罪，不该定罪的不能定罪；二是禁止不均衡的、残虐的刑罚，罪与罪之间的刑罚配置要均衡，被告人只能接受该当的刑罚。

以上禁止类推、禁止事后法、排斥习惯法、禁止不定刑与不定期刑是罪刑法定派生原则的形式侧面，明确性原则、适正性原则是派生原则的实质侧面。

二、罪刑法定原则的立法体现

《刑法》第3条规定："法律明文规定为犯罪行为的，依照法律定罪处刑；法律没有明文规定为犯罪行为的，不得定罪处刑。"具体表现在以下几方面。

（一）罪、责、刑的法定化

刑法规定了犯罪的概念、具体的罪状和刑事责任。犯罪的概念规定在《刑法》第13条。我国刑法分则规定了不同的罪状，最高人民法院、最高人民检察院根据不同的罪状确定了相应的罪名，总计规定了483个罪名，刑法为每个罪配置了不同的刑种、法定刑幅度。《刑法》第17条至第21条规定了刑事责任。罪刑法定原则中的"法"是指国家立法机关制定的法，不包括国家最高行政机关制定的法，换句话说，罪与刑只能由国家立法机关制定的法律规定，而不能由最高行政机关制定的行政法规规定。

（二）废除类推制度

1979年《刑法》第79条规定了类推制度："本法分则没有明文规定的犯罪，可以比照本法分则最相类似的条文定罪判刑，但是应当报请最高人民法院核准。"类推制度因与罪刑法定原则相违背，所以1997年《刑法》废除了这一内容。

（三）在溯及力上采取从旧兼从轻原则

1997年《刑法》第12条规定："中华人民共和国成立以后本法施行以前的行为，如果当时的法律不认为是犯罪的，适用当时的法律；如果当时的法律认为是犯罪的，依照本法总则第四章第八节的规定应当追诉的，按照当时的法律追究刑事责任，但是如果本法不认为是犯罪或者处刑较轻的，适用本法。本法施行以前，依照当时的法律已经作出的生效判决，继续有效。"此即溯及力的从旧兼从轻原则。

（四）完善具体犯罪的罪状与法定刑

在具体犯罪的罪状和处罚上，叙明罪状的大量运用，法定刑档次的细化，增加了刑法规范的可操作性。

三、罪刑法定原则的司法适用

（一）严格认定犯罪

根据犯罪概念、犯罪构成要件、犯罪追诉时效等认定犯罪，不能将无罪定为有罪，严格区分此罪与彼罪。

（二）准确裁量、执行刑罚

根据量刑原则、量刑制度准确裁量刑罚种类、幅度；依据生效裁判文书执行刑罚，在行刑过程中准确适用减刑、假释制度。我国通过立法修正、司法解释等不断完善刑罚执行机制。例如规范原具有国家工作人员身份的罪犯的减刑、假释程序，明确缓刑犯在考验期满后5年内再犯应当判处有期徒刑以上刑罚之罪的不应认定为累犯，完善社区矫正法实施办法等。

（三）正确进行刑事立法解释与司法解释

刑事立法解释对于弥补刑法规范中的漏洞，使刑法规范适应复杂多变的犯罪活动，维护刑法规范的稳定性，具有重要作用。

在1997年《刑法》颁行以后，我国立法机关开始注重通过立法解释进一步明确相关条文的立法意蕴，尤其是对司法机关存在异议的问题，通过立法解释加以明确。例如，2002年4月28日全国人大常委会出台《关于〈中华人民共和国刑法〉第二百九十四条第一款的解释》和《关于〈中华人民共和国刑法〉第三百八十四条第一款的解释》，前者是对黑社会性质的组织的立法解释，后者是对挪用公款归个人使用的立法解释。这是刑法实施以来，第一次在有关的法律问题已有司法解释的情况下，由于司法机关对法律规定认识不一致，而由全国人大常委会又作出立法解释。这些立法解释对于明确法律规定的立法本意，进一步规范司法解释具有重要意义。

刑事司法解释主要解决刑法适用过程中对刑法条文的理解问题，司法解释不能代替立法解释。值得注意的是，2008年以来，最高人民检察院会同公安部先后发布过三个刑事案件立案追诉标准规定与两个补充规定。按照规定要求，各级公安机关应当依照上述规定立案侦查，各级检察机关应当依照上述规定审查批捕、审查起诉。上述规定编排的是“公通”字文号，但不是严格意义上的司法解释，属于司法解释性质文件。实践中，追诉标准与最高人民法院司法解释冲突的，应当以司法解释为准。

除司法解释外，最高人民法院、最高人民检察院时常单独、联合或者会同其他部委发布具有政策把握或办案指导性质的文件，主要包括各类“纪要”“通知”“意见”等。这些文件一般称为司法性文件，在性质上不是司法解释，但对办案工作有指导作用。实践中，最高人民法院相关刑事审判庭、研究室，最高人民检察院公诉厅、法律政策研究室针对法律适用问题作出的个案答复，也具有较强的办案指导价值。

第三节　适用刑法人人平等原则

法律面前人人平等原则是我国宪法确立的社会主义法治的基本原则，刑法作为惩罚犯罪、保护人民的基本法律进一步贯彻了这一宪法原则。

一、适用刑法人人平等原则的基本含义

我国《宪法》第33条第2款规定：“中华人民共和国公民在法律面前一律平等。”根据宪法规定的平等原则，我国《刑法》第4条规定：“对任何人犯罪，在适用法律上一律平等。不允许任何人有超越法律的特权。”这就是适用刑法人人平等原则。其基本含义是：任何人犯罪，都应当受到刑法的追究；任何人不得享有超越刑法规定的特权；对于一切犯罪行为，应一律平等适用刑法，定罪量刑时不得因犯罪人的社会地位、家庭出身、职业状况、财产状况、政治面貌、才能业绩的差异而有所区别；任何人受到犯罪侵害，都应受到刑法的保护；不同被害人的同等权益，应受到刑法的同样保护。

二、适用刑法人人平等原则的基本要求

（一）定罪平等

任何人犯罪，不论其身份地位，一律平等对待，适用相同的定罪标准。

（二）量刑平等

犯相同的罪且具有相同的犯罪情节的，应同罪同罚。即若罪行相同、主观恶性相同，则刑罚处置应相同。

（三）行刑平等

执行刑罚时，对于所有的受刑人平等对待。我国的减刑、假释制度不是对行

刑平等的否定，因为减刑、假释是对犯罪分子在刑罚执行期间良好表现的一种奖励和支持，体现了我国刑罚在体现惩罚功能的同时也发挥其教育功能。

三、适用刑法人人平等原则的立法体现

《刑法》第4条是适用刑法人人平等原则本身的立法规定，此外适用刑法人人平等原则在我国刑法总则与分则中均有体现。

首先，除《刑法》第4条明文规定适用刑法人人平等原则外，这一原则的精神还体现在多个方面。例如，刑法对其适用范围的规定表明，只要在我国领域内实施犯罪的，除法律有特别规定外，都应适用我国刑法，而不论犯罪人是什么人。又如，刑法对单位犯罪的规定，只要是由单位实施的，法律规定为犯罪行为的，都应追究刑事责任，而不论单位是公司、企业、事业单位还是机关、团体。

其次，适用刑法人人平等原则在我国刑法分则中亦有体现。例如，将适用刑法人人平等原则具体化到各类各种犯罪中，刑法分则规定了危害国家安全罪、危害公共安全罪、破坏社会主义市场经济秩序罪、侵犯公民人身权利、民主权利罪、侵犯财产罪、妨害社会管理秩序罪、危害国防利益罪、贪污贿赂罪、渎职罪和军人违反职责罪。尽管有些罪需要特殊身份才能构成，但只要是这一类身份则都平等对待。

最后，刑法的修订体现了适用刑法人人平等原则的基本精神。例如，《刑法》第276条规定的破坏生产经营罪是对1979年《刑法》第125条规定的破坏集体生产罪修改而成。该罪名的创设，体现了刑法平等地保护社会主义市场经济体制下各种经济成分的合法权益的精神。再如，《刑法修正案（十一）》提高了非国家工作人员受贿罪、挪用资金罪和职务侵占罪的法定刑，加大了对民营企业内部人员侵犯民营企业产权犯罪的处罚力度；调整后的法定刑与受贿罪、挪用公款罪和贪污罪的法定刑基本相一致，这赋予了民营企业产权保护和国有企业产权保护同样的力度，落实了产权保护平等精神。

四、适用刑法人人平等原则的司法适用

在刑事司法实践中贯彻适用刑法人人平等原则，应当注重解决以下三个问题：

其一，刑事司法公正。刑事司法公正包括定罪公正、量刑公正和行刑公正。刑事司法公正是适用刑法人人平等原则的必然要求，是刑事法治基本精神的体现。

其二，反对特权。在我国，受封建等级观念影响滋生的特权思想存在于一部分人特别是少数领导干部的头脑中。因此，坚持适用刑法人人平等原则，就必须

反对形形色色的特权思想，切实做到司法公正。

其三，正确区分适用刑法人人平等原则与区别对待。刑法上的平等是相对的，不否定区别对待。根据特殊身份，区别对待同样是一种公正和实质平等。从法律角度来说，不同主体不同对待恰恰是实质公平和实质平等的体现。适用刑法人人平等原则是法律面前人人平等的宪法原则在刑法领域贯彻实施的表现。适用刑法人人平等原则并不否定犯罪人或被害人的特定个人情况对定罪量刑的合理影响。在刑事立法、司法领域，犯罪分子的主体情况以及被害人的个人情况，如果对犯罪的客观社会危害后果的大小有影响，则要求在适用刑法上有所区别和体现，这是刑罚个别化问题。例如，对未成年人犯罪应当从轻处罚，对累犯从重处罚，被害人有过错的对被告人可以酌情从轻处罚等。再如，《刑法修正案（八）》第3条规定："审判的时候已满七十五周岁的人，不适用死刑，但以特别残忍手段致人死亡的除外。"这也是一种区别对待。由此可见，适用刑法人人平等原则并非是孤立、机械、单一化的刑法原则，它必须与罪责刑相适应等刑法基本原则相结合，共同指导刑法适用。

第四节　罪责刑相适应原则

罪责刑相适应原则是刑罚个别化和传统的罪刑相适应结合的产物，具有科学性和时代性。

一、罪责刑相适应原则的历史演进

罪责刑相适应，又称罪刑均衡，其基本观念最早可以追溯到原始社会的同态复仇和奴隶社会的等量报应。古巴比伦《汉谟拉比法典》、古罗马《十二铜表法》都对"以眼还眼""以血还血"作了较为相似的规定。这些规定强调了罪与刑之间绝对等量报应的观念，成为罪刑均衡思想最原始也是最粗俗的表现形式。

罪责刑相适应作为一项刑法基本原则的确立是17、18世纪启蒙思想家力倡的结果。孟德斯鸠指出："在一个国家里，刑罚的残酷并不能使人们更加服从法律。"[①]"不论统治是温和的还是残暴的，人们总是分等级地进行处罚：人们给一种或大或小的罪行施加或大或小的惩罚。"[②]贝卡里亚指出，犯罪对公共利益的危害越大，促使人们犯罪的力量越强，制止人们犯罪的手段就应该越强有力。这就

① [法]孟德斯鸠:《波斯人信札》,陆元昶译,北京联合出版公司2014年第1版,第143页。
② [法]孟德斯鸠:《波斯人信札》,陆元昶译,北京联合出版公司2014年第1版,第144页。

需要刑罚与犯罪相对称。为此，贝卡里亚设计了一个罪刑阶梯，既然存在着人们联合起来的必要性，既然存在着作为私人利益相互斗争的必然产物的契约，人们就能找到一个由一系列越轨行为构成的阶梯，它的最高一级就是那些直接毁灭社会的行为，最低一级就是对于作为社会成员的个人所可能犯下的、最轻微的非正义行为。在这两级之间，包括了所有侵害公共利益的，我们称之为犯罪的行为。这些行为都沿着无形的阶梯，从高到低顺序排列。如果说，对于无穷无尽、暗淡模糊的人类行为组合可以应用几何学的话，那么也很需要有一个相应的、由最强到最弱的刑罚阶梯。有了这种精确的普遍的犯罪与刑罚的阶梯，我们就有了一把衡量自由和暴政程度的潜在的共同标尺，它显示着各个国家的人道程度和败坏程度。然而，对于明智的立法者来说，只要标出这一尺度的基本点，不打乱其次序，不使最高一级的犯罪受到最低一级的刑罚，就足够了。这些思想后来被资产阶级刑事立法所吸纳。如1793年法国《宪法》所附的《人权宣言》第15条规定："刑罚应与犯罪行为相适应，并应有益于社会。"

19世纪末以来，随着刑事实证学派的兴起，传统的罪刑均衡原则面临了严峻的考验。行为人中心论如人身危险性论的出现，保安处分和不定期刑制度的推行，使罪刑均衡原则受到冷落和排挤。但由于新派理论并未找到有效遏制日益严重的犯罪现象的救世良方，罪刑均衡原则的推行又成为人们普遍的渴望。

罪责刑相适应原则也是马克思主义经典作家所一贯主张的。马克思指出："如果罪行这个概念要求惩罚，那么罪行的现实就要求有一个惩罚的尺度。实际的罪行是有界限的。因此，为了使惩罚成为实际的，惩罚就应该是有界限的，为了使惩罚成为公正的，惩罚就应该受到法的原则的限制。"[①]如果罪犯所受的惩罚比应受的重，那么，一方面，"不考虑任何差别的严厉手段，会使惩罚毫无效果"[②]，另一方面，对犯罪者也不公平。若罪犯所受的惩罚比应受的轻，那么会出现他们可能受到的处罚和他们因破坏法律而获得的利益比起来实在太微小了，不利于威慑犯罪和预防犯罪。

二、罪责刑相适应原则的基本含义与要求

（一）罪责刑相适应原则的基本含义

《刑法》第5条规定："刑罚的轻重，应当与犯罪分子所犯罪行和承担的刑事

①《马克思恩格斯全集》第1卷，人民出版社1995年版，第247页。
②《马克思恩格斯全集》第1卷，人民出版社1995年版，第245页。

责任相适应。”可见，刑罚的轻重不是单纯地与犯罪分子所犯罪行相适应，而且也要与犯罪分子承担的刑事责任相适应，即在犯罪与刑罚之间需要通过刑事责任这个中介来进行调节。刑法总则确立的科学严密的刑罚体系、区别对待的处罚原则、轻重不同的量刑制度都是罪责刑相适应原则的体现。

公平正义是人类社会的共同理想，罪责刑相适应原则与公平正义相吻合，公平正义与罪责刑相适应原则都要求在法律实施中坚持以事实为根据、以法律为准绳，公平正义的实现需要正确处理法理与情理的关系，罪责刑相适应原则要求做到罪刑均衡与刑罚个别化，二者并不矛盾。

（二）罪责刑相适应原则的基本要求

罪责刑相适应原则要求刑事立法制定合理的刑罚体系，要求刑罚与犯罪性质、犯罪情节和罪犯的刑事责任、人身危险性相适应，在行刑中合理地运用减刑、假释等制度。

1. 制定合理的刑罚体系

罪责刑相适应原则要求刑罚的设定首先必须轻重有序、适当。我国传统的刑罚体系由主刑和附加刑组成。主刑分为管制、拘役、有期徒刑、无期徒刑和死刑，附加刑分为罚金、剥夺政治权利和没收财产，此外针对外国人适用的附加刑还有驱逐出境。首先，主刑与附加刑要设置合理，二者之间要合理衔接，主刑与附加刑内部也要合理衔接。其次，刑法分则各个法条之间对犯罪配刑要协调平衡，不能罪重的配刑比罪轻的还轻，也不能罪轻的配刑比罪重的还重。

2. 刑罚与犯罪性质、犯罪情节相适应

罪责刑相适应原则要求刑罚与罪质相适应。不同的罪质标志着各该行为侵害、威胁的法益不同。这种不同正是表明各种犯罪具有不同的危害程度，从而决定刑事责任大小的根本所在。同时，该原则要求刑罚与犯罪情节相适应，在罪质相同的犯罪中，犯罪情节不同，其社会危害性就不同，量刑当然必须注意刑罚与犯罪情节相适应。

3. 刑罚与罪犯承担的刑事责任、罪犯的人身危险性相适应

刑罚的轻重还要与犯罪人刑事责任能力的程度和刑事责任的大小相适应，与犯罪人的人身危险性相适应。完全刑事责任能力人与限制刑事责任能力人在量刑上是应该有差别的。人身危险性体现着行为人对社会的潜在危险程度，现代刑罚追求遏制犯罪、预防犯罪的目标，把人身危险性作为决定刑罚轻重的标准之一，符合刑罚目的的要求。因此，司法实践中刑罚裁量，不仅要考虑犯罪行为及其危

害结果，而且应结合分析整个犯罪事实和犯罪分子个体的各方面因素，力求刑罚个别化。

4.合理地运用减刑、假释制度

减刑、假释是刑罚执行过程中的制度，对符合条件的罪犯依法予以减刑、假释，同样是罪责刑相适应原则的要求。

三、罪责刑相适应原则的司法适用

在司法适用中，贯彻罪责刑相适应原则，应坚持以下四点。

（一）纠正重定罪轻量刑的错误倾向

定罪是指根据刑法规定，对某一行为是否构成犯罪、构成何种犯罪以及构成的是轻罪还是重罪的确认与评判。定罪的主体是人民法院，对象是侵害法益的行为，性质是刑事司法活动。定罪是人民法院刑事审判的重要职能之一。人民法院通过自己的职能活动，查明犯罪事实，根据刑法规定确认行为的犯罪性。量刑是指人民法院根据刑事法律，在认定犯罪的基础上，确定对犯罪人是否判处刑罚，判处何种刑罚以及判处多重的刑罚，并决定所判刑罚是否立即执行的刑事司法活动。量刑的主体是人民法院，对象是犯罪人，性质是刑事司法活动。

在以往的司法实践中，关于定罪与量刑，司法机关更重视定罪，认为只要定罪准确了，就不存在错案，因此量刑是否适当就相对被忽视了。其实，量刑应该具有与定罪同等重要的地位，因为所判处的刑罚如果不与犯罪分子所犯罪行和承担的刑事责任相适应，则会出现量刑不当，从而违背罪责刑相适应原则，所以要树立“罚不当罪，量刑畸轻畸重”同样是错案的观念。

（二）纠正重刑主义的错误思想

重刑主义又称重典主义，是指以严刑酷罚、轻罪重刑和原心论罪等为主要特征的刑罚思想。重刑主义是古代社会刑罚思想的一大特色，世界各国概莫能外。在中国古代社会，重刑主义历史久远，并且对近现代社会产生了深刻的影响。在尊重与保障人权的今天，重刑主义已逐渐失去市场，但应警惕其抬头。因此，应从尊重与保障人权的宪法原则出发，遵守罪责刑相适应原则，强化量刑公正的司法观念，避免重刑主义思想抬头。

（三）纠正不同法院对相同类型案件的处罚轻重不一致现象

近年来，最高人民法院、最高人民检察院指导性案例的政策导向作用日渐凸显，这对解决类案异判、实现类案类判具有促进作用，刑事指导性案例对推动量刑均衡有指导作用。我国指导性案例由最高人民法院、最高人民检察院分别发布，已在司法实践中应用。

（四）合理衔接刑罚措施与非刑罚处罚措施的适用

在现行刑法中，除设置了刑罚体系外，还设置了非刑罚体系。这就是《刑法》第37条针对“犯罪情节轻微不需要判处刑罚的，可以免予刑事处罚”而设置的非刑罚处罚措施：训诫、具结悔过、赔礼道歉、赔偿损失、行政处罚、行政处分。从理论上说，刑罚措施与非刑罚处罚措施都是针对已经成立的犯罪而言的，不过刑罚措施适用于不是犯罪情节轻微而需要判处刑罚的犯罪行为，非刑罚处罚措施适用于“犯罪情节轻微不需要判处刑罚的，可以免予刑事处罚”的行为。因此，要正确理解和适用非刑罚处罚措施，做好刑罚措施与非刑罚处罚措施的衔接。

思考题

1. 罪刑法定原则的派生原则有哪些？
2. 如何理解公平正义与罪责刑相适应原则的关系？
3. 如何理解适用刑法人人平等原则与刑罚个别化的关系？

阅读书目

1. 张军：《刑法基本原则适用》，中国人民公安大学出版社2012年版。
2. 孙道萃：《罪责刑关系论》，法律出版社2015年版。
3. 刘军：《罪刑均衡的理论基础与动态实现》，法律出版社2015年版。
4. 彭凤莲：《中国罪刑法定原则的百年变迁研究》，中国人民公安大学出版社2007年版。

第三章　刑法的效力

“法律效力”主要有两方面的含义：一是泛指法律的约束力，即规范效力；二是指法律的适用效力。本章是在第二种意义上探讨刑法的适用效力。刑法的效力包括空间效力和时间效力。

第一节　刑法的空间效力

一、刑法空间效力的概念和意义

（一）刑法空间效力的概念

刑法的空间效力，是指刑法在什么地方、对什么人具有法律效力，还涉及对国际犯罪的效力和对外国判决的承认问题。刑法的空间效力解决的是国家刑事管辖权问题。刑事管辖权的确立，各国往往根据各自社会政治、历史传统的实际情况，对其作出符合国情的规定。从各国刑法及国际条约的规定来看，一国刑法不仅能适用于本国领域内的行为，而且在一定条件下适用于本国领域外的行为。当然，刑法在国外的适用受到国际法的制约。

（二）刑法空间效力的意义

刑法空间效力，旨在解决刑事管辖权范围问题。其核心是维护国家主权和协调国际关系，其意义重大，历来为各国和各个地区的刑法所重视。

清朝末年，随着西方列强的入侵，中国的司法主权也遭受了侵害。通过1843年《中英五口通商章程》、1844年《中美望厦条约》等一系列不平等条约，西方列强给中国强加了“领事裁判权”——中国与英美法等享有领事裁判权国家的国民之间的民刑事案件，依被告主义，均由被告所属国法院或领事法庭管辖，简单地说就是，外国人在中国犯罪，中国却无权管辖。

新中国成立之后，领事裁判权才被彻底废除。时至今日，在中国共产党的领导下，中国从站起来，到富起来，再到强起来，在实现中华民族伟大复兴的进程中，学习研究刑法的空间效力，具有重大的时代意义。

在百年未有之大变局的背景下，中国面临的国际形势异常复杂，不管是避免重蹈领事裁判权的覆辙，还是具有国家各项重大战略的实施，都需要司法主权的强力保障。党的十九届四中全会决定指出，加强重要领域立法，加快我国法域外适用的法律体系建设，以良法保障善治。习近平法治思想的核心要义之一是要“坚持统筹推进国内法治和涉外法治”。这些都凸显了刑法空间效力的重大时代意义，也是我们法律人的时代使命。

二、刑法属地原则及我国刑法关于属地管辖权的立法规定

（一）刑法属地原则的概念

刑法属地原则，亦称犯罪地主义或属地管辖权。不论犯罪人或被害人的国籍和犯罪性质如何，只要在本国领域内犯罪，一律适用本国刑法。这是各国在刑事管辖权上采取的基本原则。

（二）我国刑法关于属地管辖权的立法规定

《刑法》第6条第1款规定：“凡在中华人民共和国领域内犯罪的，除法律有特别规定的以外，都适用本法。”第2款规定：“凡在中华人民共和国船舶或者航空器内犯罪的，也适用本法。”第3款规定：“犯罪的行为或者结果有一项发生在中华人民共和国领域内的，就认为是在中华人民共和国领域内犯罪。”这三款是我国刑法关于属地管辖权的完整规定。

1.“中华人民共和国领域”的含义

中华人民共和国领域包括以下组成部分：领陆、领水与领空及其底土。

领陆是指一国疆界以内的全部陆地，包括一国的大陆领土及其所属岛屿。《中华人民共和国领海及毗连区法》规定：“中华人民共和国的陆地领土包括中华人民共和国大陆及其沿海岛屿、台湾及其包括钓鱼岛在内的附属各岛、澎湖列岛、东沙群岛、西沙群岛、中沙群岛、南沙群岛以及其他一切属于中华人民共和国的岛屿。”

领水包括内水及领海。内水指一国境内的河流、湖泊、运河、河口、港口、内海湾、内海峡，以及领海基线以内的海域。我国领海基线向陆地一侧的水域为我国的内水。根据国际惯例，对停留在我国内水的外国船舶上发生的刑事案件，如果没有影响我国沿海地区的安宁，我国一般不行使刑事管辖权。我国领海为邻

接我国陆地领土和内水的一带海域，宽度为12海里。外国船只在我国领海享有“无害通过权”。

领空是指以地球中心为顶点，由与国家在地球表面的领陆和领水的边界线相垂直的直线所包围的圆锥形立体空间。我国的领陆和领水之上的空域为我国领空。中华人民共和国对领空享有完全的、排他的主权。例如，外国人乘坐外国民航飞机进入中国领空后实施犯罪行为，适用我国刑法。

底土是指领陆和领水之下的地壳部分，包括其中的地下水、水床和资源等。我国领陆和领水之下的地壳部分就是我国的底土。

2.“法律有特别规定”的含义

《刑法》第6条第1款规定的“法律有特别规定”，主要有以下几方面。

（1）《刑法》第11条规定：“享有外交特权和豁免权的外国人的刑事责任，通过外交途径解决。”[①]外交特权与豁免权，是指一个国家为了保证和便利驻在本国的外交代表、外交代表机关以及外交人员执行职务，而给予其一种特殊权利和待遇。这是各国之间按照平等、相互尊重的原则，根据国际公约、协议和国际惯例而相互给予的。全国人大常委会根据国际公约的精神，制定了《中华人民共和国外交特权与豁免权条例》。该条例规定：“外交代表人身不受侵犯，不受逮捕或者拘留。有关机关应当采取适当措施，防止外交代表的人身自由和尊严受到侵犯。”“外交代表享有刑事管辖豁免”。外交特权与豁免包括：人身不可侵犯，办公场所、住所和文书档案不可侵犯，免纳关税，不受驻在国的司法管辖，等等。享有外交特权与豁免权的外国人主要包括：外国的国家元首、政府首脑、外交部部长；外国驻本国的外交代表、大使、公使、代办和同级别的人、具有外交官衔的使馆工作人员以及与他们共同生活的配偶与未成年子女等；执行职务的外交使差；根据我国同其他国家订立的条约、协定享受若干特权和豁免权的商务代表；经我国外交部核定享受若干特权和豁免权的人员；总领事、领事、副领事、领事代理人、名誉领事和其他领馆人员。上述享有外交特权与豁免权的外国人触犯我国刑法的行为，并非不构成犯罪，而是犯罪了不交付我国法院审判，他们的刑事责任通过外交途径解决。比如，要求派遣国召回；建议派遣国依法处理；对罪行严重的，由我国政府宣布其为“不受欢迎的人”，限期出境。

（2）《刑法》第90条规定：“民族自治地方不能全部适用本法规定的，可以由自治区或者省的人民代表大会根据当地民族的政治、经济、文化的特点和本法规

①《维也纳外交关系公约》（我国1975年加入）规定，各国驻外大使馆、领事馆不受驻在国的司法管辖而只接受本国的司法管辖。

定的基本原则，制定变通或者补充的规定，报请全国人民代表大会常务委员会批准施行。”

（3）其他法律中作出的特别规定，例如香港和澳门特别行政区基本法中的有关规定等；再如《刑法》颁布后国家立法机关制定的刑法修正案、特别刑法，出现法条竞合时，根据新法优于旧法、特别法优于普通法的原则，不适用《刑法》的相关条款。

3.“中华人民共和国船舶与航空器”的含义

传统理论上把一国的船舶和航空器视为其浮动领土或拟制领土，这被称为旗国主义。中国的船舶和航空器也属于中国领土。船舶和航空器采用的是登记地主义，而不是购买国籍主义。“凡在中华人民共和国船舶或者航空器内犯罪的，也适用本法。”这一规定的核心是船舶和航空器属于中国，包括挂有中国国旗的船舶和航空器，那么在其内犯罪就归中国管辖。例如，外国人乘坐中国民航飞机进入外国领空后实施犯罪行为，适用我国刑法。但是从国际法角度，旗籍国并不对悬挂本国国旗的船舶、航空器享有排他性的主权。我国《刑法》第6条第2款的规定，没有排除有关国家对发生在我国船舶和航空器内的犯罪行使管辖权；没有排除我国对发生在我国之内的外国船舶和航空器内的犯罪行使管辖权。

【案例3-1-01】2011年10月5日，两艘中国商贸船只在湄公河“金三角”地区水域遭劫持，13名中国籍船员在湄公河泰国水域被枪杀。中国、泰国、缅甸、老挝四国警方查明，湄公河“金三角”地区特大武装贩毒集团首犯糯康及其骨干成员与泰国个别不法军人勾结策划、分工实施了“10.5”案件。根据我国刑事管辖权的规定，该案可以适用我国刑法。

4.犯罪地的确定

对于以什么因素为标准确定犯罪发生在本国领域内，有几种观点与立法例。一是行为地说，认为犯罪是行为，故行为发生在本国领域内才认为是在本国领域内犯罪。二是结果地说，主张犯罪的实质是侵害或威胁法益，故该种结果发生在本国领域内才认为是在本国领域内犯罪。三是中间地说，认为行为的中间影响地或中间结果地也是犯罪地。四是遍在说，认为行为实施地与结果发生地都是犯罪地，行为或结果有一项发生在本国领域内，就适用本国刑法。

我国《刑法》第6条第3款采取了遍在说。只要一部分行为或一部分结果发生在我国领域内时，都应认为是在我国领域内犯罪。例如从中国运输枪支到国外，从国外贩卖毒品到中国，都认为是在我国领域内犯罪。根据遍在说，在未遂犯场合，行为地与行为人希望结果发生之地、可能发生结果之地，都是犯罪地。在共同犯罪场合，共同犯罪行为有一部分发生在本国领域内或共同犯罪结果有一部分发生在本国领域内，就认为是在本国领域内犯罪。例如，外国人乘坐外国民航飞机进入中国领空后实施犯罪行为，外国人乘坐中国民航飞机进入别国领空后实施犯罪行为，某外国商人在我国领域内犯重婚罪，外国人或者无国籍人拐卖外国妇女到我国境内被查获的，中国司法机关均具有刑事管辖权。

【案例3-1-02】甲在国外教唆乙到中国境内实施绑架行为，中国司法机关对甲的教唆犯罪具有刑事管辖权。

网络犯罪的属地管辖如何确定？针对或利用计算机网络实施的犯罪，犯罪地包括用于实施犯罪行为的网络服务使用的服务器所在地，网络服务提供者所在地，被侵害的信息网络系统及其管理者所在地，犯罪过程中被告人、被害人使用的信息网络系统所在地，以及被害人被侵害时所在地和被害人财产遭受损失地等[①]。电信网络诈骗犯罪地，除《最高人民法院、最高人民检察院、公安部关于办理电信网络诈骗等刑事案件适用法律若干问题的意见》规定的犯罪行为发生地和结果发生地外，还包括：①用于犯罪活动的手机卡、流量卡、物联网卡的开立地、销售地、转移地、藏匿地；②用于犯罪活动的信用卡的开立地、销售地、转移地、藏匿地、使用地以及资金交易对手资金交付和汇出地；③用于犯罪活动的银行账户、非银行支付账户的开立地、销售地、使用地以及资金交易对手资金交付和汇出地；④用于犯罪活动的即时通讯信息、广告推广信息的发送地、接受地、到达地；⑤用于犯罪活动的“猫池”（Modem Pool）、GOIP设备、多卡宝等硬件设备的销售地、入网地、藏匿地；⑥用于犯罪活动的互联网账号的销售地、登录地[②]。

三、刑法属人原则及我国刑法关于属人管辖权的立法规定

（一）刑法属人原则

刑法属人原则，亦称国籍原则，解决的是属人管辖权问题。凡本国人犯罪，不论犯罪行为发生在本国内还是本国外，也不论被害人是否本国人，一律适用本

① 参见《最高人民法院关于适用〈中华人民共和国刑事诉讼法的解释〉》第2条。

② 参见《最高人民法院 最高人民检察院 公安部关于办理电信网络诈骗等刑事案件适用法律若干问题的意见(二)》第1条。

国刑法。但该原则通常解决的是本国公民在本国领域外犯罪的管辖问题。

（二）我国刑法关于属人管辖权的立法规定

《刑法》第7条第1款规定："中华人民共和国公民在中华人民共和国领域外犯本法规定之罪的，适用本法，但是按本法规定的最高刑为三年以下有期徒刑的，可以不予追究。"我国公民在我国领域外犯罪的，无论按照当地法律是否认为是犯罪，亦无论罪行是轻是重，以及是何种罪行，也不论其所犯罪行侵犯的是何国或何国公民的利益，原则上都适用我国刑法。只是按照我国刑法的规定，该中国公民所犯之罪的法定最高刑为3年以下有期徒刑的，才可以不予追究。所谓"可以不予追究"，也意味着我国公民在我国领域外实施的犯罪行为，按照刑法规定的最高刑为3年以下有期徒刑的，也可以适用中国刑法追究刑事责任。这表明我国采取的是积极的属人主义，即不论行为是否在行为地受到处罚，都可以根据我国刑法加以处罚。此处的最高刑是指根据案件具体情况应当适用的法定刑幅度的最高刑。同时，除国家工作人员和军人外，刑法原则上只对我国公民在我国领域外实施的重罪行使管辖权，所以又是一种有限制的属人管辖原则。

中华人民共和国公民，是指具有中华人民共和国国籍的人，包括定居在外国而没有取得外国国籍的华侨、临时出国的人员，以及已经取得我国国籍的外国血统的人。根据我国《国籍法》的规定，我国不承认双重国籍，定居在国外的我国公民，凡自愿加入或取得外国国籍的，即自动丧失我国国籍，不再属于我国公民。

《刑法》第7条第2款规定："中华人民共和国国家工作人员和军人在中华人民共和国领域外犯本法规定之罪的，适用本法。"该款是针对我国国家工作人员与军人这两类特殊主体在我国领域外实施本法规定之罪的管辖规定，即一律适用我国刑法的规定。

国家工作人员，根据《刑法》第93条的规定，是指国家机关中从事公务的人员；国有公司、企业、事业单位、人民团体中从事公务的人员和国家机关、国有公司、企业、事业单位委派到非国有公司、企业、事业单位、社会团体从事公务的人员，以及其他依照法律从事公务的人员，以国家工作人员论。全国人大常委会专门对《刑法》第93条规定的"依照法律从事公务的人员"作了立法解释，规定村民委员会等村基层组织人员协助人民政府从事下列行政管理工作，属于《刑法》第93条第2款规定的"其他依照法律从事公务的人员"：①救灾、抢险、防汛、优抚、扶贫、移民、救济款物的管理；②社会捐助公益事业款物的管理；③国有土地的经营和管理；④土地征收、征用补偿费用的管理；⑤代征、代缴税款；

⑥有关计划生育、户籍、征兵工作；⑦协助人民政府从事其他行政管理工作。

军人，根据《刑法》第450条的规定，包括中国人民解放军的现役军官、文职干部、士兵及具有军籍的学员和中国人民武装警察部队的现役警官、文职干部、士兵及具有军籍的学员以及文职人员、执行军事任务的预备役人员和其他人员。

我国属人管辖权的规定表明，我国的国家工作人员或者军人在域外犯罪，不论其所犯之罪按照我国刑法的规定法定最高刑是否为3年以下有期徒刑，我国司法机关都要追究其刑事责任。这体现了对国家工作人员和军人在域外犯罪管辖应从严要求。

【案例3-1-03】2016年11月3日凌晨，中国女留学生江某在日本被另一中国留学生陈某峰杀害。2017年12月20日，日本东京地方裁判所当庭宣判，以故意杀人罪和恐吓罪判处被告人陈某峰惩役20年。对在日本犯罪的陈某峰，根据我国属人管辖权的立法规定，能适用我国刑法追究其刑事责任。

四、刑法保护管辖原则及我国刑法关于保护管辖权的立法规定

（一）刑法保护管辖原则

保护管辖原则，亦称保护主义或自卫原则。不论犯罪人是何国人，也不论犯罪地在本国领域内外，只要侵害了本国国家或公民利益，均适用本国刑法。

由于犯罪行为往往涉及国与国之间的主权关系，并且在一国认为是犯罪的行为在他国不一定认为是犯罪，故各国采用这一原则时一般都会加以限制。

（二）我国刑法关于保护管辖权的立法规定

《刑法》第8条规定：“外国人在中华人民共和国领域外对中华人民共和国国家或者公民犯罪，而按本法规定的最低刑为三年以上有期徒刑的，可以适用本法，但是按照犯罪地的法律不受处罚的除外。”适用保护管辖原则受三个条件的限制：①所犯之罪必须侵犯了我国国家或公民的利益；②所犯之罪最低刑为3年以上有期徒刑；③所犯之罪按犯罪地的法律也应受处罚。根据我国《反恐怖主义法》第11条，对在我国领域外对我国国家、公民或者机构实施的恐怖活动犯罪，我国行使刑事管辖权，依法追究刑事责任。这是保护管辖权在《反恐怖主义法》中的体现。

【案例3-1-04】2017年6月9日，中国访问学者章某某在伊利诺伊大学香槟分

校附近上了一辆黑色轿车，然后失联。随后，美国警方逮捕了27岁的白人男子克里斯滕森。历经长达768天的调查，2019年7月18日，美国伊利诺伊州皮奥里亚的联邦法庭判处章某某案被告人克里斯滕森终身监禁。该案根据我国保护管辖的刑法规定，能适用我国刑法进行管辖。

事实上，外国人在中国领域外对中国公民犯罪的，即使按照中国刑法的规定，该罪的最低刑为3年以上有期徒刑，也可能不适用中国刑法。要实际行使保护管辖权存在着一定的困难，因为犯罪人是外国人，犯罪地点又在国外，如果该犯罪人不能引渡过来，或者没有在我国领域内被抓获，我们就无法对其进行刑事追究。但是，如果刑法对此不加以规定，就等于放弃自己的管辖权，不利于保护我国国家或者公民的利益。因此，作出这样的规定，是要在法律上表明我们的立场，这对于保护我国国家利益，保护我国驻外工作人员、考察访问人员、留学生、侨民的利益是完全必要的。

五、刑法普遍管辖原则及我国刑法关于普遍管辖权的立法规定

（一）刑法普遍管辖原则

普遍管辖原则，又称普遍管辖权或世界性原则，是国际法原则之一。无论被控犯罪之人的国籍、居住国或与起诉国关系如何，即使该罪行是在起诉国领土之外犯下的，该国也可以对该人行使刑事管辖权。由于所犯罪行被认为是危害全人类的，并且罪行极为严重，不容有管辖权投机，因此任何国家都有权对其加以惩罚。该原则是上述三个原则的补充与例外。

（二）我国刑法关于普遍管辖权的立法规定

《刑法》第9条规定："对于中华人民共和国缔结或者参加的国际条约所规定的罪行，中华人民共和国在所承担条约义务的范围内行使刑事管辖权的，适用本法。"

采用普遍管辖原则，主要是为了防止国际犯罪。20世纪70年代以来，为了加强国际合作，应对不断加剧的国际犯罪活动，国际社会先后签订了一系列公约。我国加入了《防止及惩治灭绝种族罪公约》《联合国打击跨国有组织犯罪公约》等国际公约。适用该原则受到一定限制：①在适用主体上，不适用于享有外交特权和豁免权的外交代表；②在适用对象上，必须针对各国普遍认同的危害人类共同利益的国际犯罪适用，而不是适用于任何犯罪；③管辖国应是有关国际条约的缔

约国，意即只能在有关国际条约的缔约国之间适用，而不是可以在任何国家间适用；④管辖国的国内刑法也规定该行为是犯罪；⑤缔约国只能在本国主权所及范围内适用，即只能在本国主权所及范围内对实施国际犯罪的罪犯予以刑事管辖，而不能在本国主权范围之外无视别国主权去行使。根据我国《反恐怖主义法》第11条，对实施的我国缔结的、参加的国际条约所规定的恐怖活动犯罪，我国行使刑事管辖权，依法追究刑事责任。这是普遍管辖在《反恐怖主义法》中的体现。

普遍管辖原则的确立，是我国参与反国际犯罪斗争、行使捍卫整个人类权益之职责和履行国际法义务的必然要求。根据该原则审理的罪犯，其实体法的适用根据是国内刑法，而非国际公约。

【案例3-1-05】中国法院适用普遍管辖原则对劫持航空器的丙行使管辖权时，定罪量刑的依据不是中国缔结或者参加的国际条约，而是我国刑法。

上述各种原则，孤立地看，都有它的正确性，但也有其局限性，故都不能只取其一，而排斥其他。现代世界各国刑法，都是采用属地原则为主，兼采其他原则。我国刑法有关空间效力的规定，采取的也是这样的混合刑事管辖权体制。

六、对外国刑事判决的承认

（一）对外国刑事判决承认的类型

对外国刑事判决的承认分为积极承认与消极承认。

积极承认，是指在本国具有刑事管辖权的行为，受到外国确定的有罪判决时，将该犯人移到本国后，执行外国所确定的有罪判决；如果犯罪人在外国已将确定的刑罚执行完毕，或者外国法院虽宣告有罪但免除刑罚，或者对行为人做出无罪判决，则本国不再追诉。

消极承认，是指外国确定的刑事判决不制约本国刑罚权的实现，即不管外国确定的是有罪判决还是无罪判决，对同一行为本国可行使审判权，但对外国判决及刑罚执行的事实，给予考虑。

（二）我国刑法关于对外国刑事判决承认的规定

《刑法》第10条规定："凡在中华人民共和国领域外犯罪，依照本法应当负刑事责任的，虽然经过外国审判，仍然可以依照本法追究，但是在外国已经受过刑罚处罚的，可以免除或者减轻处罚。"这一规定所采取的便是消极承认的做法。消极承认的规定表明我国法律的独立性和国家主权的不受干预性，外国的审判对我国没有约束力。但从实际合理与国际合作角度出发，为使被告人免受过重的双重处罚，该条又规定在外国已经受过刑罚处罚的，可以免除或者减轻处罚。这样，既维护了国家主权，又从人道主义出发对被告人的具体情况作了实事求是的考虑，体现了原则性与灵活性的统一。

第二节　刑法的时间效力

刑法的时间效力涉及的是刑法发生效力的时段。

一、刑法时间效力的概念

刑法的时间效力，是指刑法从何时起至何时止具有适用效力，包括生效时间、失效时间和溯及力。

二、刑法的生效时间

刑法的生效时间一般有两种规定方式：一是从公布之日起生效，这种方式通常为单行刑法施行所采用。二是公布之后经过一段时间再施行，这种方式通常为《刑法》实施所采用。

三、刑法的失效时间

刑法的失效时间通常有两种规定方式：一是由国家立法机关明确宣布某些法律失效。如《刑法》第452条第2款规定，列于附件一的《关于惩治走私罪的补充规定》等15部单行刑法，自1997年10月1日起予以废止。二是自然失效。即新法施行后代替了同类内容的旧法，或由于原来的特殊立法条件已经消失，旧法自行废止。如《刑法修正案（十一）》对《刑法》中相关内容的修订取代，被取代的内容在《刑法修正案（十一）》生效后自行失效。

四、刑法的溯及力

（一）刑法溯及力的概念及原则

刑法的溯及力，是指刑法生效后，对于其生效以前未经审判或者判决尚未确定的行为是否适用的问题。如果适用，就是有溯及力，如果不适用，就是没有溯及力。世界各国刑事立法关于溯及力大致包括以下几种原则：从旧原则、从新原则、从新兼从轻原则、从旧兼从轻原则。

从旧原则是指一个新的刑事法律制定生效后，对以前发生的未经审判或判决未确定的犯罪行为，不论新旧法刑罚的轻重，一律适用行为时的旧法，新法没有溯及既往的效力。

从新原则是指新的刑事法律制定生效后，对以前发生的未经审判或判决未确定的犯罪行为，具有溯及效力，一律适用新法。

从新兼从轻原则是指对新刑事法律生效后的未经审判或判决未确定的犯罪行为，原则上适用判决时的新法，但旧法处罚较轻时则适用旧法。该原则认为新法具有普遍追溯力，但旧法规定较轻时例外。

从旧兼从轻原则是指对新刑事法律生效后的未经审判或判决未确定的犯罪行为，原则上适用行为时的旧法，但新法处罚较轻时则适用新法。意即除了对非犯罪化、从宽惩罚或其他有利于行为人的规定之外，刑法不得有溯及既往的效力。它是刑法罪刑法定原则中从旧原则的发展。

（二）我国刑法中的溯及力原则

《刑法》第12条第1款规定："中华人民共和国成立以后本法施行以前的行为，如果当时的法律不认为是犯罪的，适用当时的法律；如果当时的法律认为是犯罪的，依照本法总则第四章第八节的规定应当追诉的，按照当时的法律追究刑事责任，但是如果本法不认为是犯罪或者处刑较轻的，适用本法。"此即从旧兼从轻原则。本条中的"处刑较轻"，是指刑法对某种犯罪规定刑罚即法定刑比修订前刑法轻。法定刑较轻是指法定最高刑较轻；如果法定最高刑相同，则指法定最低刑较轻。如果刑法规定的某一犯罪只有一个法定刑幅度，法定最高刑或者最低刑是指该法定刑幅度的最高刑或者最低刑；如果刑法规定的某一犯罪有两个以上的法定刑幅度，法定最高刑或者最低刑是指具体犯罪行为应当适用的法定刑幅度的最高刑或者最低刑。同时，该条第2款规定："本法施行以前，依照当时的法律已经作出的生效判决，继续有效。"

在新刑法生效以前发生的犯罪，应区别不同情况处理：①当时的法律不认为是犯罪，而新刑法认为是犯罪的，适用当时的法律，新刑法无溯及力。②当时的法律认为是犯罪，而新刑法不认为是犯罪的，只要该行为在新刑法施行以前尚未处理或者处理尚未确定的案件，就应适用新刑法，新刑法有溯及力。③当时的法律认为是犯罪，且依照刑法总则第四章第八节的规定应当追诉的，按照当时的法律追究刑事责任，新刑法无溯及力。但新刑法不认为是犯罪或者处刑较轻的，则应适用新刑法，新刑法有溯及力。④如果依当时的法律已经作出了生效判决，该判决继续有效，新刑法无溯及力。⑤按照审判监督程序重新审判的案件，适用行为时的法律。

立法解释的时间效力如何确定？根据《立法法》第50条的规定，全国人民代表大会常务委员会的法律解释的时间效力与它所解释的法律时间效力相同。

司法解释的时间效力如何确定？司法解释是最高人民法院对审判工作中具体应用法律问题和最高人民检察院对检察工作中具体应用法律问题所作的具有法律效力的解释，自发布或者规定之日起施行，效力适用于法律的施行期间。对于司法解释实施前发生的行为，行为时没有相关司法解释，司法解释施行后尚未处理或者正在处理的案件，依照司法解释的规定办理。对于新的司法解释实施前发生的行为，行为时已有相关司法解释，依照行为时的司法解释办理，但适用新的司法解释对犯罪嫌疑人、被告人有利的，适用新的司法解释。即新旧司法解释之间，同样遵循从旧兼从轻原则。

【案例3-2-01】甲在2010年受贿500万，2016年司法解释规定受贿罪“数额特别巨大”的标准为300万元，假设2017年司法解释规定受贿罪“数额特别巨大”的标准为600万元，甲在2018年被抓获，应适用新的司法解释，不能认定为受贿“数额特别巨大”。

【案例3-2-02】1997年《刑法》原来规定，生产、销售有毒、有害食品罪为具体危险犯，只有造成具体的危险才能定罪。2011年《刑法修正案（八）》将该罪规定为抽象危险犯，只要实施了生产、销售行为，就认为有抽象的危险，应以犯罪论处。丙于2010年实施了生产、销售有毒、有害食品的行为，但并没有造成具体危险状态，于2018年被抓获。甲的行为不能适用《刑法修正案（八）》以犯罪论处。

思考题

1. 如何理解刑法空间效力的意义？
2. 我国刑事管辖权体制是怎样的？
3. 我国刑法的溯及力是如何规定的？

阅读书目

1. 王新清：《刑事管辖权基本问题研究》，中国人民大学出版社2014年版。

2. 时延安：《刑事管辖制度适用》，中国人民公安大学出版社2012年版。

3. 高秀东：《刑事管辖权专题整理》，中国人民公安大学出版社2010年版。

第四章　犯罪概说

犯罪问题是刑法学的基本问题，整个刑法围绕犯罪展开，没有犯罪就没有刑罚，犯罪是刑罚理论建立的前提。犯罪论是刑法学理论的核心内容，主要研究“什么是犯罪”“为什么是犯罪”以及“如何认定犯罪”等问题。

第一节　犯罪的概念

犯罪的概念是犯罪理论建立的基石。在刑法理论中关于犯罪概念存在着多种理解。

一、犯罪概念的历史沿革

（一）原始社会没有犯罪概念

据我国古籍记载，“罪”字的源体为“辠”，原意是列人食肉。夏代以后，“辠”才成为各种罪名的概括语，其含义，《墨子》注为“辠，犯禁也”，《说文解字》注为“辠，犯法也”。什么是“犯”呢？《史记・天官书》集解：“自下触之曰犯。”可见，犯罪是统治者所禁止的行为、不容许的现象。但犯罪是人类社会发展到一定阶段的产物，原始社会不存在犯罪概念。我国古书对此有生动的记载，如《礼记・礼运篇》：“大道之行也，天下为公。选贤与能，讲信修睦。故人不独亲其亲，不独子其子，使老有所终，壮有所用，幼有所长，鳏寡孤独废疾者皆有所养，男有分，女有归。货恶其弃于地也，不必藏于己；力恶其不出于身也，不必为己。是故谋闭而不兴，盗窃乱贼而不作，故外户而不闭，是谓大同。”但古今中外，也有一些学者提出了犯罪概念与人类共始终的观点。

（二）奴隶制国家关于犯罪的概念

奴隶制国家法律上没有关于犯罪概念的一般规定，其犯罪概念的基本点就是着重强调犯罪是对神意的违反。特点主要有以下几个方面。

1.假借神意，宣扬天罚

古巴比伦王国的第六代国王汉穆拉比，在《汉穆拉比法典》序言中，宣布自己是神或诸神的代理人，是受神的委托而治理国家的。我国奴隶社会的统治者也大搞“君权神授”，宣称行为人“获罪于天”，所以天子不得不“恭行天罚”。司法中各国大都运用神明裁判法，我国也有神兽裁判的传说。

2.在认定与惩罚犯罪上，习惯法与成文法并存

习惯法大体有：①行为人是否有罪，取决于被害者及其亲属的意见，如雅典刑法。②在证据不能认定事件真相时，采取宣誓或神明裁判的方法来确定罪与非罪，这在《汉穆拉比法典》和《摩奴法典》中都有规定。③保留了某些同态复仇、血亲复仇的习惯，如《汉穆拉比法典》规定：自由民损坏他人的眼睛，则“应毁其眼”；击落同等自由民的牙齿，也“应击落其齿”。

奴隶制时期已出现了成文法，不过该时期的成文法基本上是习惯法的汇编。例如古罗马颁布的第一部成文法典《十二铜表法》，就是平民为了限制贵族随意解释习惯法而要求将其成文化的结果。前述《汉谟拉比法典》和《摩奴法典》也有系统记载习惯法。中华法系奴隶制国家也制定有成文法，如夏朝的“禹刑”，商朝的“汤刑”，周公旦制定的《周礼》等，这些成文法实际上都是习惯法汇编。由于统治者信奉“刑不可知，则威不可测”，并没有将这些法律公布于众。中华法系最早公布的成文法是公元前536年郑国执政子产的铸刑书于铁鼎，这比古罗马的《十二铜表法》要早80多年[①]。

3.罪出一人，罪刑擅断

国王、君主是最高的立法者。司法时，法官或君主时而不顾法律的规定，按个人意志定罪量刑。中国古代在没有公开的成文法时，“议事以制”，但有了公开的成文法后，官吏仍不依法判案，帝王的意志、命令，就是法律的一种形式，甚至其法律效力高于其他一切法律。在欧洲，罪刑擅断不仅在君主制国家存在，在共和制国家也盛行，如古希腊法律规定，法官可以临时根据个人的信念决定罪与刑。

（三）封建制国家关于犯罪的概念

封建制法律对犯罪的一般概念未作出规定，人们对犯罪概念的认识还停留在对具体行为描述的水平上。我国封建社会中后期，对什么是犯罪的基本看法和观念则进一步复杂化、多样化。《唐律》之首篇《名例律》已具有了若干总则性的一

① 参见杨峥嵘:《中华法系与大陆法系比较研究》,载《当代法学》2001年第1期。

般规定，并将犯罪分为公罪与私罪："公罪，谓缘公事致罪而无私曲者"，"私罪，谓私自犯、及时制作不以实，受请枉法之类"。《大清新刑律》第10条规定："法律无正条者，不问何种行为不为罪。"上述情况表明，犯罪的一般概念已较明显地出现在法制史上了。

在西方，犯罪概念的历史发展与中国不同。早在罗马法时代，古罗马第一部成文法《十二铜表法》中，就赋予了犯罪的一般社会意义，分类规定了"私犯、公罪"。而在以后的日耳曼法中，并未进一步对犯罪的一般概念进行规定。这导致了在相当长的一个时期，人们都把犯罪当做侵害个人的行为，由私人进行报复或赔偿了事。至欧洲中世纪，犯罪概念基本上成了神学概念，教会的信条成了政治信条，圣经的词句在法庭上拥有至高无上的法律效力，一切都从属于宗教神学。

（四）资产阶级国家关于犯罪的概念

资产阶级国家关于犯罪一般概念的规定和理解，大致可分为两种。

1.犯罪的形式概念

犯罪的形式概念，起源于19世纪初西方资本主义国家的刑法规定，仅从法律特征上给予定义，而未涉及犯罪的本质特征。在西方国家刑法理论和刑事立法中，犯罪的形式概念较为普遍。其共同点是把犯罪概括为违反刑事法律并且应当受到刑罚处罚的行为，不过在具体表述方式上存在不同，主要有以下几种。

其一，从违反刑事法律规范角度定义犯罪。例如，1985年修订的《新加坡刑法典》第40条第2款规定，"犯罪"是指应受到该法典所规定的刑罚处罚的行为或者应受到当时有效的法律所规定的刑罚处罚的行为。1930年《意大利刑法典》第39条规定，刑法规定应处罚之可罚性行为分为犯罪行为及违警行为。

其二，从犯罪的法律后果定义犯罪，认为犯罪是依法应受刑罚惩罚的行为。例如1810年《法国刑法典》第1条规定，法律以违警罚所处罚之犯罪，称违警罪；法律以惩治刑所处罚之犯罪，称轻罪；法律以身体刑或名誉刑所处罚之犯罪，称重罪。该条规定的违警罪、轻罪、重罪已成为世界上许多国家通行的犯罪三分法。又如，1937年《瑞士刑法典》第1条规定，凡是用刑罚威胁所确实禁止的行为，就是犯罪行为。

其三，从犯罪成立条件定义犯罪。例如日本刑法学者福田平和大塚仁认为："所谓犯罪就是具备构成要件的、违法的、有责的行为。"①这种犯罪定义主要见于

①［日］福田平、大塚仁：《日本刑法总论讲义》，李乔等译，辽宁人民出版社1986年版，第38—39页。

德日刑法。

其四，从确认犯罪的诉讼程序来定义犯罪，认为犯罪是能够引起刑事诉讼程序的行为。例如，格兰威尔·威廉在其《刑法教科书》中将犯罪定义为："犯罪是一种可以提起刑事诉讼并导致刑罚的违法行为。"[①]又如，在史密斯和霍根合著的《英国刑法》一书中，将犯罪看作是法院认定或者国会规定的，依照刑事诉讼程序加以处理的错误行为。这种犯罪定义多为英美刑法采用。

形式的犯罪概念体现了"法无明文规定不为罪"的罪刑法定思想，将犯罪的成立范围严格限制在法律所规定的范围之内，对于限制国家的刑罚权、保障公民的人权具有积极意义。不过，形式的犯罪概念只是单纯描述了犯罪的法律特征，而没有揭示犯罪的实体内容和应用本质。

2.犯罪的实质概念

犯罪的实质概念，仅揭示犯罪的本质特征而不涉及其法律特征。所有资产阶级国家刑法基本上都没有这种定义，但某些学者提出过自己的主张，在对犯罪本质的认识上，有的从犯罪与社会的关系认识犯罪，如贝卡里亚在其巨著《论犯罪与刑罚》中指出，衡量犯罪的真正标尺，即犯罪对社会的危害。又如英国的边沁认为，犯罪就是给社会造成痛苦大于快乐的邪恶行为。有的从犯罪与被害人权利的关系定义犯罪，如康德认为，犯罪的本质就在于犯罪人为了实现个人的自由而实施侵害他人自由的行为。又如黑格尔认为，犯罪是对他人权利的一种侵犯行为，是对权利普遍性的否定，换言之，也就是对法律秩序的否定。有的从犯罪与道德的关系来定义犯罪，认为犯罪是出于不道德的动机而实施的不道德行为。还有的从犯罪与法益的关系来认识犯罪，如德国刑法学家李斯特认为，犯罪的本质在于"对社会共同法益的侵害"。

这些犯罪概念力图从犯罪与社会、权利、道义、法益关系等角度揭示犯罪本质，对犯罪的认识比犯罪的形式概念更为深入，但是这些定义不仅回避了犯罪的阶级实质，而且几乎所有定义都不与刑法相联系，带有很大的任意性。

（五）犯罪概念的发展

随着犯罪概念的发展，出现了实质与形式相统一的混合的犯罪概念，即从犯罪的本质特征和法律特征两个角度对犯罪进行界定。1960年《苏俄刑法典》第7条采用的即是典型的混合的犯罪概念，该条规定，凡刑事法律所规定的侵害苏维埃的社会制度、政治和经济关系，侵害社会主义所有制，侵害公民的人身权利和

① 欧阳涛等:《英美刑法、刑事诉讼法概论》,中国社会科学出版社1984年版,第25页。

自由、政治权利和自由、劳动权利和自由、财产权利和自由及其他权利和自由的危害行为，都认为是犯罪。该条文既规定了犯罪是“刑事法律所规定的”，具有刑事违法性，又提示了犯罪是危害社会的行为，具有社会危害性，由此将犯罪的形式特征和本质特征统一起来，形成了混合的犯罪概念。较之形式的犯罪概念与实质的犯罪概念，混合的犯罪概念更为全面地揭示了犯罪特征，可以为犯罪的认定提供标准，当欠缺任何一方特征时都不能认定为犯罪。例如，符合刑法规定但却没有社会危害性的行为，或者具有社会危害性却未被刑法规定为犯罪，都不构成犯罪。

二、我国刑法中的犯罪概念

《刑法》第13条规定：“一切危害国家主权、领土完整和安全，分裂国家、颠覆人民民主专政的政权和推翻社会主义制度，破坏社会秩序和经济秩序，侵犯国有财产或者劳动群众集体所有的财产，侵犯公民私人所有的财产，侵犯公民的人身权利、民主权利和其他权利，以及其他危害社会的行为，依照法律应当受刑罚处罚的，都是犯罪，但是情节显著轻微危害不大的，不认为是犯罪。”这一定义是从形式和实质两个角度对犯罪的科学概括，是认定犯罪、划分罪与非罪界限的基本依据。据此，概括地说，犯罪是指依照法律应当受到刑罚处罚的危害社会的行为。

（一）犯罪的基本特征

1.严重的社会危害性

犯罪是严重危害社会的行为。社会危害性，是指行为对合法权益的侵犯性。严重的社会危害性，是犯罪最本质最基本的特征，因为它揭示了国家将某种行为规定为犯罪的原因，阐明了犯罪与社会的关系，决定了犯罪构成的实质内容。严重的社会危害性，是指行为对刑法所保护的社会关系造成损害的特性。刑罚作为最严厉的惩罚措施，只能针对具有严重社会危害性的行为，对于社会危害性未达到严重程度的行为，国家没有必要规定为犯罪并动用刑罚处罚。所以，不具有社会危害性的行为不是犯罪行为，社会危害性未达到严重程度的行为亦不构成犯罪。

严重的社会危害性可以通过《刑法》第13条所列举的犯罪侵害客体来体现，具体地可以通过刑法分则各章规定的犯罪侵害的客体来体现，一般可概括为以下几类：①对于社会主义的国体、政体和国家安全的危害；②对于社会公共安全的危害；③对于社会主义市场经济秩序的危害；④对于公民人身权利、民主权利的危害；⑤对于社会主义制度下各种财产权利的危害；⑥对于社会秩序的危害；⑦对于国防利益、军事利益的危害；⑧对于国家机关行政秩序、司法秩序及公务活动的廉洁性的危害。

决定社会危害性大小的因素主要有以下三方面。

第一，行为侵犯的客体，即行为侵犯了怎样的社会关系。一般说来行为侵犯的客体越重大，行为的社会危害性就越严重。例如，刑法分则第一章保护的客体是社会主义的国体、政体和国家的安全，侵犯此类客体的危害国家安全罪比其他犯罪的社会危害性要大，因而被认为是最危险的犯罪。又如，故意杀人罪危害人的生命，盗窃罪侵犯人的财产，生命重于财产，二者的社会危害性就有所不同。

第二，行为的手段、危害后果以及时间、地点等因素。犯罪手段是否凶狠残忍，是否使用暴力、凶器等在很大程度上决定着社会危害性。例如，杀人碎尸行为比一般故意杀人行为更恶劣，使用暴力的非法拘禁比一般的非法拘禁危害性更大，携带凶器抢劫比空手抢劫的性质更严重。犯罪造成的危害后果或犯罪所处时间、地点、侵犯的对象等，也同样会影响行为的社会危害性。例如，在同样成立放火罪的前提下，已发生火灾的比尚未发生火灾的危害大，在天干物燥的冬季放火比在阴雨绵绵的梅雨季放火危害大，在人群聚集的闹市区放火比在人烟稀少的郊区野外放火危害大。正是因为不同类型行为的社会危害性不同，刑法规定了不同的法定刑幅度。

第三，行为人的情况及其主观因素。行为人的情况包括行为人的年龄、身份、境遇、精神状况等，行为人的主观因素包括故意、过失、目的、动机等，这些因素都会影响行为的社会危害性。例如，心智尚未成熟的未成年人犯罪与心智健全的成年人犯罪的危害性不同，所以刑法规定对不满18周岁的人追究刑事责任的，应当从轻或者减轻处罚。对受害幼女具有监护人身份的人实施的强奸行为与一般人实施的强奸行为危害性不同，所以《刑法修正案（十一）》第27条增加规定了“负有照护职责人员性侵罪”。此外，惯犯、累犯、再犯与初犯、偶犯的危害性不同，同样危害行为的故意犯罪与过失犯罪的危害性不同，不同的目的、动机的社会危害性也是不同的。

由此可见，社会危害性既是质与量的统一，也是主观与客观的统一。首先，行为所侵犯的犯罪客体决定了行为社会危害性的质。我国《刑法》第13条前半段规定了国家主权、领土完整和安全，人民民主专政的政权和社会主义制度，社会秩序、经济秩序，国有财产或者劳动群众集体所有的财产，公民的人身权利、民主权利等社会关系，只要行为侵犯了刑法所保护的这些社会关系就体现了社会危害性。同时行为的社会危害性具有量的差异，只有社会危害性的量达到了一定程度才是犯罪行为。我国《刑法》第13条后半段的但书，将“犯罪情节显著轻微，危害不大”的轻微违法行为予以出罪，表明我国刑法采用的是“既定性又定量”的犯罪规定模式。其次，主观和客观相统一，是认定犯罪的基本原则，也是衡量社会危害性的基本方法。行为的客观危害性大小体现了社会危害性的大小，这是毋庸置疑的。行为造成的伤亡后果的大小、侵犯的财产数额的多少、行为情节的严重程度等，无疑都是衡量行为的社会危害性的重要因素，成为刑事责任的根据之一。同时，行为人的主观方面，如故意、过失、目的、动机等也是衡量行为社会危害性的重要依据：无故意或者过失的意外事件不构成犯罪；对于相同的客观行为，故意犯罪的法定刑重于过失犯罪，预谋杀人的刑事责任重于激情杀人；目的、动机影响对行为人的量刑等。这些都说明了行为人的主观方面是影响社会危害性的重要因素。

2.刑事违法性

刑事违法性，即指犯罪是触犯刑法的行为。社会危害性是刑事违法性的前提和基础，刑事违法性是社会危害性的法律表现。一方面，立法者将具有社会危害性的行为纳入刑法规定，从而使得犯罪行为具有刑事违法性，表明刑事违法性由社会危害性决定，行为因有社会危害性才有刑事违法性，而不是因有刑事违法性才具有社会危害性。另一方面，具有严重社会危害性的行为未必具有刑事违法性，只有当刑法规定了某种行为是犯罪，该行为才具有刑事违法性。由此可见，刑事违法性是罪刑法定的形式侧面的要求，司法者只能根据刑法规定来定罪量刑，而不能任意根据个人好恶定罪出罪或者适用刑罚，这为人们不受刑法之外的任何不当刑事处罚起到了保障作用。同时，刑法将其禁止的行为予以明确规定，对犯罪行为作出否定性评价，这就为人们的行为起到了规范指引的作用。

刑事违法性是犯罪的法律特征，犯罪是主观与客观的统一，刑事违法性也应是主观与客观的统一。即只有行为客观被刑法所禁止，主观上又有故意或者过失的，才具有刑事违法性。并且，任何具有社会危害性的行为，只有其危害性达到了法律规定的程度，才能认为具有刑事违法性。基于这样的理解，刑事违法性这一特征实际上概括了构成犯罪的主客观方面：行为人的情况及其主观因素，客观方面的危害行为、犯罪结果、犯罪的客观情节等。例如，精神病人实施的伤害行为虽具有社会危害性，但因其不是刑事责任主体而不具有刑事违法性。同样，骗取小额财物虽然具有社会危害性，但其危害性未达到刑法规定的程度也不能构成犯罪，只是一种违反行政法规的行为。因此，司法机关在认定犯罪时必须以刑事违法性作为法律依据，一切脱离刑事违法性认定犯罪的行为都是违背罪刑法定原则的。

3.应受刑罚惩罚性

应受刑罚惩罚性，即犯罪是应受刑罚处罚的行为，表明犯罪具有严重社会危害性且会导致违反刑法规范的法律后果，被认为是犯罪的第二法律特征。无论是民事违法行为、行政违法行为还是刑事违法行为，都会导致相应的法律后果。民事违法行为要承担民事责任，如排除妨碍、返还财产、赔偿损失、支付违约金等。行政违法行为要受行政处罚，如罚款、行政拘留等；或者要受行政处分，如警告、记过、降职、撤职、开除公职等。违反刑法规范的犯罪行为，则应承担刑罚处罚。应受刑罚惩罚性这种刑事法律后果将犯罪与刑罚连接起来，表明了犯罪所引发的法律后果不同于其他一般违法行为，如果行为不应受刑罚惩罚则不是犯罪行为，因而应受刑罚惩罚性是犯罪的一个独立特征。

不应受刑罚处罚不等同于不需要刑罚处罚，前者是因为行为不构成犯罪而不应受刑罚惩罚，如精神病人实施的危害行为，单纯的民间借款违约行为等，均不是犯罪行为，当然不具有应受刑罚惩罚性。后者是指行为已构成犯罪，只是依法不给予刑罚处罚。我国《刑法》第37条规定："对于犯罪情节轻微不需要判处刑罚的，可以免予刑事处罚，但是可以根据案件的不同情况，予以训诫或者责令具结悔过、赔礼道歉、赔偿损失，或者由主管部门予以行政处罚或者行政处分。"这条定罪免刑规定，针对的是已构成犯罪但不需要刑事处罚的行为。刑法条文中还有许多应当或者可以免除处罚的规定，如犯罪中止、犯罪预备、防卫过当、避险过当、胁从犯、自首、重大立功等。这些免予刑事处罚的行为仍构成犯罪，与无罪不应当受惩罚具有不同性质，不能混淆。

以上三个基本特征是相互联系、紧密结合的。严重的社会危害性是刑事违法性和应受刑罚惩罚性的基础，它是犯罪的最基本属性。刑事违法性是社会危害性在刑法上的表现，它与应受刑罚惩罚性一起构成社会危害性的度量。行为的社会危害性未达到违反刑法、应受刑罚惩罚的程度，则不构成犯罪。因此，这三个基本特征都是任何犯罪所不可或缺的，是区分罪与非罪的根本标准。

（二）《刑法》第13条但书的功能

对于但书的功能定位，学界向来存在"出罪标准说"与"入罪限制条件说"的尖锐对立。"出罪标准说"主张，犯罪的认定，不仅受犯罪构成的形式制约，而且受社会危害性的实质限定，但书的功能就是将形式符合具体犯罪构成但实质上社会危害性不大的行为排除在犯罪圈之外。具体而言，判断是否构成犯罪需要分两步：第一步，看是否符合犯罪构成，如果不符合，则直接排除其犯罪性（形式判断）；第二步，看是否属于“情节显著轻微危害不大”，如果属于就不认为是犯罪，反之则认为是犯罪（实质判断）。根据“出罪标准说”，只有那些符合具体犯罪构成且不符合但书规定的行为，才能认定为犯罪。而“入罪限制条件说”认为，我国刑事法采取的是“定性+定量”的立法模式，这决定了必然要对犯罪构成要件作实质解释。在判断行为是否符合具体的犯罪构成要件时，应同时考虑但书的限制性规定，符合但书规定的行为原本就不符合犯罪构成。由于“入罪限制条件说”主张犯罪构成要件的判断是实质的判断，因此会得出即使没有但书规定也会对行为的入罪作出限制的结论。但这样一来，但书规定就完全成了可有可无的存在，其限制入罪的功能将会变得十分有限。

近年来，有学者提倡“司法出罪说”。该观点认为，我国《刑法》第13条前段积极主张入罪，要求将具有严重社会危害性的行为认定为犯罪，属于立法层面的表达。相应地，从有利于克服前段内容与但书规定的矛盾出发，应在司法层面理解但书的规定，即“不认为是犯罪”的主体是司法者。“不认为是犯罪”通常被理解为不构成犯罪、不是犯罪。事实上，受前段全称肯定性界定的影响，但书意义下的“不认为是犯罪”，实质上是具备刑法规定的犯罪成立条件的犯罪行为，只是司法者考虑到该行为情节显著轻微危害不大，通过定罪判刑以外的方式即可实现行为人因违反刑法规范所应当承担的刑事责任，而不作为犯罪处理罢了。因此，但书规定是对司法者赋予出罪的权力①。

应该看到，但书规定同时具有立法层面与司法层面的限制入罪作用，在立法层面，但书限制了立法者恣意入罪的权力，不能将社会危害性轻微的行为规定为犯罪，这在当今犯罪化的趋势下尤其具有重要意义。同时，在司法层面但书规定赋予了司法者一定的出罪权，有很多已达到危险驾驶罪入罪标准的醉酒驾驶行为并未被认定为犯罪，即是适例。

【案例4-1-01】2012年10月某日晚，郑某在驾车搭载醉酒的唐某某等人回家过程中与一出租车发生刮擦，于是郑某便将车开至某交巡警平台接受处理。但因车辆挡住了某小区的后门车库需要将车移开，唐某某嫌郑某开车技术不好便亲自驾车挪动位置（车上另有一人），在缓慢倒车的过程中撞上停靠在路边的一辆汽车。民警立即将唐某某抓获。经鉴定，唐某某血液酒精含量为206.7毫克/100毫

① 参见孙本雄：《入罪与出罪：我国〈刑法〉第13条的功能解构》，载《政治与法律》2020年第4期。

升。本案中，唐某某醉酒在道路上驾驶车辆，其行为构成危险驾驶罪。但唐某某只是为了将车挪开，且在倒车的过程中行驶速度缓慢，该行为的危险性明显小于醉酒驾驶机动车高速行驶、长距离行驶的情形。综合全案来看，唐某某醉酒驾驶行为情节显著轻微，危害不大，应根据但书规定不作为犯罪处理。

第二节　犯罪的本质

所谓“犯罪的本质”，就是人们对犯罪现象的全面的、根本的看法。不同的阶级对犯罪的本质有不同的看法，尤其是对犯罪的阶级本质的认识。

一、犯罪的阶级本质

（一）资产阶级对犯罪阶级本质的认识

资产阶级对犯罪阶级本质的认识可归纳为两个方面：①认为犯罪是触犯刑事法律的行为，而不是内心邪恶、不是人的意图，这是资产阶级在反对封建专制斗争中形成的，针对罪刑擅断而主张的罪刑法定认识。②认为犯罪是破坏共同秩序的行为，犯罪行为是反社会的，违反社会共同生活秩序。这两种对犯罪本质的认识都是形式主义的，是掩盖犯罪的阶级本质的。

（二）马克思主义对犯罪阶级本质的认识

马克思主义对犯罪阶级本质的认识是建立在批判封建社会犯罪观、资产阶级犯罪观的基础上的。马克思主义的创始人曾就此有过多层面论述。

1.犯罪应当是人的行为而不是人的思想

马克思认为：“凡是不以当事人的行为本身而以他的思想作为主要标准的法律，无非是对非法行为的实际认可”[①]。没有行为不构成任何犯罪，这是不承认“思想犯罪”的事实根据和理论基础。如果思想不借助任何外部行为表现出来，那么这种思想便不可把握，也不会对客观世界造成任何影响，因此可以说仅以思想归罪实质为任意归罪，人们的权利将会陷入被肆意践踏的境地，思想归罪便是“最可怕的恐怖主义”。

2.犯罪是危害社会的行为，是蔑视社会秩序最明显最极端的表现

社会秩序就是“社会上一部分人积极地按自己的意志规定下来并由另一部分

①《马克思恩格斯全集》第1卷，人民出版社1995年版，第120页。

人消极地接受下来的秩序”[①]。恩格斯在《英国工人阶级状况》中指出：“蔑视社会秩序最明显最极端的表现就是犯罪”[②]。统治阶级为了维护自己的统治，将反对其统治关系的行为规定为犯罪，并给予相应的刑罚制裁，那么犯罪就是反抗这种统治关系和法律秩序的行为。但这并不意味着只要是反抗统治关系的行为都是犯罪，因为反抗行为存在程度之分，例如单纯的民事违法、行政违法以及违反道德等行为尚未达到犯罪行为的反抗程度，这说明犯罪的反抗性已经超出了刑法以外的其他法律规范所能调整的范围，因此，犯罪成为“蔑视社会秩序最明显最极端的表现”。

3.犯罪的本质是反对统治关系，犯罪与现行统治都产生于相同的条件

马克思、恩格斯在《德意志意识形态》中深刻指出，“犯罪——孤立的个人反对统治关系的斗争，和法一样，也不是随心所欲地产生的。相反地，犯罪和现行的统治都产生于相同的条件。同样也就是那些把法和法律看作是某种独立存在的一般意志的统治的幻想家才会把犯罪看成单纯是对法和法律的破坏”[③]。之所以认为犯罪的本质是反对统治关系，是因为任何统治阶级只会将反对其统治关系的行为规定为犯罪，而不会将维护或者有利于其统治关系的行为，在立法上规定为犯罪。而“犯罪和现行的统治都产生于相同的条件”是指，犯罪和现行统治都是在社会生产力发展到一定程度下出现了私有制，导致社会产生两大对立的阶级这样的条件下产生的。一方面，占有丰富资产的统治阶级，为了维护自己的经济利益而组成暴力机关即国家，从而产生了现行统治。另一方面，统治阶级为了争取自己的利益不可避免地会侵犯统治者利益，或者统治阶级内部的不同派系利益斗争，也可能会侵犯统治者的利益。于是，掌握国家权力的统治者为了维护自己的统治将那些反对统治关系的行为规定为犯罪，予以刑罚处罚。可见，犯罪和现行统治，虽然在相同的条件下产生，但彼此却是相互对立的，这也说明犯罪的本质在于反对现行统治关系。

4.犯罪是对现存的东西的否定，通常会招致刑罚

马克思、恩格斯曾在《德意志意识形态》中指出，谈到犯罪，正如我们已经看到过的，它只是自我一致的利己主义者这个普遍范畴的名称，是圣物（指现存的东西）的否定，罪孽的名称。马克思曾直截了当地说，刑罚不外是社会对付违

① 王立柱，张伟：《马克思主义箴言：资本来到人间·工人运动》，天津人民出版社2012年版，第38页。

②《马克思恩格斯文集》第2卷，人民出版社2009年版，第443页。

③《马克思恩格斯全集》第3卷，人民出版社1960年版，第379页。

犯它的生存条件（不管是些什么样的条件）的行为的一种自卫手段。这里可以理解为：犯罪是对现存的东西的否定，而刑罚是对犯罪的否定，并且强调了刑罚的防卫作用，统治者通过对犯罪施以刑罚以维护现行统治关系的稳定。

马克思主义经典作家虽然揭示了犯罪的阶级实质，但也未否认犯罪的社会属性。犯罪是阶级性与社会性的统一。一方面，犯罪是阶级社会的产物，根源于阶级矛盾和阶级斗争，具有鲜明的阶级性。另一方面，由于统治阶级借助国家的形式，以全社会的代表者的面目出现，而犯罪是对统治关系的反抗，于是，犯罪具有社会危害性。社会危害性始终是针对一定阶级的统治关系而言的，因而具有浓厚的阶级色彩①。

二、犯罪的法律本质

对犯罪的法律本质的认识，西方刑法理论主要有以下几种观点。

（一）权利侵害说

在刑法史上，意大利的贝卡里亚最早提出了“社会危害性”这个概念，并以此揭示犯罪的本质特征。费尔巴哈不满足于对犯罪的社会危害性这种实质意义的理解，而是从罪刑法定主义出发，提出了权利侵害说，以此揭示犯罪的本质。费尔巴哈认为，犯罪的本质和犯罪的侵害方面在于对主观权利的侵害，刑法的任务乃是对主观权利进行保护，并相应保障公民的自由。该理论认为，犯罪不仅仅是对个别权利的侵害，国家也具有人格、享有权利，对国家的犯罪也是对权利的侵害。该说几乎成了19世纪前半期的刑法学的主流。权利侵害说以启蒙学派的人权理论及古典自然法思想为基础，并从罪刑法定主义中引申出来，它具有限定被扩张的犯罪概念的作用。该说摒弃了中世纪将犯罪视为邪恶，将道德责任与法律责任混为一谈的犯罪概念，从法律上严格限定犯罪的范围，具有一定的历史进步意义。其缺陷在于：难以包括侵害社会利益的犯罪，它反映的是个人本位的犯罪观念。

（二）法益侵害说

法益是指法律所保护的利益。该说认为犯罪的本质是对作为权利对象的、国家保护的利益造成侵害或者有造成侵害的危险。因此，违法性的实体内容是行为对于法所保护的共同生活的实质侵害和威胁。这一理论最初由毕恩堡姆提出，认

① 参见高铭暄:《新中国刑法学研究综述(1949—1985)》,河南人民出版社1986年版,第97页。

为犯罪是对作为权利对象的、国家所保护的利益造成侵害或者招来危险（威胁）。后来得到了李斯特等学者的继承与发展。李斯特曾指出，法益是法所保护的利益，所有的法益都是生活利益，是个人的或者共同社会的利益；产生这种利益的不是法秩序，而是生活；但法的保护使生活利益上升为法益。这样，犯罪侵害的便是由法所保护的生活利益。后来，主张该说的学者们以“法益所代表的主体”为标准将法益划分为国家法益、社会法益与个人法益，成为德日刑法学界通行的观点。

（三）义务违反说

义务违反说认为，刑法是国家与公民之间的一种契约，强调个人对国家、社会的义务，刑法将某种行为规定为犯罪的根据在于该行为违反了义务。该说于20世纪初产生，由德国学者谢夫斯坦提出，他认为犯罪的本质不是对法益的侵害，而是对某种法定义务的违反。即使没有侵害各个法益，但违反对社会共同体所承担的义务也是犯罪。所以，只有从违反义务这个角度来理解犯罪，才能真正掌握犯罪的本质内容。考虑到谢夫斯坦的纳粹背景，一般认为其主张的义务违反说是为纳粹服务的，该说在二战后不久即被淘汰。

（四）规范违反说

规范违反说从法规范违反的视角界定犯罪本质。根据宾丁的规范理论，规范就是行为的命令及禁止，它是隐藏在刑法条文背后的社会伦理规则，而非刑法条文本身。犯罪的本质在于蔑视法规范的要求，即违反规范性。迈耶在此基础上发展出了文化规范违反说，该说认为，规范是在人类的历史社会生活中自然发生和成立的，内在于现代所有人的意识之中，从内部指导其社会行动的道德、宗教、习俗等文化规范。不过，违反文化规范的行为并不直接成为刑罚对象，只有当这种行为同时符合刑法各条所规定的构成要件时，才具有可罚性。基于此，文化规范也是一种禁止和命令，犯罪是对存在于法律之前的文化规范的违反。后来规范违反说得到了进一步发展，雅各布斯是该说的集大成者，他认为规范是社会的结构，可以将其理解为人与人之间可以被期待的关系。犯罪的本质就等同于规范违反。例如，刑法之所以处罚杀人行为，并不是因为行为侵害了生命法益，而是因为侵犯了“生命不得受侵害”的规范，而该规范是社会的存在、人与人的交往所不可或缺的基本准则，刑法通过处罚杀人行为来证明“生命不得受侵害”的规范有效性。

（五）折中说

犯罪的本质首先是对法益的侵害或威胁，其次也要考虑对义务的违反，如对身份犯的处罚重于非身份犯，对业务过失的处罚要重于普通过失等。该说由日本的团藤重光提出，他认为，犯罪的本质既包含对法益的侵害或者威胁，同时也包括对一定的义务的违反。这一观点得到了其他学者的支持，如日本学者大塚仁教授就指出，关于犯罪的本质，基本上要根据法益侵害说，并且考虑到各个罪中法益侵害的样态来认识，但是，对以行为主体一定的义务违反为中心要素的犯罪，为了补充法益侵害说，有必要兼采义务违反说；并且，那些只有考虑到行为人的义务违反方面才能正确把握其性质的犯罪，可以称其为义务犯。

刑法的目的与任务是保护合法权益，《刑法》第13条所规定的犯罪定义指明了犯罪是侵犯合法权益的危害行为，刑法分则所规定的各种犯罪都是对合法权益的侵犯。故犯罪的法律本质是对合法权益的侵犯，与前述犯罪的本质特征是一致的。至于权益与法益的关系，可以认为法律所保护的权益即法益，刑法所保护的权益即刑法上的法益。例如，张明楷教授认为，法益是指根据宪法的基本原则，由法所保护的、客观上可能受到侵害或者威胁的人的生活利益，并且认为由刑法所保护的人的生活利益就是刑法上的法益。

【案例4-2-01】某事业单位医院副院长杨某某分管本单位行政、财务工作，在征得药品供应商同意的情况下，先后4次用其丈夫出资经营的公司收到的未到期的银行承兑汇票，作为药款支付金支付给药品供应商，与此同时，杨某某将医院等额的公款合计人民币700386元通过转账的方式转入其丈夫经营的公司。本案中，杨某某虽将本单位公款转入其丈夫的公司，但其同时将等额的真实的银行承兑汇票交至财务，并作为药款支付给了本单位的药品供应商，因银行承兑汇票承兑是有保障的，药品供应商到期得到了兑付，故在此过程中并未给本单位造成任何财产损失。因杨某某的行为不具有法益侵害性，不构成犯罪。

第三节　犯罪的分类

根据不同的标准可以对犯罪进行不同的归类，对犯罪进行分类有利于对犯罪问题展开更加全面的研究。

一、犯罪的理论分类

（一）重罪与轻罪

以法定刑为标准，将犯罪分为重罪、轻罪与违警罪，这种分类方法始于1791年法国《刑法》。我国刑法没有作此划分，但理论上通常以法定刑为标准区分重罪与轻罪，而不是以现实犯罪的轻重为标准。一般将法定最低刑为3年以上有期徒刑的犯罪称为重罪，其他则为轻罪。

（二）自然犯与法定犯

从与伦理道德的关系进行区分，犯罪可以分为自然犯与法定犯。自然犯明显违反伦理道德，行为的反道义性由行为本身的性质所决定；法定犯则未明显违反伦理道德，只是由于法律命令性或者禁止性规定才被否定性评价。自然犯的社会危害性的变易性较小，而法定犯则较大，容易受环境、政策等外在因素的影响。例如，《刑法》第341条规定的危害珍贵、濒危野生动物罪是典型的法定犯，其犯罪的成立范围会随着珍贵、濒危野生动物保护目录的变化而发生变化，而珍贵、濒危野生动物的保护目录会随着野生动物的生存状况、国家的保护政策等因素发生变化。当某野生动物属于珍贵、濒危野生动物时，非法猎捕、杀害该野生动物的社会危害性较大，而当该野生动物不属于珍贵、濒危野生动物时，同样的非法猎捕、杀害行为的社会危害性较小。

（三）隔隙犯与非隔隙犯

隔隙犯与非隔隙犯，是以实行行为发生的时间和地点与犯罪结果发生的时间和地点是否有间隔为标准而对犯罪进行的分类。隔隙犯是指在实行行为与犯罪结果之间存在时间、场所间隔的犯罪。有隔时犯、隔地犯之分。理论上研究隔时犯主要是为了解决追诉时效问题。如有些污染环境的犯罪行为实施后，环境污染的后果在许多年后才出现。对于这种情况，有观点认为应按照犯罪行为的实施时间确定，但这可能无法满足追究犯罪的要求，因为污染结果可能会在若干年后才出现，若以犯罪行为的实施时间作为犯罪时间，很可能早已过了犯罪的追诉时效。因而有学者提出，可以将实行行为实施后、危害结果出现之前的这段时间都认定为犯罪时间。而隔地犯的研究主要是为了解决地域管辖权的问题，即犯罪行为属哪个地方的司法机关管辖。根据我国《刑法》第6条第3款的规定，犯罪的行为或者结果有一项发生在中华人民共和国领域内的，就认为是在中华人民共和国领域内犯罪。

（四）行为犯与结果犯

以构成要件是否包含了结果要素为区分标准，可将犯罪分为行为犯与结果犯。构成要件只包含了行为内容的犯罪是行为犯，构成要件中还包含了结果内容的则是结果犯。行为犯的犯罪构成中不需要出现相应的法定结果，一旦行为实施完毕即构成犯罪。如脱逃罪、投敌叛变罪、资助危害国家安全犯罪活动罪、绑架罪、强奸罪、运送他人偷越国（边）境罪、传播性病罪等。结果犯的犯罪构成需要出现相应的法定结果，如故意杀人罪、抢劫罪、盗窃罪、诈骗罪等。

（五）实害犯与危险犯

实害犯与危险犯是以犯罪行为对刑法所保护的合法权益的侵害程度所作的划分。实害犯，要求对合法权益造成了现实性的侵害才构成既遂。例如，故意杀人罪的既遂需要出现被害人的死亡结果，盗窃罪的既遂需要被害人的财产利益受到现实侵犯。危险犯，则只要对合法权益造成了危险状态即构成既遂。危险犯又可细分为具体危险犯与抽象危险犯，具体危险犯以具体的危险状态为构成要件要素，该具体危险不仅在法条上有明确规定，而且也需要司法人员在个案中积极判断是否存在。由《刑法修正案（十一）》新增的妨害安全驾驶罪即是典型的具体危险犯。而抽象危险犯是将一般观念上认为具有侵犯利益危险的行为类型化后规定的犯罪，行为一旦完成即推定具有危险，无须司法人员在个案中进行积极的危险判断。《刑法》第133条之一的醉酒型危险驾驶罪即是典型的抽象危险犯。

二、犯罪的法定分类

（一）危害国家安全罪与普通犯罪

危害国家安全罪在1997年《刑法》以前被称为反革命罪，俄罗斯称之为国事罪。在我国，危害国家安全罪是指故意危害我国主权、领土完整与安全以及人民民主专政的政权和社会主义制度的行为。我国刑法将危害国家安全罪规定为刑法分则中的第一大类犯罪，体现了对此类犯罪的特殊重视。危害国家安全罪以外的犯罪被称为普通犯罪。刑法分则第二章至第十章所规定的都是普通犯罪。

（二）身份犯与非身份犯

通常而言，犯罪的成立，与犯罪人的身份无关，但在有些情形下，法律将“身份”或“其他特定关系”规定为犯罪构成要件或刑罚加减或免除的原因的，此种犯罪称为“身份犯”。身份犯又可进一步分为构成的身份犯与加减的身份犯。构成的身份犯，是指犯罪人的身份是犯罪构成要件要素，只有具备该身份才能独立构成相应的犯罪，这种身份犯又被称为真正身份犯。例如，《刑法》第382条规定的贪污罪，只有国家工作人员才能独立构成该罪，非国家工作人员不具有独立的犯罪主体资格，但可能会以共同犯罪的形式构成贪污罪。所以，构成的身份犯中的身份又被称为定罪身份。加减的身份犯，是指犯罪人的身份只是刑罚加减或免除因素，该身份只影响量刑不影响定罪，这种身份犯又被称为不真正身份犯。例如，根据《刑法》第238条规定，国家机关工作人员利用职权非法拘禁他人或者以其他方法非法剥夺他人人身自由的，从重处罚。我国刑法中没有明文规定减轻的身份犯，但是司法实践中存在因具备某种身份而减轻处罚的情形，例如亲属相盗，较之普通盗窃罪处罚较轻。所以，加减身份犯中的身份被称为量刑身份。

【案例4-3-01】1998年5月的一天，王某某为骗取保险金与赵某某合谋，由赵某某将其承包的客车烧掉（该客车所有权属于某县汽车站，投保人也为该汽车站），于是赵某某便按约定将王某某停放在车站院内的客车烧毁，事后王某某付给赵某某1500元酬金。当时保险公司未能查明起火原因，遂向投保人某县汽车站支付赔偿款34400元。案发后，汽车站已将该款返还保险公司。本案中，王某某尽管是为骗取保险金而唆使他人烧毁其承包的客车，但是根据《刑法》第198条的规定，保险诈骗罪的犯罪主体限于投保人、被保险人和受益人，即保险诈骗罪属于身份犯，没有特定主体资格的人不能单独构成该罪。而王某某只是客车的承包人并非该客车的投保人，根本不具备保险诈骗罪的主体资格。因此，对于王某某的行为不能按照保险诈骗罪处理。

（三）亲告罪与非亲告罪

法律规定告诉才处理的犯罪是亲告罪。《刑法》规定了5个亲告罪：第246条侮辱罪、诽谤罪（严重危害社会秩序和国家利益的除外）、第257条规定的暴力干涉婚姻自由罪（致使被害人死亡的除外）、第260条规定的虐待罪（被害人没有能力告诉，或者因受到强制、威吓无法告诉的除外；致使被害人重伤、死亡的除外）和第270条规定的侵占罪。法律没有规定告诉才处理的犯罪是非亲告罪。根据《刑事诉讼法》第16条的规定，告诉才处理的犯罪，没有告诉或者撤回告诉的，不追究刑事责任，已经追究的，应当撤销案件，或者不起诉，或者终止审理，或者宣告无罪。非亲告罪则由检察机关代表国家提起公诉。

（四）基本犯、加重犯与减轻犯

以犯罪行为的社会危害性程度为标准，存在着基本犯、加重犯和减轻犯的分类。基本犯是指刑法分则条文规定的不具有法定加重或减轻情节的犯罪。加重犯是指刑法分则条文以基本犯为基础规定了加重情节与较重法定刑的犯罪，有结果加重犯（如《刑法》第260条第2款规定的虐待致人重伤、死亡的）与情节加重犯（如《刑法》第294条第3款规定的包庇、纵容黑社会性质组织罪）。减轻犯是指刑法分则条文以基本犯为基础规定了减轻情节与较轻法定刑的犯罪，如《刑法》第233条规定的过失致人死亡罪。加重犯和减轻犯合称为派生犯，派生犯中影响法定刑升格或降格的因素不影响犯罪的成立，只是在行为构成犯罪的基础上起到反映罪行轻重的作用。

思考题

1. 我国犯罪有哪些基本特征？这些基本特征相互之间的关系是怎样的？

2. 我国《刑法》第13条后半段的但书规定与前半段的犯罪概念是何关系？

3. 如何理解犯罪的法律本质？

4. 犯罪有哪些分类方式？

阅读书目

1. ［意］切萨雷·贝卡里亚：《论犯罪与刑罚》，黄风译，商务印书馆2018年版。

2. 陈兴良：《本体刑法学》，中国人民大学出版社2017年版。

4. ［德］冯·李斯特：《论犯罪、刑罚与刑事政策》，徐久生译，北京大学出版社2016年版。

3. 王志远：《犯罪成立理论原理——前序性研究》，中国方正出版社2005年版。

第五章　犯罪构成

一般意义上的犯罪构成，是指刑法所规定的、为某种行为成立犯罪所必需的一系列主客观要件的有机统一，是认定某种行为是否构成犯罪以及构成何种犯罪的重要法律依据。犯罪构成理论是研究犯罪成立条件及其结构的理论，具体研究犯罪成立需要具备哪些条件以及各条件如何组合，它是刑法科学中极其重要的理论，在整个刑法理论体系中居于中心地位，是正确认定犯罪的理论基础。

第一节　犯罪构成概述

犯罪构成理论的诞生经历了一个曲折的过程。各国犯罪构成理论存有较大差异，我国犯罪构成理论有自己的特色。

一、外国犯罪构成理论简介

（一）大陆法系的犯罪构成理论

犯罪构成最早是中世纪欧洲纠问式诉讼过程中的一个只具有刑事诉讼意义上的专有术语，随着资产阶级革命思潮的兴起和革命的胜利，在罪刑法定原则的前提下，刑事古典学派开始将犯罪构成的概念从刑事诉讼法上移至刑事实体法上。费尔巴哈从刑法理论上首次提出了犯罪构成的概念，认为犯罪构成就是违法行为中所包含的各个行为的或事实的诸要件的总和，并希望它应该而且也能够反映在法律条文中。该理论的最终形成是20世纪以后的事情，其中有德国李斯特、贝林格、迈耶、麦兹格、威尔策尔和日本的小野清一郎、团藤重光、平野龙一等学者的功劳。

以德日为主的大陆法系国家的犯罪构成模式，是由构成要件的符合性（该当性）、违法性和有责性组成的三阶层体系，行为只有经过了这三阶层的层层检验，在每一阶层都得出肯定结论后才能成立犯罪，也可以说，任何一阶层的否定结论都可以推出行为不构成犯罪。不过，虽然结局上都不为罪，但是每一阶层的否定结论却具有不同的意义。以下作简要介绍：①构成要件符合性，是指行为人的行为已经符合法律对某一具体犯罪规定的表明违法性的各种要素。若行为符合某一具体犯罪的构成要件则可以推定该行为具有违法性，反之，若行为不具有构成要件该当性则意味着该行为尚未进入定罪视野，无需进入下一阶段违法性的判断。②违法性，是指行为违反刑法要求禁止实施的规定，具有刑法上不被允许的性质。这一阶层的违法性判断是实质判断，考察行为是否具有实质的违法性。该当构成要件的行为若无违法阻却事由则可以肯定其违法性。违法阻却事由根据是否有法律的明确规定，可分为法定的违法阻却事由（如正当防卫）与超法规的违法阻却事由（如被害人承诺）。③有责性，是指对行为人在具有责任能力的前提下实施的违法行为具有非难的可能性。这考察的是能否针对行为人所实施的违法行为进行谴责的问题，若存在责任阻却事由则意味着无法对行为人进行非难或者谴责，因而不构成犯罪。责任阻却事由进一步分为法定的责任阻却事由（如无责任能力）与超法规的责任阻却事由（如欠缺期待可能性）。

现在，大陆法系国家的构成要件理论形成了以下通说或特色：构成要件符合性、违法性与有责性的三阶层判断。行为符合构成要件不一定成立犯罪；构成要件以实行行为为中心，既包括记述的、客观的构成要件要素，也包括规范的、主观的要素；构成要件是抽象的、观念的概念，不是具体的事实本身，具体事实与构成要件相一致时，便具有构成要件符合性；构成要件是违法类型，即符合构成要件的行为原则上具有违法性，除非具有违法阻却事由。在具备构成要件符合性、违法性的基础上还需要进行有责性的判断，其判断的是能否对行为人的违法行为进行非难。这种三阶层犯罪论体系的一个显著的特点是具有立体性、层次性，即犯罪成立的各阶层之间处于一种递进的关系，行为需要经过层层筛选，在每一阶层都得出肯定结论才能构成犯罪。这样，犯罪成立的构成要件符合性、违法性与有责性呈现出逐渐推进的立体结构。

（二）英美法系的犯罪构成理论

从整体上看，英美法系刑法中的犯罪构成呈现双层次特点：

第一层次是犯罪本体要件，一般认为包括犯罪行为与犯罪意图。①犯罪行为，从广义上讲，是指除犯罪意图之外的一切犯罪构成的客观要件，包括犯罪行为、犯罪结果和犯罪情节。从狭义上讲，犯罪行为的要素包括行为和意识。有意识行为才能作为刑罚的对象，惩罚无意识行为既没有意义，也不人道。就犯罪行为的具体表现形式而言，可以分为作为（积极的身体动作）、不作为（消极的身体无动作，和一定的作为义务联系在一起）和持有。英国刑法中，与作为和不作为并列的行为形式称“事态”，其主要内容即为持有。②犯罪意图又被称为犯罪心理，是指行为人在实施社会危害行为时的应受社会谴责的心理状态。可分为蓄意、明知、轻率、疏忽等主观内容。

第二层次是责任充足要件，通过诉讼意义上的合法抗辩事由体现出来，分为正当事由与可得宽恕事由。其中，正当事由相当于大陆刑法的违法阻却事由，如正当防卫、紧急避险、警察圈套（也有人认为此项辩护应列为可得宽恕辩护）等，可得宽恕事由相当于大陆刑法的责任阻却事由，如未成年、错误、精神病、被迫行为等。有学者认为，这两类合法辩护事由的共同点在于行为人的行为都具有不自愿的性质，都是免除刑事责任的根据。两者的主要区别在于：①行为有害还是有利？可得宽恕行为在客观上有害于社会，只是由于行为人主观上的原因，才得到宽恕；正当理由行为在实际上无害于社会，甚至有利于社会（择小害而避大害），因而这类行为在实质上是正当的。②谁有权利？正当理由的辩护权利是普遍的，属于任何一个处于这类情况的行为人；而可得宽恕的辩护权利只限于特殊的个人。③是否认识自己的行为性质？可得宽恕情况下行为人一般对自己的行为性质没有认识，而正当理由情况下行为人通常都认识到自己行为的性质。

犯罪本体要件侧重体现国家意志和权力，主要发挥的是规范公民行为和保护社会公共利益的刑法功能，此部分的证明责任由控方承担。责任充足要件则侧重体现公民权利，具有对国家追诉权力的约束和对公民辩护权利的保障功能，公民可通过合法抗辩的方式寻求出罪路径。由此可见，对于控方证明的具备犯罪本体要件的行为，可通过辩方的合法辩护排除出罪，这种双层次的犯罪构成模式就为刑事证明责任的分配提供了实体法基础。

（三）苏联的犯罪构成理论

十月革命后，苏维埃刑法学者引入历史唯物主义和辩证唯物主义的观点，通过批判、借鉴、吸收的方法对资产阶级的犯罪构成理论进行改造，创立了全新的社会主义的犯罪构成学说。在这一理论体系的形成过程中，著名的刑法学家特拉伊宁起到了重要作用。他在批判资产阶级主观与客观相割裂的犯罪构成要件论的基础上指出，苏维埃刑法理论，从马克思列宁主义关于犯罪的阶级性这一根本原理出发，主张把犯罪构成要件的客观因素和主观因素辩证地统一起来。而近代资产阶级的犯罪构成要件论，却总是纠缠在究竟犯罪构成要件的两种结构——客观结构与主观结构当中何者占据优势地位的问题上，这就是两者的不同点。所以，在1946年出版的《犯罪构成的一般学说》一书中，特拉伊宁将犯罪构成定义为，苏维埃法律认为决定具体的、危害社会主义国家的作为（或不作为）犯罪的一切客观要件和主观要件（因素）的总和。在该书中，特拉伊宁将犯罪构成作为理论概念、理论体系加以提出，并在苏维埃刑法已有各种具体规定的基础上加以研究。

总体而言，苏俄的犯罪构成理论具有不同于大陆法系犯罪构成理论的鲜明特点，其是将社会危害性作为犯罪的本质特征，并在此基础上阐述犯罪构成，这种犯罪理论较好地解决了犯罪构成与犯罪概念之间的关系。另外，苏俄的犯罪构成体系不同于德、日等国那种递进式的逻辑结构，而认为是犯罪客体、犯罪客观方面、犯罪主体、犯罪主观方面这四大要件的总和，相较于德、日三阶层犯罪构成的递进式立体结构，苏联的四要件犯罪构成被认为是一种藕合式的平面结构。

二、我国的犯罪构成理论

新中国成立后，我们没有及时制定系统的刑法，因此我国刑法在法律结构中不存在犯罪构成的法律概念。我国现行传统的犯罪构成理论是从苏联移植引进的，1958年我国翻译出版了特拉伊宁的《犯罪构成的一般学说》，该书对我国的犯罪构成理论的建立和发展产生了深远的影响。自此，犯罪构成便成了我国刑法理论体系的核心问题。因此，犯罪构成是以理论概念、理论体系出现在我国的刑法理论领域，我国的刑法学者也是首先从理论角度对犯罪构成进行研究探讨，并努力使之法定化。但1979年《刑法》在明确规定犯罪概念的同时，并没有明确规定犯罪构成的概念，只是在刑法分则条文中规定了各种具体犯罪的构成要件，对此我国刑法学者称之为“法定的具体犯罪构成”。1997年《刑法》依然如此，故在我国，犯罪构成至今基本上属于一种自成体系的理论。它究竟具有理论属性还是具有法律属性？评断的基础离不开相应的理论体系和法律规定，以此为标准，我国的犯罪构成属于折中兼有说。以苏联为模式，我国采取了四要件说。

我国传统的犯罪构成理论摒弃了以行为或行为人为中心的主客观相脱离的犯罪构成体系的弊端，把犯罪构成视为主客观的统一体，因而具有一定的进步性，在某种意义上起到定罪的规格和定罪的模式的作用。

三、犯罪构成的概念和特征

犯罪构成是依照我国刑法的规定，决定某一具体行为的社会危害性及其程度，而为该行为构成犯罪所必需的一切主观要件和客观要件的有机统一，它具有以下三个特征。

（一）犯罪构成是一系列主客观要件的有机整体

每一个犯罪构成都是主客观要件要素的集合体，既不能单凭主观要件归罪，也不能单凭客观要件归罪，主客观要件的统一才能符合某种犯罪的犯罪构成。这体现了我国刑法坚持的主客观相统一的基本原则，既不惩罚单纯的思想，也不惩罚无罪过的客观行为。需要注意的是，犯罪构成是各主客观要件的有机统一体，各个要件相互之间存在着密切的联系，并不是毫无关系的简单相加。这些要件间的关系可以概括如下：

（1）主客观相统一性。例如，行为人的主观罪过需要通过客观外在行为体现出来，若行为人未实施任何危害行为则不存在所谓的主观罪过，单纯的思想不具有刑法上的意义。从这一意义上讲，主观罪过依赖于客观行为存在，客观行为是反映主观罪过的载体。又如，无罪过的客观行为即使具有社会危害性也不为罪，客观行为只有与行为人的主观罪过相结合才能成为刑法非难的对象。因此，犯罪构成要件具有主客观相统一性，某个要件不能脱离其他要件单独存在。

（2）逻辑性。各犯罪构成要件之间存在一定的逻辑顺序关系，不可随意置换。例如，大陆法系的三阶层体系具有构成要件符合性、违法性、有责性的逻辑顺序，英美法系的二阶层模式具有第一层次的犯罪本体要件、第二层次的责任充足要件的层次结构，而我国通说主张的四要件是按照犯罪客体、犯罪客观方面、犯罪主体与犯罪主观方面的逻辑顺序组合的。

（二）犯罪构成是犯罪的社会危害性的法律标志

首先，犯罪构成是根据刑法规定而形成的，具有法定性，这是罪刑法定的必然要求，因此法定性是犯罪构成的根本特征。其次，犯罪构成并不是抽象的法律概念，而是犯罪的社会危害性的法律标志。由于犯罪的本质特征是行为的严重社会危害性，所以作为认定犯罪依据的犯罪构成就必须具有揭示行为社会危害性及其程度的作用，而这一作用是通过犯罪构成的一系列主客观要件加以发挥的。需要指出的是，犯罪构成的客观要件与主观要件，是对犯罪客观事实与主观事实的抽象，而不是犯罪客观事实与主观事实本身。例如，构成故意杀人罪的客体与客观方面是每一个故意杀人罪都须具备的客观要件，缺乏该客观要件即不构成故意杀人罪，而每个具体的故意杀人罪中的用刀杀人或者用毒药杀人行为是客观事实，这些客观事实会因案情的不同而不同。

（三）犯罪构成是认定犯罪的法律标准

犯罪构成理论是认定犯罪的理论体系，而在罪刑法定原则之下，行为成立犯罪所需的构成要件必须由我国刑法加以规定或包含。其中的“规定”是指，刑法作出了明文规定的要件，即所谓的成文的构成要件要素。而“包含”是指，虽无刑法明文规定，但是可以通过刑法保护目的、刑法逻辑体系等顺理成章推导出来的要件，即所谓的不成文构成要件要素。任何一个犯罪，都可以用很多事实特征来表明，但只有经过法律选择的案件事实特征才能成为犯罪构成要件，非犯罪构成要件的其他案件事实特征不影响犯罪的成立。例如，要构成强奸罪须具有以下要件：①行为人已满14周岁且具备刑事责任能力；②主观具有强奸的故意；③客观上实施了强奸行为；④侵犯了妇女的性自主权利或者幼女的身心健康权。这些要件是由刑法规定的而成为认定强奸罪的构成要件，至于其他案件事实，如被害妇女、幼女的身高、长相、职业等被害人状况，行为人作案的时间、地点、动机等，均不属于强奸罪的构成要件，并不影响强奸罪的成立。不过出于简明、便捷的立法技术的考虑，刑法规定的犯罪构成要件并不是全部规定在具体犯罪的分则条文中，而是分别规定在总则和分则。一般而言，总则侧重规定的是各犯罪成立的共性要件，而分则侧重规定的是各犯罪成立的特殊性要件，所以在认定犯罪时要同时结合总则规定与分则规定。

犯罪构成与犯罪概念是两个既有联系又有区别的范畴。联系在于：犯罪概念是犯罪构成的基础，犯罪构成是犯罪概念的具体化。区别在于它们的功能不同：犯罪概念的功能是从整体上回答什么是犯罪，犯罪有哪些基本特征，揭示犯罪行为的法律、政治本质，从而使我们从原则上区分罪与非罪；而犯罪构成的功能是解决构成犯罪的具体规格和标准问题，进一步明确回答犯罪是怎样成立的，构成犯罪需要具备哪些条件。

四、犯罪构成的分类

（一）基本的犯罪构成与修正的犯罪构成

一般认为，基本的犯罪构成是指分则性条文就单独的既遂犯所规定的犯罪构成；修正的犯罪构成是指总则性条文以基本的犯罪构成为基础并对之加以修正而就共犯、未遂犯等所规定的犯罪构成。具体而言，各种未完成形态的犯罪构成，如预备犯、未遂犯、中止犯等，以及共犯中除实行犯之外的其他犯罪，如组织犯、教唆犯、帮助犯等的犯罪构成，属于修正的犯罪构成。这原本是日本等国刑法理论对犯罪构成要件所作的分类，现在也被引进了我国的刑法教科书。根据这一分类，刑法分则规定的犯罪以单独的既遂犯为模式；基本犯罪构成是由分则性条文规定而不是由总则与分则统一规定；分则先设定了“完整”的犯罪构成，总则又取消了其中的部分要件，这是由立法应当简明，避免立法烦琐的要求决定的。

（二）完结的犯罪构成与待补充的犯罪构成

完结的犯罪构成，也称关闭的犯罪构成、封闭的犯罪构成，指刑法完整地规定了所有要件的犯罪构成；待补充的犯罪构成，也称开放的犯罪构成，指刑法仅规定了部分要件，其他要件需要法官适用时进行补充的犯罪构成。这一分类最先由德国学者威尔采尔提出，具有一定意义。当刑法规定了完结的犯罪构成时，司法工作人员应严格依法适用，不得附加或减少要件；当某具体犯罪存在待补充的犯罪构成时，司法工作人员应依照法律的相关规定补充构成要件。至于刑法规定的犯罪构成究竟是完结的犯罪构成还是待补充的犯罪构成，则需要根据犯罪行为的性质、犯罪之间的关系等进行识别。一般而言，因开放的犯罪构成具有对于法官的授权性，为防止司法权的滥用，立法者对开放构成要件的设置较为审慎，刑法中的大多数犯罪采用的都是完结的犯罪构成规定模式，如故意杀人罪、故意伤害罪、放火罪、强奸罪等。部分犯罪由于法律无法穷尽所有的行为类型，因而采用了开放的犯罪构成规定模式。例如，过失犯中的注意义务内容，不作为犯中的作为义务的内容，情节犯中关于“情节严重”的抽象性规定，以及兜底条款中的“其他方法” “其他方式”等概括性规定，对于这些犯罪的犯罪构成，法律均未有明确规定，需要法官在具体适用时加以填补。

（三）单一的犯罪构成与复杂的犯罪构成

单一的犯罪构成，又称简单的犯罪构成，是指刑法规定的各个要件均属单一的犯罪构成，即当刑法规定的犯罪构成中只含单一行为、单一主体、单一罪过形式时，便是单一的犯罪构成。复杂的犯罪构成，又称混合的犯罪构成，是指刑法规定的要件内容可供选择或互有重叠的犯罪构成，主要表现为两类情况：一类是刑法规定了两种以上的行为、对象、主体等，只要具体事实符合其中之一，便成立犯罪，这种被称为择一的犯罪构成。如《刑法》第305条规定的伪证罪，刑事诉讼中的证人、鉴定人、记录人、翻译人的其中之一作伪证的均可构成伪证罪。另外，这些犯罪主体实施的为陷害他人而故意提供伪证，或者故意隐匿罪证的行为均可构成伪证罪。这说明在该罪中，犯罪主体是可供选择的，犯罪手段也是可供选择的。另一类是刑法规定了两种以上复合性质的要件的犯罪构成，需要同时具备这些要件才能构成犯罪，这被称为复合的犯罪构成，包括行为复合、罪过复合等。行为复合实质上是手段行为与目的行为的复合，如抢劫罪同时具有暴力、胁迫或者其他方法这种手段行为与夺取财物的目的行为，强奸罪中同时具有暴力、胁迫或者其他手段行为和奸淫的目的行为。罪过复合通常存在于结果加重犯中，行为人对基本结果与加重结果存在不同罪过。例如故意伤害致人死亡的，行为人对故意伤害行为是故意，但对死亡结果仅有过失。择一的犯罪构成与复合的犯罪构成两类现象也可能交织在一个犯罪构成中，司法工作人员应特别注重哪些要件是可供选择的，哪些要件是必须同时具备的。

（四）普通的犯罪构成与派生的犯罪构成

普通的犯罪构成，是指刑法条文对具有通常社会危害程度的行为所规定的犯罪构成。派生的犯罪构成，是指以普通犯罪构成为基础，由于具有加重或者减轻事由而从普通的犯罪构成中衍生出来的犯罪构成，具有加重事由的即为加重的犯罪构成，具有减轻事由的即为减轻的犯罪构成。加重的犯罪构成实际上是法定刑升格的条件，刑法分则条文中常规定有情节加重型、结果加重型犯罪构成；减轻的犯罪构成实际上是法定刑减轻的条件，刑法分则条文中常见的有情节减轻型、未发生危害后果减轻型犯罪构成。纵观我国刑法分则条文，有些只规定了普通的犯罪构成，如重婚罪、非法侵入住宅罪等；有些则规定了普通的犯罪构成和加重的犯罪构成，如抢劫罪、强奸罪等；有些刑法分则条文规定了普通的犯罪构成和减轻的犯罪构成，如故意杀人罪，收买被拐卖的妇女、儿童罪；还有的刑法条文除规定了普通的犯罪构成之外，还同时规定了加重的犯罪构成和减轻的犯罪构成，如绑架罪、拒不支付劳动报酬罪。

第二节　犯罪构成要件

犯罪构成是对一切犯罪的构成所作的抽象和概括，但是每种犯罪的成立都必须符合具体的犯罪构成要件。

一、犯罪构成要件的含义

犯罪构成要件，是犯罪构成的组成部分，如表明行为对法益侵犯性的客观要件，表明主体的年龄与能力的主体要件，表明行为人对行为及其结果的心理状态的主观要件，要件的有机统一形成犯罪构成。犯罪构成要件作为犯罪构成的内容的成分，必然与犯罪构成一样，具有说明行为的社会危害性达到了犯罪程度的作用，同时也具有法定性，即犯罪构成要件是由刑法所规定的。

犯罪构成要件是由刑法总则与分则统一规定的，而不是仅由分则条文规定的，因此认定犯罪时须结合总则与分则的规定。犯罪构成要件是一种法律规定，而不是具体事实，刑法分则规定的具体犯罪的犯罪构成要件是确定的，但每个具体案件的案件事实却是形形色色的，其中用于判断是否符合某具体犯罪的构成要件的案件事实才对定罪有影响，其他的案件事实不影响犯罪的认定但可能影响量刑。

二、具体犯罪的构成要件

也称具体的构成要件，是指具体犯罪的成立必须具备的要件，是具体犯罪的社会危害性的法律标志。刑法分则规定的每一个具体犯罪都有其特定的构成要件，只是出于立法技术的考虑，刑法分则并没有完整地规定每个犯罪的具体构成要件，而是由刑法总则与刑法分则共同规定。因此在认定具体犯罪时需要结合两者规定。例如，《刑法》第385条规定的受贿罪，其犯罪构成的要件是：国家工作人员，利用职务上的便利，索取或非法收受，他人财物，为他人谋利益。再加上总则规定的刑事责任年龄、刑事责任能力、故意等，就是受贿罪的犯罪构成的要件。社会上的犯罪是多种多样的，刑法上规定的犯罪构成也是多种多样的。罪与非罪的划分，此罪与彼罪的界限，关键是根据各个具体的犯罪构成的不同要件来确定。具体的要件主要是由刑法分则的条文规定的，但也有些要件是在总则中规定的，研究具体的要件，主要是刑法分论的任务。

三、犯罪构成的共同要件

犯罪构成的共同要件，又称犯罪构成的一般要件，是指任何犯罪的成立都必须具备的要件，是从具体要件中抽象出来的。我国通说归纳各种犯罪的构成，认为每种犯罪都具有四个共同的构成要件：犯罪客体、犯罪客观方面、犯罪主体、犯罪主观方面。通说认为，从查处犯罪的顺序来讲，首先是因为发现了某种刑法所保护的法益被侵犯或者威胁的事实，即具备了犯罪客体；其次，由刑法所保护的法益被侵犯或者威胁的事实查出一定的危害行为；再次，进一步查出危害行为是谁实施的，即犯罪主体；最后，查出犯罪主体实施危害行为是基于何种主观罪过。但有观点以行为自身的形成过程与发展规律为依据，将犯罪构成要件按照犯罪主体要件—犯罪主观要件—犯罪客观要件—犯罪客体要件进行排列。这种观点认为，犯罪构成要件在实际犯罪中发生作用而决定犯罪成立的逻辑是这样的：符合犯罪主体要件的人，在其犯罪心理态度的支配下，实施一定的危害行为，危害一定的客体。对此，前一种通说主张的逻辑顺序是按照司法认定犯罪的过程而确定的，后一种观点主张的逻辑顺序则是按照犯罪自身的形成过程而确定的，这两种观点都具有一定道理。由于犯罪构成是关于认定犯罪的理论，前一种通说主张的排序方式符合人们认定犯罪的思维规律，因而为本书所采中。

一般而言，犯罪构成的共同要件与具体要件是共性与个性、抽象与具体的关系。共同要件存在于具体要件之中，是具体要件的高度概括，反映了各种具体要件的共性。具体要件多有自己的特点，是共同要件的具体表现。例如，危害行为是共同要件，杀人行为、伤害行为、盗窃行为、抢夺行为等是具体的要件，作为具体要件的各种行为各不相同，但它们都具有危害行为的共性。而作为共同要件的危害行为，正是通过各种各样的诸如杀人行为、盗窃行为等具体要件表现出来。但这种共性与个性、抽象与具体的关系并不是绝对的，少数要件如犯罪主体——达到法定刑事责任年龄、具有刑事责任能力的自然人，刑法分则条文未作规定，在这种情况下，刑法总则中规定的共同要件，也就成为该犯罪构成的具体要件。在刑法总则中深入研究共同要件，有助于分析刑法分则中的具体要件。

第三节　犯罪构成要件要素

犯罪构成要件由要素组成，不同的要素组成不同的构成要件，因此各要素在犯罪构成要件中的性质、地位以及对构成犯罪的意义不相同。研究犯罪构成要件的要素，有助于正确、深入理解犯罪构成要件。

一、犯罪构成要件要素的概念

犯罪构成各要件由不同要素所组成，组成要件的要素就是犯罪构成要件要素。例如，行为、结果、行为对象等属于犯罪客观方面的要素；年龄、辨认与控制能力、身份等属于犯罪主体的要素；故意、过失、目的等，则属于犯罪主观方面的要素。

二、犯罪构成要件要素的分类

（一）客观的构成要件要素与主观的构成要件要素

说明行为外部的、客观方面的要素即为客观的构成要件要素，如行为、结果、行为对象等，例如，“淫秽物品”属于走私淫秽物品罪、传播淫秽物品罪等犯罪行为的对象，属于客观的构成要件要素。表明行为人内心的、主观方面的要素即为主观的构成要件要素，如故意、过失、目的等。

（二）记述的构成要件要素与规范的构成要件要素

对于构成要件要素是否存在的判断，只需法官的认识活动即可的构成要件要素，就是记述的构成要件要素；如果这种判断还需要法官的规范的、评价的行为，则是规范的构成要件要素。如贩卖淫秽物品牟利罪中的“贩卖”，签订、履行合同失职被骗罪中的“签订、履行”是记述的构成要件要素，“淫秽物品”是规范的构成要件要素。可以通俗解释如下：记述的构成要件要素是对事实的记述或描述；解释者与司法者的价值观的差异不会影响对它的理解与适用，故不存在争议；司法者易于判断客观事实是否符合构成要件，故不会因理解不同而形成不同的判决结论。规范的构成要件要素是一种规范的表述，包含价值判断；解释者与司法者的价值观的差异必然影响对它的理解与适用，故常存争议；司法者难以判断客观事实是否符合构成要件，故往往因为理解不同而形成不同的判决结论。

（三）积极的构成要件要素与消极的构成要件要素

通常的构成要件要素，是积极地、正面表明成立犯罪必须具备的要素，这为积极的构成要件要素。但例外地也存在否定犯罪性的构成要件要素，这便是消极的构成要件要素，如《刑法》第389条第3款规定：“因被勒索给予国家工作人员以财物，没有获得不正当利益的，不是行贿。”

（四）共同的构成要件要素与非共同的构成要件要素

共同的构成要件要素，是指犯罪构成共同要件中为任何犯罪的成立所必须具备的要素。例如，行为是客观要件的要素，也是任何犯罪的成立都必须具备的要素。非共同的构成要件要素，是指部分犯罪的成立所必须具备的要素。例如，时间与地点、身份与目的只是部分犯罪的成立必须具备的要素。

（五）成文的构成要件要素与不成文的构成要件要素

成文的构成要件要素，通常是指刑法明文规定的构成要件要素，绝大多数构成要件要素都是成文的构成要件要素。不成文的构成要件要素，是指刑法条文表面上没有明文规定，但根据刑法条文之间的相互关系、刑法条文对相关要素的描述所确定的，成立犯罪所必须具备的要素。就一些具体犯罪而言，由于众所周知的理由或者其他原因，刑法并没有将所有的构成要件要素完整地规定下来，而是需要法官在适用过程中进行补充。例如，根据通说，抢劫罪的客观构成要件要素是成文的构成要件要素，“非法占有目的”是不成文的构成要件要素。

思考题

1. 犯罪概念与犯罪构成是何关系？
2. 犯罪构成有何特征？
3. 如何理解犯罪构成要件？
4. 犯罪构成要件要素存在哪些分类？

阅读书目

1. 陈银珠：《论犯罪构成的结构与功能》，法律出版社2019年版。
2. 曾宪信、江任天、朱继良：《犯罪构成论》，经济科学出版社2018年版。
3. 付立庆：《犯罪构成理论》，法律出版社2010年版。
4. 李洁、王志远、王充：《犯罪构成的解构与结构》，法律出版社2010年版。

第六章　犯罪客体

从本质上看，犯罪是对整个社会的危害，每个具体犯罪都会侵犯或者可能侵犯某种具体的社会关系，对刑法所保护的客体没有侵犯或者没有侵犯可能性的行为，不可能构成犯罪。通过研究犯罪客体，能够揭示犯罪的这一危害本质。

第一节　犯罪客体概述

犯罪客体，就是要解决犯罪行为究竟侵犯了什么的问题。通常犯罪客体越重要，侵犯该犯罪客体的行为的社会危害性就越严重。因此可以认为，犯罪客体是决定犯罪的社会危害性程度的首要条件，也是构成犯罪的必备要件之一。把握犯罪客体有助于准确认识和确定犯罪的性质，区分罪与非罪、此罪与彼罪。

一、犯罪客体的概念

传统观点认为，犯罪客体是指刑法所保护而为犯罪行为所侵犯的社会主义社会关系。但本书认为，犯罪客体是指刑法所保护而为犯罪行为所侵犯的社会关系，它包括以下三层含义。

首先，犯罪客体是一种社会关系。社会关系，是人们在生产和共同生活中所形成的人与人之间的相互关系，分为物质关系和思想关系。物质关系是社会的生产关系即经济关系，包括人身权利关系、财产所有关系等，是人们在生产过程中形成的，是一切社会关系的基础；思想关系是经济基础所决定的上层建筑，是建立在生产关系基础上的政治关系和意识形态关系。马克思深刻指出："人的本质并不是单个人所固有的抽象物，在其现实性上，它是一切社会关系的总和。"[①]犯罪作为人的活动的形式之一，必然会作用于特定的社会关系，犯罪客体作为犯罪行为的指向，归根结底是一种社会关系。因此，任何一种犯罪行为，都会侵犯或者

①《马克思恩格斯全集》第1卷，人民出版社2012年版，第135页。

可能会侵犯社会关系。

其次，犯罪客体是刑法所保护的社会关系。社会关系范围非常广泛，几乎涵盖了人类生活的全部领域，但并非所有的社会关系都会成为犯罪客体，只有那些重要的需要刑法保护的社会关系才能成为犯罪客体。因为不仅刑法对社会关系予以保护与调整，其他法律或者手段也可以对社会关系起到保护与调整作用，而刑法作为惩罚后果最为严厉的法，只有当其他法律或者手段无法保护或者调整时才可以介入。因而只有那些重要的且需要运用刑法保护的社会关系，才可以进入刑法的调整领域，成为刑法的保护对象，具有犯罪客体的性质。在我国，能够成为犯罪客体的主要是《刑法》第2条和第13条规定的国家主权、领土完整和安全、经济秩序、社会秩序、财产所有权、人身权利、民主权利等社会关系。

最后，犯罪客体是被犯罪行为侵害的社会关系。刑法所保护的社会关系是客观存在的，先于犯罪行为而存在。这意味着，并非刑法所保护的社会关系就是犯罪客体，只有当它受到犯罪行为侵害时，才能成为犯罪客体。在没有受到犯罪行为的侵害时，刑法所保护的社会关系并非是犯罪行为指向的客体，因此不能成为犯罪客体。可见，犯罪客体与犯罪行为是不可分离的，犯罪客体只能是犯罪行为所侵害的社会关系。

二、犯罪客体的立法形式

犯罪构成是认定犯罪的法律标准，具有法定性的特征，作为犯罪构成要件的犯罪客体，在理论上，应同犯罪的客观要件、主体要件与主观要件一样由法律明文规定，但是由于犯罪客体的特殊性，刑法设定某种犯罪所保护的内容，未必均由法律作明示性规定，而是存在多种多样的表现形式。具体而言，主要有以下几种立法形式。

（一）法条明确规定犯罪客体

此种立法形式的特点在于，刑法条文直接对犯罪客体的内容作出了明确的规定。例如，《刑法》第102条明确规定，背叛国家罪的犯罪客体是“中华人民共和国的主权、领土完整和安全”。又如，《刑法》第105条明确规定，颠覆国家政权罪、煽动颠覆国家政权罪的犯罪客体是国家政权和社会主义制度。再如，《刑法》第371条明确规定，聚众冲击军事禁区罪的犯罪客体为“军事禁区秩序”。

（二）通过指出犯罪对象来表明犯罪客体

此种立法形式的特点在于，刑法条文未直接规定犯罪客体，而是通过指出行为所具体作用的人或者物即犯罪对象来说明犯罪客体。例如，《刑法》第236条规定的强奸罪的犯罪对象是妇女、幼女，以此表明该罪的犯罪客体是妇女的性自主决定权、幼女的身心健康权。又如，《刑法》第227条第2款规定的倒卖车票、船票罪，明确将犯罪对象设定为车票和船票，以此表明该罪的犯罪客体是车船票的管理秩序。

（三）通过规定犯罪行为来描述犯罪客体

此种立法形式的特点为，刑法中未直接规定犯罪客体的内容，而是通过对行为具体表现形式的描述来表明某一犯罪客体，因为该条文描述的行为之中已经包含了犯罪客体的内容。例如，《刑法》第257条规定的暴力干涉婚姻自由罪，条文在揭示该罪的主要客体为他人婚姻自由的同时，还通过规定行为方式——暴力，来表明该罪还包括次要客体，即他人人身权利。

（四）通过规定违反的法规来揭示犯罪客体

此种立法形式指出了该罪规制的犯罪行为是对某种法规的违反，而该法规所调整和保护的社会关系即是该罪的客体。例如，《刑法》第133条规定的交通肇事罪，明确规定“违反交通运输管理法规”为构罪前提。显然，交通运输管理法规所调整的社会关系是交通运输安全，那么交通运输安全便是该罪的犯罪客体。又如，《刑法》第340条规定的非法捕捞水产品罪，“保护水产资源法规”为该罪行为违反的法规，由此可推出，该罪的犯罪客体应当是国家水产资源的保护秩序。

由上可知，我国对犯罪客体并不都是采取明文规定的方式，大多数是通过其他表现方式间接表明刑法所保护的犯罪客体，在这种情况下，往往需要通过对犯罪客体的物质表现、犯罪行为、犯罪侵犯对象等的分析确定犯罪客体的内容，这是在确定犯罪客体时需要注意的。

三、犯罪客体的意义

（一）有助于认识犯罪的本质特征

犯罪客体是决定犯罪社会危害性及其程度的首要条件。任何一种犯罪行为都具有社会危害性，此危害性通过犯罪客体受侵犯来体现。所以，掌握了犯罪客体这一认识犯罪的概念工具，也就抓住了认识犯罪的根本。而通过研究犯罪客体揭示犯罪本质，可以增强人们的社会责任感，促进公民自觉地与犯罪行为作斗争，以维护社会的安全与稳定。

（二）有助于合理划分犯罪类型

我国刑法所保护的社会关系内容复杂，涵盖范围广泛，而且大多表现出层次性，往往在某一社会关系之下，还可以分出若干具体的社会关系。所以某些犯罪侵犯的社会关系常常具有共通性，立法者正是将这种共通性作为划分刑法章节的重要标准。我国刑法分则依据犯罪侵犯的社会关系的类型，将所有的犯罪划分为十大类，然后又将内容庞杂的“破坏社会主义市场经济秩序罪”与“妨害社会管理秩序罪”划分为若干节，并主要根据各类社会关系的重要程度排列各罪，建立起了我国科学的刑法分则体系。

（三）有助于准确定罪

不同犯罪侵犯的具体犯罪客体不同，决定了不同犯罪具有不同的罪质，使得犯罪客体可以成为区分此罪与彼罪的依据。例如，同样是盗窃电线行为，会因为侵犯的客体不同而构成不同的犯罪：如果侵犯的是公共安全，构成破坏电力设备罪；如果侵犯的是财产权，则构成盗窃罪。当然，区分此罪与彼罪也可从其他的方面进行，但首先是从犯罪客体上进行区别。尤其是在界分相近犯罪时，通过对犯罪客体的深入研究可以辨别彼此。

（四）有助于正确量刑

根据罪责刑相适应的原则，行为人所受刑罚的轻重，应当与其所犯罪行和承担的刑事责任相适应。其中，罪行轻重的评价标准之一便是犯罪行为的社会危害性程度，而犯罪客体的内容影响犯罪的社会危害性程度，所以犯罪客体能够成为量刑的依据。具体而言，通过对犯罪客体的类型、受侵害程度的评估，可以判断犯罪行为的社会危害性程度，而通过对犯罪行为的社会危害性程度的评估，可以判断行为人所犯罪行的大小。因此，犯罪客体是科学量刑的依据，使量刑的质量得到保证。

【案例6-1-01】1996年6月某日晚，王某某驾车连续经过几个公路关卡都未停车接受检查，执勤干警得知情况后便设置路障准备拦截其车辆，并分别站在路障之间的空档处。王某某驶近并看到设置的路障后，仍拒不接受执勤人员的停车指令，驾车冲向路障撞飞了陆姓民警，王某某撞人后未停车救人反而立即加速逃离现场。陆姓民警被撞致颅脑损伤抢救无效死亡。本案中，王某某的行为是构成以危险方法危害公共安全罪还是故意杀人罪的判断关键是，其行为侵犯的客体究竟是不特定多数人的生命权利，还是特定人员的生命权利。从王某某的行为表现来看，其驾车冲撞的是执行公务的人员，针对的对象是特定的个人，并非不特定多数人。因此，根据行为侵犯的客体判断，王某某的行为构成的应是故意杀人罪而不是以危险方法危害公共安全罪。

第二节　犯罪客体的种类

按照犯罪行为侵害的社会关系的范围，刑法理论将犯罪客体划分为三类或三个层次：一般客体、同类客体和直接客体。通过对犯罪客体进行分类，可以揭示犯罪的共性与个性特征，加深对犯罪行为的认识并把握其规律性，从而制定科学的刑事政策，完善刑事立法和指导刑事司法。

一、犯罪的一般客体

犯罪的一般客体，又称犯罪的共同客体，是指一切犯罪所侵犯的社会关系的整体。《刑法》第2条、第13条概括了犯罪一般客体的主要内容。一般客体反映了一切犯罪客体的共性，它是刑法所保护客体的最高层次。

二、犯罪的同类客体

犯罪的同类客体，又称分类客体，是指某一类犯罪所共同侵犯的某一类社会关系。同类客体是建立我国刑法分则体系的基本依据，刑法据此确立了分则的十个罪章，有的章又根据次同类客体分为若干罪节，如刑法分则第三章分为八节、第六章分为九节。

三、犯罪的直接客体

犯罪的直接客体，是指具体犯罪所直接侵犯的特定社会关系，揭示了具体犯罪所侵害合法权益的性质以及该犯罪的社会危害性程度。直接客体是研究犯罪客体的重点。理论上可进一步分为以下两方面。

（一）简单客体和复杂客体

根据具体犯罪行为危害具体合法权益数量的多少，可以将犯罪的直接客体分为简单客体与复杂客体。简单客体，又称单一客体，是指某一种犯罪只直接侵害一种具体的社会关系。复杂客体，是指犯罪行为所直接侵害的客体包括两种以上的具体社会关系。

对于复杂客体，根据直接客体在犯罪中受危害的程度、机遇和受刑法保护的状况，分为主要客体、次要客体和随机客体。

主要客体，是指某一具体犯罪所侵害的复杂客体中程度较严重的，刑法予以重点保护的社会关系。主要客体决定该具体犯罪的性质，从而也决定该犯罪在刑法分则中的归属。

次要客体，是指某一具体犯罪所侵害的复杂客体中程度较轻的、刑法予以一般保护的社会关系，也称辅助客体。次要客体虽不决定犯罪的类罪性质，但也对某些犯罪的具体性质和主要特征产生重要影响。在同类犯罪中区分此罪与彼罪，次要客体往往起决定性的作用。例如，抢劫罪与抢夺罪的犯罪客体都是公私财产所有权，但是抢劫罪的次要客体即他人的人身权是其区别于抢夺罪的决定性因素。

随机客体，是指某一具体犯罪侵害的复杂客体中可能由于某种机遇而出现的客体，也称随意客体、选择客体。一般情况下，随机客体往往是加重刑事处罚的原因和依据。如非法拘禁罪，侵害的主要客体是他人的人身自由权利，如果非法拘禁致人重伤、死亡时，就危害到他人的健康权利、生命权利。随机客体是复杂客体的一种，但主要客体、次要客体是某些犯罪的必备要件，而随机客体仅仅是选择要件，可能出现也可能不出现。

（二）物质性犯罪客体和非物质性犯罪客体

以具体犯罪侵害的社会关系是否具有物质性为标准，可将直接客体分为物质性犯罪客体和非物质性犯罪客体。侵害物质性犯罪客体的标志是产生物质性的损害或威胁，可能成为物质性犯罪客体的法益有财产、生命与健康等。侵害非物质性犯罪客体的标志是不具有直接的物质损害，可能成为非物质性犯罪客体的法益有政治制度、社会秩序、人格、名誉等。

第三节　犯罪客体与犯罪对象

犯罪客体与犯罪对象是两个既有联系又有区别的概念，对它们关系的认识有助于进一步把握犯罪构成要件。

一、犯罪对象的概念

犯罪对象是指刑法分则条文规定的犯罪行为所作用的客观存在的具体人或者具体物。其基本含义有以下几方面。

（一）犯罪对象是具体的人或物

人是指人的生命机体，它承载着人的生命、健康、自由、名誉、安宁等权利。物是指一切具有价值、归属关系的物品，包括货币、实物、生产资料、生活资料、动产和不动产等。

（二）犯罪对象是犯罪行为直接作用的人或物

作为犯罪对象的具体的人或物，具有客观实在性，但在其未受到犯罪行为侵害时，仅是可能的犯罪对象。只有犯罪行为直接作用于某人或某物时，其才能成为现实的犯罪对象。据此，可以将犯罪对象与犯罪所得之物、犯罪所用之物区分开来。犯罪所得之物是指犯罪人通过犯罪所获得的财产或物品，犯罪所用之物是指犯罪人进行犯罪活动所使用的工具或物品，这些都无法成为犯罪对象。

（三）犯罪对象是刑法规定的人或物

刑法分则条文大多数并不明确规定犯罪客体，而往往通过规定犯罪对象的方式来表明犯罪客体的存在。因此刑法条文或者规定作为犯罪对象的人，或者规定作为犯罪对象的物，用以表明犯罪客体。犯罪对象可以从不同角度作不同的分类。从物质表现形式上来看，犯罪对象包括物体和人体两种。从犯罪对象有无特殊限制来看，存在普遍犯罪对象与特定犯罪对象，前者是泛指人或物而不加任何限制，如故意杀人罪中的“人”；后者则指某种人或物，明确限制其范围，如抢夺枪支、弹药、爆炸物罪，犯罪对象是枪支、弹药、爆炸物。

二、犯罪客体与犯罪对象的联系与区别

（一）犯罪客体与犯罪对象的联系

（1）犯罪对象是犯罪客体的物质载体或主体承担者。作为犯罪对象的具体物是具体社会关系的物质表现，而人则是社会关系的主体或参加者。

（2）犯罪对象在不同的场合会表现为不同的犯罪客体。犯罪行为作用于犯罪对象，就是通过具体的物或人来侵害一定的社会关系，但侵害的社会关系不同，犯罪客体亦不同。

（二）犯罪客体与犯罪对象的区别

（1）犯罪客体是任何犯罪构成的必备要件，而犯罪对象则仅仅是某些犯罪的必备要件。有些犯罪可能没有犯罪对象，如脱逃罪、偷越国（边）境罪、重婚罪。

（2）犯罪客体决定犯罪性质，犯罪对象则未必，如公共财物可以是盗窃罪、贪污罪、诈骗罪的犯罪对象，仅从公共财物的角度难以判断这些犯罪的性质。

（3）任何犯罪都会使犯罪客体受到危害，而犯罪对象则不一定受到损害，如盗窃罪。

（4）犯罪客体是犯罪分类的基础，犯罪对象则不是，如刑法分则十大罪章就是根据犯罪客体进行的分类。

思考题

1. 如何理解犯罪客体在犯罪构成理论体系中的地位？
2. 如何划分犯罪客体的种类？
3. 如何理解犯罪客体与犯罪对象的关系？

阅读书目

1. 马春晓：《经济刑法的法益研究》，中国社会科学出版社2020年版。
2. 杨兴培：《“犯罪客体”的反思与批评》，法律出版社2009年版。
3. 薛瑞麟：《犯罪客体论》，中国政法大学出版社2008年版。
4. 张明楷：《法益初论》，中国政法大学出版社2003年版。

第七章　犯罪客观方面

根据现代刑法所贯彻的罪责刑相适应的原则，刑罚的裁量既要与犯罪客观方面表现出的社会危害性相适应，又要注意与行为人的人身危险性相适应，而行为人的人身危险性又必须基于犯罪客观方面进行考查。因此，在犯罪构成要件中，犯罪客观方面居于核心地位，它通常包括危害行为、危害结果等。危害行为与危害结果之间的因果关系一般也放在本部分进行研究。

第一节　犯罪客观方面概述

犯罪客观方面是犯罪的客观外在表现，是构成犯罪所必须具备的要件，不具备客观要件不能成立犯罪。它与犯罪所侵犯的法益、行为人的主观罪过存在密切的关系。任何一个犯罪都是对法益的侵犯和威胁，同时法益所遭受的侵害和威胁需要通过犯罪客观方面来进行具体的判断和说明。行为人具有的主观罪过只有通过客观行为及其导致的结果才能对社会产生危害，而在行为人意识下产生的行为及其导致的结果，反过来又可以印证行为人的主观罪过，反映行为人的人身危险性。行为人仅有主观罪过而无危害行为的不构成犯罪，否则便是主观归罪。正因为如此，犯罪的客观方面是犯罪构成的一个必要要件，它是行为人承担刑事责任的客观基础和外在根据。

一、犯罪客观方面的概念与特征

犯罪客观方面，又称犯罪客观要件、犯罪客观因素，是指刑法规定的构成犯罪的客观外在表现。根据这一基本概念，犯罪客观方面具有以下基本特征。

（一）法定性

犯罪客观方面的法定性，指构成犯罪的各种客观要件必须是刑法条文明确规定的、能够充分体现犯罪行为的社会危害性及其程度的客观事实。在刑法分则条文中，犯罪客观方面作为罪状的主要内容表现出来，我国刑法也大多比较明确具体地规定了各犯罪的客观要件内容。作为犯罪构成的核心内容，犯罪客观方面的法定性是罪刑法定原则在犯罪构成中的重要体现。在认定任何犯罪时，必须严格依照刑法的规定确定行为是否符合犯罪客观方面，如果犯罪行为并没有齐备刑法所规定的内容，行为人的行为便不构成此种犯罪。

（二）客观性

犯罪客观方面的客观性，指犯罪客观方面是犯罪活动的外在表现形式，能被人们所直接感知，以客观事实特征为内容。只有在主观罪过外化成为不依人们意志而存在的客观范畴时，才能对其定罪量刑。因为行为人的主观罪过内容是行为人的思维活动，有没有以及有怎样的主观罪过只有行为人自己清楚，不通过客观外在的行为表现，他人是无法预知这种主观心理状态的。只能通过研究表现为外在的客观行为及其导致的危害结果，才可以具体认定行为人的主观罪过内容。我国刑法禁止“主观归罪”，禁止惩罚思想犯。

（三）具体性

刑法规定的犯罪客观方面的要件，是具体的而不是抽象的。客观方面的要件具体表现为危害行为、危害结果，犯罪的特定时间、地点、方法、手段等。以是否为构成犯罪必备为标准，这些要件可分为必备要件和选择要件。正是由于犯罪客观方面的具体性特征，在刑法立法上设计各罪的犯罪构成时，往往采用多种方式规定罪状内容。我国刑法分则规定的483个具体犯罪，除了法条竞合现象之外，任何一种犯罪都有其独特的外在表现形式。借助犯罪客观方面的具体性特征，能够加深对各个犯罪的特殊性的认识。

（四）必备性

在犯罪构成的四个共同要件中，犯罪客观方面居于核心地位，是成立犯罪所必须具备的客观因素。犯罪客观方面是犯罪其他要件所依附的本体性要件，不具备客观方面说明不存在社会关系受到侵害的客观事实，也就不构成犯罪。无论是“无行为即无犯罪”的法律格言，还是“刑法不处罚单纯的思想犯”的刑罚理念，均说明了犯罪客观方面在犯罪构成要件中的重要地位，其是成立犯罪不可或缺的必备要件。

二、犯罪客观方面的意义

在犯罪构成的诸要件中，犯罪客观方面处于核心地位，它既是犯罪主体与犯罪客体的纽带，也是认定犯罪主观方面的客观依据。

（一）区分罪与非罪的重要依据

近代刑法确立的一个原则是无行为则无犯罪。因此，对一切犯罪来说，危害行为的有无，是区分罪与非罪的重要标志，但对于某些犯罪而言，危害结果、特定的时间、地点、方法或手段的有无，也是区分罪与非罪的重要标志。

（二）区分此罪与彼罪的客观标准

我国刑法中的一些犯罪，犯罪主体要件、客体要件、主观要件相同，为什么规定为不同的犯罪，主要原因就在于客观方面要件不同。例如，同样是侵犯财产所有权，如果是用窃取的方式将他人数额较大的财物据为己有，则构成盗窃罪；如果是用暴力、胁迫或者其他方法非法占有他人财物，则构成抢劫罪。

（三）分析和认定犯罪主观方面的客观基础

犯罪主观方面支配犯罪客观方面，犯罪客观方面是犯罪主观方面的外部表现即客观化，犯罪意图只有通过犯罪行为才能实现。因此，考察犯罪的客观要件，可以为正确判定犯罪主观要件中的罪过、动机、目的等内容提供可靠的客观基础。

（四）影响正确量刑的重要因素

从立法上看，刑法往往把是否具备某种危害结果作为一些犯罪加重处罚的根据。从司法上看，要充分考虑实施犯罪行为的方式、手段以及时间、地点、条件、侵犯对象等客观情况对犯罪危害程度的影响。

第二节　危害行为

犯罪是人的行为，“无行为则无犯罪”。犯罪行为还必须是危害行为，危害行为在犯罪的客观方面乃至整个犯罪构成理论中，居于重要地位。研究和把握我国刑法中的危害行为，应当了解这种危害行为的内涵及其基本形态。

一、危害行为的概念与特征

没有行为则没有犯罪、没有刑罚，已成为现代刑法的普遍原则。我国刑法所惩处的犯罪，首先是人或单位的一种危害社会的行为。特定的危害社会的行为，是我国刑法中犯罪客观方面首要的因素，是一切犯罪构成在客观方面的必备要件，在犯罪客观要件中居于核心地位。

（一）危害行为的概念

我国刑法中的危害行为，是指犯罪构成客观方面的行为，即由行为人的意识、意志支配的违反刑法规范的危害社会的身体动静。危害行为不同于犯罪行为。一般而言，危害行为可以进一步区分为违法行为和犯罪行为，所以危害行为不一定是犯罪行为，而犯罪行为一定是危害行为。

（二）危害行为的特征

1.主体特定性

危害行为是自然人或单位实施的行为，我国刑法排除动植物、物品或自然现象作为犯罪主体的可能性，因而只有自然人或者单位才能成为危害行为的主体。

2.有意性

从主观上看，刑法中的危害行为是表现人的意识或意志的行为，即危害行为必须是受人的意识和意志支配的。人的意识、意志与人的身体动静存在因果关系，前者为因，后者为果。只有这种因果关系客观存在时，人的身体动静才能作为危害行为来研究。同时，也只有这样的身体外部动静即危害行为，才可能由刑法来调整并达到刑法调整所预期的目的。根据危害行为的有意性特征，下列现象一般不被认为是刑法上的危害行为：人体的条件反射动作，睡梦中人的活动，精神错乱状态下的人体举动，人体受到暴力强制下的行为，不可抗力引起的人的行为。

3.有害性

危害行为是对社会有危害的行为，即对社会关系有侵害或威胁的行为。这是危害行为的实质特征或者规范属性。立法者在确定什么行为是刑法意义上的危害行为时，需要从本质上考察该行为是否对刑法保护的法益具有侵犯的危害性，没有侵犯法益危险的行为从一开始就被排除犯罪之外，而不属于刑法中的危害行为。

4.刑事违法性

危害行为是违反刑法规范的行为，这是危害行为的法律特征。违反刑法规范，既包括禁止性规范如禁止伤害、抢劫等，也包括命令性规范如赡养父母、依法纳税等。违反命令性规范的属于不作为的危害行为，违反禁止性规范的属于作为的危害行为。

欠缺有意性的行为、欠缺有害性的行为、欠缺刑事违法性的行为均不属于犯罪客观方面的危害行为。

【案例7-2-01】甲女得知男友乙移情，怨恨中送其一双滚轴旱冰鞋，企盼其运动时摔伤。乙穿此鞋运动时，果真摔成重伤。本例中，甲女送旱冰鞋的行为不属于刑法上的危害行为，因为危害行为是客观上具有侵犯法益危险性的行为，劝人旅游、送人衣物、请客吃饭等都是日常行为，即便伴有某种危险，也是法律所允许的危险，不属于危害行为。

二、危害行为的基本形态

从区分罪与非罪、此罪与彼罪的界限角度出发，危害行为的基本形态应区分为作为与不作为两种，这是现代刑法理论的通说。

（一）作为

所谓“作为”，是指犯罪人用积极的行为实施的刑法禁止的危害社会的行为，即不当为而为之，违反刑法禁止性规范。大多数刑法规范是禁止性规范，以危害社会的作为犯罪居多。作为行为除了具备上述危害行为的基本特征外，其特殊性在于：其一，作为表现为人的积极的身体活动，具有客观外在的可见性、有形性。其二，作为不是仅指单个的举动，而是指一系列积极身体活动的整体过程。其三，作为违反刑法禁止性规范，即法律禁止做而去做，这是作为方式的行为在违反规范方面的特点。

作为的实施方式主要有两类：

（1）利用行为人自身条件的作为。具体包括以下几种情况：其一，利用自身身体条件，如四肢、口、头部等动作实施作为。其二，利用自己的自然身份实施的作为，如强奸罪只有男性才可单独构成。其三，利用自己的法定身份实施的作为，如刑讯逼供罪只有司法工作人员才能单独构成，贪污受贿罪只有国家工作人员才能单独构成。

【案例7-2-02】船工甲见乙落水，救其上船后发现其是仇人，又将其推到水中，致其溺亡。本案中，甲以自己的身体动作积极地重新创设了乙被水淹死的危险（不应为而为之），属于作为的故意杀人。

（2）利用外力条件的作为，具体包括以下几种情况：其一，利用物质性工具实施的作为。犯罪工具多种多样，既可以是传统的刀枪、棍棒等普通物质性工具，也可以是现代的计算机、通信设备、生物工程及相关技术等高科技物质性工具。其二，利用动物实施的作为。这是指人通过对动物直接施加一定的影响而侵害刑法所保护的法益的行为，常见的如唆使恶狗咬伤他人等行为。其三，利用自然力，如利用风、水、雷、火等自然界的事物实施犯罪。这与利用物质性工具实施犯罪的情形相类似，不同之处在于，自然力是自然界存在的事物而不是由人制造的事物。其四，利用他人的行动实施的作为。这种情形是指行为人将他人作为自己实施危害行为的工具，如利用无刑事责任能力的人或不负刑事责任的人犯罪，利用他人不知情的行为实施犯罪，利用他人有过错的行为实施犯罪，强迫他人实施犯罪等。

（二）不作为

所谓“不作为”，是指犯罪人有义务实施且有可能实施某种积极的行为而未实施的行为，即当为而不为。一般认为，要构成刑法中的不作为，客观方面必须具备下述四个条件。

1.行为人负有实施某种积极行为的特定义务

行为人负有实施某种积极行为的义务，是构成不作为犯罪的前提。这种作为义务是一种特定义务，而不只是普通的道德上的义务。例如，甲见有人掉入偏僻之地的深井，找来绳子救人，将绳子的一头扔至井底后，发现井下的是仇人乙，便放弃拉绳子，乙因无人救助死亡。对此，甲只是一名过路者，原则上其对落井者并没有法律上的救助义务，甲将绳子抛下深井也并没有积极提升乙的生命风险，因此也不会产生救助义务。

【案例7-2-03】甲到湖中游泳，见武某也在游泳。武某突然腿抽筋，向唯一在场的甲呼救。甲未予理睬，武某溺水身亡。本案中，甲并没有作出任何危害武某的行为，其对武某也没有任何法律上的保护、救助义务，所以，甲的行为只能算是一种不道德的见危不救行为，不构成不作为犯罪。

一般认为，特定义务一般有四个来源：

（1）法律明文规定的义务，即由法律法规事先已经作出明确规定的行为人应当履行的义务。例如我国《刑法》第261条规定：“对于年老、年幼、患病或者其他没有独立生活能力的人，负有扶养义务而拒绝扶养，情节恶劣的，处五年以下有期徒刑、拘役或者管制。”这里所谓的“负有扶养义务”，就是由我国现行《民法典》第1059条、第1074条、1075条等条文明文规定的。对于法律上义务的理解不能过于狭窄。又如《刑法》第313条规定的拒不执行判决、裁定罪，也是一种不履行法定义务的不作为形式的犯罪。另外我国法律还规定公民有纳税的义务，保守国家秘密的义务等。

（2）职务上或业务上要求履行的义务，这一特定义务以行为人具有某种职务身份或从事某种业务并且正在执行为前提。即承担某种职务或者从事某种业务的人，在其职务或者业务范围内要求其应当履行的特定义务。这些特定义务的内容，常是由相应的规章制度和操作规程加以规定的，也有一些来自行业上约定俗成的习惯或者通行做法，有的则是从各级各类领导岗位的基本要求上予以确定的。

（3）行为人实施的法律行为所引起的义务。法律行为指在法律上能够产生一定权利义务的行为。如合同行为、自愿接受行为等。合同行为具体设定了双方的权利和义务，据此可以产生作为义务，如果因不履行义务而给刑法所保护的法益造成严重危害的，可能构成不作为犯罪。例如，根据合同约定保姆有照顾婴儿的义务，如果保姆不履行合同义务而给婴儿造成伤害的，可能构成不作为犯罪。自愿接受行为亦可引起法律上的作为义务，因为行为人基于自愿承担保护义务，使法益的保护依存于自己，行为人就必须继续承担保护义务。例如见路边有流浪汉而将其领回家中的，行为人对流浪汉就负有救助义务。

（4）行为人的先行行为产生的（作为）义务。这里的先行行为既包括不法行为（含犯罪行为）也包括合法行为，但因合法行为产生救助义务的，应当限于行为具有发生危害后果的现实危险的特定场合。例如，失主甲空手追小偷乙，乙跑至河边后虽然离甲的距离尚远，但为了彻底摆脱甲的追赶，乙决心游到对岸。结果在游到河中心时因体力不支，遂向赶来的甲求救。甲心想小偷可恶，淹死也活该，便没有施救。最后乙溺水身亡。此处甲的追赶行为尚不足以导致乙跳河，即并不具有导致他人死亡的现实危险，因此不构成先行行为，甲对乙没有救助义务。

肯定先行为包括犯罪行为，对于恶意参与的共犯具有填补惩罚漏洞的重要意义。例如，行为人甲故意杀乙致其重伤，但见乙痛苦不堪便心生悔意，决定送乙去医院抢救。结果路人丙对甲百般劝阻，于是甲便放弃施救，最后乙因流血过多而身亡。在此种场合，因为甲的故意杀人行为构成先行行为，甲对乙负有抢救义务但未予抢救，构成不作为犯罪，因此路人丙的劝阻行为构成不作为犯罪的教唆犯。

【案例7-2-04】甲与贺某到水库游泳。甲为显示泳技，将不善游泳的贺某拉到深水区教其游泳。贺某忽然沉没，甲有点害怕，忙游上岸，贺某溺亡。本案中，甲将不善游泳的贺某拉到深水区教其游泳的先行行为，明显增加了贺某溺水身亡的危险，导致贺某的生命法益处于危险状态，因而甲负有采取有效措施排除危险或防止危害结果发生的特定义务。但甲却未对贺某进行救助，导致贺某溺亡，甲构成不作为犯罪。

先行行为包括合法行为但不应包括正当防卫，如果承认正当防卫会产生作为义务的话，势必与正当防卫的价值理念不相协调。但是防卫过当行为能够构成先行行为，防卫人负有防止防卫结果扩大、加重的义务。至于其他的正当行为如紧急避险、自助行为等都可以引起救助义务。

此外，需要注意，某些法律所规定的义务具有抽象性，难以直接成为具体不作为犯罪的义务根据。例如，虽然《中华人民共和国消防法》规定，任何人发现火灾都必须立即报警，过路人甲发现火灾后没有及时报警，导致火灾蔓延，但是甲的行为不成立不作为的放火罪。

2.行为人有履行特定义务的实际可能性

这是不作为犯罪成立的主要条件，这一条件表明了我国刑法中不作为犯罪构成上的合理性。法律不能强人所难，如果行为人虽然负有某种特定的义务，但是该行为人不具有履行特定义务的实际可能性，表明行为人在客观上不具备履行作为义务的能力，法律规范则不能谴责行为人，在这种情形下不构成不作为犯罪。例如，子女负有赡养老人的义务，但如果子女因患病而失去了生活自理能力，这时就不能将子女未履行赡养义务的行为认定为犯罪。

3.行为人未履行特定义务

这是区分作为与不作为的外在根本标志，也是不作为犯罪成立的关键条件。行为符合不作为的一般客观条件，并不直接成立犯罪，只有当某种不作为符合具体的犯罪构成才成立犯罪。例如，刑法规定，依法配备公务用枪的人员丢失枪支不及时报告，造成严重后果的构成犯罪，该罪以“不报告”为成立条件，属于不作为犯罪。遗弃罪是一种不履行扶养义务的行为，属于不作为犯罪。

【案例7-2-05】甲下班回家后，发现自家门前放着一包来历不明、类似面粉的东西，甲第二天上班时拿到实验室化验，发现是海洛因，于是立即倒入厕所马桶冲入下水道，甲虽然没有将毒品上交公安部门，但不构成非法持有毒品罪。

4.未履行特定义务与危害结果之间存在刑法上的因果关系

在不作为犯罪中，也要求不作为与危害结果之间具有因果关系，这是能够对不作为进行刑事归责的客观基础。不作为虽然不像作为一样积极地推动危害结果的发生，但是不作为对危害结果的发生是具有原因力的，即正是因为行为人的不作为导致了危害结果的发生，如果行为人积极履行了结果避免的作为义务是可以避免结果发生的。不过，由于不作为与作为结构上的差异，需要不作为对危害结果的发生具有事实上的排除性支配才能肯定不作为与危害结果之间的因果关系，这是不作为与作为须具有等价性的要求所决定的。

【案例7-2-06】甲意外将6岁幼童撞入河中。甲欲施救，乙劝阻，甲便未救助，致幼童溺亡。一般认为，对于负有作为义务的人，积极教唆其不履行作为义务，从而导致刑法所保护的社会关系（保护法益）被侵犯时，唆使者与不履行作为义务者构成共同犯罪。结合本案，甲意外将6岁幼童撞入河中，甲负有救助6岁幼童的义务，本欲施救时，被乙劝阻，便未救助，致幼童溺亡，甲、乙成立共同犯罪，甲构成不作为的故意杀人罪，乙构成故意杀人罪的教唆犯。

作为和不作为在我国刑法中的表现形式多种多样，大多数犯罪只能由作为方式构成，少数犯罪只能由不作为方式构成，还有部分犯罪既可以由作为方式构成也可以由不作为方式构成。刑法学理论通常将不作为犯罪分为两类：①纯正的不作为犯，又称真正的不作为犯，是指对法律要求的作为行为不实施而构成的犯罪，即只能由不作为形式才能实现构成要件的犯罪。如《刑法》第261条规定的遗弃罪，第311条规定的拒绝提供间谍犯罪、恐怖主义犯罪、极端主义犯罪证据罪，第422条规定的拒传军令罪，第429条规定的拒不救援友邻部队罪等。②不纯正的不作为犯，又称不真正不作为犯，是指行为人以不作为的形式实现刑法规定的以作为方式也可能实施的构成要件的犯罪，此种犯罪既可由作为形式构成，也可由不作为形式构成，如《刑法》第114条规定的放火罪、第133条规定的交通肇事罪、第232条规定的故意杀人罪等。

我国刑法中还规定了非法持有枪支等持有型犯罪。持有属于行为，这一点已基本成为共识，但持有究竟属于何种形式的行为还存在很大的争议，目前对于持有的性质，主要有以下三种观点：一是作为说，该说认为法律规定持有型犯罪，旨在禁止行为人取得特定物品，故持有行为违反的是禁止性规范，属于作为。二是不作为说，该说认为法律规定持有型犯罪，旨在命令持有人将特定物品上缴给有权管理该物品的部门，以消灭这种持有状态。因此，在法律禁止持有某种物品的情况下，持有该物品的人就负有将该物品上缴给有权管理该物品的部门的义务，如果违反该义务而不上缴该物品，就构成刑法禁止的不作为。三是独立行为说。认为持有是一种状态，因其没有积极的行为而区别于作为，因并不以不履行一定的积极义务为前提，也不同于不作为，所以持有既有不同于作为的特点，也有不同于不作为的特点。

在以上学说中，作为说更具合理性。首先，从作为、不作为与法律规范的关系上来看，一个单一的行为要么违反了禁止性规范，要么违反了命令性规范，而不可能违反的是授权性规范，因此，一个单一的行为要么是作为，要么是不作为，不可能有作为与不作为之外的第三种行为形式存在。其次，将持有作为犯罪行为处理，并不是因为行为人负有上缴的义务，而是因为持有这种状态本身就具有危险性。因此，持有不是不作为。最后，持有是对特定物品的实力支配、控制，通过对特定物品的支配、控制创造了危险，而不是在危险已经存在的情况下不阻止危险，因此，持有应是一种作为而非不作为。

第三节　危害结果

危害结果是犯罪客观方面一个较为复杂的问题，从犯罪构成而言，它是犯罪客观方面要件要素，是选择性要件要素。

一、危害结果的概念

我国刑法理论界对危害结果的理解有广义和狭义之分。广义的危害结果，是指由行为人的危害行为引起的一切对社会的损害事实，包括危害行为的直接结果与间接结果，属于构成要件的结果和不属于构成要件的结果。狭义的危害结果，是指作为犯罪客观方面构成要件的结果，通常也就是对直接客体造成的损害，并非存在于任何犯罪之中。在行为犯、预备犯、未遂犯中，并不要求具备这种狭义的危害结果。狭义的危害结果是定罪的主要根据之一，刑法学界通常从狭义的角度去理解危害结果。从这一角度出发，所谓“危害结果”，是指危害行为对犯罪直接客体造成的法定的实际损害或现实危险状态。其特点有以下几方面。

（一）侵害性与危险性

危害结果，反映的是行为对刑法所保护的法益造成了侵害或者具有侵害的危险，这说明危害结果具有侵害性与危险性的特点。当这种侵害性结果是犯罪构成要件时，它对犯罪的既遂与否起决定性作用；当这种侵害性结果不是犯罪构成要件时，它对犯罪侵犯法益程度的大小具有影响。危害结果可以是实际损害，也可以是现实危险状态，前者被称为实害结果，后者被称为危险结果。例如，《刑法》第232条规定的故意杀人罪中的人被杀死这一危害结果就是实际损害；《刑法》第116条规定的破坏交通工具罪中所规定的交通工具或交通设施被破坏后“足以使火车、汽车、电车、船只、航空器发生倾覆、毁坏危险”，就是一种现实危险状态。

（二）因果性

产生危害结果的原因只能是危害行为，而危害行为是由人实施的，所以人的危害行为是因，危害结果是果，危害结果是由危害行为引起的后果，非危害行为造成的损害事实，如自然力、动物引起的损害，都不属于刑法意义上危害结果的范畴。

（三）客观性

从哲学意义上来讲，结果是由原因引起的一种事实，具有客观性。刑法中的危害结果相对于哲学范畴的结果，属于特殊结果，它必然具有结果的一切特征。因而危害结果也是一种客观存在的事实，具有不以人的意志为转移的客观性，无法通过事后的行为加以改变。

（四）法定性

危害结果具有法定性，是刑法意义上的。一种罪所造成的实际危害结果，可能是多种多样的，如在故意杀人案件中，有的造成轻伤或重伤，有的造成死亡，但是作为故意杀人罪既遂的结果，只能是死亡。

值得注意的是，经对方同意的行为未必就没有造成刑法意义上的危害结果。例如，甲男（25岁）明知孙某（女）只有13岁而追求她，在征得孙某同意后，与其发生性行为，甲的行为造成了危害后果。

二、危害结果的种类

（一）直接危害结果与间接危害结果

这是根据危害结果与危害行为的联系形式所作的分类。直接危害结果，是指由危害行为所决定而必然产生的损害结果，行为与该结果存在着直接的、必然的因果联系。作为构成要件的危害结果，都是直接危害结果，即对直接客体的直接损害。但直接危害结果并非都是构成要件的结果，例如抢劫致人重伤、死亡的结果是直接危害结果，但不是抢劫罪构成要件的结果。

间接危害结果，指在犯罪完成以后，通过犯罪的直接危害结果而连带引起的其他危害结果，如诈骗罪的被害人因为钱财被骗而自杀身亡，此自杀身亡便是间接危害结果。

（二）物质性危害结果与非物质性危害结果

这是根据危害结果的现象形态所作的分类。物质性危害结果，指经过行为的物理作用，引起行为对象的有形变化的结果。这种结果一般具有直观性，并可具体测量确定，例如人的伤亡结果、财产的损害结果等，都是物质性危害结果。

非物质性危害结果，指现象形态表现为非物质性变化的危害结果。这种结果往往是无形的、不具有直观性，不能或难以被具体认定和测量，例如人格被侮辱、名誉被侵犯、商品信誉受到损害、国家机关的威信遭受损害等。

（三）构成要件要素的结果与非构成要件要素的结果

这是以危害结果是否属于具体犯罪构成要件要素为标准所作的分类。构成要件要素的结果，是指成立某一具体犯罪所必须具备的危害结果。例如，《刑法》第233条规定的过失致人死亡罪，是以“致人死亡”的结果为构罪的必要条件，因此，对于过失致人死亡罪而言，“致人死亡”的结果是构成要件要素的结果。

非构成要件要素结果，是指不是成立犯罪所必需具备的危害结果，它不影响犯罪的成立，但影响法定刑是否升格以及同一法定刑幅度内的量刑轻重。例如，《刑法》第144条规定的生产、销售有毒、有害食品罪，不以损害人体健康为构罪条件，但是损害人体健康会影响生产、销售有毒、有害食品罪的量刑轻重，因此，对于该罪而言，损害人体健康是非构成要件要素的结果。

（四）普通结果与加重结果

这是根据危害结果的严重程度所作的分类。普通结果是犯罪构成要件要素的结果，例如故意伤害罪中的轻伤是普通结果；比普通结果更严重的结果是加重结果，即使没有发生这种加重结果，该行为也构成犯罪，有加重结果，则会加重法定刑，例如故意伤害致人重伤，法定刑就升格了。

这里要注意结果加重犯与犯罪构成之间的关系。例如，《刑法》第246条第1款规定：“以暴力或者其他方法公然侮辱他人或者捏造事实诽谤他人，情节严重的，处三年以下有期徒刑、拘役、管制或者剥夺政治权利。”根据这一规定，侮辱的行为并不一定构成侮辱罪，只有情节严重才构成侮辱罪，侮辱造成的结果再严重也不会加重法定刑。因此侮辱他人导致他人自杀身亡不属于结果加重犯。

还要注意结果加重犯与犯罪转化之间的关系。《刑法》第248条第1款规定："监狱、拘留所、看守所等监管机构的监管人员对被监管人进行殴打或者体罚虐待，情节严重的，处三年以下有期徒刑或者拘役；情节特别严重的，处三年以上十年以下有期徒刑。致人伤残、死亡的，依照本法第二百三十四条、第二百三十二条的规定定罪从重处罚。"根据这一规定，监管人员对被监管人进行殴打与体罚虐待致人死亡应定故意杀人罪，属于犯罪的转化，因此监管人员对被监管人进行殴打与体罚虐待致人死亡不属于结果加重犯。

犯罪行为虽然引起了严重危害结果，但只要该结果没有被法律规定为加重法定刑的理由，也不能理解为结果加重犯。例如，《刑法》第237条第1款规定："以暴力、胁迫或者其他方法强制猥亵他人或者侮辱妇女的，处五年以下有期徒刑或者拘役。"该条第2款规定："聚众或者在公共场所当众犯前款罪的，或者有其他恶劣情节的，处五年以上有期徒刑。"根据以上规定，有聚众或在公共场所犯该罪的情节的，加重法定刑，不包括致人死亡的结果，所以强制猥亵他人致人死亡的，不属于结果加重犯。

法律把"情节恶劣"设置成构罪情节时，包含在"情节恶劣"中的危害结果就不属于加重结果。例如，《刑法》第261条规定："对于年老、年幼、患病或者其他没有独立生活能力的人，负有扶养义务而拒绝扶养，情节恶劣的，处五年以下有期徒刑、拘役或者管制。"该条文未规定加重情节，如果遗弃没有独立生活能力的人致其死亡的，不属于结果加重犯。

（五）实害结果与危险结果

这是以危害结果是否对犯罪直接客体造成现实的损害为标准所作的区分。实害结果，指危害行为对犯罪直接客体所造成的现实的损害；危险结果，指危害行为使犯罪直接客体处于足以发生实害结果的危险状态。当危险结果是构成要件要素时，表明了刑法对法益的提前保护，这种情形下犯罪的既遂不以实害结果的发生为标准，而以危险结果的有无为标准。不过要注意的是，危险结果也是一种客观存在，可以通过行为造成的某种事实表现它的存在，如果根本就不存在发生的可能性，则不能认为存在危险结果。

第四节　刑法上的因果关系

危害行为与危害结果之间的因果关系，是指危害行为同危害结果之间存在的引起与被引起的关系。这是刑法学总论中的一个难点。

一、因果关系在刑法中的地位

关于因果关系在刑法中的地位有三种观点：一是因果关系是一切犯罪构成的必备要件要素；二是因果关系不是一切犯罪构成的必备要件要素，只有当已经造成了物质损害结果，才发生因果关系问题；三是在任何犯罪构成中都不存在因果关系要件要素。

本书认为，第三种观点较为可取。理由有以下三点：第一，因果关系只是危害行为与危害结果之间的一种客观的、自然的联系，它不从任何角度反映行为的社会危害性，故不具有犯罪构成要件的实质内容。第二，确定行为人刑事责任的客观基础是由因果关系联结起来的危害行为与危害结果，而不是因果关系本身。第三，犯罪的性质和构成的特点，是由犯罪的行为、结果以及其他法定要件的性质和特点所决定的，而不是由因果关系决定的。

二、刑法上因果关系的特点

（一）刑法上因果关系与哲学上因果关系的统一性

（1）因果关系的客观性。因果关系是事物之间一种引起与被引起的关系。这是一种客观存在并不以人们主观上是否认识为前提，所以在判断有无因果关系时，不能以行为人主观上有没有认识为依据。例如在意外事件中，行为人的行为客观上导致了结果发生，该行为与危害结果之间客观存在因果关系，但行为人在事前并不能认识到此种因果关系。又如，行为人想杀死自己的邻居而建议其坐飞机，结果飞机失事邻居身亡，这里不能因为行为人想杀死邻居，就认定行为人的行为与邻居的死亡结果之间存在因果关系。

【案例7-4-01】甲与素不相识的崔某发生口角，推了他肩部一下，踢了他屁股一脚。崔某忽觉胸部不适继而倒地，在医院就医时死亡。经鉴定，崔某因患冠状粥样硬化性心脏病，致急性心力衰竭死亡。本案中，无论甲是否能够预见到崔某死亡结果的发生，甲的行为与崔某的死亡结果之间的因果关系是客观存在的，不受行为人甲主观意志的影响，这说明了因果关系的客观性。

（2）因果关系的序列性。先有因，后有果，原因与结果是引起与被引起、决定与被决定的关系，二者在时间上的顺序不能颠倒。在查明刑法因果关系时，只能在发生于结果之前的现象中寻找原因，而不能把结果发生之后才出现的某种客观现象视为原因。

（3）因果关系的相对性。因果链条中因可以是果，果也可以是因。作为某种结果的原因可以是其他因果链条中的结果，同样，作为某种原因的结果也可以是其他因果链条中的原因。在世界普遍联系的原理下，原因与结果没有绝对性，只是针对某特定的因果链而言的。原因和结果之间的这种相对性关系，决定了只有将客观世界中无限因果链条中的一对现象抽离出来，才能显现出原因和结果的确定性质。因此，在认定刑法上的因果关系的时候，应正确选定因果链条，确定事实范围。

（4）因果关系中的规定性（条件性和具体性）。原因中具有导致结果的根据或条件性，这意味着行为引起具体结果的发生需要具备一定条件，不同案件中行为所处的条件不同可能引起的结果就不同。例如，同样导致他人重伤的两个交通肇事行为，一个在抢救及时的条件下未造成他人死亡的结果，而另一个由于医院离得远抢救不及时导致被害人死亡。又如，同样是医院失火的情形，一座医院因有齐备的消防设施而未造成人员伤亡，而另一座医院因消防通道被堵塞而造成严重伤亡结果。所以，一个行为会引起怎样的结果并不是固定不变的，查明因果关系时需要根据具体案件具体判断。

（5）因果关系的复杂性。有一因一果、一因多果、多因一果及多因多果。其中一因一果是最简单的因果形式，比较容易判断。一因多果是指一个行为引起了多种结果，例如甲强奸乙，导致乙跳楼死亡，甲的行为不仅侵犯了乙的性自主决定权，而且还导致了乙的死亡结果。这就要注意分析何为直接结果，何为间接结果，何为主要结果，何为次要结果，这对定罪量刑会有影响。多因一果，是指多种行为共同引起了同一危害结果，这种情况下需要分清引起结果的主要原因与次要原因，作为确定刑事责任大小的依据。

（二）刑法上因果关系的特殊性

（1）范围的特定性。哲学上的因果关系，其范围是未被限定的，任何现象都可成为原因，任何现象都可成为结果。而刑法上的因果关系，只有引起危害结果发生的行为才是原因，只有行为所引起的危害结果才是结果。作为刑法因果关系中的结果，是指法律所要求的已经造成的有形的、可被具体测量确定的物质性危害结果，以及危险结果，其范围是被明确限定的。

（2）作用的单向性。哲学上认为，原因与结果是相互作用的，原因导致结果，结果反过来又作用于原因，成为原来的原因的原因。因此因果关系并非单向的，而是双程的。例如，性格孤僻导致不与人交往，不与人交往反过来进一步导致性格孤僻。而刑法上的因果关系，只研究行为对结果的单向作用，关注的是行为对结果产生的影响，不能颠果为因。

（3）内容的法定性。在哲学上，凡是引起结果发生的现象都是原因，凡是被原因引起的现象都是结果。但刑法上的因果关系往往是法律规定的特定发展过程，而不是一种简单的引起与被引起的关系，与经验上的因果关系不同。例如，甲当众侮辱乙，导致乙跳楼自杀。在这个案件中，导致乙死亡的原因有甲的侮辱行为和乙的跳楼自杀行为，但刑法关注的原因是甲的侮辱行为。又如，甲盗窃了乙的财物后被乙发现，乙在追回财物过程中撞倒了他人，并使自己摔倒受伤。在这个案件中，能成为刑法上的危害结果的，只是甲侵犯乙财产权的结果。

三、刑法上因果关系的学说

刑法上因果关系的学说众说纷纭，我国学界传统观点认为，必然因果关系与偶然因果关系都是刑法上的因果关系。不过，从近年法律执业资格试题的设计与答案来看，国外关于因果关系的学说理论也极具影响力。因果关系向来是刑法中极具复杂的问题，刑法界对于因果关系的认定也存在较大争议。

（一）必然因果关系说与偶然因果关系说

1.必然因果关系说

当危害行为中包含着危害结果产生的根据，并合乎规律地产生了危害结果时，危害行为与危害结果之间就是必然因果关系。只有必然因果关系，才是刑法上的因果关系。例如行为人用尖刀刺向被害人的胸膛导致其死亡，这种刺杀行为与被害人的死亡结果之间就存在必然的因果关系。

但是在很多情况下，危害行为是否包含着危害结果发生的根据，以及是否是合乎规律地产生了危害结果，是很难判断的。例如，行为人在高速路上超速驾车从被害人车辆旁边呼啸而过，被害人受惊后操作失误将车撞向了路边的栏杆，致其身亡。在此案中，行为人的超速行为是否包含被害人的死亡结果产生的根据呢？又如，行为人将被害人非法拘禁在自己5楼的卧室，被害人趁行为人不注意时欲爬窗户逃出，结果在攀爬窗户时不慎坠落身亡，本案中行为人的非法拘禁行为是否是合乎规律地产生了危害结果呢？这些问题都是难以回答的。而且，必然因果关系说还存在过于缩小因果关系范围的问题，若完全根据必然因果关系说判断会得出不合理结论。例如，行为人在一马路上拦截一妇女欲行强奸，该妇女拼命反抗挣脱了行为人的控制，结果在逃跑的过程中被迎面而来的大货车撞死，如果根据必然因果关系说判断，该行为人的拦截行为并不必然会导致妇女的死亡结果，因此不能认为存在因果关系，但这种结论显然是不妥当的。

2.偶然因果关系说

为克服必然因果关系说存在的认定范围过窄的问题，学者们发展出了偶然因果关系说。根据该说，危害行为本身并不包含着产生危害结果的根据，但在其发展过程中，偶然介入其他因素，并由介入因素合乎规律地引起危害结果时，危害行为与危害结果之间就是偶然因果关系，介入因素与危害结果之间就是必然因果关系。必然因果关系与偶然因果关系都是刑法上的因果关系。根据偶然因果关系的理论，在上述拦截妇女案中，行为人的行为与被害人的死亡结果存在偶然因果关系，因此可以认定构成刑法上的因果关系。

这种划分必然性与偶然性的做法受到学界批判，因为规范上很难划分什么是必然什么是偶然，进而不得不借助哲学上的判断方法。但是在哲学范畴内，必然性与偶然性又是一组相对的概念，“被断定为必然的东西，是由纯粹的偶然性构成的，而所谓偶然的东西，是一种有必然性隐藏在里面的形式”①。尽管如此，必然因果关系说与偶然因果关系说在实务中仍是较为有力的学说。

（二）条件说

这是德国较为流行的学说。该说认为，行为与结果之间若存在着无前者就无后者的条件关系时，前者就是后者的原因。即“若无A则无B”，那么A就是B的原因。条件说认为具有条件关系就具有因果关系，将造成结果发生的所有条件都视为等价值的，因而又被称为等价说或等值说。需要注意的是，条件说中的行为是指构成要件行为，条件说中的结果是指危害结果，而且是具体的危害后果，所以不能认为母亲因生了杀人犯儿子，就认为母亲的生育行为与他人死亡结果有条件关系，也不能认为即使杀人犯不杀死被害人，被害人终有一死而否定条件关系，因为如果行为人不实施杀人行为的话，被害人就不会死在行为人的杀人行为之下。因此，在判断有无条件关系时，需要判断的是构成要件行为与具体的危害结果之间的关系，不能将结果进行随意地抽象或者扩散而否定条件关系。

条件说为避免得出不合理结论，对其条件公式做了一定限定：

一是否定假定因果关系。假定因果关系是指，假使行为人没有实施危害行为，

①《马克思恩格斯选集》第4卷，人民出版社1995年版，第244页。

危害结果也同样会发生。如果完全根据条件说“若无A则无B”的判断，在假定的因果关系事例中就会否定条件关系。例如，行为人为复仇而枪杀了即将被处决的死刑犯，使死刑犯在将被处刑一刹那被行为人枪杀身亡。在这一事例中，假如没有行为人的枪杀行为，被害人也必然会死去，依据条件说的判断公式，会得出行为人的枪杀行为与被害人的死亡结果间不存在条件关系。这种结论显然是不合理的，为此条件说不允许进行这样的假设，因为这种假设在客观上是不存在的，行刑人员实际上并没有执行死刑。而且，在假定因果关系中，危害行为与危害结果间的条件关系是具体的、特定的，没有行为人特定的行为，法律禁止的结果就不会发生。不能因存在假定因果关系就否定因果关系。

二是肯定择一的因果关系。择一的因果关系是指，对于同一危害结果，有两个以上没有意思联络的行为，同时竞合在一起导致结果的发生，而且每一个行为都可以独立地引发结果。例如，是甲、乙两人分别向被害人杯中投入足以致命的毒药，被害人饮用之后毒发身亡。在择一的因果关系中，由于两人的投毒行为都会独立地导致结果发生，没有其中一个行为也必然会导致被害人死亡结果，因此根据条件说的公式也会否定因果关系。为了避免得出这种不合理结论，条件说进行了修正，认为不允许做这样的代替，因为在此种情形下，如果除去一个行为，结果将发生，但除去全部行为结果将不发生，则全部行为都是结果发生的原因，所以择一的因果关系也是刑法上的因果关系。

【案例7-4-02】甲、乙没有意思联络，碰巧同时向丙开枪，且均打中了丙的心脏。本案中，甲、乙两人的行为分别都能导致结果的发生，但在没有意思联络的情况下，竞合在一起发生了结果。在这种情形下，如果除去一个条件结果仍会发生，除去所有条件则结果不会发生，那么所有条件行为都是结果发生的原因。基于此，甲、乙的行为与丙的死亡均有因果关系。

不过，尽管条件说作出了修正，也仍然存在许多弊端。例如，不当扩大因果关系的范围，会导致刑事处罚范围扩大，而事实上并不是所有有条件关系的就应当承担刑事责任。典型的如我国司法解释规定，交通肇事致3人以上重伤但负事故次要责任的，不构成交通肇事罪。这说明即使有条件关系，也不一定能将结果归责于肇事行为。又如，条件说不区分各种条件的原因力的大小，而无法很好解释行为对结果贡献了多大作用，以及在多大作用下可将结果归责于行为人的行为。

但是也要看到，条件说是判断任何一个因果关系都无法回避的起点，因为它奠定了法律上的因果关系的事实基础，在这之后的其他因果关系的学说实际上都是在条件说的基础上，依据特定的价值标准选定一个或者部分条件作为导致结果发生的原因，从而为刑事责任的确定提供依据。这就是为什么，尽管条件说受到很多批判但至今仍有生命力。因此，彻底扬弃条件说是不现实的，重要的是如何确定筛选可以成为原因条件的价值标准。

（三）原因说

针对条件说存在的不当扩大因果关系范围的问题，原因说主张对原因和条件进行区分，依据一定的价值标准对各种条件行为进行选择，最终确定可以成为刑法上的原因行为。至于如何区分原因和条件，存在不同主张：①最有力条件说。认为对结果发生最有力的条件就是原因，其余的条件为单纯条件。②最后条件说。认为在使结果发生的数个条件中，最后的条件行为是破坏以前所保持的均衡状态而发生结果，因此这个最后的条件就是原因。③优势条件说。认为凡是优于其他条件而领先使结果发生的条件，就是原因，其他的均为单纯条件。④异常条件说。认为应当以行为是否违反生活常规，作为决定有无因果关系的标准，在多个条件中违反生活常规的条件即为引起结果发生的原因。

原因说否定所有条件在刑法上具有同等价值，主张将原因与条件区分开来，这一点是可取的。但是由于没有提出一个具体明确的、令人信服的标准，无法正确区分原因与条件，导致该说的价值无法被体现出来。同时，原因说通常认为引起结果发生的只有一个原因，而犯罪的复杂性决定了结果的发生往往不只依附于一个条件，依据原因说，则无法对那些给结果的发生以相同作用力的条件作出相同的评价。所以，时至今日已经很少有将原因说作为解决因果关系的理论依据。

（四）相当因果关系说

这是日本较为流行的学说，近年来在我国刑法界也产生了较大影响。相当因果关系说以条件说为前提，根据一般社会生活经验，在通常情况下，某种行为产生某种结果被认为是相当的场合，行为与结果之间就具有因果关系。具体而言，只有构成要件行为与危害结果之间不但具有“若无A则无B”的条件关系，而且A和B之间还具有相当性，即A引起B的发生并不异常时，才可认为A与B之间存在刑法上的因果关系，A是导致B发生的原因。其中的“相当性”是指，构成要件行为本身所含有的危险现实化为危害结果，是符合一般人的经验法则的，不存在异常情况，这就要求构成要件行为本身含有可导致危害后果发生的危险，而且行为的危险是合乎经验法则地导致危害结果。与原因说不同的是，原因说是根据个别观察方法，从诸多条件中选择出原因。而相当因果关系说是根据一般的普遍的观察方法，从诸多条件中选择出原因的标准。相当因果关系说中的“相当性”说明，该行为产生结果是一般的、正常的而非特殊的、异常的。

至于如何判断“相当性”，理论上有主观说、客观说、折中说之分：①主观说。认为应该以行为人在行为时所认识或者可能认识的事实材料为基础进行判断。②客观说。认为应该以行为时客观存在的事实材料为基础进行判断。③折中说。认为应该以行为时一般人所预见到的或者可能预见到的事实以及行为人所特别认识或可能认识的特别事实材料为基础进行判断。例如，甲用刀将乙刺成轻伤，乙因是血友病患者流血不止而死亡。对于此种情形，主观说认为，如果甲知道或者可能知道乙是血友病患者，那么甲的行为与乙的死亡结果之间就具有因果关系。反之，如果甲不可能知道则否定因果关系的存在。客观说认为，乙是血友病患者这一事实是客观存在的，无论甲是否知道这一事实都不影响甲的行为与乙的死亡结果之间的因果关系。折中说认为，如果行为时一般人知道或者可能知道乙是血友病患者而行为人具有一般人能力，或者行为人特别知道乙患有血友病，都可以肯定甲的行为与乙的死亡结果之间的因果关系。由于因果关系是一种客观存在，不以人的意志为转移，所以因果关系的判断应当是一种客观性判断。

因果关系中的判断难点是，当存在介入因素时如何判断行为与结果间存在相当性？介入因素通常包括：被害人的行为，行为人的行为，第三人的行为以及自然力。当存在这些介入因素的场合，相当因果关说认为需要综合判断以下三个因素：一是行为导致结果发生的作用大小，二是介入情况的异常性的大小，三是介入情况对结果的作用的大小。以下作具体说明。

1.行为人的行为对于结果所起的作用大小

行为人的行为对结果所起的作用越大，肯定因果关系的可能性越高。例如，与造成被害人轻伤的行为相比，重伤行为致死的作用力更大，当这两种行为都介入了诸如医生的医疗过失行为，并且最后都导致了被害人死亡的结果时，显然，更应该肯定行为人的重伤行为与被害人死亡结果之间的因果关系。不过，也不能完全根据行为人行为的作用力来判断。例如，行为人甲因口角冲突拿刀追杀被害人乙，被害人乙为躲避追杀拼命逃跑，在这过程中仇敌丙开枪将被害人乙打死。在这种情形下，仇敌丙的枪杀行为中断了行为人甲与被害人乙的死亡结果之间的因果关系，被害人的死亡结果应该由丙负责。

【案例 7-4-03】陈某某与被害人陆某某两家东西相邻。2002 年 7 月下旬，两人因修路及其他琐事多次发生口角并相互谩骂，陈某某遂怀恨在心，决意报复。2002年7月25日晚9时许，陈某某从自家水池边找来一支一次性注射器，再从家中柴房内的甲胺磷农药瓶中抽取半针筒甲胺磷农药后，潜行至陆某某家门前丝瓜棚处，将农药打入瓜藤上所结的多条丝瓜中。次日晚，陆某某及其外孙女黄某某食用了被注射有甲胺磷农药的丝瓜后，出现上吐下泻等中毒症状。其中，黄某某经抢救后脱险；陆某某在被送往镇医院抢救后，因甲胺磷农药中毒引发糖尿病高渗性昏迷低钾血症，医院对此诊断不当，而仅以糖尿病和高血压症进行救治，陆某某因抢救无效于次日早晨死亡。后陈某某的投毒行为被人发现。

本案中，陈某某的投毒行为与被害人陆某某的死亡结果间，虽然介入了被害人自身患有的高血压和糖尿病，以及医院诊断不准贻误救治时机等因素，但并不能否定陈某某的行为与被害人死亡结果之间的因果关系。首先，被害人系因有机磷中毒诱发糖尿病高渗性昏迷低钾血症，在两种因素共同作用下死亡，没有被告人的投毒行为在前，就不会有被害人死亡结果的发生，因此存在条件关系。其次，陈某某使用一次性注射器向数条丝瓜中注射半筒甲胺磷农药，其投放的农药以及投毒量对被害人的生命安全产生了重大危险，又由于涉事医院属于镇医院医疗诊疗水平不高，被陆某某患有的高血压和糖尿病误导，未发现中毒情况未能及时正确救治，医疗的诊疗失误行为并非十分异常的介入因素，因此不能切断陈某某的投毒行为与被害人陆某某的死亡结果间的因果关系。

2. 介入因素的异常性大小

介入因素的异常性越大，肯定行为和结果之间因果关系的可能性越小。反之，介入因素的通常性越大，肯定行为和结果之间的因果关系的可能性就越大。介入因素的异常性判断必须与危害行为联系起来，考虑介入因素在多大程度上具有通常性。在做这种判断时，必须依次考虑以下情况：其一，该介入因素是不是由最初的危害行为所必然引起的；其二，是不是常常伴随该危害行为发生的；其三，是否存在几乎不发生的情况；其四，是不是和危害行为完全无关地发生的。例如，行为人纠集他人持凶器砍杀被害人，将被害人逼至悬崖边上，被害人被逼无奈跳下悬崖死亡。在这种情形下，被害人跳崖行为具有通常性，可以肯定行为人行为与被害人死亡结果之间的因果关系。又如，甲强奸乙后对乙威胁道，如果乙报警就将其杀掉。乙报警后怕被甲杀害，于是自杀身亡。从相当因果关系角度来看，很难说强奸行为一般性导致被害人自杀，被强奸妇女自杀行为的发生概率较低，且是被害妇女基于自我决定实施的，而行为人强奸后威胁被害人不得报警是惯用的伎俩，因此应当认为被害人的自杀行为是异常的介入因素，可以否定强奸行为与被害人自杀之间的因果关系。

【案例7-4-04】丁毁坏被害人面容，被害人感觉无法见人而自杀。本案中，丁的毁容行为没有导致他人死亡的危险，被害人死亡是因为介入了被害人自杀行为。由于一般情形下毁容不会引起他人自杀，因此本案中介入的被害人自杀行为属于异常因素，这一异常因素直接导致了被害人死亡结果的发生，可以排除丁的毁容行为与被害人的死亡结果之间的因果关系。

3.介入因素对结果所起的作用大小

介入因素对结果所起的作用越大，越能否定行为和结果之间的因果关系。如果暴力行为随时都可能致被害人死亡，即使后来介入了其他因素，由于该介入因素只是提前了被害人死期的到来，对被害人的死亡没有作用力或者作用力很小，则应当肯定前暴力行为与被害人死亡之间的因果关系。例如，行为人甲将被害人乙殴打致重伤使其危在旦夕，此时路人丙路过时非但不出手相救，反而出言相讥，致使乙气急攻心，气绝身亡。在这种情况下，应将乙的死亡结果归因于行为人甲的行为。但如果存在诸如故意射杀、故意自杀等介入因素等足以超越前行为对危害结果的作用力时，就应当认为介入因素中断了前行为与结果之间的因果关系。例如，行为人甲向被害人乙的茶水投毒，重病的乙喝了茶水感觉更加难受，于是自杀身亡。在这种情形中，虽然投毒行为具有致死的高度风险，但由于被害人自杀行为对其死亡结果具有决定性作用，所以，应将死亡结果归因于被害人的自杀行为。

【案例7-4-05】甲开枪射击乙，乙迅速躲闪，子弹击中乙身后的丙。本案中，先前行为是甲的开枪行为，介入因素是乙的躲闪，结果是丙的死亡。第一，甲向乙开枪的行为对乙身后丙的生命具有很大危险性，对丙的死亡所起作用大。第二，介入因素也即乙的躲闪并不异常。第三，乙的躲闪对丙的死亡虽然起到了作用，但该躲闪行为不能单独直接导致丙的死亡，不能中断甲的因果关系。综合三因素判断得出甲的开枪行为与丙的死亡具有因果关系。

在因果关系的事实存疑时，应作出有利于被告人的判断。

【案例7-4-06】甲在一条笔直路段不慎将乙撞倒后逃逸，丙驱车经过时由于长时间疲劳驾驶昏昏欲睡致使未发现乙，驾车从乙身上轧过。事后无法查明乙的死亡结果是甲还是丙造成。本案中，肇事者将人撞伤后逃逸，被害人因为路过车辆被继续碾压，一般来说并非异常的介入因素，但是，丙由于疲劳驾驶未及时发现乙，而且由于是笔直路段，意味着一般人只要谨慎驾驶就能发现被害人乙，此时丙的介入因素可能无法认定为异常的介入因素。与此同时，由于无法查清丙轧乙时，甲对乙造成的究竟是轻伤还是重伤，抑或是死亡，因此，在事实存疑时应作有利于甲的认定，应该否定前行为与结果之间的因果关系。

相当性因果关系说是对条件说的进一步修正，强调通过具体的“相当性”判断来确认因果关系是否存在，较好地弥补了条件说存在的因果关系认定范围过大的问题。因此，得到了许多学者的支持。

【案例 7-4-07】甲对乙的住宅放火，乙为救出婴儿冲入住宅被烧死。对于本案，根据相当因果关系说，甲的放火行为蕴含着致人死亡的危险，父母通常都会冲进着火的房屋去救婴儿，介入因素（被害人冲进火中救人）并不异常，由这一并不异常的介入因素导致被害人死亡，综合判断应肯定乙的死亡与甲的放火行为存在因果关系。

（五）客观归责理论

客观归责是将因果关系与归责问题加以区别的理论，其要解决的是能否将结果归属于行为人行为的问题。在因果关系的判断上以条件说为基础，认为在处于条件关系的行为中，只有当行为制造出不被允许的危险，并使这种危险在符合构成要件的结果中实现时，才能将该结果归责于行为。因此，在进行客观归责判断时，都会先行检验有无事实的因果关系，在具备事实因果关系的基础上，再进一步检验结果的归责问题。具体而言，要实现客观归责需要具备三个条件。

1.行为制造了不被允许的危险

现代社会的发展与危险相伴相生，妥当的方法并不是一律禁止危险，而是要筛选出哪些危险是应被允许的，哪些危险是应被禁止的。客观归责理论认为，只有当行为制造了不被允许的危险才能被归责。以下情形不属于“制造了不被允许的危险”：

（1）行为减少或者降低了已经存在的危险。例如，甲看到有石头将要砸中乙的头部，为避免乙的头部受伤甲便推了乙一把，结果导致石头砸中了乙的肩部。尽管甲的行为没有使乙避免受伤，但是其行为客观上减轻了石头对乙的伤害，因此属于减少危险的行为，排除归责。

（2）行为未制造法律上具有重要性的风险。行为人的行为虽然与结果的发生之间具有条件关系，但如果该行为制造的风险不是法律上重要的风险，则由于行为对于结果的发生不具有支配作用，因此排除归责。例如，行为人希望被害人被雷电劈死，于是在雷雨交加的夜晚让被害人出门散步，结果被害人果然被雷电击中身亡。又如，行为人希望被害人坠机身亡，于是为被害人买了机票让其乘坐飞机外出旅游，结果被害人在乘坐飞机的途中机毁人亡。在这两个事例中，行为人所制造的危险都不是法律上重要的危险，因此即使结果的发生与其行为有联系，都不能对其归责。

（3）行为制造了法律所允许的危险。即使制造了法律上具有重要意义的风险，但该风险是法律所允许的，也排除结果归责。在允许性风险这个领域中包含了全部公共交通（也就是还包括航空、铁路和航运交通），工业生产（特别危险的设施），有风险的体育表演，医生在医事规则的范围内采取的治疗措施，等等。

2.行为实现了不被允许的危险

此又称为危险实现原则，是指行为制造的危险在具体的危害结果中实现了。行为虽然制造了不被法所允许的危险，但如果该行为的危险并没有现实化为危害后果，或者危害结果的发生并不是行为固有危险所导致的，则否定结果的客观归责。以下是排除归责的情形。

（1）行为与结果之间缺乏常态关联性。即行为所制造的不被允许的危险在常态条件下根本不可能发生，危害结果之所以会发生是因为介入了偶然因素。例如，行为人甲将乙打成轻伤住院，结果在住院期间医院意外失火，致使乙在火灾中丧生。本案中乙的死亡是由于外界因素的介入而导致的，不能将该死亡结果归属于甲的伤害行为。

（2）合法的替代行为也无法避免结果的发生。这种情况被认为不具有结果回避可能性，不能对行为进行归责。例如，在著名的羊毛笔案中，毛笔制造厂的老板将事先未消毒的山羊毛交给女工加工，导致四名女工因感染炭疽杆菌而死亡。但事后证明，即使按规定的措施消毒也无法消灭炭疽杆菌，女工依然会死亡。由于合法的替代行为也无法避免结果的发生，因此否定结果归责。

（3）结果未发生在注意规范保护目的范围内。注意规范保护目的是指，尽管行为人侵害了法益，但仍需考察，其所违反的规范是否是用于保护该类法益。若否，则规范的违反并没有对被害人造成相关的危险。例如在有名的脚踏车案中，因为前后两个脚踏车的骑车人都没有点灯，结果前一个脚踏车的行车人将他人撞伤。如果后一个脚踏车的行车人点灯，就可以避免前一个脚踏车的行车人将他人撞伤的事故发生。在这种情况下，虽然后一辆车的骑车人的未点灯行为与前车被撞之间存在关联，但是夜行时脚踏车要点灯这一规范的目的，是为了防止骑车人本人与他人发生交通事故，而不是为了让骑车人点灯照亮公共道路，防止别人发生交通事故。因为结果未发生在注意规范保护目的范围内，所以不能将结果归属于行为人的行为。

3.结果没有超出构成要件的效力范围

构成要件的效力范围所判断的是，阻止因果进程的发展不是该当犯罪构成要件的任务。虽然行为人制造的不被允许的危险在危害结果中实现了，但是如果阻止因果进程的发展不是该当犯罪构成要件的任务，则不能形成结果归属。这意味着，行为人只对构成要件的效力范围内的结果负责。以下情形一般被排除在构成要件的效力范围之外。

（1）参与他人自损行为。对于被害人故意自损造成的危害结果，除非有法律明确规定的防止义务或者明文处罚帮助自害外，基本上由被害人自我答责，否定行为人对危害结果的责任。例如，行为人明知被害人为吸毒人员，而仍然把吸毒用的注射器拿给被害人使用，被害人虽然认识到了吸毒的危险性依然自己注射了海洛因，而后中毒身亡。这种由被害人自损行为造成的危害结果应由被害人自己负责。

（2）行为人制造的危险已经转移到第三方负责的领域。如果防止结果的发生属于他人的责任领域，则该结果不属于该当构成要件的效力保护范围之内，不由行为人负责。例如，行为人甲在夜间驾驶没有尾灯的货车，被警察发现后拦下，警察为了保障后面的行车安全，命令甲将车开到下一个加油站，并在车后放置了一个临时的警示灯，并准备开车跟随。但是在再次启动车辆前往加油站时，警察把警示灯拿走了，恰在此时，后车撞上行为人甲的货车，造成后车副驾驶乘坐者重伤身亡。根据客观归责理论，防止结果发生属于警察的责任领域，不由行为人甲负责。

客观归责理论为因果关系的判断提供了具体可操作的方法，同时使行为的归责判断变得明确化，在解释具体问题上具有一定的优越性。而且，其提出的三个归责条件客观上具有限制归责范围的作用，对于限制刑罚的适用具有积极意义。

但是，客观归责理论的问题也是明显的。有学者认为，理论所主张的“制造了不被允许的危险”实际上是关于构成要件行为的判断，将关于构成要件行为论作为客观归责理论的下位判断规则是存在问题的：第一，构成要件行为的判断应当先于归责的判断。因为构成要件行为是构建整个犯罪论体系的基石，是在做犯罪判断时必须首先考察的对象。对于任何犯罪的成立来说，首先需要有符合犯罪构成要件的行为存在，如果不存在这样的行为就可以直接否定犯罪，根本无需讨论归责问题。第二，构成要件行为的判断是无关归责的判断。因为判断行为是否为构成要件行为的依据，与判断是否对构成要件行为或者其产生的结果进行归责的依据是不同的。前者的判断依据在于法权的内容，而后者的判断依据在于该行为是否是个人可支配的，是否体现了个人意志。所以，关于构成要件行为的判断，应当作为一个独立的和基础的主题来加以研究。而如果将其错误地作为归责理论之次级问题的下位要件，就容易忽视那些用于判断构成要件行为是否成立的重要标准，而且也无法实现刑法与其他部门法学科的对接。

（六）事实因果关系与法律因果关系

英美刑法将因果关系分为两个层次进行判断：一是事实的因果关系，二是法律的因果关系。①事实因果关系，是以条件说为基础的客观性判断，当单纯依据条件说无法得出妥当结论时，会辅之以实质因素法则作为判断标准，将没有意义的条件排除在事实因果关系之外。例如，在多个条件共同造成一个结果的场合，会依据一般生活经验判断究竟哪个条件对结果发生起到了实质作用，进而肯定具有实质作用的行为与结果之间的事实因果关系。②法律因果关系，是在事实因果关系基础上的法律评价，至于如何进行法律上的评价则存在“近因说”“预见说”“政策说”等理论，其中占据主流地位的是“近因说”，其认为与结果发生相接近的原因才是法律上的原因行为。

因果关系的判断本来就是事实判断与价值判断相统一的判断，事实因果关系说与法律因果关系说正是契合了这一理念而受到推崇。应当看到，前述的相当因果关系说与客观归责说实质上都是兼具事实判断与价值判断的学说，只是在应当采取怎样的价值作为法律因果关系的判断根据上，存在不同见解。因此可以说，区分事实因果关系与法律因果关系这一基本思路是被普遍肯认的，只不过究竟该如何具体地进行事实因果关系判断与法律因果关系判断，存在分歧。

在判断刑法中的因果关系时，尤其需要注意的是，作为因果关系判断的起点，必须是存在符合构成要件的危害行为。如果某行为根本不是构成要件行为，就没有必要再讨论因果关系问题，直接将该行为排除出犯罪圈即可。例如，杀人犯母亲的生育行为、劝他人乘坐飞机的行为、让他人雷雨天出门散步的行为都不是构成要件行为，不涉及因果关系的判断。作为因果关系判断的终点，是存在危害结果。例如，他人生病死亡的结果、寿终正寝的结果等自然发生的结果并不是危害结果，也不会涉及因果关系的判断。因果关系理论所要解决的就是构成要件行为与危害结果之间有无引起与被引起的关系，当能够说构成要件行为引起了危害结果时，就可以认为存在因果关系。

四、不作为与危害结果之间的因果关系

理论界近几年对不作为犯罪的因果关系问题较为关注，并形成了不同的观点。

（一）否定论

认为不作为是人的消极静止的行为，对外界事物不起任何变更作用，因此在不作为犯罪中不存在因果关系问题。

（二）准因果关系说

认为不作为犯罪在客观事实上不存在因果关系，但在法律上要将不作为看作引起危害结果的原因，与作为犯罪同等看待，它是法律拟制的因果关系。

（三）肯定说

不作为的危害行为与危害结果的因果关系是客观存在的，并非法律拟制。不作为的原因，在于它应该阻止而没有阻止事物向危险方向发展，从而引起危害结果的发生。不作为犯罪因果关系的特殊性在于：它以行为人负有特定的义务为前提。否认不作为犯罪因果关系的客观性，实际上也就是否认了不作为犯罪负刑事责任的客观基础。本书赞同肯定说。

五、刑法因果关系与刑事责任

对于行为犯、抽象危险犯，一般不存在解决刑法因果关系问题，但实害犯、具体危险犯不同。因果关系是对危害行为与危害结果之间客观上是否存在引起与被引起关系的判断，与行为人主观上是否预见、能否预见没有关系，只要危害行为与危害结果之间客观上存在引起与被引起的关系，即使是由于行为人无法预见的原因引起的，也应当认为存在因果关系。例如，甲以杀人故意向乙开枪，但由于不可预见的原因导致丙中弹身亡，甲的行为与丙的死亡有因果关系。但是，查明刑法因果关系仅仅为追究行为人的刑事责任提供了客观基础，而确立了行为人对特定危害结果负刑事责任的客观基础，并不等于解决了其刑事责任问题，要使行为人负刑事责任，行为人还必须具备犯罪构成的其他条件。

第五节　犯罪客观方面的其他要件要素

犯罪客观方面的其他要件要素，是指刑法规定的构成某些犯罪必须具备的特定的时间、地点和方法（手段）等客观要件要素。

一、构成要件的时间、地点、方法

构成要件的时间，指刑法规定的某些犯罪构成必须具备的特定时间，如《刑法》第340条规定的非法捕捞水产品罪中的“禁渔期”。

构成要件的地点，指刑法规定的某些犯罪构成必须具备的特定场所，如《刑法》第444条规定的遗弃伤病军人罪，必须发生在“战场上”。

构成要件的方法，指刑法规定的某些犯罪构成必须具备的实施危害行为的特定方式，如《刑法》第277条妨害公务罪，通常必须是以“暴力、威胁”方法。

二、犯罪的时间、地点、方法对定罪量刑的意义

在法律把特定的时间、地点、方法明文规定为某些犯罪构成必备的要件要素时，它们对某些行为是否构成该种犯罪具有决定性作用。虽然对大多数犯罪来说，犯罪的时间、地点、方法等并非犯罪构成要件要素，但是往往影响到犯罪行为本身社会危害程度的大小，因而对正确量刑具有重要意义。

思考题

1. 如何理解危害行为的特征及其基本形态？
2. 不作为犯罪的成立条件是什么？
3. 如何评价各因果关系学说？
4. 如何判断介入因素对因果关系的影响？

阅读书目

1. 孙运梁：《因果关系与客观归责论》，社会科学文献出版社2021年版。
2. 王德政：《刑法因果关系判断中的介入因素》，法律出版社2019年版。
3. 郝艳兵：《不纯正不作为犯的作为义务适用论》，法律出版社2015年版。
4. 舒洪水：《危险犯研究》，法律出版社2009年版。

第八章　犯罪主体

任何犯罪都是由主体实施的，离开了主体，犯罪就无从实施，因而犯罪主体是犯罪构成的必备要件之一。犯罪主体所要解决的是，刑法规定的实施犯罪行为的主体本身必须具备哪些要件的问题。

第一节　犯罪主体概述

犯罪主体对于准确区分罪与非罪、此罪与彼罪意义重大，对于量刑也会产生一定的影响，因而要厘清犯罪主体的概念及其与相关概念的界限。

一、犯罪主体的概念

通常认为，我国刑法中的犯罪主体是指实施危害社会的行为、依法应当负刑事责任的自然人和单位。自然人是指有生命存在的人类独立的个体，是我国刑法中最基本的、具有普遍意义的犯罪主体。自然人的人格始于出生，终于死亡。除了自然人外，单位也可以成为犯罪主体。单位犯罪相对于刑法中所规定的自然人犯罪而言，只是其中的一部分，因此，单位作为犯罪主体不具有普遍意义。

二、犯罪主体的意义

研究犯罪主体，具有以下两方面的重要意义。

（一）定罪方面

犯罪主体是行为人具备犯罪主观要件的前提，也是对犯罪人适用刑罚的基础。研究犯罪主体有助于准确定罪：首先，犯罪主体是区分罪与非罪的重要标准。不具备犯罪主体要件的人，即使实施了刑法所禁止的危害社会的行为，也不构成犯罪。例如，不满12周岁的人实施的任何危害行为均不构成犯罪。其次，犯罪主体是区分此罪与彼罪的重要标准。对于特殊主体才能构成的犯罪，主体身份是区分此罪与彼罪的重要界限。例如，国家工作人员利用职务上的便利将本单位财物非法占为己有的，构成贪污罪；而公司、企业或者其他单位人员利用职务便利将本单位财物非法据为己有的，构成职务侵占罪。

（二）量刑方面

根据罪责刑相适应的原则，犯罪主体的状况在一定程度上影响社会危害性程度、刑事责任的大小，进而影响刑罚的轻重。对于未成年人、具有限制责任能力的精神病人、聋哑人、盲人等犯罪人，刑法主要根据其刑事责任能力较正常人不完备的状况，作了从宽处罚的规定。而对于某些特定身份犯，刑法则主要根据其社会危害性状况，作了从严处罚的规定，例如贪污罪、受贿罪的处理重于职务侵占罪、非国家工作人员受贿罪。因此，犯罪主体身份对量刑具有一定的影响。

第二节 自然人犯罪主体

自然人是我国刑法中最基本、最普遍的犯罪主体，刑法中除个别犯罪只能由单位构成犯罪主体外，其他犯罪自然人都可以成为犯罪主体。自然人犯罪主体是指具备刑事责任能力的自然人实施严重危害社会行为后应当承担刑事责任的主体。自然人犯罪主体的核心内容是刑事责任能力，法定刑事责任年龄与精神状态是影响刑事责任能力的重要因素，除此之外，刑事责任能力还受诸如心智、生理功能等多种因素的影响。自然人犯罪主体除了刑事责任能力这个核心内容外，还有自然人犯罪的特殊身份这个问题。

一、刑事责任能力

（一）刑事责任能力的概念

刑事责任能力，是指行为人构成犯罪和承担刑事责任所必须具备的刑法意义上辨认和控制自己行为的能力。

我国刑法理论认为，刑事责任能力的本质，是行为人实施行为时具备的相对自由意志能力，即行为人实施刑法所禁止的严重危害社会的行为时具备的相对自由的认识和抉择行为的能力。因此，刑事责任能力是行为人犯罪能力与承担刑事责任能力的统一，是辨认能力与控制能力的统一。刑事责任能力作为犯罪主体的核心和关键要件，对于犯罪主体的成立与否以及行为人应承担的刑事责任的轻重，具有至关重要的作用和意义。

（二）刑事责任能力的内容

刑事责任能力的内容，是行为人所具备的刑法意义上的辨认能力与控制能力。辨认能力是指行为人具有对自己的行为在刑法上的意义、性质、后果的分辨认识能力，控制能力是指行为人具备选择是否实施特定行为的决定能力。一方面，辨认能力是刑事责任能力的基础，控制能力的具备以辨认能力的存在为前提条件；另一方面，控制能力是刑事责任能力的关键，只要具备控制能力就一定具备辨认能力。总之，刑事责任能力的存在，要求辨认能力与控制能力必须齐备，不可或缺。

（三）刑事责任能力的程度

影响刑事责任能力的程度有两个方面的因素：一是知识和智力成熟程度；二是精神状态，即大脑功能是否正常，它经常受精神疾病的影响。只有知识和智力成熟且精神正常的人，才具有刑事责任能力。

根据年龄、精神状况等因素影响刑事责任能力有无和大小的实际情况，各国刑事立法对刑事责任能力程度采用三分法或四分法。三分法将刑事责任能力分为完全刑事责任能力、完全无刑事责任能力和限定（减轻）刑事责任能力。四分法增加了一个相对无刑事责任能力的情况。我国刑法采取四分法。

（1）完全刑事责任能力。各国刑事立法对此概念和内容一般未予规定，而是由刑法理论和司法实践结合刑法中关于责任能力和限制责任能力的规定来加以概括。在我国，凡年满18周岁、精神和生理功能健全且智力与知识发展正常的人，都是完全刑事责任能力人。完全责任能力人实施了犯罪行为的，依法应当负全部的刑事责任，不存在因责任能力因素减免刑事责任的问题。

（2）完全无刑事责任能力。完全无刑事责任能力是指行为人没有刑法意义上的辨认或者控制自己行为的能力。根据我国《刑法》第17、18条，完全无责任能力人是不满12周岁的人和行为时因精神疾病而不能辨认或者不能控制自己行为的人。

（3）相对无刑事责任能力。相对无刑事责任能力是指行为人仅限于对刑法所明确限定的某些严重犯罪行为具有刑事责任能力，而对刑法未明确限定的其他犯罪行为无刑事责任能力的情况，也称相对有刑事责任能力。考察关于相对无刑事责任能力的立法，这种相对无刑事责任能力人都是已超过完全无责任能力但尚未成年的一定年龄段的未成年人。在我国是指已满12周岁未满16周岁的未成年人。

（4）减轻刑事责任能力。减轻刑事责任能力又称限定刑事责任能力、限制刑事责任能力、部分刑事责任能力，是指完全刑事责任能力和完全无刑事责任能力的中间状态，即指因年龄、精神状况、生理功能缺陷等原因，而使行为人实施刑法所禁止的危害行为时，虽然具有责任能力，但其辨认或者控制自己行为的能力较完全刑事责任能力者有一定程度的减弱、降低的情况。我国刑法明文规定的限制责任能力人有三种情况：①已满12周岁不满18周岁的未成年人；②已满75周岁的人（其故意犯罪的，可以从轻或者减轻处罚；过失犯罪的，应当从轻或者减轻处罚）；③尚未完全丧失辨认或者控制能力的精神病人。此外，盲人、又聋又哑的人可能不具备完全刑事责任能力。

（四）影响刑事责任能力的因素

1.刑事责任年龄

刑事责任年龄，是指法律所规定的行为人对自己实施的刑法所禁止的危害社会行为负刑事责任必须达到的年龄。只有达到一定年龄，能够辨认和控制自己的行为，并具有刑罚适应能力的人，才能够要求他们对危害行为承担刑事责任。因而，刑事立法根据年龄因素与责任能力的关系，确立了刑事责任年龄制度。

（1）刑事责任年龄阶段的划分。多数国家刑法中，责任年龄制度采用三分制或四分制。我国刑法以教育为主、惩罚为辅的刑事政策为指导，从我国政治、经济、文化教育状况、少年儿童的成长过程以及各类犯罪等实际情况出发，并适当借鉴外国立法例，顺应刑法的世界发展趋势，在第17条对责任年龄做了较为集中的规定，把刑事责任年龄划分为完全不负刑事责任、相对负刑事责任与完全负刑事责任三个年龄阶段。以下具体说明。

第一，完全不负刑事责任年龄阶段。根据《刑法》第17条的规定，不满12周岁，完全不负刑事责任。但若实施了危害社会的行为，应依法责令其父母或者其他监护人加以管教；在必要的时候，依法进行专门矫治教育。

第二，相对负刑事责任年龄阶段。根据《刑法》第17条第2、3款的规定，已满12周岁不满16周岁，是相对负刑事责任年龄阶段，也称相对无刑事责任年龄阶段。其中，已满12周岁不满14周岁的人，犯故意杀人、故意伤害罪，致人死亡或者以特别残忍手段致人重伤造成严重残疾，情节恶劣，经最高人民检察院核准追诉的，应当负刑事责任。已满14周岁不满16周岁的人，犯故意杀人、故意伤害致人重伤或者死亡、强奸、抢劫、贩卖毒品、放火、爆炸、投放危险物质罪的，应当负刑事责任。对于因不满16周岁实施了危害社会行为不予刑事处罚的未成年人，应依法责令其父母或者其他监护人加以管教；在必要的时候，依法进行专门矫治教育。对于上述条文的规定，有以下问题值得研究。

其一，已满12周岁不满14周岁的人应负刑事责任的情形。2020年12月26日通过的《中华人民共和国刑法修正案（十一）》第1条规定："已满十二周岁不满十四周岁的人，犯故意杀人、故意伤害罪，致人死亡或者以特别残忍手段致人重伤造成严重残疾，情节恶劣，经最高人民检察院核准追诉的，应当负刑事责任。"对已满12周岁不满14周岁的未成年人追究刑事责任有严格限制，要符合几个条件：①所犯的罪行最终能够定故意杀人、故意伤害罪。已满12周岁不满14周岁的人实施故意杀人、故意伤害行为应承担刑事责任，自不必说，其参与实施绑架行为杀害人质，以及在抢劫、强奸过程中杀害被害人的，都有可能承担刑事责任。②危害结果是致人死亡，或者是以特别残忍手段致人重伤且造成严重残疾。③在危害后果之外，还需要结合主客观要件，进一步综合判断其行为是否属于情节恶劣。如果已满12周岁不满14周岁实施的故意杀人、故意伤害行为，不被认为情节恶劣的，则不被追究刑事责任。④程序上有严格限制，须经最高人民检察院核准追诉，最后由人民法院依法裁判追究刑事责任。即使最高人民检察院核准追诉，最后人民法院经审判后未作出有罪判决的，也不被追究刑事责任。这些条件都体现了严格限制适用该条款的立法精神。

其二，已满12周岁不满16周岁的人犯罪的具体认定。《刑法》第17条第2款规定的犯罪，是指具体犯罪行为而不是具体罪名[①]。其中"故意杀人、故意伤害致人重伤或者死亡"，是指只要故意实施了杀人、故意伤害致人重伤、死亡的，都应负刑事责任。相对刑事责任年龄的人，绑架人质后杀害被绑架人、拐卖妇女、儿童而故意造成被拐卖妇女、儿童重伤或死亡的行为，应当追究其故意杀人、故意伤害致人重伤或者死亡的刑事责任。

【案例8-2-01】15周岁的胡某某意欲绑架他人勒索钱财并邀约三位好友共同参与。胡某某打听到什邡市雍城中学学生王某家庭条件较好，决定绑架王某。因王某与胡某某等人相识，胡某某恐罪行败露，遂提出先将王某杀死再勒索钱财，其他参与人并未反对。2004年5月24日，胡某某等人在学校门口招来一出租车将王某骗上车，并将其带至双盛河坝将其捆绑，骗得王某家中电话号码后，胡某某等人先后对王某胸、腹、头等部位刺杀，后又用石头、瓦块等物将王某掩埋致其死亡。同月25日，胡某某向王某家打电话索取现金8万元。本案中，胡某某绑架

① 参见2002年7月24日《全国人大常委会法制工作委员会关于已满十四周岁不满十八周岁的人承担刑事责任范围问题的答复意见》。

他人的行为虽然是《刑法》第17条第2款规定的8种犯罪行为以外的行为，但是其故意实施的捆绑、刀刺、石砸、掩埋被害人致其死亡的行为已构成故意杀人罪，应当追究其故意杀人罪的刑事责任。

若刑法条文明确规定按照故意伤害罪、故意杀人罪定罪处罚，则按照该规定处理。例如，根据《刑法》第292条第2款规定，聚众斗殴，致人重伤、死亡的，按照故意伤害罪、故意杀人罪定罪处罚。再如，根据《刑法》第238条规定，在非法拘禁过程中，使用暴力致人伤残、死亡的，按照故意伤害罪、故意杀人罪定罪处罚。

【案例8-2-02】15周岁的甲在帮助李某扣押被害人王某索取债务时致王某死亡。本案中，虽然甲帮助李某非法拘禁债务人并致其死亡，但15岁的甲不应对被害人的死亡负刑事责任。首先，甲的行为属于帮助非法拘禁行为。根据《刑法》第238条的规定，为索取债务非法扣押、拘禁他人的，构成非法拘禁罪。这里的债务不要求其性质是否合法，只要求是现实存在的债务。又由于本案中看不出甲使用了暴力致人死亡，因此甲不构成故意伤害罪、故意杀人罪。其次，甲未满16周岁，不对非法拘禁行为负刑事责任。但如果甲使用暴力致被害人死亡，则应被追究故意杀人罪或者故意伤害罪的刑事责任。

若已满12周岁不满16周岁的人实施《刑法》第269条规定的行为的，应当依照《刑法》第263条的规定以抢劫罪追究刑事责任。

【案例8-2-03】15周岁的甲骗取他人数额巨大财物，为抗拒抓捕，当场使用暴力将他人打成重伤。本案中，甲的行为已构成转化的抢劫罪。根据《刑法》第269条的规定，犯盗窃、诈骗、抢夺罪，为窝藏赃物、抗拒抓捕或者毁灭罪证而当场使用暴力或者以暴力相威胁的，按照抢劫罪处理。甲已满15周岁，应当负抢劫罪的刑事责任。

第三，完全负刑事责任年龄阶段。《刑法》第17条第1款规定："已满十六周岁的人犯罪，应当负刑事责任。"据此，年满16周岁，属于完全负刑事责任年龄阶段。

此外，根据《刑法》第17条第3款的规定，已满12周岁不满18周岁的人犯罪，应当从轻或者减轻处罚。我国刑法从刑罚根本目的出发并结合未成年人违法犯罪的特点，对未成年人犯罪一贯坚持的是"教育、感化、挽救"的刑事政策，对未成年人犯罪案件的处理采取了重要而特殊的处理原则。

其一，从宽处罚的原则。早在1957年，《最高人民法院 司法部关于城市中当前几类刑事案件审判工作的指示》中就规定，对未成年人犯，必须贯彻教育为主、惩罚为辅的方针。对于罪行严重或恶习已深、屡教不改的未成年犯罪分子应当判处适当的刑罚，强制改造，但应当比照18周岁以上的成年人同类犯罪从轻或减轻处罚。该规定初步确立了我国对未成年人犯罪从宽处罚的原则。这一原则在刑法规定中也有具体体现。例如，根据《刑法》第17条第4款的规定，已满12周岁不满18周岁的人犯罪，应当从轻或者减轻处罚。对于具有预备犯、中止犯、防卫过当、避险过当等情节的未成年人，则可以免除刑事处罚甚至不认定为犯罪。

其二，排除死刑适用的原则。早在1951年10月，《中央公安部关于处理女犯、少年犯及老年犯的指示》中就明确指出："对于十八岁以下的少年罪犯，即便情节严重，罪当处死，也不能处死；可实行强迫教育；强迫劳动，进行改造。应当教育全体公安干部了解，这些少年犯是可以改造的，也必须进行改造。"对未成年人不适用死刑在我国刑法中有明确体现，《刑法》第49条第1款规定："犯罪的时候不满十八周岁的人和审判的时候怀孕的妇女，不适用死刑。"

其三，排除一般累犯适用。根据《刑法》第65条规定，不满18周岁的人犯罪的不成立一般累犯。但如果被告人前次犯罪跨越18周岁且被判处有期徒刑，在刑罚执行完毕后5年内再犯应当判处有期徒刑以上刑罚之罪的，是否构成累犯呢？例如，行为人在18周岁前犯A罪，在18周岁后犯B罪，A、B两罪合并被判处有期徒刑，在刑罚执行完毕后5年内再犯应当判处有期徒刑的C罪，此时行为人是否构成累犯？对于这种情形，既不能因为前罪中有18周岁前实施的犯罪，就一概认为不构成累犯，也不能完全不考虑18周岁前后数罪的罪质及应判处的刑罚，而根据宣告刑或合并执行的刑罚是否是有期徒刑以上刑罚，来认定是否构成累犯。应当坚持《刑法》第65条第1款体现的对未成年人犯罪尽量从宽处罚的精神，以18周岁后实施的犯罪的罪质及应判处的刑罚为判断的侧重点，结合18周岁前所犯之罪合并执行的刑罚执行完毕的期限，判断是否构成累犯。就上例而言，如果B罪是管制刑或者拘役刑的刑罚，则不构成累犯。如果B罪是有期徒刑的刑罚，则可以认定构成累犯。

（2）刑事责任年龄的计算。我国《刑法》第17条规定的刑事责任年龄是指实足年龄，即周岁，已满12、14、16、18周岁是指从过完生日的第二天起算，刑事责任年龄一律以公历的年、月、日计算。对于没有充分证据证明被告人实施被指控的犯罪时已经达到法定刑事责任年龄且确实无法查明的，应当推定其没有达到相应法定刑事责任年龄。如果相关证据足以证明被告人实施被指控的犯罪时已经达到法定刑事责任年龄，但是无法准确查明被告人具体出生日期的，应当认定其达到相应法定刑事责任年龄。

刑事责任年龄计算的基准一般应为行为时。一般情况下，由于犯罪本身就是一种“行为”，刑事责任能力也是行为人辨认和控制自己“行为”的能力，所以刑事责任年龄的计算基准以行为时确定比较科学合理。但如果行为人实施的危害行为与危害结果在不同的时间段发生，且行为人在发生危害结果时具有防止危害结果发生的义务，那么在这种情况下，行为人能够避免这种结果发生却故意不避免的，此时结果发生的时间实则是不作为行为持续进行的时间，此时以结果发生时作为责任年龄计算的基准也合乎情理。

（3）跨年龄段危害行为的刑事责任。对未成年人犯罪的刑事处罚要注意法定年龄的界限问题。法律规定的刑事责任年龄界限是绝对的，不存在任何弹性，差一天也不行，这是罪刑法定原则的必然要求。

关于跨年龄段危害行为的刑事责任，主要有三个问题：一是，行为人已满16周岁后实施了某种犯罪行为，并在已满12周岁不满16周岁期间也实施过相同的行为，是否应一并追究刑事责任？对此应当具体分析：如果在已满12周岁不满16周岁期间所实施的是《刑法》第17条第2、3款规定的特定严重犯罪，应当一并追究刑事责任，当然对于已满12周岁不满14周岁的未成年人有追诉条件的限制；否则，如果实施的是《刑法》第17条第2、3款规定以外的犯罪，就只能追究已满16周岁以后实施的犯罪行为的刑事责任。二是，行为人在已满12周岁不满16周岁期间，实施了《刑法》第17条第2、3款规定的特别严重犯罪，并在未满12周岁时也实施过相同行为，对此只能追究已满12周岁以后实施的犯罪行为的刑事责任。三是，行为人在不满12周岁时实施《刑法》第17条第2、3款规定以外的危害行为，如果危害行为一直持续到了16周岁，则行为人应当对达到刑事责任年龄后的犯罪行为承担责任。例如已满15周岁的行为人非法拘禁他人，并持续拘禁他人到行为人已满16周岁以后，这种情形下，行为人应对已满16周岁后实施的非法拘禁行为承担刑事责任。

需要注意的是，虽然对于未达刑事责任年龄的人实施的危害行为不追究刑事责任，但是如果危害后果是在行为人已达刑事责任年龄后发生，行为人有防止结果发生的义务而未防止的，则应负刑事责任。例如，行为人甲在13周岁时安放了炸弹，炸弹于甲已满14周岁后爆炸，导致建筑物毁损。已满14周岁的甲就对危害结果的发生负有避免义务，由于甲没有履行该义务而致危害结果发生，因此甲对此应负刑事责任。

【案例8-2-04】甲15周岁时携带凶器抢夺他人财物价值3万元；17周岁时抢劫他人财物价值2万元。本案中，甲携带凶器抢夺的行为已经构成抢劫罪，15周的甲岁对此应当负刑事责任。因此，甲构成抢劫罪的犯罪数额是5万元。

2.精神障碍

一般而言，达到刑事责任年龄标志着刑事责任能力的具备。但是，如果存在精神障碍尤其是精神病性精神障碍，则可能影响刑事责任能力。《刑法》第18条专门规定了精神病人的刑事责任问题。

（1）完全无刑事责任的精神病人。《刑法》第18条第1款规定："精神病人在不能辨认或者不能控制自己行为的时候造成危害结果，经法定程序鉴定确认的，不负刑事责任，但是应当责令他的家属或者监护人严加看管和医疗；在必要的时候，由政府强制医疗。"认定精神障碍者为无刑事责任能力人，必须同时具备两个标准。

第一，生物学（医学）标准，又称医学标准。从医学上看，行为人是基于精神病理的作用而实施特定危害社会行为的精神病人。其一，行为人须是精神病人；其二，精神病人必须实施了特定的危害社会的行为即实施了刑法所禁止的行为；其三，精神病人实施刑法所禁止的危害行为是基于精神病理的作用。此项判断以精神病医学专家鉴定结论为准，鉴定结论应说明行为人是否患有精神病以及精神病的种类与程度轻重。根据我国《刑法》第18条第1款的规定，精神病人因精神障碍不承担刑事责任的，必须经过法定程序进行医学鉴定。此项规定意在防止滥用精神障碍的规定出罪。

第二，心理学（法学）标准，又称法学标准。从心理学、法学的角度看，患有精神病的行为人的危害行为，不但是由精神病理机制直接引起的，而且是由于精神病理的作用，使其在行为时丧失了辨认或者控制自己实施刑法所禁止行为的能力。此项判断，是在精神病医学专家的鉴定结论的基础上，司法人员进一步判断行为人是否具有辨认、控制自己行为的责任能力。由于法律明确规定的是"不能辨认或者控制自己行为"，因此判断行为人有无刑事责任能力时要采取"择一说"，只要丧失了其中的一种能力，就不能认为具有刑事责任能力。

以上两个标准必须同时具备，缺一不可。只有坚持两者的统一，才能正确判断行为人是否具有辨认、控制能力。现阶段，由于我国的精神医学鉴定还不能保证绝对准确，所以鉴定结论在刑事诉讼法上被称为鉴定意见，仅作为证据使用，司法人员需要在鉴定结论的基础上再行判断行为人是否有刑事责任能力，即使医学鉴定行为人是精神病人，但司法人员判断该行为人具有辨认和控制能力，则该行为人仍然要承担刑事责任。

根据《刑法》第18条第1款，完全无刑事责任的精神病人在必要的时候，由政府强制医疗，这里的“强制医疗”即为刑事强制医疗，对此理解要注意以下几点：

其一，强制医疗措施的适用对象须是精神病人，且须符合两个条件：首先，行为人必须是在不能辨认或者不能控制自己行为的时候造成了危害社会的结果；其次，行为人必须是经法定程序鉴定为不负刑事责任的精神病人。只有同时符合这两个条件，才能对该行为人采取刑事强制医疗措施。

其二，强制医疗措施的适用条件为“在必要的时候”。所谓“在必要的时候”，是指在该精神病人的家属或者监护人不对其严加看管或不给其医疗的时候，或者该精神病人没有家属或者监护人的情况。因为《刑法》第18条第1款规定对这种精神病人首先“应当责令他的家属或者监护人严加看管和医疗”。只有在确实必要的时候，才由政府采取强制医疗措施。

其三，该措施适用的主体是政府。实践中，刑事强制医疗的适用是由公安机关来决定的。《中华人民共和国人民警察法》第14条规定：“公安机关的人民警察对严重危害公共安全或其他人人身安全的精神病人，可以采取保护性约束措施。需要送往指定的单位、场所加以监护的，应当报请县级以上人民政府公安机关批准，并及时通知其监护人。”

（2）完全负刑事责任的精神障碍人。完全负刑事责任的精神障碍人，包括以下两类。

一是精神正常时期的间歇性精神病人。《刑法》第18条第2款规定：“间歇性的精神病人在精神正常的时候犯罪，应当负刑事责任。”司法精神病学一般认为，间歇性精神病是指具有间歇发作特点的精神病，包括精神分裂症、躁狂症、抑郁症、癫痫性精神病、周期性精神病、分裂情感性精神病、癔症性精神病等。间歇性精神病人在其精神正常的时候犯罪，应当负刑事责任，没有减免规定。

二是大多数非精神病性精神障碍人。司法精神病学一般认为，非精神病性精神障碍包括：神经官能症、焦虑症、疑病症、强迫症、神经症性抑郁等，但癔症性精神错乱除外；人格障碍式变态（包括器质性人格障碍）；性变态，如同性恋、露阴癖、恋物癖、恋童癖、性虐待癖等；情绪反应（未达到精神病程度）；未达到精神病程度的成瘾药物中毒与戒断反应；轻躁狂与轻性抑郁症；生理性醉酒与单纯慢性酒精中毒；脑震荡后遗症、癫痫性心境恶劣以及其他未达到精神病程度的精神疾患；轻微精神发育不全者；等等。非精神病性精神障碍人犯罪的，应当负刑事责任，因为非精神病性精神障碍人仍然对自己的行为具有辨认和控制能力。但是在少数情况下，非精神病性精神障碍又确实可能会使其辨认和控制能力减弱，如抑郁症患者会有情感低落、思维迟缓、言语动作减少等症状，这些症状可以影响辨认和控制能力，因此可能会涉及减轻或者免除刑事责任问题。

【案例8-2-05】甲患抑郁症多次欲自杀，但无自杀勇气。某晚，甲用事前准备的刀猛刺路人乙胸部，致乙当场死亡。随后，甲向司法机关自首，要求司法机关判处其死刑立即执行。本案中，甲虽然患有抑郁症但不能成为否定刑事责任的理由。从医学上看，抑郁症的特征是情感低落、思维迟缓、言语动作减少，一般而言，不属于严重的精神病。从法学上看，甲欲自杀，但没有勇气，欲通过犯罪被处死刑达到结束生命的目的，并且将该想法付诸行动，杀了人，然后向司法机关自首，并要求被处死刑。这种想法，表明其对自己杀人行为的性质、结果与意义具有认识能力。这种举动表明其对自己杀人行为具有控制支配能力。因此，甲虽患有抑郁症，但具有刑事责任能力，应当承担故意杀人罪的刑事责任。

（3）限制刑事责任的精神障碍人。《刑法》第18条第3款规定："尚未完全丧失辨认或者控制自己行为能力的精神病人犯罪的，应当负刑事责任，但是可以从轻或者减轻处罚。"这是一种中间状态。这种限制责任能力的精神病人有部分辨认和控制能力，但又不具备完全的辨认和控制自己行为能力。从辨认、控制能力程度的高低来理解，限制刑事责任能力一般包括两类：一是处于早期（发作前驱期）或部分缓解期的精神病（如精神分裂症等）患者，二是某些非精神病性精神障碍人。从立法精神来看，限制刑事责任的精神障碍人，一般情况下应该从宽处罚，只有在情节特别恶劣、没有宽恕理由等个别情形下，尚未完全丧失辨认和控制自己行为能力的精神病人犯罪的，才可以不从宽处理。此外，从宽的情节只有从轻和减轻，没有免除处罚。立法将从轻处罚规定在前，表明其立法意向是优先考虑从轻处罚，如果从轻处罚仍然过于严厉的情况下才选择减轻处罚。

3. 生理功能丧失

对于人类而言，视觉、听觉和说话等是生存、发展的极为重要的功能，丧失这些功能会导致人的认知、学习、交往等很多方面的能力下降，也会造成这些残疾人心理上异常、性格上偏执。这样，会使行为人的辨认或控制行为能力或多或少下降。于是刑法对聋哑人、盲人的刑事责任做了特殊规定，他们实施刑法禁止的危害行为，构成犯罪的，应当负刑事责任，但可以从轻、减轻或者免除处罚。我国《刑法》第19条规定："又聋又哑的人或者盲人犯罪，可以从轻、减轻或者免除处罚。"

【案例8-2-06】甲先天双目失明，在大学读书期间因琐事致室友重伤。本案中，行为人甲虽双目失明但仍在读大学，这表明甲的生理缺陷不影响其辨认能力和控制能力，应当负刑事责任，但可以从轻、减轻或者免除处罚。

需要注意的是，对聋哑人、盲人是否从宽处罚，应当在全面分析犯罪性质、情节和危害程度的基础上，重点分析聋哑人、盲人身份对实施犯罪行为的具体影响。对于被告人实施犯罪行为与其聋哑人、盲人身份有直接联系的，应当依法从宽处罚。如行为人因目盲而违反交通规则横穿马路，导致机动车为避让而发生交通事故，致人重伤或者死亡构成交通肇事犯罪的，就应比正常人过失犯罪加大从宽处罚的幅度。若实施与聋哑人、盲人身份无关或者无直接关系的犯罪，在此情况下，被告人虽具有聋哑人、盲人身份，但不能作为对其从宽处罚的理由。因此，对于聋哑人、盲人犯罪案件，并不必然要适用《刑法》第19条的从宽处罚规定；而是应当综合考虑全案情节，决定是从轻、减轻还是免除处罚。

4.醉酒

醉酒主要包括病理醉酒和生理醉酒两种情况。①病理醉酒，是指少量饮酒后因身体异常反应而急性发作的一种酒精中毒状态。病理醉酒属于精神障碍的范畴，若行为人在不知情的情况下陷入病理性醉酒状态，以致实施危害社会行为的，不负刑事责任。但是，如果行为人故意使自己陷入病理性醉酒状态，实施危害社会的行为，构成犯罪的，则应当负刑事责任。这在刑法理论上被称为原因自由行为。②生理醉酒，是指因饮酒过量而致精神过度兴奋甚至神志不清的情况。《刑法》第18条第4款的规定，"醉酒的人犯罪，应当负刑事责任"，是针对生理醉酒的规定。在生理醉酒状态下，人的生理、心理和精神变化大致可分为兴奋期、共济运动失调期和昏睡期三个时期。现代医学、司法精神病学认为，生理醉酒不是精神病。司法实践表明，生理醉酒的上述前两个时期，醉酒者对作为或不作为方式的危害行为均有能力实施，而且一般容易实施作为方式的危害行为。

【案例8-2-07】丁大醉后步行回家，嫌他人小汽车挡路，将车砸坏，事后毫无记忆。本案中，丁的醉酒行为不影响其刑事责任的认定。我国《刑法》第18条第4款明确规定："醉酒的人犯罪，应当负刑事责任。"丁在大醉后故意损害他人财产，具有完全刑事责任能力。

二、犯罪主体的特殊身份

（一）犯罪主体特殊身份的概念

身份是指人的出身、地位和资格。刑法理论通说认为，犯罪主体的特殊身份是指刑法所规定的影响刑事责任的行为人人身方面特定的资格、地位或状态，是某些犯罪主体必须具备的要件。

以主体是否要求以特定身份为要件，自然人犯罪主体可分为一般主体与特殊主体。刑法规定不要求以特殊身份作为要件的主体，称为一般主体；刑法规定以特殊身份作为要件的主体，称为特殊主体。在刑法理论上，通常还将以特殊身份作为主体构成要件或者刑罚加减根据的犯罪称为身份犯。身份犯可以分为真正身份犯与不真正身份犯：前者是指以特殊身份作为主体要件，无此特殊身份，该犯罪则不能成立；后者是指特殊身份不影响定罪但影响量刑的犯罪。

（二）犯罪主体特殊身份的分类

1. 自然身份与法定身份

自然身份，是指人因自然因素赋予而形成的身份，例如性别上的男女差别。法定身份，是指人基于法律赋予而形成的身份，分为以下几类：①国家工作人员，例如军警、公务员等。②特定职业或者行业的人员，例如航空人员、铁路职工、企事业单位的职工、金融机构工作人员、医务人员等。③其他负有特定刑事法律义务的人员，例如因婚姻或者血缘关系而产生相互扶养义务的配偶、父母与子女，对已满14周岁不满16周岁的未成年女性负有监护、收养、看护、教育、医疗等特殊职责的人员等。

2. 定罪身份与量刑身份

定罪身份，是指决定刑事责任存在的身份，又称犯罪构成要件身份。它是某些犯罪主体要件中必备的要素，行为人若缺此身份则不能单独构成该特定的犯罪，但可以通过共同犯罪的形式成为该特定犯罪的主体。例如，贪污罪、受贿罪的主体须有国家工作人员的身份，不具有国家工作人员身份的人不能单独构成该罪，但可以同国家工作人员构成贪污罪、受贿罪的共同犯罪。

量刑身份，是指影响刑事责任程度的身份，又称刑罚加减身份，在量刑上表现为是从重、从轻、减轻或者免除处罚的根据。例如，一般主体均可构成非法拘禁罪，但如果国家机关工作人员利用职权犯非法拘禁罪，则要从重处罚。

（三）犯罪主体特殊身份的意义

1. 犯罪主体特殊身份影响定罪

影响行为的定罪是犯罪主体特殊身份的首要功能，主要有以下分类。

（1）可以区分罪与非罪。如我国刑法中，强奸罪的实行犯要求具备男子身份，不是男性不能成为强奸罪的实行犯。

（2）可以区分此罪与彼罪。如同是隐匿、毁弃或者非法开拆他人信件的行为，具有邮政工作人员身份并利用其职务便利实施者构成《刑法》第253条规定的私自开拆、隐匿、毁弃邮件、电报罪，一般公民则构成第252条规定的侵犯通信自由罪。

（3）具有特殊身份者与无特殊身份者的定罪。这主要是无特定身份者与有特定身份者共同实施要求主体具备特殊身份犯罪的情况。

2. 犯罪主体特殊身份影响量刑

犯罪主体特殊身份影响行为人的量刑主要表现在以下几方面。

（1）刑法分则性规范中，例如国家工作人员犯非法拘禁罪的，从重处罚；掌握国家秘密的国家工作人员叛逃境外或者在境外叛逃的，从重处罚；银行或者其他金融机构的工作人员利用职务上的便利，窃取、收买、非法提供信用卡信息罪的，从重处罚；等等。

（2）总则性规范中，如审判的时候怀孕的妇女等会影响量刑，《刑法》第49条第1款规定审判的时候怀孕的妇女，不适用死刑。第72条规定，对于被判处拘役、3年以下有期徒刑的犯罪分子，如果犯罪情节较轻、有悔罪表现、没有再犯罪的危险并且宣告缓刑对所居住社区没有重大不良影响的，可以宣告缓刑，对其中怀孕的妇女，应当宣告缓刑。

第三节　单位犯罪主体

单位犯罪是相对于自然人犯罪而言的，单位作为犯罪主体从立法角度看要晚于自然人犯罪主体。

一、单位犯罪的立法沿革

单位犯罪，与自然人犯罪相对应。英美国家和地区普遍确认了法人刑事责任制度，大陆法系国家在理论上基于法人拟制说而坚持“法人或社团不能犯罪”的原则。但不少国家在单行刑法、附属刑法中规定了法人犯罪。至今，法国、日本、德国、荷兰、瑞士、韩国、泰国、土耳其、古巴等国，在立法上均确立了法人刑事责任制度。

我国至20世纪70年代末，一致对法人犯罪持否定态度。因为在当时实行的计划经济体制下，法人组织数量少、性质单一，参与社会活动的影响广度和深度都不大，因而在1979年通过的刑法中并没有关于单位犯罪的规定，在刑法理论上也对法人犯罪持否定态度。但是，20世纪80年代以来，随着改革开放政策的逐步推行，我国社会上各种法人或非法人组织日益增多，它们越来越深入、广泛地参与社会活动尤其是经济活动。与此同时，法人或非法人组织实施的危害行为也日益增多，于是，法人或非法人组织能否成为犯罪主体，成了一个亟待解决的现实问题。作为回应，1987年1月22日《海关法》第47条第4款首次以附属刑法的方式确立了单位犯罪，规定：“企业事业单位、国家机关、社会团体犯走私罪的，由司法机关对其主管人员和直接责任人员依法追究刑事责任；对该单位判处罚金，判处没收走私货物、物品、走私运输工具和违法所得。”1988年全国人大常委会发布《关于惩治贪污罪贿赂罪的补充规定》和《关于惩治走私罪的补充规定》，分别规定企业、事业单位、机关、团体可以成为受贿罪、行贿罪、走私罪、逃汇套汇和投机倒把罪等罪的主体，第一次以单行刑法的形式确认了单位犯罪。1997年修订刑法时，正式将单位犯罪纳入了刑法规定，不仅在刑法总则部分对单位犯罪及其处罚原则作了概括规定，而且在刑法分则部分对各种单位犯罪作了具体规定。

二、单位犯罪的概念和特征

《刑法》第30条规定：“公司、企业、事业单位、机关、团体实施的危害社会的行为，法律规定为单位犯罪的，应当负刑事责任。”这是对单位犯罪成立范围的一般性规定。据此，所谓“单位犯罪”，是指由公司、企业、事业单位、机关、团体实施的依法应当承担刑事责任的危害社会的行为。单位犯罪的基本特征有以下几方面。

（一）单位犯罪的主体

根据《刑法》第30条的规定，单位犯罪的主体包括公司、企业、事业单位、机关、团体。所谓“公司”，是指依法在中国境内设立的有限责任公司和股份有限公司。所谓“企业”，是指依法成立并具备一定的组织形式，以营利为目的独立从事商品生产经营活动和商业服务的经济组织。公司也是企业的一种，这里的企业是指公司以外的企业。所谓“事业单位”，是指国家为了社会公益目的，由国家机关举办或者其他组织利用国有资产举办的，从事教育、科技、文化、卫生等活动的社会服务组织，如学校、科研机构、医院等。所谓“机关”，是指履行国家的领导、管理以及保卫国家安全职能的机构，包括国家行政机关、立法机关、司法机关、军事机关以及党的各级机关。所谓“团体”，是指各种群众团体组织，具体包括人民团体和社会团体。

（二）单位犯罪必须是在单位意志支配下由单位内部成员实施的犯罪

单位犯罪必须经单位集体研究决定或由其负责人员决定实施，这是单位整体犯罪意志的体现形式。单位集体研究决定，是指经过根据法律和章程规定的有权代表单位的机构研究决定，如职工代表大会、董事会、股东大会等。负责人员决定，是经过根据法律或章程规定有权代表单位的个人决定，如企业的厂长、公司的董事长或经理。如果单位内部人员未经单位授权擅用单位名义实施犯罪，除非事后得到单位认可，否则只能是个人犯罪而非单位犯罪。

（三）单位犯罪必须由刑法分则性条文明确规定

刑法分则性条文，包括刑法分则及国家最高立法机关根据实际需要制定的单行刑法及有关附属刑法规范。《全国人大常委会关于惩治骗购外汇、逃汇、非法买卖外汇犯罪的决定》这一单行刑法增设的骗购外汇罪，也可由单位主体构成。如果刑法分则性条文没有规定某种犯罪单位可以构成，则不构成单位犯罪。例如，经企业领导集体研究决定并实施的盗窃电力的行为，不成立单位犯罪。这是基于单位犯罪的法定性，《刑法》第264条规定的盗窃罪并未将单位列为犯罪主体，因此单位不能构成盗窃罪。经企业领导集体研究决定并实施的盗窃电力的行为，是盗窃罪的普通共同犯罪行为。2014年4月24日全国人大常委会《关于〈中华人民共和国刑法〉第三十条的解释》规定：“公司、企业、事业单位、机关、团体等单位实施刑法规定的危害社会的行为，刑法分则和其他法律未规定追究单位的刑事责任的，对组织、策划、实施该危害社会行为的人依法追究刑事责任。”

三、单位犯罪的认定

根据《最高人民法院关于审理单位犯罪案件具体应用法律有关问题的解释》等一系列司法解释，司法实践中认定单位犯罪应注意以下几方面。

（一）单位的性质、国别不影响单位犯罪的成立

根据《最高人民法院关于审理单位犯罪案件具体应用法律有关问题的解释》，《刑法》第30条中的“公司、企业、事业单位”，既包括国有和集体所有的公司、企业、事业单位，也包括依法设立的合资经营、合作经营企业和具有法人资格的独资、私营等公司及企业、事业单位。此外，符合我国法人资格条件的外国公司、企业、事业单位，在我国领域内实施危害社会的行为，符合我国刑法构成犯罪的，应当依照我国刑法关于单位犯罪的规定追究刑事责任。

（二）单位的分支机构或者内设机构、部门实施犯罪行为的处理

以单位的分支机构或者内设机构、部门的名义实施犯罪，违法所得亦归分支机构或者内设机构、部门所有的，应认定为单位犯罪。不过要注意的是，如果单位的分支机构或者内设机构、部门不具有相对独立性，则不能成为单位犯罪的主体，例如工厂的车间、机关单位中的科室等，就不具有相对独立性。在判断单位是否具有相对独立性时，不仅要看该单位有无自己的名称、机构与场所，而且还要看其有无独立的财产与经费、有无独立的行为能力、能否以自己的名义承担责任。从追究单位犯罪刑事责任的目的与效果来看，是否是独立的核算单位，是衡量单位是否具有相对独立性的最重要标准。

（三）不以单位犯罪论处的情况

以下情形不以单位犯罪论处：①个人为进行违法犯罪活动而设立的公司、企业、事业单位实施犯罪的；②公司、企业、事业单位设立后，以实施犯罪为主要活动的；③盗用、借用单位名义实施犯罪，违法所得由实施犯罪的个人所得或私分的；④个人在我国领域内进行违法犯罪活动而设立的外国公司、企业、事业单位实施犯罪的，或者外国公司、企业、事业单位设立后在我国领域内以实施违法犯罪为主要活动的，不以单位犯罪论处。

（四）单位直接负责的主管人员和其他直接责任人员的认定

直接负责的主管人员，是在单位实施的犯罪中起决定、批准、授意、纵容、

指挥等作用的人员，一般是单位的主管负责人，包括法定代表人。其他直接责任人员，是在单位犯罪中具体实施犯罪并起较大作用的人员，既可以是单位的经营管理人员，也可以是单位的职工，包括聘任、雇佣的人员。应当注意的是，在单位犯罪中，对于受单位领导指派或奉命而参与实施了一定犯罪行为的人员，一般不宜作为直接责任人员追究刑事责任。

（五）单位共同犯罪的处理

两个以上单位以共同故意实施的犯罪，应根据各单位在共同犯罪中的地位、作用大小，确定犯罪单位的主、从犯。那么，主犯单位中的直接负责的主管人员和其他直接责任人员是否就是主犯，从犯单位中的直接负责的主管人员和其他直接责任人员是否就是从犯呢？从犯单位中的直接负责的主管人员和其他直接责任人员，应当毫无例外地被认定为从犯，因为该单位在整体上、在单位共同犯罪中都居于从犯地位，而其从犯的地位、作用本身是通过直接责任人员的行为表现出来的，将其中一个或几个直接责任人员认定为主犯，显然是不适宜的。但是，主犯单位中直接负责的主管人员和其他直接责任人员，未必就都是主犯，这是因为，单位在整体上、在单位共同犯罪中居于主犯地位，虽然也是通过所有直接责任人员的行为表现出来的，但是这些直接责任人员之间，在主犯单位内部事实上可能存在地位高低、作用大小之别，如果完全否定个别直接责任人员可能成立从犯，有时难免造成罪刑失衡。

（六）单位被合并、撤销、注销、吊销营业执照或者宣告破产的处理

涉嫌犯罪单位已被合并到一个新单位的，仍应依法追究原犯罪单位及其直接负责的主管人员和其他直接人员的刑事责任。人民法院审判时，对被告单位应列原犯罪单位名称，但注明已被并入新的单位，对被告单位所判处的罚金数额以其并入新的单位的财产及收益为限。

涉嫌犯罪单位被撤销、注销、吊销营业执照或者宣告破产的，应当根据刑法关于单位犯罪的相关规定，对实施犯罪行为的该单位直接负责的主管人员和其他直接责任人员追究刑事责任，对该单位不再追诉①。

①2002年7月9日，《最高人民检察院关于涉嫌犯罪单位被撤销、注销、吊销营业执照或者宣告破产的应如何进行追诉问题的批复》明确规定："涉嫌犯罪的单位被撤销、注销、吊销营业执照或者宣告破产的，应当根据刑法关于单位犯罪的相关规定，对实施犯罪行为的该单位直接负责的主管人员和其他直接责任人员追究刑事责任，对该单位不再追诉。"

四、单位犯罪的处罚原则

针对单位犯罪的处罚原则，世界各国有三种立法例：一是双罚制，二是转嫁制（只处罚单位），三是代罚制（只处罚直接责任人员）。我国《刑法》第31条规定："单位犯罪的，对单位判处罚金，并对其直接负责的主管人员和其他直接责任人员判处刑罚。本法分则和其他法律另有规定的，依照规定。"根据该规定，我国刑法将双罚制作为单位犯罪处罚的一般原则，即同时追究单位及对单位犯罪直接负责的主管人员和其他直接责任人员的刑事责任。不过，我国刑法对于少数的单位犯罪也采取了单罚制，只处罚直接负责的主管人员和其他直接责任人员，而不处罚单位。例如，《刑法》第107条规定的资助危害国家安全犯罪活动罪，第137条规定的工程重大安全事故罪等。对于单位故意犯罪行为，对其直接负责的主管人员和其他直接责任人员，可不区分主犯、从犯，按照其在单位犯罪中所起的作用判处刑罚。

思考题

1. 我国刑法对刑事责任年龄阶段是如何划分的？
2. 如何理解《刑法》第17条第2款的法律适用？
3. 犯罪主体特殊身份的含义、分类和意义是怎样的？
4. 如何认定单位犯罪？哪些情形不构成单位犯罪？

阅读书目

1. 陈瑞华：《企业合规基本理论》，法律出版社2020年版。
2. 聂立泽：《单位犯罪新论》，法律出版社2018年版。
3. 孙大明：《刑事责任能力评定研究：以精神障碍犯罪嫌疑人及其疑似者为对象》，法律出版社2013年版。
4. 黄丁全：《刑事责任能力的构造与判断》，法律出版社2010年版。

第九章　犯罪主观方面

犯罪是主客观相统一的活动，任何犯罪行为都是在一定的心理态度支配下实施的，因而犯罪主观方面是犯罪构成必不可少的因素。

第一节　犯罪主观方面概述

犯罪主观方面是犯罪构成的必备要件，对其概念与特征的正确认识与把握是正确认定犯罪的前提。

一、犯罪主观方面的概念与特征

犯罪主观方面，也可称之为犯罪主观要件，是指犯罪主体对自己的危害行为及其危害结果所持的心理态度。犯罪主观方面有两个特征：第一，它是行为人的心理态度，这是犯罪主观方面的表现形式。第二，它以一定的危害行为与危害结果为内容，这是犯罪主观方面的法律含义。

犯罪主观方面所涵盖的基本内容，包括犯罪的故意与过失（统称为罪过）、犯罪的目的与动机等因素。此外，还包括某些与犯罪的主观方面相关的问题，诸如意外事件和刑法上的认识错误等。

二、犯罪主观方面应注意的问题

（一）罪过是行为人负刑事责任的主观基础

犯罪的主观要件以故意或过失的形式揭示出犯罪主体的罪过心理，为惩罚犯罪行为提供了主观上的根据。如果没有罪过，不成立犯罪。这里的罪过包括故意与过失，而成立故意与过失的共同前提是，行为人对其行为的危害性具有认识的可能性。如果行为人对其行为的危害性以及可能产生的危害结果不存在认识或者认识的可能性，就很难说其主观上对于危害行为和危害结果具有可谴责的心态。

因此，故意与过失是犯罪主观方面的共同要件，以故意与过失为表现形式的罪过是行为人负刑事责任的主观基础。

（二）犯罪主观方面与客观方面是对立统一的

从犯罪构成的整体性要求来考察，犯罪的主观方面与犯罪的客观方面是相互联系、不可分割的统一体。根据我国刑法的规定，确认某人构成犯罪并追究刑事责任，在客观上必须具备刑法所禁止的危害社会的行为，同时在主观上必须具有犯罪的故意或者过失。缺少前者，会导致“主观归罪”；缺少后者，会导致“客观归罪”。而且，构成犯罪不仅要求同时具备主观方面与客观方面，还要求它们之间存在有机联系。具体表现为：行为人客观的危害行为，是在主观罪过的支配下实施的，如此才是刑法中的犯罪行为，而行为人危害社会的主观罪过，需要通过危害行为表现出来，根据危害行为判断主观罪过。可见，从主客观相统一的理念出发，犯罪主观方面在犯罪构成体系中具有重要的作用，与犯罪的客观方面是对立统一的关系。

（三）罪过在刑法中的结合方式

罪过在刑法中的结合方式有三种不同的情况：一是只能由故意构成的犯罪，如故意杀人罪；二是只能由过失构成的犯罪，如失火罪；三是既包含有故意又包含有过失的犯罪，这主要集中在结果加重犯中，如故意伤害（致人死亡）罪。不同的罪过形式，反映了行为人不同程度的人身危险性，进而会导致不同的刑事责任评价。由于故意犯罪所体现的人身危险性大于过失犯罪，所以刑法以规定故意犯罪为原则，以规定过失犯罪为例外。对同一类型犯罪行为的处罚，故意犯罪也要重于过失犯罪。

第二节　犯罪故意

犯罪故意是犯罪人在实施故意犯罪时所持的心理态度，我国刑法规定的大多数犯罪的心理态度是犯罪故意。

一、犯罪故意的概念

《刑法》第14条规定：“明知自己的行为会发生危害社会的结果，并且希望或者放任这种结果发生，因而构成犯罪的，是故意犯罪。”据此，犯罪的故意，是指行为人明知自己的行为会发生危害社会的结果，并且希望或者放任这种结果发生的一种主观心理态度。犯罪故意的构成要素包含认识因素与意志因素两项内容。

（一）犯罪故意的认识因素

行为人明知自己的行为会发生危害社会的结果，这是构成犯罪故意的认识因素。

1. 认识的内容

即“明知”的内容，按通理说，“明知”包含三个方面具体内容：一是对行为本身的认识，二是对行为结果的认识，三是对危害行为与危害结果相联系的其他构成要件事实的认识，如特定的时间、地点、方法、手段、行为对象等。但“明知”不一定等于对犯罪行为及其对象的“确知”，例如，成立贩卖毒品罪，只要求行为人认识到自己贩卖的是毒品即可，并不要求行为人认识到所贩卖的毒品种类是什么。

“明知”是否包括行为人对违法性的认识？一般认为，违法性认识不是故意的认识内容，但是特殊情况下也有例外。例如，甲在从事生产经营的过程中，不知道某种行为是否违法，于是以书面形式向法院咨询，法院书面答复该行为合法，于是甲实施该行为，但该行为实际上违反刑法。然而本案中，由于甲没有违法性认识的可能性，所以不成立犯罪。

【案例9-2-01】甲误将熟睡的孪生妻妹当成妻子，与其发生性关系。本案中，甲没有认识到孪生妻妹不是妻子，而误以为是妻子与之发生了性关系。甲虽然客观上实施了性行为，但主观上并没有强奸故意，因此，甲的行为不构成犯罪。

2. 认识的程度

即明知自己的行为“会发生”危害社会的结果，包括必然发生与可能发生两种情况。“必然发生”是指明知自己的行为必然发生某种危害结果，“可能发生”则是指明知自己的行为可能发生某种危害结果。这里的“可能发生”，表征的是行为人对于其危害行为可能导致危害结果的认识程度。不论行为人认识到危害结果是必然发生还是可能发生，都不影响犯罪故意的认识因素的成立。

【案例9-2-02】2010年某日，甲到乙家，发现乙家徒四壁。见桌上一块玉坠，断定是不值钱的仿制品，甲便顺手拿走。本案中，“入户盗窃”构成盗窃罪是2011年《刑法修正案（八）》增设的规定。本案案发时间为2010年，据此处理本案只能适用《刑法修正案（八）》之前1997年刑法关于盗窃罪的规定，即入户盗窃只有在盗窃“数额较大”或者“多次盗窃”时，才构成盗窃罪。由于甲断定玉坠为不值钱的仿制品具有一定根据，对“数额较大”没有认识，缺乏盗窃犯罪故意，因此甲的行为不构成盗窃罪。

（二）犯罪故意的意志因素

行为人对自己的行为将要引起的危害结果持有希望或者放任的心理态度，是构成犯罪故意的意志因素。“希望”，即积极追求，行为人内心期待危害结果的发生，并通过外在危害行为促使该结果的发生。“放任”，即听之任之，行为人虽不积极追求危害结果的发生，但也不排斥和阻止危害结果的发生。

【案例9-2-03】司机甲急于回家，行驶时闯红灯，把马路上的行人撞死。本案中，甲虽然已经认识到自己在违法驾驶，对于闯红灯行为具有明显的故意，但是甲只是想尽早回家，其主观意志并不是希望或者放任交通事故发生，对于撞死他人的危害结果不具有故意，因此不构成故意犯罪。

不过，刑法学界对于犯罪故意的认定问题存在争议，主要有以下三种学说：①认识说。认为犯罪故意的成立以行为人对构成要件客观事实具有认识为要件，即只要行为人对于构成要件事实具有认识即可成立故意，不需要另外还具有意志要素。根据该说，当行为人认识到了行为的危害性，即使采取积极行动避免但未成功避免的，也构成故意。②希望说。认为犯罪故意的成立不仅要求行为人认识到构成要件客观事实，而且还要行为人具有希望犯罪事实发生的决意。③容认说，又称折中说。认为犯罪故意的成立需要同时具备认识因素与意志因素，但这里的意志不限于希望结果发生的决意，也包括不排斥结果发生的容认态度。简言之，只要行为人不反对危害结果的发生即可认定具有意志因素。

在以上三种学说中，容认说为我国刑法所采，是认定犯罪故意比较合理的学说。认识说无视行为人心理活动中的意志因素，而意志被心理学认为是心理活动的核心，是主观态度的标志，若不考虑意志因素会不当扩大故意的成立范围。而希望说忽视了放任结果发生的情形，会不当缩小犯罪故意的成立范围。容认说同时避免了认识说认定范围过宽与意志说认定范围过窄的缺陷，比较适当地确定了犯罪故意的基本范围，具有合理性。因此，我国刑法采取了容认说。

二、犯罪故意的类型

（一）直接故意与间接故意

1. 直接故意

犯罪的直接故意，是指行为人明知自己的行为必然或者可能发生危害社会的结果，并且希望这种结果发生的心理态度。直接故意的构成因素有二：其认识因素是行为人明知自己的行为必然或者可能发生危害社会的结果，其意志因素是行为人希望危害结果的发生。

2. 间接故意

犯罪的间接故意，是指行为人明知自己的行为可能发生危害社会的结果，并且放任这种结果发生的心理态度。其构成因素也有两个方面：认识因素是行为人明知自己的行为可能发生危害社会的结果，其意志因素是放任危害结果的发生。

司法实践中，间接故意的存在大致有三种情况：第一，行为人为了实现某种犯罪意图而放任另一个危害结果发生。第二，行为人为了实现一个非犯罪的意图而放任某种危害结果的发生。第三，在突发性事件中，行为人不计后果，放任严重后果的发生，如突发性捅刀子事件，常见于聚众斗殴中，《刑法》第292条第2款规定，聚众斗殴，致人重伤、死亡的，依照《刑法》第234条、第232条的规定定罪处罚。

3. 直接故意与间接故意的关系

（1）直接故意与间接故意的联系。两者同属于犯罪故意的范畴，在认识因素上，两者都是明知自己的行为会发生危害社会的结果；在意志因素上，两者都不排斥危害结果的发生。

（2）直接故意与间接故意的区别。首先，两者对危害结果发生的认识有所不同，直接故意包括必然性认识与可能性认识两种，间接故意只包括后一种。其次，对危害结果发生的意志表现不同，直接故意表现为希望，间接故意表现为放任。最后，在成立条件上，特定危害结果是否发生，对二者成立的意义不同，在直接故意的情况下，特定的危害结果是否发生，并不影响犯罪的成立；在间接故意的情况下，只有发生了特定的危害结果，才能构成犯罪。

（二）确定故意与不确定故意

根据犯罪故意的认识内容的确定程度可以分为确定故意与不确定故意。确定故意是指，行为人对于构成要件客观事实存在具体而确定的认识，不确定故意则是指行为人对于构成要件客观事实没有具体、确定的认识。

不确定故意根据"不确定"内容的特点又可进一步分为概括故意、择一故意和未必故意三种类型。第一，概括故意是指，行为人虽然认识到行为会导致结果发生，但对结果的发生只有概括性认识，对于具体侵害范围和侵害性质没有确定性认识。例如，行为人向人群扔炸弹，知道会炸死人，但不知道具体会炸死多少人。根据行为人认识的具体内容的不同，概括故意可以分为对行为性质认识不明确的概括故意、对行为对象认识不明确的概括故意以及对危害结果认识不明确的概括故意三种。第二，择一故意是指，行为人认识到数个行为对象结果中只有一个会发生，但不确定会发生哪个具体行为对象结果。例如，行为人向一对牵手的情侣开枪，其知道开枪的结果会导致一人死亡，但不确定会具体导致哪个人死亡。第三，未必故意是指，行为人认识到结果可能会发生，但是并不积极希望结果发生。

（三）事前故意与事后故意

所谓"事前故意"，是指行为人误认为第一个行为已经造成结果，出于其他目的实施第二个行为，实际上是第二个行为才导致预期的结果出现的情况。例如，甲欲致乙于死地，开车碾压乙，在认为乙已死后推乙入河中，结果乙是被水淹死的。这种事前故意在德日刑法理论中也被称为"韦伯故意"。就事前故意而言，行为人主观意图实施的犯罪与实际实施的犯罪罪名相同，并未超出同一个犯罪构成，能够肯定犯罪故意。

所谓"事后故意"，是指行为人的故意存在于危害行为之后。具体而言，可分为两种情形：其一，行为人基于过失或者无错误实施了危害行为导致了结果发生，在结果发生后行为人才发现该结果正是自己所希望的。例如，行为人开车不小心撞死了某被害人，结果发现该被害人竟是自己多年的仇敌。在这种情形下，事后故意不能回溯，与危害行为无任何关联，因此不能认定为故意杀人。其二，在危害行为实施后结果发生之前，行为人基于希望结果发生的心态不作为，最终导致结果发生。例如，行为人交通肇事伤人后，发现被害人是自己的仇敌就未予救助，最终导致被害人死亡。在这种情形下，前一交通肇事行为与后一不救助行为是两个独立的行为，应当分别评价。

（四）侵害故意与危险故意

侵害故意是指，行为人认识到了行为会导致一定实害结果的发生，并且希望或者放任该结果的发生。危险故意是指，行为人认识到了行为会导致一定的危险状态的发生，并且希望或者放任危险状态的发生。简言之，实害犯的故意就是侵害故意，危险犯的故意就是危险故意。可见，侵害故意与危险故意是根据故意所指向的结果形态所作的划分，两者分别为实害犯与危险犯提供主观归责根据。

第三节　犯罪过失

犯罪过失是行为人过失犯罪时的一种心理态度，反映的是行为人对法规范的疏忽或者轻视的懈怠心理，而犯罪故意则表现出了行为人对法规范的明显敌对态度，所以犯罪过失比犯罪故意的可谴责性要低，在造成同样危害结果的情形下，过失犯罪的法定刑要轻于故意犯罪的法定刑。而且，刑法以惩罚故意犯罪为原则，以处罚过失犯罪为例外，过失行为要造成实害结果才构成犯罪，我国刑法分则在设置过失犯罪时通常会明确表明其心理态度为过失。

一、犯罪过失的概念

《刑法》第15条第1款规定："应当预见自己的行为可能发生危害社会的结果，因为疏忽大意而没有预见，或者已经预见而轻信能够避免，以致发生这种结果的，是过失犯罪。"据此，犯罪过失，是指行为人应当预见自己的行为可能发生危害社会的结果，因为疏忽大意而没有预见，或者已经预见而轻信能够避免，以致发生这种结果的心理态度。《刑法》第15条第2款规定："过失犯罪，法律有规定的才负刑事责任。"据此，只有法律明文规定为过失犯罪的，才能成立过失犯罪，而且其中的"法律"仅指刑事法律。此外，这里的"法律有规定"不仅包括刑法条文中出现"过失""疏忽""失火"等明文规定的情形，也包括根据具体条文的文理解释，能够合理认为法律规定了过失犯罪的隐含规定的情形，如法条规定有"严重不负责任""造成……事故"等关于过失的隐含用语时，也应认为是属于"法律有规定"的情形，是关于过失犯罪的规定。犯罪过失的特征有如下两方面。

1.行为人的实际认识与认识能力不一致

在过失犯罪的场合，行为人具备认识自己行为有发生危害社会结果的可能性，但事实上在行为时却没有认识到，或者虽然已经认识到，但对结果发生的可能性却做出错误的估计和判断，认为危害结果是可以避免的。

2.行为人的主观愿望与客观效果不一致

在过失犯罪的场合，行为人在主观上对某种危害结果的发生既不希望也不放任，而持的是一种排斥和反对的态度，危害结果的发生完全是由于行为人缺乏注意、轻率行事造成的，是与行为人的主观愿望相违背的。

二、犯罪过失的类型

（一）疏忽大意的过失

疏忽大意的过失，是指行为人应当预见自己的行为可能发生危害社会的结果，因为疏忽大意而没有预见，以致发生了这种结果的心理态度。由于行为人对危害结果的发生没有预见，因此又被称为无认识的过失。它有以下两个基本特征。

1.行为人应当预见自己的行为可能发生危害社会的结果

应当预见，是指行为人在行为时对危害结果的发生既有预见的义务，又有预见的能力，这是疏忽大意的过失不同于意外事件的关键所在。预见的义务是指行为人在行为时对危害结果的发生负有预见的责任。预见的义务一般由法律或者规章制度规定，在没有相应的法律或者规章时，一般应根据共同生活准则或生活经验来确定。预见的能力是指行为人在行为时对危害结果的发生有预见的现实条件和实际可能性。

关于行为人对其行为的危害结果应否预见的判断标准问题，目前在刑法理论界尚未达成共识，有多种学说：

（1）主观说，也称个人标准说——根据行为人在当时的条件下其本身所具有的能力和水平来衡量。其理由是：对行为人的谴责不能超过行为人的能力范围。但由于该说完全以行为人的个人情况为判断标准，因此会导致能力越大责任越大，能力越小责任越小的不合理结论。

（2）客观说，也称社会标准说——根据社会上一般人的能力和水平来衡量。其理由是：一般人都能预见时行为人没有理由不能预见。该说完全脱离了行为人的具体情况而采用了一般化的判断标准，不符合责任主义所强调的“法不能强人所难”的原则。

（3）折中说，也称综合标准说——以同行业一般人所具有的能力和水平为参考标准，同时根据行为人实际具有的能力和水平为判断根据。根据该说，首先，需要确定一般人的标准，因为预见义务是针对同行业一般人提出的，如果同行业一般人能够预见到危害结果，那么理智正常的行为人在正常条件下也应当预见到。其次，在判断具体行为人能否预见时，必须要结合行为人的具体能力、水平及行为时的客观环境具体判断。如果一般人能够预见，但行为人因其特殊情况或者存在特殊条件确实无法预见的，就应当判定行为人不应当预见到危害结果；如果一般人不能够预见，而行为人具有高于一般人的预见能力或者具有特殊条件能够预见到的，则可以判定其具有预见义务，不过这种肯定结论的作出要特别慎重。

相较而言，折中说更具合理性，受到了多数学者的支持，也被实践所采。

2.行为人由于疏忽大意没有预见到自己的行为可能发生危害社会的结果

没有预见到，是指行为人在实施行为的当时没有想到自己的行为可能发生危害社会的结果，这种对危害结果的无认识状态，是疏忽大意过失心理的基本特征和重要内容。疏忽大意造成的对危害结果的无认识状态，并不是因为行为人的预见能力的欠缺造成的，而是有能力预见但是因为行为人马马虎虎、粗心大意而没有预见，表明了行为人对自己应履行的预见义务的懈怠心理，因而是值得谴责的。

【案例9-3-01】因乙移情别恋，甲将硫酸倒入水杯带到学校欲报复乙。课间，甲、乙激烈争吵，甲欲以硫酸泼乙，但情急之下未能拧开杯盖，后甲因追乙离开教室。丙到教室，误将甲的水杯当作自己的杯子，拧开杯盖时硫酸淋洒一身，灼成重伤。本案中，甲自备硫酸，后又将硫酸带入班级暴露在公共场所，为此甲应当预见危险物品放置课桌可能导致的危害结果，却因疏忽大意而没有对危险物品妥善保管从而导致了危害结果的发生，对丙的重伤结果具有疏忽大意的过失。

（二）过于自信的过失

过于自信的过失，又称之为有认识的过失，是指行为人已经预见到自己的行为可能发生危害社会的结果，但轻信能够避免，以致发生这种结果的心理态度。它有两个方面特征。

1.行为人已经预见到自己的行为可能发生危害社会的结果

这是过于自信的过失成立的前提。过于自信的过失的行为人对危害结果发生的预见可分为两种情况：一是认识到了自己行为发生危害社会结果的抽象危险，即行为人根据常识或经验已经认识到了自己的行为可能产生危害结果，只是这种预见比较抽象，尚未具体化到特定的犯罪样态。二是认识到自己的行为可能发生危害社会结果的具体危险，即行为人在实施某种行为时，已经预见到危害结果的具体形式，并指向特定的对象。

2.行为人轻信能够避免但未能避免，以致发生了危害结果

所谓“轻信能够避免”，一般包含三方面的意思：第一，行为人相信危害结果不会发生，即对危害结果的发生，行为人是持否定态度的。第二，相信能够避免危害结果的发生有一定的实际根据，如行为人的熟练的技巧或较强的体力、对客观环境或自然规律的熟悉等。第三，相信能够避免危害结果的发生的根据并不可靠，过高地估计了能够避免危害结果发生的根据，以至于最终还是发生了危害结果，故叫作过于自信的过失。

【案例9-3-02】甲见楼下没人，将家中一块木板扔下，不料砸死躲在楼下玩耍的小孩乙。本案中，甲将木板从楼上扔下，应当预见到楼下有人可能突然出现，甲对此有预见义务，但其却基于疏忽大意没有预见到，或者已经预见到但由于过于自信轻信能够避免，未尽到妥善的注意义务（没有仔细检查楼下到底是否有人，在扔下木板之前未大声告知有坠物），导致砸死人，甲成立过失犯罪，而非意外事件。

三、过于自信的过失与间接故意的关系

（一）过于自信的过失与间接故意的联系

二者在认识因素上对危害结果的发生均有认识，在意志因素上对危害结果的发生均持非希望的态度，所以二者较难分辨。

（二）过于自信的过失与间接故意的区别

1.对危害结果的认识程度不同

过于自信的过失的行为人仅仅是预见到危害结果的可能发生，认识程度相对较低；间接故意的行为人则是明知危害结果的现实可能发生，认识程度相对较高。过于自信的过失是预料到行为可能导致危害结果，但由于过于自信，而采取的措施不够或未采取措施。

2.对危害结果发生所持的心理态度不同

过于自信的过失，其危害结果的发生是违背行为人本意的；间接故意，其危害结果的发生并不违背行为人的本意。间接故意是放任危害结果发生，结果的发生符合行为人的意志，间接故意的行为人是为了实现其他意图而实施行为，主观上根本不考虑是否可以避免危害结果发生，客观上也没有采取措施避免危害结果。而过于自信的过失的行为人之所以实施其行为，是因为考虑到可以避免危害结果的发生。从法律用语来看，间接故意是“明知”危害结果可能发生，而过于自信的过失是“预见”危害结果可能发生。

3.承担的刑事责任轻重不同

过于自信的过失构成的犯罪，行为人在主观上恶性较小，因而处罚也相应较轻；间接故意构成的犯罪，行为人在主观上的恶性较大，因而其处罚也相应较重。

【案例9-3-03】汽车修理工搞恶作剧，将高压气泵塞入同事肛门充气，致其肠道、内脏严重破损。作为一个汽车修理工，根据其职业经验，应当知道高压气泵的威力，但其将高压气泵塞入同事肛门，对于可能会给同事造成重伤损害是有清晰明确的认识的，所以其行为已经超出了过失犯罪范围，至少是一种间接故意。

四、无罪过事件

我国《刑法》第16条规定："行为在客观上虽然造成了损害结果，但是不是出于故意或者过失，而是由于不能抗拒或者不能预见的原因所引起的，不是犯罪。"这是我国关于意外事件与不可抗力的法律规定。

（一）意外事件

所谓"意外事件"，是指行为在客观上虽然造成了损害结果，但不是出于故意或者过失，而是由于不能预见的原因实现了危害后果的情形。一般而言，意外事件具有三个特征：第一，行为人的行为在客观上造成了损害结果。第二，行为人主观上没有故意或者过失。第三，损害结果由不能预见的原因所引起。这其中，影响意外事件判定的关键点在于如何理解"不能预见"，这也是意外事件与疏忽大意的过失的重要区别之所在。不能预见，是指当时行为人对其行为发生损害结果不但没有预见，而且根据其实际能力和当时的具体条件，行为人于行为时也根本无法预见。虽然同疏忽大意的过失一样，行为人对危害结果的发生持排斥、反对态度，但在疏忽大意的过失中，行为人是具有预见可能性而没有预见，而在意外事件中，行为人是不具有预见可能性而没有预见。因此，有无预见可能性是意外事件与疏忽大意的过失的本质区别所在。以殴打特殊体质的人致其死亡的事件为例：行为人与被害人素不相识，某日在同一家餐厅吃饭时发生了口角，在争吵过程中行为人推打了被害人一下，结果被害人顿觉身体不适而突然倒地身亡。经鉴定，由于被害人是冠心病患者，因外力作用而致急性心力衰竭死亡。在本案中，行为人只实施了轻微的推打行为，仅有一般的殴打故意而无伤害故意，因此不能认定为故意伤害罪。又由于行为人与被害人素不相识，一般人都无法预见到被害人有冠心病，行为人没有高于一般人的能力，所以行为人也无法预见到，因此，行为人对于被害人的死亡结果不具有过失，而应认定为意外事件。但如果行为人与被害人熟识，知道其患有冠心病的事实，则应肯定其具有预见能力，能够成立过失犯罪。

【案例9-3-04】甲、乙是马戏团演员，甲表演飞刀精准，从未出错。某日甲表演时，乙突然移动身体位置，飞刀掷进乙胸部致其死亡。本案中，由于甲飞刀精准，从未出错，而且乙事前并未出现异常的迹象，甲可以信赖其不会擅自移动。因此对于乙突然移动身体位置的行为，甲完全不具有预见可能性。那么甲的飞刀掷进乙胸部致其死亡就属于意外事件。

（二）不可抗力

所谓“不可抗力”，是指行为在客观上虽然造成了损害结果，但不是出于行为人的故意或者过失，而是由于不能抗拒的原因所引起的。不可抗力具有三个特征：第一，行为人的行为客观上造成了损害结果，与人无关的自然灾害等不属于刑法上的不可抗力。第二，行为人主观上没有故意或者过失。第三，损害结果由不能抗拒的力量所引起。“不能抗拒”包括两层含义：在认识因素上，行为人已经认识到自己的行为可能发生危害社会的结果；在意志因素上，行为人排斥、反对危害结果的发生，但是受主客观条件的限制，行为人不可能排除或防止危害结果的发生。例如，行为人被人从楼上推下，虽然在下坠的过程中行为人已经看见地面上有人，但是无法控制自己身体砸向被害人而致被害人重伤。在这种情况下，行为人对于自己身体砸伤被害人是具有认识的，但是却无法避免和抗拒这种结果，这就是不可抗力的情形。

不可抗力和意外事件的共同之处在于：第一，行为人都对危害结果的发生持反对态度。第二，主观上都没有故意或者过失。二者的区别在于认识因素上，不可抗力中的行为人已经认识到自己的行为会发生危害社会的结果；而意外事件中的行为人没有认识到自己的行为会发生危害社会的结果。

刑法之所以规定意外事件和不可抗力不构成犯罪，是因为我国刑法坚持主客观相统一的定罪原则。即使行为人在客观上造成了危害结果，但如果主观上不具有故意或者过失，则缺乏主观归责的根据，基于责任主义的要求不能认定为犯罪。

第四节　犯罪目的和犯罪动机

对某些犯罪而言，在主观方面除了具备犯罪故意或者犯罪过失的心理态度之外，还需要特定的目的才能构成犯罪。为了准确定罪量刑，有时尚需查明犯罪动机。

一、犯罪目的和犯罪动机的概念

一般来讲，动机是推动行为人去追求某种目的的内心起因或者内在动力；目的则是行为人在一定的动机推动下希望通过实施某种行为来达到某种结果的心理态度。刑法意义的目的与动机与此不完全等同。

（一）犯罪目的的概念

犯罪目的，是指犯罪人希望通过自己所实施的犯罪行为达到某种危害社会的结果的心理态度。通常而言，犯罪目的一般只存在于直接故意犯罪中。可见，行为人对某种危害结果所持的希望、追求的心理，实际上就是犯罪目的的内容。刑法对绝大多数直接故意犯罪没有规定犯罪目的，道理就在于此。但是对有的犯罪，刑法对其主观目的还是作了明文规定的，例如，《刑法》第175条规定的高利转贷罪中的“以转贷牟利为目的”，《刑法》第363条规定的制作、复制、出版、贩卖、传播淫秽物品牟利罪中的“以牟利为目的”。

在学理上，根据犯罪目的与实行行为的关系，可以将犯罪目的分为两种类型：一类是只要实施了实行行为就可实现的目的。例如故意杀人罪，行为人只要实施杀人行为即可实现杀人的目的。又如在盗窃罪中，只要实施盗窃行为即可实现非法占有财产的目的。另一类是在实施了实行行为之外还需要实施其他行为才能实现的目的。例如在拐卖妇女儿童罪中，行为人仅实施控制、支配妇女或者儿童的行为尚不能实现其拐卖的目的，还需要另外实施出卖的行为才能实现拐卖的目的。大陆法系刑法理论一般将前者称为直接目的犯（亦称断绝的结果犯），将后者称为间接目的犯（亦称短缩的二行为犯）。直接目的犯的特点是，行为人的实行行为即可直接实现其目的。而间接目的犯的特点是，需要有实行行为以外的其他行为的实施才能实现其目的，但是犯罪的既遂并不以其他行为的实施为必要条件，行为人只要以特定目的实施实行行为即可构成犯罪既遂；与此同时，如果行为人不具有特定目的即使实施实行行为也不成立犯罪（或者成立其他犯罪）。概言之，间接目的犯的既遂与否的判断，以实行行为的结果发生与否为标准。

有时相同的行为因犯罪目的不同而构成不同的犯罪。根据我国刑法的规定，偷盗婴幼儿的行为即可因主观目的的不同而构成不同的犯罪：以出卖为目的，成立拐卖儿童罪；以勒索钱财为目的，成立绑架罪；以自己收养或他人收养为目的的，成立拐骗儿童罪。

（二）犯罪动机的概念

犯罪动机，是指刺激犯罪人实施犯罪行为以达到犯罪目的的内在冲动或者内心起因。在极少数的情况下，犯罪动机是犯罪构成的责任要素，此时犯罪动机影响犯罪的成立。例如，有无“徇私”的动机会影响徇私枉法罪的成立，有无“贪生怕死”的动机会影响投降罪的成立。在大多数情形中，犯罪动机不是犯罪构成的责任要素，不影响犯罪的成立，但具有表征犯罪人的人身危险性的意义，因而会对量刑产生影响。例如，对于同样的盗窃行为，为贪图享乐的盗窃动机显然比为重病母亲看病的盗窃动机更具有可谴责性。

二、犯罪目的与犯罪动机的关系

（一）犯罪目的与犯罪动机的联系

（1）二者都是犯罪人实施犯罪行为过程中的主观心理活动，都反映了犯罪人的主观恶性及其行为的社会危害性。

（2）犯罪目的以犯罪动机为前提和基础，它源于犯罪的动机，是犯罪动机的延伸和发展，而犯罪动机对犯罪目的的形成又具有促进作用，犯罪目的是犯罪动机进一步发展的结果。

（3）二者有时表现为直接的联系，即它们所反映的行为人的需要是一致的，如出于贪财图利的动机所实施的以非法占有为目的的财产犯罪。

（二）犯罪目的与犯罪动机的区别

（1）二者形成的时间先后不同。犯罪动机是促使犯罪人实施犯罪行为以达到犯罪目的的内心起因或内心冲动，它产生于犯罪目的之前；犯罪目的是犯罪人通过实施某种犯罪行为所希望达到的结果，它形成于犯罪动机之后。

（2）同一种犯罪的目的相同，而犯罪动机则可能有所不同，如同是故意杀人罪，有的是出于报复而杀人，有的是出于谋财而害命。

（3）一种犯罪动机可以导致几种不同的犯罪目的，如出于同一种报复的动机可以实施盗窃罪与故意杀人罪。所以，犯罪动机与犯罪目的在某些情况下反映的需要并不一致。

（4）犯罪目的与犯罪动机在定罪量刑中的作用不同，前者偏重于影响定罪，后者偏重于影响量刑。

第五节　刑法中的认识错误

刑法中的认识错误，是指行为人对自己的行为在法律上的意义或者对有关客观事实存在的不正确认识。行为人的认识错误对犯罪的成立有何影响，特别是认识错误对犯罪故意的成立有何影响，是认识错误理论要研究的核心问题。根据行为人认识错误产生的原因不同，刑法理论上通常将其分为两种情况。

一、行为人对法律的认识错误

行为人对法律的认识错误，是指行为人在有意识地实施某种行为时，对自己行为的法律性质或意义有不正确的认识。通常包括以下三种情况：

一是误认无罪为有罪，即假想犯罪，是指行为本来在刑法上不构成犯罪，但是行为人误认为构成犯罪。这种情形又被称为幻觉犯。由于刑法定罪量刑的根据是刑法条文的规定，而行为人的误认不会影响法律对行为性质的定性，因此，幻觉犯不构成犯罪。

【案例9-5-01】甲误以为买卖黄金的行为构成非法经营罪，仍买卖黄金，但事实上该行为不违反刑法。本案中，行为人甲的行为依照法律并不构成犯罪，行为人误认为有罪，此时并未违反刑法规定，仍为无罪。因此，甲不构成犯罪。

二是误认有罪为无罪，即假想无罪，是指行为被刑法规定为犯罪，但是行为人误认为不构成犯罪。对于这种情形，一般根据“不知法不免责”的原则处理，只将行为人的认识错误作为量刑情节考虑。但作为例外，如果行为人完全不具有正确认识的可能性，或者说行为人的认识错误不可避免时，不宜将行为人的行为认定为犯罪。一般认为，以下特殊情形的认识错误是不可避免的：①某种行为原本并未被法律所禁止，但是后来被国家以特别法的形式规定为犯罪，在该法律刚实施之际，行为人确实不知道其行为已被新法律所禁止，而仍然认为是合法的。②虽然对某种行为的合法性产生疑问，但因信赖主管机关或者司法机关的答复而误认为不违法的，该认识错误属于不可避免的错误。③当上位法与下位法发生矛盾时，行为人因信赖下位法而违背上位法的，该认识错误属于不可避免的错误。

【案例 9-5-02】农民甲醉酒在道路上驾驶拖拉机，其认为拖拉机不属于《刑法》第 133 条之一规定的机动车。本案中，甲错误地认为“拖拉机”不属于危险驾驶罪中的“机动车”，是典型的将有罪误认为无罪的法律认识错误。

三是对定罪量刑的误认，即行为人已经认识到自己的行为构成犯罪，但是对构成何罪以及会被处以怎样的刑罚存在认识错误。行为人的此类认识错误既不会影响定罪也不会影响量刑，因为司法机关只能根据案件事实与刑法规定确定罪名、罪数及具体的刑罚。

【案例 9-5-03】甲误以为自己盗窃枪支的行为仅成立盗窃罪，于是盗窃了枪支。本案中，成立盗窃枪支罪的故意，仅要求行为人对于盗窃特定对象即枪支存在认识与意欲即可，满足此一要件即可认定具备盗窃枪支的故意，成立盗窃枪支罪。至于行为人对罪名、量刑、罪数等存在认识错误不影响定罪量刑。

二、行为人对事实的认识错误

行为人对事实的认识错误，是指行为人对与自己行为有关的事实情况所产生的不正确的认识。对属于犯罪构成要件方面的事实情况认识错误影响行为人的刑事责任，对属于构成要件以外的事实情况认识错误不影响行为人的刑事责任。对事实的认识错误分为具体的事实认识错误与抽象的事实认识错误。

（一）具体的事实认识错误

具体的事实认识错误，也称具体的事实错误，是指行为人认识的事实与实际发生的事实虽然不一致，但没有超出同一犯罪构成的范围，即行为人只是在某个犯罪构成的范围内发生了对事实的认识错误，因而也称为同一犯罪构成内的错误。具体的事实认识错误主要包括对象错误、打击错误与因果关系错误。

对于具体的事实认识错误，主要存在具体符合说与法定符合说的争论。法定符合说重视法益的性质，不重视法益主体的区别。而具体符合说认为，行为人所认识的事实与实际发生的事实具体地相一致时，才成立故意的既遂犯。

1. 对象错误

误认甲对象为乙对象，两者体现的合法权益相同。例如行为人甲欲杀死 A，结果误将B认作A，向B开枪导致其死亡。对此，根据法定符合说，被害人具体是谁并不重要，因为他们都是《刑法》第232条规定的故意杀人罪中的“人”，甲成立故意杀人罪既遂。根据纯粹的具体符合说，甲对A成立故意杀人罪未遂，对B成立过失致人死亡罪。显然，这种结论是不合理的，所以现在已经没有人主张这种意义上的“具体符合”。实际上，当前持具体符合说的学者也是在构成要件符合的层面上讨论问题的。他们认为，这种对象错误并不重要，不会影响犯罪故意的成立。因为在行为当时，行为人想杀的是“那个人”，并且事实上杀的也是“那个人”，将张三误认为李四的这种认识错误，并不影响对“他人”这个构成要件要素的一致性认识。因此，即使根据具体符合说，对象错误不阻却故意。

【案例9-5-04】甲与乙因情生仇。一日黄昏，甲持锄头路过乙家院子，见乙妻正在院内与一男子说话，以为是乙举锄就打，对方重伤倒地后遂发现是乙的哥哥。甲心想，打伤乙的哥哥也算解恨。本案中，甲误将乙的哥哥当作乙来伤害，主观上出现了辨认偏差，产生了认识错误，所以是对象错误。同时，甲欲加害的乙和客观受害的乙的哥哥都是人，其身体健康权都应受法律保护，所以属于同一犯罪构成内的对象错误。对此问题的处理，法定符合说认为刑法规定故意伤害罪是为了保护人的身体健康，而不只是保护特定某个人的身体健康，因此，只要行为人主观上想伤害人，客观上也伤害了人，那么就符合了故意伤害罪的构成要件，成立故意伤害罪既遂。

2.打击错误

通说认为，打击错误（也称方法错误），是指由于行为本身的误差，导致行为人所欲攻击的对象与实际受害的对象不一致，但这种不一致没有超出同一犯罪构成。例如，甲射击乙，因没有瞄准而击中了丙，导致丙死亡。对于打击错误能否阻却行为人的故意，具体符合说与法定符合说存在较大分歧。

具体符合说认为，由于客观事实与行为人的主观认识没有形成具体的符合，所以上例中，甲对乙承担杀人未遂的责任，对丙则承担过失致人死亡的责任，属于想象竞合犯，从一重罪论处。具体符合说重视法益主体区别，要求故意的认识内容包括对具体的法益主体的认识。而之所以具体符合说认为对象错误不阻却故意，打击错误阻却故意，是因为在对象错误的场合，行为人想杀的是“那个人”，事实上也杀了“那个人”，主观与客观具体地符合了，从而能够肯定行为人对枪杀的“那个人”具有杀人的故意。而在打击错误的场合，行为人对于实际被枪杀的人，并没有杀人的故意。法定符合说则认为，打击错误不能阻却故意，上例中行为人的行为成立故意杀人罪既遂。可见，法定符合说更重视对法益的保护，而具体符合说则更重视对行为人责任的具体认定。

【案例9-5-05】甲、乙共同对丙实施严重伤害行为时，甲误打中乙致乙重伤，丙乘机逃走。本案中，甲本欲同乙一起攻击丙，结果因手段失误打中了乙，属于典型的打击错误情形。根据具体符合说，甲只有伤害丙的故意而无伤害乙的故意，甲所认识的事实与实际发生的事实不能具体地一致，因而不能成立故意犯罪既遂。但如果按照法定符合说，在认定故意时法益主体即被害人的不同并不重要，只要行为人甲形成了伤害动机，无论最后行为具体伤害的是谁，都不影响故意伤害罪的成立。

打击错误与对象错误的相同点在于，都是预期的侵害对象与实际的侵害对象不一致。二者之间的区别在于，打击错误产生于行为偏差，认识错误发生在行为着手以后；而对象错误产生于辨认偏差，认识错误发生在行为着手以前。

【案例9-5-06】甲在乙骑摩托车必经的偏僻路段精心设置路障，欲让乙摔死。丙得知甲的杀人计划后，诱骗仇人丁骑车经过该路段，丁果真摔死。本案中，按照着手实行的实质客观危险理论，只有在法益面临紧迫危险时才是着手，因此甲设置路障的行为还仅仅是预备，当被害人即将掉入甲设置的陷阱时才是杀人的着手。据此，甲在杀人着手之前便已经就目标对象与攻击对象的同一性产生了错误认识，属于对象错误。在对象错误的场合，无论是具体符合说还是法定符合说都认为成立故意犯罪既遂。

另有观点认为，方法错误是指行为人对自己所使用的手段是否会发生危害结果存在不正确的认识。包括三种情况：一是行为人所使用的手段本来会发生危害结果，但行为人误认为不会发生危害结果。例如行为人错把毒药当作药品给病人服用，结果造成病人死亡。在此种情况下，如果行为人有正确认识的可能性，则成立过失犯罪；如果完全没有正确认识的可能性，则不成立犯罪。二是本想使用会产生危害结果的手段，但由于认识错误却使用了不会发生危害结果的手段。例如，行为人意图毒死被害人，但误将白糖当作砒霜而未成功。在此种情况下，行为对工具的错误认识不影响犯罪故意的成立，但客观上未造成他人伤亡的结果，因此按故意杀人未遂处理。三是行为人因愚昧而使用的手段不可能导致危害结果发生，但行为人误认为可以导致危害结果发生，例如迷信犯。由于这种情况下，行为人意图使用的危害方法并不具有任何社会危害性，在任何情形下都不会发生危害社会的结果，因此，此种行为不构成犯罪。

3.因果关系的认识错误

因果关系的认识错误，是指行为人对自己危害社会的行为与危害结果之间的因果联系产生的不正确认识。侵害的对象没有错误，但造成侵害的因果关系的发展过程与行为人所预想的发展过程不一致，以及侵害结果推后或者提前发生的情况。

（1）因果内容的错误。一是实际结果小于行为人预想的结果，如行为人意图杀人，实际上只造成他人伤害，该错误不影响行为人的故意心理，但只负未遂责任。二是实际结果大于行为人预想的结果，如行为人意图伤害他人，结果却造成他人死亡，该错误不影响行为人原有的故意心理，但对实际发生的超出故意范围的结果要排除故意，只应负过失责任，如故意伤害致人死亡。

（2）因果联系的错误。如行为人误认为犯罪结果是由自己的行为引起的，实际上是由行为人以外的其他原因引起的。如甲开枪击中乙，甲以为乙已死即逃走，甲次日得知乙已死亡，以为是自己打死的，实际上是乙在苏醒后爬到一公路上被汽车压死的，甲对乙死亡的结果只应负故意杀人未遂的责任。

（3）因果进程的错误。行为人对因果内容明白无误，而对因果关系的进程却产生了歪曲的反映。分为三种情况：一是行为人的危害行为虽然导致了预期的结果，但是导致结果发生的实际过程与行为人预想的情况不同。例如，甲欲淹死乙，推乙于河中，结果乙并非被水淹死，而是撞到河中的石头而死亡。行为与结果之间的因果关系，不是故意的独立认识内容；因果关系发展的具体样态，则更不是故意的认识内容。指向同一结果的因果关系发展的错误，在客观构成要件的评价上并不重要，因为既然行为人具有实现同一结果的故意，现实所发生的结果与行为人所实施的行为也具有因果关系，就必须肯定行为人对现实所产生的结果具有故意。因此，因果关系的错误并不阻却故意的成立，是客观的因果关系认定问题，在这种场合，应肯定第一行为与结果之间的因果关系，而且现实所发生的结果与行为人意欲实现的结果完全一致，因此行为人仍应负故意杀人既遂的责任。二是结果的提前实现。这是指行为人原本打算通过第二个行为导致结果发生，但实际上第一个行为已经导致结果发生。例如，行为人打算让行为人吃安眠药熟睡后将其勒死，结果被害人因服用过量的安眠药而死亡。对于这种情形，应以犯罪既遂论处。三是结果的推迟发生，这种情况又称为事前故意。如前所述，在事前故意中，行为人主观意图实施的犯罪与实际实施的犯罪罪名相同，并未超出同一个犯罪构成，因此是具体的事实认识错误，而非抽象的事实认识错误，能够肯定行为人的犯罪故意。

【案例9-5-07】甲冒充电器厂家工作人员意欲骗取王某家的电视，甲敲门后王某的保姆乙开门，甲误以为乙便是屋主，告知乙以旧换新，乙以为甲是和雇主王某商量好上门取电视的，因此同意甲将价值一万元的电视搬走，甲顺利骗走彩电。本案中，甲对自己行为与结果之间因果发展进程的认识和实际的因果流程不相符合，甲主观预想的是两者间的诈骗，但客观实际发生的是三者间的诈骗，但无论如何都是诈骗行为，甲成立诈骗罪既遂。

（二）抽象的事实认识错误

抽象的事实认识错误，也称抽象的事实错误，是指行为人所认识的事实与现实所发生的事实，分别属于不同的犯罪构成，也称不同犯罪构成间的错误。抽象的事实认识错误不包括因果关系的错误，只包括对象错误和打击错误两种情况。

1.对象错误

行为人误把甲对象当做乙对象加以侵害，而甲、乙对象分属不同的犯罪构成。可以说，具体的事实认识错误中的对象错误属于同类对象错误，而抽象的事实认识错误中的对象错误属于异类对象错误。例如，行为人意欲盗窃财物，结果误把枪支当做一般财物盗回。由于行为人并无盗窃枪支的故意，因此不构成盗窃枪支罪。

2.打击错误

由于行为本身的误差，导致行为人所欲攻击的对象与实际受害的对象不一致，而且超出了同一犯罪构成。例如，甲欲射击乙，由于没有瞄准，将乙身边的贵重文物损毁了。

对抽象的事实错误的处理，存在抽象符合说与法定符合说的争论。抽象符合说认为，在行为人所认识的构成要件事实与现实发生的构成要件事实相一致的限度内，成立故意犯的既遂。此种学说不承认犯罪类型相互之间质的区别，超越构成要件的重合而将故意抽象化。根据该说，在行为人以较轻的甲罪的故意引起了较重的乙罪的结果的场合，至少应当在较轻的甲罪范围内成立故意犯罪的既遂；相反地，在以较重的甲罪的故意引起了较轻的乙罪的结果的场合，应当在较轻的乙罪的范围内成立故意犯罪的既遂。由于抽象符合说完全不顾轻罪与重罪之间的区别，强行认定对于轻罪的故意，忽视了罪责原则划定的责任界限，因此被批判违背了责任主义的原则。而法定符合说认为，抽象的事实认识错误也应当在罪责范围内，按照构成要件或犯罪性质来确定故意。不同犯罪构成间的错误，原则上阻却故意的成立或仅成立故意犯罪未遂。但如果犯罪是同质的，那么在重合的限度内，成立轻罪的故意犯罪既遂。

【案例9-5-08】甲故意举枪射击仇人乙，但因为没有瞄准，将乙的名车毁坏。本案中，甲想射杀仇人乙但因未瞄准将乙的名车毁坏，属于打击错误（也称方法错误），根据法定符合说，甲构成故意杀人罪未遂。

思考题

1. 如何判断行为人是否应该具有预见能力？
2. 如何处理事实认识错误？
3. 具体符合说与法定符合说的区别何在？

推荐书目

1. 贾宇：《犯罪故意研究》，商务印书馆2020年版。
2. 姜伟：《罪过形式论》，北京大学出版社2008年版。
3. 刘明祥：《刑法中错误论》，中国检察出版社2004年版。
4. 林亚刚：《犯罪过失研究》，武汉大学出版社2000年版。

第十章　正当行为

正当行为是指客观上造成一定的损害结果，形式上符合某些犯罪的构成要件，但实质上不具备刑事违法性，因而不负刑事责任的行为。

关于这种行为，各国刑法规定的类型不尽相同，主要有正当防卫和紧急避险两种，有的国家刑法还将执行命令和履行职务的行为规定为正当行为。我国刑法只规定了两种，即正当防卫和紧急避险，刑法理论界还研究了其他一些正当行为，如职务行为、自救行为等。

第一节　正当防卫

正当防卫是法律赋予公民的一项合法权利。虽然在客观上，正当防卫可能会给不法侵害者造成一定程度的损害，也有个人行使司法权的嫌疑，但这种行为主观上不具有危害社会的内容，而是为了保护社会的权益，因而尽管造成一定的损害，也不能作为犯罪处理，当然不负刑事责任。我国正当防卫的面比较宽，目的就是为了鼓励公民在公权无法救济或者来不及救济的场合，为保护合法权益同违法犯罪行为作斗争，以避免合法权益遭受损失。同世界大多数国家通过刑法明确正当防卫权利一样，我国刑法也对正当防卫作了专门规定。

一、正当防卫的概念

正当防卫，是指为了使国家、公共利益、本人或他人的人身、财产或其他权利免受正在进行的不法侵害，而对不法侵害者实施的制止不法侵害，造成不法侵害者损害的行为。

1997年《刑法》中的正当防卫规定，是在1979年《刑法》第17条的基础上修改完善而形成的。1997年《刑法》第20条与1979年《刑法》第17条[①]相比，存在以下主要变化：第一，增加了保护国家利益的内容，并在正当防卫的概念中增加了对不法侵害人造成损害的内容。第二，放宽了防卫限度条件。将“超过必要限度”改为了“明显超过必要限度”，防卫行为只要不是明显超过必要限度造成重大损害的，不负刑事责任。第三，增加了特殊防卫的规定。对于一些严重危及人身安全的暴力犯罪，防卫人拥有无限防卫权，防卫行为造成不法侵害人伤亡的，不属于防卫过当，从而保障了公民正当防卫的权利。总体上来看，1997年《刑法》明显放宽了正当防卫的限度要求，从立法上加大了对公民防卫权的保障。

1997年《刑法》施行以来，司法机关总体上能够正确把握正当防卫制度的适用，但是仍然在个别案件中存在把握过严甚至严重失当的问题。于是，为依法准确适用正当防卫制度，维护公民的正当防卫权利，鼓励见义勇为，弘扬社会正气，把社会主义核心价值观融入刑事司法工作，2020年8月28日，最高人民法院、最高人民检察院、公安部联合发布了《关于依法适用正当防卫制度的指导意见》（以下简称《指导意见》）。这是首次以司法解释的形式对正当防卫制度作出了较为全面且系统的规定，对于完善正当防卫制度的适用具有重要意义。以下主要结合《刑法》第20条以及《指导意见》的规定，具体阐释我国的正当防卫制度。

二、正当防卫的条件

正当防卫是法律赋予公民的一项权利，但和其他权利一样，这项权利的行使是有条件的，因为如果这项权利行使不当，就会造成一些不应有的损害。这项权利的滥用，必定会带来社会秩序的混乱，造成无辜的损害，因此我国刑法的规定中已体现出正当防卫要受到一定的限制。根据《刑法》第20条的规定，正当防卫权的行使需要满足以下条件。

（一）起因条件——存在不法侵害

这是实施正当防卫的前提条件，没有不法侵害，绝对不允许实施防卫。同样，对于合法行为，也不能进行防卫。

1.不法侵害行为既包括违法行为也包括犯罪行为

不法侵害人的责任能力是否影响正当防卫？对此理论界观点不一。有人认为不法侵害仅指犯罪行为，有人认为包括违法行为。从我国《刑法》第20条的规定

①1979年《刑法》第17条对正当防卫规定为：“为了使公共利益、本人或者他人的人身和其他权利免受正在进行的不法侵害，而采取的正当防卫行为，不负刑事责任。正当防卫超过必要限度造成不应有的危害的，应当负刑事责任；但是应当酌情减轻或者免除处罚。”

来看，第1款使用的是“不法侵害”的表述，而第3款则使用的是“暴力犯罪”的表述，这一用语的区别说明不法侵害不应该只限于犯罪行为。因此，通说认为，不法行为既可以是违法行为也可以是犯罪行为，不管侵害行为是出于故意还是过失，也不管侵害行为是作为还是不作为。《指导意见》对此也加以了明确：“不法侵害既包括侵犯生命、健康权利的行为，也包括侵犯人身自由、公私财产等权利的行为；既包括犯罪行为，也包括违法行为。不应将不法侵害不当限缩为暴力侵害或者犯罪行为。对于非法限制他人人身自由、非法侵入他人住宅等不法侵害，可以实行防卫。不法侵害既包括针对本人的不法侵害，也包括危害国家、公共利益或者针对他人的不法侵害。对于正在进行的拉拽方向盘、殴打司机等妨害安全驾驶、危害公共安全的违法犯罪行为，可以实行防卫。成年人对于未成年人正在实施的针对其他未成年人的不法侵害，应当劝阻、制止；劝阻、制止无效的，可以实行防卫。”

对无刑事责任能力人或者限制刑事责任能力人的侵害行为能否实施正当防卫？对此问题，有主观说和客观说两种。①主观说认为，行为是否不法，不仅仅就行为本身认定，而应当根据行为人的主观情况来认定，即客观上必须危害社会，主观上亦需要有责任意思，且行为人有责任能力，才能认定为“不法”。②客观说认为不法是指客观上危害社会并且违法的行为，不以行为人是否具备刑事责任能力和责任意思为要件。客观说是刑法的通说。本书认为，无刑事责任能力人或者限制刑事责任能力人的侵害行为虽不能称为违法侵害，但毕竟是不合法的行为。且在绝大多数情况下，防卫人对侵害人的责任能力状况不可能有准确的认识，将无刑事责任能力人或者限制刑事责任能力人排除在正当防卫的对象之外，不利于对合法权益进行有效的保护，因此对无刑事责任能力人或者限制刑事责任能力人的侵害原则上应当允许实行正当防卫，但是应当有所限制。这一观点得到了《指导意见》的支持。该司法解释明确规定：“明知侵害人是无刑事责任能力人或者限制刑事责任能力人的，应当尽量使用其他方式避免或者制止侵害；没有其他方式可以避免、制止不法侵害，或者不法侵害严重危及人身安全的，可以进行反击。”

2. 只有对“紧迫”的不法侵害行为才可以实施正当防卫

“紧迫”意指侵害现实存在或直接面临，侵害既可以是现实侵害，也可以是存在侵害的危险。对不具有紧迫性的侵害行为，可以通过揭发、控告等方式使其受到查处，而无需通过正当防卫的方式加以解决。如丙发现邻居刘某（女）正在家中卖淫，即将刘家价值6000元的防盗门砸坏，阻止其卖淫，丙的行为不成立正当防卫。而之所以要求不法侵害是“紧迫”的，这是因为，正当防卫权作为一项公民的私力救济权利，只有在紧急情况下得不到或者来不及请求国家救济时才能使用。否则，如果允许任何情形下都可以通过私力解决，整个社会就会处于一种混乱和无序之中。

3.不法侵害行为必须是真实的、客观的，而不是主观臆想、推测的侵害

如果侵害行为并不存在，但防卫人认为存在，并对这种“侵害行为”进行了防卫，是假想防卫。假想的防卫有以下几个特点：一是客观上不存在不法侵害，行为人基于对事实的认识错误而误认为存在。二是行为人主观上有防卫意图，认为自己是对不法侵害人实行防卫。防卫意图不仅是正当防卫的成立要件，而且也是假想防卫的成立要件。三是在客观上实施了所谓的“防卫行为”侵害到了他人合法权利，因而具有社会危害性。对于假想防卫，如果行为人是基于过失而发生了误认，那么其假想防卫行为构成过失犯罪；如果行为人对于真实情况完全无认识的可能性，因在主观上无罪过，其假想防卫造成的损害属于意外事件，行为人不负刑事责任。

【案例10-1-01】1999年4月某日晚，村民王某某一家三口入睡后被不明声响吵醒，王某某起床发现有正从窗户玻璃缺口处伸进手开门闩，王某某即用拳头打那人的手一下，该人急抽回手逃跑。王某某遂与其妻一起，锁上门后去向村干部和镇派出所报警。当王某某与其妻报警后急忙返回自家院内时，发现自家窗前处有两个人影，王某误以为是刚才的歹徒，又见二人向其走来，疑为要袭击他，随即用手中的尖刀刺向走在前面的齐某某胸部，致齐某某失血性休克当场死亡。另一人见状赶紧说“我们是到你家串门的邻居何某、齐某某”。王某某闻声停住，方知出错。本案中，王某某因夜晚发现有人欲非法侵入其住宅即向当地村干部和公安机关报警，当其返回自家院内时，看见齐某某等人在窗前，即误认为系不法侵害者，又见二人向其走来，疑为要袭击他，疑惧中即实施了“防卫”行为，致他人死亡。属于在对事实认识错误的情况下实施的假想防卫。又由于王某某也有条件进一步核实对方身份，但他由于反击心切，对此应当预见因疏忽大意而没有预见，其行为符合过失致人死亡罪的犯罪构成要件。

（二）主观条件——具有防卫的意图，即防卫行为是为了保护合法权益免受不法侵害

根据我国《刑法》第20条的规定，公民必须是“为了使国家、公共利益、本人或者他人的人身、财产和其他权利免受正在进行的不法侵害”，才能实行正当防

卫。由此可见，正当防卫的成立须具备防卫意图。所谓“防卫意图”，是指防卫人认识到不法侵害正在发生，为了保护合法权益而决意使用防卫手段以制止不法侵害的心理状态，它包括防卫认识和防卫意志。防卫认识，是指防卫人认识到不法侵害正在进行；防卫意志，是指防卫人出于保护国家、公共利益、本人或者他人的人身、财产和其他权利免受正在进行的不法侵害的目的。因此，实施正当防卫的人必须是为了维护合法权益免受不法侵害，侵害者的行为是非法的，不受法律保护的，防卫者是为了保护合法权益，否则不能实施正当防卫。如果双方都是合法的，或双方都是非法的，都不能实施正当防卫。

防卫挑拨、相互斗殴和偶然防卫均不属于正当防卫，不受法律保护。

（1）防卫挑拨。所谓“防卫挑拨”，是指行为人本有加害对方的意图，有意挑逗对方实施侵害行为，然后借口遭到不法侵害，实施加害对方的行为。可见，防卫挑拨人是为了侵害被挑拨人，而意欲借“防卫”之名加害对方的行为，主观上不具有正当防卫所需的防卫意图，因此不能认定为正当防卫。但如果防卫挑拨人已经完全停止了侵害，结束了其不法侵害行为，而被挑拨人仍然企图对防卫挑拨人实施严重侵害行为的，应当承认防卫挑拨人享有防卫权。

（2）相互斗殴。所谓“相互斗殴”，是指双方以侵害对方的意图相互攻击的行为。互殴行为中因为斗殴双方都有加害对方的意图，并且积极实施了加害对方的侵害行为，并不具有正当防卫要求的合法目的，因此斗殴双方均不能主张正当防卫的权利。同防卫挑拨一样，如果互殴的一方已经停止了侵害，主动求饶或者逃跑离开，而另一方仍然继续实施侵害行为，在这种情形下，应当承认退出斗殴的一方享有防卫权。需要指出的是，由双方互殴转变为一方自动放弃斗殴或主动退出斗殴现场，应该具有彻底性，并表现出明显的阶段性，而不包括互殴双方打斗中的此消彼长、强弱转换的情形。

【案例 10-1-02】甲乙两家有仇。某晚，两拨人在歌厅发生斗殴，甲、乙恰巧在场并各属一方。打斗中乙持刀砍伤甲小臂，甲用木棒击中乙头部，致乙死亡。本案中，甲、乙双方的打斗行为属于典型的互殴行为。在相互斗殴的场合，由于双方都有加害对方的侵害故意，并且实施了侵害行为，所以双方都欠缺防卫意识，不能视为正当防卫。当然，如果一方已经停止斗殴，对方仍然继续实施，或者在一般轻微斗殴中，一方突然使用严重危及生命的暴力，此时可以进行正当防卫。

在司法实践中，尤其要注意区分正当防卫行为与相互斗殴行为。《指导意见》

明确规定："防卫行为与相互斗殴具有外观上的相似性，准确区分两者要坚持主客观相统一原则，通过综合考量案发起因、对冲突升级是否有过错、是否使用或者准备使用凶器、是否采用明显不相当的暴力、是否纠集他人参与打斗等客观情节，准确判断行为人的主观意图和行为性质。"对于常见的因琐事发生争执而引发打斗的情形，"对于有过错的一方先动手且手段明显过激，或者一方先动手，在对方努力避免冲突的情况下仍继续侵害的，还击一方的行为一般应当认定为防卫行为"。在冲突结束后一方又实施不法侵害的，"对方还击，包括使用工具还击的，一般应当认定为防卫行为。不能仅因行为人事先进行防卫准备，就影响对其防卫意图的认定"。

（3）偶然防卫。所谓"偶然防卫"，是指行为人出于侵害他人的意图实施了加害行为，但其行为在客观上起到了防卫的效果。例如，甲开枪打死了仇人乙，事后才发现事发时乙正用枪瞄准丙，准备杀害丙。在此种情形下，甲的枪杀行为客观上就起到了保护丙的生命权的防卫效果，但甲并没有防卫的意图，这属于偶然防卫的典型情形。对于偶然防卫是否成立正当防卫的问题，存在防卫意图必要说与防卫意图不要说的激烈争议。防卫意图必要说认为，成立正当化事由需要主观的正当化要素，因此需要防卫人具有防卫意图。而防卫意图不要说不承认主观的正当化要素，因而认为偶然防卫仍然是正当防卫。我国《刑法》第20条对防卫意图作出了要求，法学界也都比较支持防卫意图必要说。

【案例10-1-03】甲、乙合谋杀害丙，计划由甲对丙实施砍杀，乙持枪埋伏于远方暗处，若丙逃跑则伺机射杀。案发时，丙不知道乙的存在。为防止甲的不法侵害，丙开枪射杀甲，子弹与甲擦肩而过，击中远处的乙，致乙死亡。本案中，由于甲与乙预谋共同通过分工协作的形式杀害丙，对于丙来说，乙是正在不法攻击自己的不法侵害人，而丙在防卫甲时误中了乙，符合丙对乙正当防卫的客观前提条件（正在进行的不法侵害），因而属于偶然防卫。对于偶然防卫，根据防卫意图不要说，丙不具有防卫意图也能成立正当防卫；而根据防卫意图必要说，成立正当化事由需要主观的正当化要素存在，丙无防卫意图则不成立正当防卫。

（三）时间条件——只能对正在进行的不法侵害实施正当防卫

所谓"正在进行"，是指已经开始尚未结束的不法侵害。正当防卫必须是针对正在进行的不法侵害。对于不法侵害已经形成现实、紧迫危险的，应当认定为不法侵害已经开始；对于不法侵害虽然暂时中断或者被暂时制止，但不法侵害人仍有继续实施侵害的现实可能性的，应当认定为不法侵害仍在进行。如果不法侵害尚未开始，法益尚未受到威胁，没有必要使用防卫手段；不法侵害已经开始，才使法益处于紧迫的危险之中，才有必要使用防卫手段保护法益免受侵害；不法侵害已经结束，行为人完全可以寻求其他的法律救济途径，就不再允许行为人使用防卫手段。

1. 关于不法侵害的开始

理论界关于不法侵害的开始主要有四种观点：①“着手说”认为，不法侵害已经着手实行，就认为不法侵害已经开始；②“进入现场说”认为，只要不法侵害者进入侵害现场，侵害的危险即已存在，不法侵害行为已经开始；③“临近说”认为，对某些危险性较大的侵害行为，在其预备行为临近转入着手实施时刻，就应认为不法侵害已经开始；④“综合说”认为，一般应以不法侵害着手实施为不法侵害的开始，但在不法侵害的现实威胁已十分明显，不实行正当防卫就会立即发生危害社会的结果时，也应认为不法侵害已经开始。上述学说各有道理，但“综合说”较为合理，因为不法侵害行为多种多样，因此也很难有统一的标准，“综合说”注意到了这一点，相对来说较为科学。

行为人为防御未来的不法侵害而设置防卫装置的，能否认定为正当防卫？这需要分情况讨论。如果该防卫装置是对正在进行的不法侵害发挥作用，由于这些防卫装置是在不法侵害发生时才实现防卫效果，所以只要未超过必要限度的，均应认定为正当防卫。而如果该防卫措施侵犯到了无辜者利益或者超出防卫限度，则不能认定为正当防卫，安装者应承担相应的法律责任。

2. 关于不法侵害的结束

不法侵害的结束有如下几种情况：①侵害者自动中止不法侵害，侵害归于消灭。即侵害者自动放弃了侵害行为或自动有效地防止了危害结果的发生，此时表明不法侵害已经结束，不能进行正当防卫。②不法侵害者已被制服或已经丧失了继续侵害的能力。此时不法侵害已不能继续进行，危险已经消失，不法侵害已经结束。③侵害行为已经实施完毕，危害结果已经发生。不法侵害人已将侵害行为实行终了，也没有继续侵害的意图，侵害行为已经过去。

在财产性违法犯罪情况下，行为虽然已经既遂，但在现场还来得及挽回损失的，应当认为不法侵害尚未结束，可以实行正当防卫。换言之，被当场发现并同时受到追捕的财产性违法犯罪的侵害行为，一直延续到不法侵害人将其所取得的财物藏匿至安全场所为止；在此过程中，追捕者可以使用强力将财物取回。

【案例 10-1-04】如陈某抢劫出租车司机甲，用匕首刺甲一刀，强行抢走财物后下车逃跑。甲发动汽车追赶，在陈某往前跑了40米处将其撞成重伤并夺回财物。甲的行为性质可认定为正当防卫。因为本案陈某实施的是财产性犯罪，在这种犯罪中，虽然抢劫罪已经既遂，但行为人尚未完全离开现场，被害人完全来得及挽回损失，应当认为不法侵害尚未结束，可以实行正当防卫。

判断不法侵害是已经开始还是结束时，应当立足于防卫人在防卫时所处情境，按照社会公众的一般认知，依法作出合乎情理的判断，不能苛求防卫人。正当防卫必须针对正在发生的不法侵害，否则属于防卫不适时。防卫不适时有两种情况：一是事前防卫，二是事后防卫。防卫不适时构成犯罪的，应当负刑事责任。制服不法侵害人，不法侵害结束后，又对其实施加害行为的，可成立故意犯罪。

【案例 10-1-05】张某的次子乙，平时经常因琐事滋事生非，无端打骂张某，一日，乙与其妻发生争吵，张某过来劝说，乙转而辱骂张某并将其踢倒在地，并掏出身上的水果刀欲刺张某，张某起身逃跑，乙随后紧追，张某的长子甲见状，随手从门口拿起扁担朝乙的颈部打了一下，将乙打昏在地上，张某顺手拿起地上的石头转身回来朝乙的头部猛砸数下，致乙死亡。在本案中由于甲的行为针对的是正在发生的不法侵害，属于正当防卫，而张某的行为则是在乙的不法侵害已经结束的情况下实施的，构成故意杀人罪。

（四）对象条件——正当防卫只能针对不法侵害者本人实施

正当防卫的目的是为了制止不法侵害，这就决定了正当防卫只能针对不法侵害者本人实施，而不能及于其他人。对不法侵害行为实施正当防卫，既可以针对不法侵害人的人身实施防卫，例如捆绑不法侵害人；也可以针对不法侵害人的财产，例如通过毁坏不法侵害人的作案工具而使其丧失侵害能力。

对于多人共同实施不法侵害的，既可以针对直接实施不法侵害的人进行防卫，也可以针对在现场共同实施不法侵害的人进行防卫，如果部分不法侵害人已被制服，但其他不法侵害人仍在继续实施不法侵害的，仍然可以正当防卫。

对动物的侵袭能否进行正当防卫？对此问题不能一概而论，如果是动物被饲主唆使侵害他人的，其侵害属于不法侵害，此时当然可以进行正当防卫；若是动物对人的自发侵害，不是不法侵害，谈不上防卫问题。

【案例 10-1-06】2014 年 9 月某日，郭某某在某工地生活区院内，因工资问题与他人发生纠纷并被人用啤酒瓶砸伤头部，后郭某某持工地内消防箱将劝架的刘某头部砸伤，经鉴定，刘某为重伤二级，郭某某为轻微伤。本案中，由于被害人刘某是劝架人而非不法侵害人，所以郭某某的反击行为并不是针对正在进行的不法侵害者本人，其行为不符合正当防卫的条件，不能构成正当防卫。

（五）限度条件——正当防卫不能明显超过必要限度且造成重大损害

正当防卫是法律赋予公民的一项权利，但在行使这项权利时要把握一定的“度”，即不能明显超过必要限度，且造成重大损害。如果明显超过了必要的“度”，且造成重大损害，则成为防卫过当。对正当防卫的必要限度，理论界存在观点分歧。①必需说。这种观点认为制止不法侵害必需有一定的强度，即使防卫强度或后果超过了侵害的强度和后果，只要是为了制止不法侵害，也不能认为超过必要的限度。②基本适应说。这种观点认为应将防卫行为和侵害行为进行比较，二者在方式、强度和后果等方面应当基本相适应，不能有太大的悬殊，否则即为超过必要的限度。③相当说。这种观点认为应将前两种学说结合起来，必要限度原则上以制止不法侵害所必需为标准，但同时要求防卫行为与侵害行为在手段、强度等方面不存在过分悬殊，这种学说是当前的通说。

我国的正当防卫限度为：行为不能明显超过必要限度且造成重大损害。可以将此概括为“行为适度”和“结果适度”：

（1）“行为适度”，指足以制止不法侵害、保护合法权益所需要的强烈程度。根据《指导意见》的规定，判断防卫是否“明显超过必要限度”，“应当综合不法侵害的性质、手段、强度、危害程度和防卫的时机、手段、强度、损害后果等情节，考虑双方力量对比，立足防卫人防卫时所处情境，结合社会公众的一般认知作出判断。在判断不法侵害的危害程度时，不仅要考虑已经造成的损害，还要考虑造成进一步损害的紧迫危险性和现实可能性。不应当苛求防卫人必须采取与不法侵害基本相当的反击方式和强度。通过综合考量，对于防卫行为与不法侵害相差悬殊、明显过激的，应当认定防卫明显超过必要限度”。据此，明显能用较缓和的手段制止不法侵害的，不允许使用激烈的手段，更不允许为保护微小的利益采用激烈的防卫手段。例如，小偷偷自行车后骑车逃跑，被害人紧追不上就开枪射击，这不能认为是适度的防卫。如果不法侵害系因行为人的重大过错引发，行为人在可以使用其他手段避免侵害的情况下，仍故意使用足以致人重伤或者死亡的方式还击的，不应认定为防卫行为。

还要注意的是，《刑法》第20条第2款中使用的是“明显超过必要限度”的表述，这意味着，即使防卫行为超过必要限度但只要未明显超过必要限度，就仍符合正当防卫的限度条件。“明显”的意义是“显而易见”，很容易让人判断是否超过必要限度。

（2）“结果适度”，是指没有造成重大损害。根据《指导意见》的规定，“造成重大损害”是指造成不法侵害人重伤、死亡。造成轻伤及以下损害的，不属于重大损害。防卫行为虽然明显超过必要限度但没有造成重大损害的，不应认定为防卫过当。例如，甲外出时在自己的住宅内安放了防卫装置。某日晚，乙撬门侵入甲的住宅后，被防卫装置击为轻伤。本案中，甲为保护自己的住宅而在住宅内设置防卫装置，对不法侵害人乙正在进行的盗窃行为进行了制止，造成乙轻伤，甲的这种行为未明显超过必要限度且未造成重大损害，因此，应认定其行为属于正当防卫。

【案例10-1-07】2016年2月某日，杨某伟因口角纠纷与彭某某发生冲突，彭某某遂纠集黄某、熊某某、王某持铁镐上门教训杨某伟，在彭某某出手击打杨某伟面部一拳后，杨某伟即持事先准备的单刃尖刀刺向彭某某的胸、腹部，黄某、熊某某、王某见状持铁镐冲过去对杨某伟进行围殴，彭某某从熊某某处夺过铁镐对杨某伟进行殴打，双方打斗至杨某伟家门外的马路边。彭某某等四人持铁镐围殴杨某伟，致其头部流血倒地。住在附近的杨某平见兄弟杨某伟被打倒在地，便从家中取来一把双刃尖刀去营救，朝彭某某的胸部捅刺。后彭某某受伤逃离，杨某平持刀追撵并将刀扔向彭某某未中，该刀掉落在地。黄某、熊某某、王某持铁镐追打杨某平，杨某平捡起该刀边退边还击，杨某伟亦持随身携带的一把折叠刀参与还击。随后黄某、熊某某、王某逃离现场。经法医鉴定，彭某某身有七处刀伤，且其系被他人以单刃锐器刺伤胸腹部造成胃破裂、肝破裂、血气胸致急性失血性休克死亡。另杨某伟、黄某、熊某某均受轻微伤。本案中，彭某某空手击打杨某伟面部，杨某伟此时并非面临严重的不法侵害，却持刀捅刺彭某某胸、腹部等要害部位，杨某伟的防卫行为明显超过必要限度。杨某伟的防卫行为亦并非制止彭某某空手击打的不法侵害所必需，从损害后果看，杨某伟的刀刺行为是致彭某某死亡的主要原因，杨某伟的防卫行为明显超过必要限度造成重大损害，属于防卫过当，构成故意伤害致人死亡罪。而杨某平并非主动参与打斗，而是在双方力量悬殊的情况下为了营救其兄弟杨某伟而反击彭某某一伙人。由于双方力量悬殊且情况紧急，杨某平的行刺行为并未超过防卫的限度条件，其行为系正当防卫，不负刑事责任。

还需要思考的是，如果防卫人实施了正当防卫行为导致不法侵害人重伤，由于防卫人没有及时抢救而造成了不法侵害人死亡的结果，在这种情况下能否认为防卫行为超出了结果限度？对于这一问题，如果认为后面的不救助行为可以与前面的防卫行为分割开来独立评价，且承认防卫行为可以成为先行行为的话，则会认为在这种情况下防卫行为超出了结果限度，防卫人应对不法侵害人死亡结果负责。但这种观点是存在问题的。首先，前面的防卫行为与后面的不救助行为应作为一体行为评价，而不能割裂开来分别评价。因为前后两个行为无论是时间上、空间上还是因果流程上，都是紧密联系的，只有将其进行一体化评价，才能得出不法侵害人的死亡结果是由防卫行为所导致的，如果完全割裂开来评价，则会认为后面的不救助行为是纯粹的不作为犯罪，连防卫过当的性质都不具备，这显然是不当的。其次，即使将两个行为割裂开来分别评价，也应将死亡结果归属于前面的防卫行为。这是因为，死亡结果的发生表面上是防卫人的不救助行为造成的，但事实上，不法侵害人的死亡危险是由防卫人前面的防卫行为所创设的，如果前行为并未创设这一危险，单纯的不救助行为不会引发死亡结果，并且防卫人不救助行为这一介入因素并不异常，死亡危险按照防卫行为所创设的正常因果流程变成死亡现实。由此可见，死亡结果的发生与前面的防卫行为存在因果关系，应将死亡结果归属于前面的防卫行为，由于前一防卫行为是正当防卫，防卫人对于正当防卫造成的损害结果不负刑事责任。

【案例10-1-08】甲深夜盗窃5万元财物，在离现场1千米的偏僻路段遇到乙。乙见甲形迹可疑，紧拽住甲，要甲给5000元才能走，否则就报警。甲见无法脱身，顺手一拳打中乙左眼，致其眼部受到轻伤，甲乘机离去。本案中，甲尽管是盗窃犯，被害人或者公民以及警察等为了保护被害人的财产权利可以对甲实施抓捕，但是乙是基于不法意图想从甲手中取得被害人财产，其紧拽住甲索要钱财的行为同时具有敲诈勒索和非法拘禁的性质，符合防卫的客观前提要件——存在正在进行的不法侵害。而甲本人也认识到其被乙不法攻击，也认识到乙并非因为自己实施盗窃而追捕自己，因此也具备了主观的正当化要素——防卫意识。同时，甲为了防卫自己的人身与财产权利，仅仅造成乙的轻伤后果，没有超出必要的防卫限度，应认定为正当防卫。

三、防卫过当及其刑事责任

防卫过当是指防卫明显超过必要限度，且造成重大损害的行为。防卫过当行为已经不是正当防卫而是转化成了犯罪行为，对这种行为要追究其刑事责任，但考虑到防卫人是在特定的情境下作出的行为，具有区别于一般犯罪行为的特征：一是前提的正当性，即防卫过当行为是为制止正在进行的不法侵害而实施的；二是行为的二重性，防卫过当行为既具防卫性又具犯罪性；三是行为与结果的过当性，即过当的行为导致了过当结果。所以针对防卫过当行为具有的特殊性，《刑法》第20条第2款规定："正当防卫明显超过必要限度造成重大损害的，应当负刑事责任，但是应当减轻或者免除处罚。"根据《指导意见》的规定，在确定防卫过当行为的刑事责任时，"要综合考虑案件情况，特别是不法侵害人的过错程度、不法侵害的严重程度以及防卫人面对不法侵害的恐慌、紧张等心理，确保刑罚裁量适当、公正。对于因侵害人实施严重贬损他人人格尊严、严重违反伦理道德的不法侵害，或者多次、长期实施不法侵害所引发的防卫过当行为，在量刑时应当充分考虑，以确保案件处理既经得起法律检验，又符合社会公平正义观念"。

需要注意的是，防卫过当本身不是罪名，不能定为防卫过当罪。对于防卫过当的刑事责任的认定，需要援引《刑法》第20条第2款的规定和刑法分则的有关罪名的规定。司法实务中，防卫过当行为通常涉及的罪名主要有故意杀人罪、故意伤害罪、过失致人死亡罪、过失致人重伤罪和故意毁坏财物罪等。

【案例10-1-09】朱某山之女朱某与齐某系夫妻，朱某于2016年1月提起离婚诉讼并与齐某分居，朱某带女儿与朱某山夫妇同住。齐某不同意离婚，反复到朱某山家吵闹。5月8日齐某酒后驾车到朱某山家，欲从小门进入院子，未得逞后在大门外叫骂，并站在汽车引擎盖上摇晃、攀爬院子大门，在墙上用瓦片掷砸朱某山。朱某山从屋内拿出宰羊刀防备。随后齐某跳入院内徒手与朱某山撕扯。撕扯中，朱某山刺中齐某胸部一刀。朱某山见齐某受伤，把大门打开，并主动报警。齐某因急性大失血死亡。综合来看，朱某山的防卫行为，在防卫措施的强度上不具有必要性，在防卫结果与所保护的权利对比上也相差悬殊，应当认定为明显超过必要限度造成重大损害，属于防卫过当，依法应当负刑事责任，但是应当减轻或者免除处罚。

关于防卫过当的罪过形式，理论界有故意说、过失说、故意与过失并存说、间接故意说、过失和意外事件并存说、间接故意与过失并存说等观点。其中，占通说地位的是间接故意与过失并存说，否定防卫过当的罪过存在直接故意的形式。通说之所以否定防卫过当的行为人具有直接故意，是因为如果认定行为人是直接故意的话，就否定了该防卫过当行为的前提正当性，而且还必须承认行为人具有故意侵害的目的。但防卫过当的行为人仍具有防卫的目的，区别于一般的直接故意犯罪，因此，通说认为不存在直接故意的心理态度。但间接故意的心理态度是可以存在的，当防卫人明知自己的行为会造成防卫过当的结果时，仍然放任该结果的发生即构成间接故意。多数情形下，行为人的主观罪过为疏忽大意的过失，只有极少数情况下是过于自信的过失。

【案例10-1-10】甲对正在实施一般伤害的乙进行正当防卫，致乙重伤（仍在防卫限度之内）。乙已无侵害能力，求甲将其送往医院，但甲不理会而离去。乙因流血过多死亡。本案中，对于“明显超过必要限度造成重大损害”这一防卫过当标准的判断，应当是以防卫行为最终造成的损害后果为依据，而非防卫行为结束当时对于不法侵害者造成的损害为准，因此，对于防卫过当的结果判断还是应当围绕侵害人的死亡后果进行。由于乙进行的是一般的不法伤害，但甲的防卫行为最终却造成了乙死亡后果的发生。因此，应当认为是明显超过必要限度造成了重大损害，属于防卫过当。

四、特殊防卫权

《刑法》第20条第3款规定：“对正在进行行凶、杀人、抢劫、强奸、绑架及其他严重危及人身安全的暴力犯罪，采取防卫行为，造成不法侵害人伤亡的，不属于防卫过当，不负刑事责任。”本款规定表明，对于严重危害人身安全的暴力犯罪行为实施防卫的，不存在防卫过当，其要旨在于鼓励公民对严重危及人身安全的暴力犯罪勇敢地防卫，消除防卫人的顾虑。这是正当防卫在限度条件上的突破，但特殊防卫行为必须符合正当防卫的其他条件。依据《指导意见》的规定，理解特殊防卫权时需要注意以下几点。

（一）关于“行凶”的理解

《刑法》第20条第3款规定中的“行凶”不是具体罪名，而是指以暴力形式实施的能够造成他人重伤、死亡的故意伤害犯罪行为。下列行为应当认定为“行凶”：①使用致命性凶器，严重危及他人人身安全的；②未使用凶器或者未使用致命性凶器，但是根据不法侵害的人数、打击部位和力度等情况，确已严重危及他人人身安全的。虽然尚未造成实际损害，但已对人身安全造成严重、紧迫危险的，可以认定为“行凶”。

（二）关于“杀人、抢劫、强奸、绑架”的理解

《刑法》第20条第3款规定的“杀人、抢劫、强奸、绑架”，是指具体犯罪行为而不是具体罪名。在实施不法侵害过程中存在杀人、抢劫、强奸、绑架等严重危及人身安全的暴力犯罪行为的，如以暴力手段抢劫枪支、弹药、爆炸物或者以绑架手段拐卖妇女、儿童的，可以实行特殊防卫。有关行为没有严重危及人身安全的，应当适用一般防卫的法律规定。

（三）关于“其他严重危及人身安全的暴力犯罪”的理解

《刑法》第20条第3款规定的“其他严重危及人身安全的暴力犯罪”，应当是与杀人、抢劫、强奸、绑架行为相当，并具有致人重伤或者死亡的紧迫危险和现实可能的暴力犯罪。如以出卖为目的，使用暴力方法绑架妇女、儿童的行为，构成拐卖妇女、儿童罪，但由于其严重危及人身安全，应允许对其实施特殊防卫。再如武装叛乱、武装暴乱罪虽然属于危害国家安全罪，但也可能出现“严重危及人身安全”的情形，因而对其也能实行特殊防卫。

（四）关于特殊防卫与一般防卫的关系

特殊防卫行为造成侵害人重大伤害或者死亡的，不负刑事责任。但这并不意味着只有特殊防卫行为造成重大伤亡结果才不负刑事责任。在对《刑法》第20条第3款规定的暴力犯罪以外的其他不法侵害行为实施防卫时，也可能造成不法侵害人重大伤亡的结果，在这种情况下，虽然不符合特殊防卫的起因条件，但只要防卫行为没有明显超过必要限度造成重大损害，应该按《刑法》第20条第2款的规定认定为正当防卫，不负刑事责任。

【案例10-1-11】2014年3月某日晚，容某乙、周某某、容某甲和纪某某饮酒后，看到孙某某一人卸混凝土，便言语调戏孙某某。陈某某得知自己妻子被人调戏后，便生气地叫容某乙等人离开，但容某乙等人不予理会。此后，周某某摸了一下孙某某的大腿，陈某某遂与周某某等人发生争吵。周某某从工地上拿起一把铁铲，冲向陈某某，但被孙某某拦住，水泥工刘某甲也一同劝阻，周某某扔了铁铲空手冲向陈某某。孙某某在劝架时被周某某推倒在地，哭了起来，陈某某准备

上前去扶孙某某时，周某某、容某乙和纪某某先后冲过来对陈某某拳打脚踢，陈某某边退边用拳脚还击。接着，容某乙、纪某某从地上捡起钢管冲上去打陈某某，纪某某持钢管朝陈某某的头部打去。因陈某某头戴黄色安全帽，钢管顺势滑下打到陈某某的左上臂。在此过程中，陈某某半蹲着用左手护住孙某某，右手拿出随身携带的一把折叠式单刃小刀乱挥、乱捅，致容某乙、周某某、纪某某、刘某甲受伤。水泥工刘某乙闻讯拿着一把铲子和其他同事赶到现场，周某某、容某乙和纪某某见状便逃离现场，逃跑时还拿石头、酒瓶等物品对着陈某某砸过来。容某乙被陈某某持小刀捅伤后跑到工地的地下室里倒地，后因失血过多死亡。经鉴定，周某某的伤情属于轻伤二级；纪某某、刘某甲、陈某某的伤情均属于轻微伤。在本案中，容某乙、纪某某、周某某三人都喝了酒，气势汹汹，并持足以严重危及他人重大人身安全的凶器，容某乙等人持械击打陈某某的头部这一人体的重要部位，且打击力度大，可以认为陈某某正在遭受严重危及人身安全的暴力犯罪行为。而且，陈某某是半蹲着左手护住其妻孙某某、右手持小刀进行防卫的，这种姿势不是一种主动攻击的姿势，而是一种被动防御的姿势，且手持的是一把刀刃只有6厘米左右的小刀，只要对方不主动靠近攻击就不会被捅刺到。综上，应当认为陈某某的防卫行为属于特殊防卫，对其防卫行为造成不法侵害人伤亡的，不负刑事责任。

第二节　紧急避险

紧急避险是我国刑法明确规定的另一种正当行为。

一、紧急避险的含义

《刑法》第21条第1款规定："为了使国家、公共利益、本人或者他人的人身、财产和其他权利免受正在发生的危险，不得已采取的紧急避险行为，造成损害的，不负刑事责任。"据此，紧急避险指为了使国家、公共利益、本人或他人的人身、财产或其他权利免受正在发生的危险，不得已采取的损害较小的合法权益，保护较大的合法权益的行为。

紧急避险的意义在于，在特定条件下，当两种合法权益无法同时予以保全时，法律允许行为人牺牲较小的合法权益保护较大的合法权益。

二、紧急避险的条件

（一）起因条件——发生了紧急的危险

即出现了足以使合法权益遭受严重损害的危险情况，而且这种危险必须是客观存在的、是紧迫的，危险可能来源于自然灾害、动物的侵袭、人的行为以及疾病、饥饿等生理机能造成的危险等。危险必须是客观现实存在的，如果事实上并不存在危险，但行为人误认为有危险发生，因而实施所谓的“紧急避险”造成损害的，刑法理论上称为“假想避险”。假想避险不是紧急避险，应根据事实认识错误的原理处理，阻却行为人的犯罪故意，如果存在过失的则构成过失犯罪，无过失的则构成意外事件。

（二）主观条件——存在避险意图

即是为了使公共利益、本人或他人的合法权利免受正在发生的危险而实施避险行为的心理态度。法律不允许为保护非法利益采取避险行为。避险意图包括避险认识与避险意志两个方面：一是避险认识，是指行为人对正在发生的危险以及避险行为的认识，即认识到现实危险正在发生，而且也认识到只有实施紧急避险才能排除危险；二是避险意志，是指行为人是为保护国家、公共利益、本人或他人的生命、身体、自由、财产或其他合法权利免受损害的正当目的。

【案例 10-2-01】鱼塘边的工厂仓库着火，甲用水泵从乙的鱼塘抽水救火，致鱼塘中价值2万元的鱼苗死亡。仓库中价值2万元的商品因灭火及时未被烧毁。甲承认仓库边还有其他几家鱼塘，为报复才从乙的鱼塘抽水。本案中，甲对于鱼塘边工厂仓库着火具有清楚的认知，其用水泵从乙的鱼塘抽水救火表明有避险的意志。虽然甲具有破坏乙财产的报复动机，但报复动机不影响避险意图的认定，因此可以肯定甲的避险意图。

（三）时间条件——必须针对正在发生的危险

危险尚未开始或者危险已经结束，均不能实施紧急避险。如果仅有危险发生的可能性，危险是否会发生、何时会发生尚不确定，公民还可以采取其他手段防范危险的，不允许实施紧急避险。行为人在危险尚未开始或者危险已经结束的情况下实施所谓的避险行为的，刑法理论上称为“避险不适时”。对于避险不适时的行为，如果行为人对事实不存在认识错误的，可能会构成故意犯罪，如果行为人对事实存在认识错误，则可按事实认识错误处理。

（四）对象条件——避险行为针对的对象常常是第三人的合法权益

紧急避险是为了保全一个合法权益而不得不损害另一个合法权益。紧急避险与正当防卫都是紧急行为，不同之处在于，正当防卫是针对不法侵害的防卫行为，是一种“正对不正”的行为，而紧急避险是针对他人合法权益的避险行为，是一种“正对正”的行为。紧急避险之所以能够阻却违法，就是因为通过牺牲较小的合法利益保护了较大合法利益。

（五）限度条件——紧急避险不能超过必要限度且造成不应有的损害

避险行为所造成的损害必须小于所保护的权益，而不能大于或等于所保护的权益。如何权衡权益的大小呢？一般而言，生命法益大于身体法益，身体法益大于财产法益，同是财产法益的，比较财产价值的大小。

【案例 10-2-02】某公交车司机孙某驾驶公交车在正常拐弯时，突然发现前面不远处李某驾驶一辆出租车违章迎面驶来，眼看一场惨重的车祸就要发生，孙某眼疾手快，急忙转动方向盘，往右一拐，驶入人行道，车祸是避免了，却把在人行道上行走的郭某撞伤。孙某虽然致使郭某受伤，但由于其保全了更大的合法权益，所以其行为应认定为紧急避险。

【案例 10-2-03】2018 年 12 月 7 日晚，被告人陈某某为庆祝妻子生日，邀请朋友到住处吃晚饭，被告人陈某某喝了一杯多红酒。当日 23 时许，陈某某妻子欲上楼休息时突然倒地昏迷不醒，陈某某随即让女儿拨打 120 求救。120 回复附近没有急救车辆，要从别处调车，具体到达时间不能确定。陈某某得知后即驾驶小型轿车，将妻子送至医院抢救。后因与他人发生冲突，被当场查获。经检测，陈某某血液中检出乙醇成分，其含量为 223 mg 乙醇/100 ml 血液。本案中，陈某某认识到妻子正在面临生命危险，出于不得已而醉酒驾车送往医院。该醉酒驾驶行为在保护妻子生命法益的同时，也损害了抽象的公共安全。这就需要进行法益衡量。一般认为，抽象的公共安全在刑法中的地位相对低于自然人的生命权。一方面，虽然醉酒驾驶行为危害了公共安全，但该罪名法定刑设置为拘役，并处罚金。另一方面，妻子的生命权面临着比公共安全更加急迫、重大的危险。因此，陈某某不得已的情况下醉酒驾驶送妻子就医的行为，符合紧急避险的法益衡量原则。

（六）可行性条件——紧急避险只能在迫不得已的情况下才可实施

紧急避险会给无辜的第三者合法权益造成损害，因此刑法对紧急避险规定了特别严格的限制条件，即只能在迫不得已的情况下实施。所谓“迫不得已”，是指采取紧急避险是唯一的途径，此外别无选择，如果存在其他避险的方法，不允许采取牺牲合法权益的方式避险。所谓“别无选择”，既可能是客观上没有其他合理的避险方法，也可能是行为人在当时认识不到有其他合理的避险方法。如果客观上存在着合理的避险方法，但行为人当时未认识到也不可能认识到，而以损害第三者利益的方式实施避险行为，也应当认定为是在不得已的情况下实施的紧急避险。

（七）例外条件——紧急避险中关于避免本人危险的规定不适用于职务上、业务上负有特定责任的人

职务上、业务上负有特定责任的人负有排除危险，保护人民的职责，如果他们为了避免本人危险实施紧急避险，必然与他们所负有的职责相违背，因此《刑法》第21条第3款规定，紧急避险中关于避免本人危险的规定，不适用于职务上、业务上负有特定责任的人，不允许他们为避免本人的危险实施紧急避险。例如，执勤的人民警察在面临罪犯对自己进行侵害时，不能进行紧急避险，不允许通过牺牲别人的较小合法权益保全自己较大的合法权益。发生火灾时，消防队员不能为了避免火灾对本人的危险而采取紧急避险。

【案例10-2-04】甲遭乙追杀，情急之下夺过丙的摩托车骑上就跑，丙被摔骨折。乙开车继续追杀，甲为逃命飞身跳下疾驶的摩托车奔入树林，丙一万元的摩托车被毁。本案中，甲为了逃命将风险转移给第三方，致使无辜的他人身体受伤、财物受损，属于紧急避险。甲为了保全生命，牺牲他人的身体健康权、财产权，避险行为在法律许可的限度以内，不成立犯罪。

需要注意的是，行为人的紧急避险行为可构成先行行为，对于紧急避险行为所引起的危险具有作为的义务，如果行为人在紧急避险后能够消除危险而不消除，以致危害后果发生的，应当负刑事责任。

【案例10-2-05】位于江北区五宝镇段长江红花碛水域的“红花碛2号”航标船，标示出该处的水下深度和暗碛的概貌及船只航行的侧面界限，系国家交通部门为保障过往船只的航行安全而设置的交通设施。2003年7月28日16时许，王某某驾驶机动渔船行驶至该航标船附近时，见本村渔民王某等人从渔船上撒网致使

“网爬子”（浮于水面的网上浮标）挂住了固定该航标船的钢缆绳，即驾船前往帮助摘取。当王某某驾驶的渔船靠近航标船时，其渔船的螺旋桨被该航标船的钢缆绳缠住。王某某在其渔船具有翻沉危险时，为使渔船及本人摆脱困境，持刀砍钢缆绳未果，登上该航标船将钢缆绳解开后驾船驶离现场，致使脱离钢缆绳的“红花碛 2 号”航标船顺江漂流至下游两公里的锦滩回水沱。17 时许，重庆航道局木洞航标站接到群众报案后，巡查到漂流的航标船，并于当日 18 时许将航标船复位，造成直接经济损失人民币 1555.50 元。本案中，王某某是在渔船存在翻沉危险的情况下，才不得已解开航标船钢缆绳来保护其与他人人身及渔船财产，其解开航标船钢缆绳属于紧急避险。但在危险消除后，明知航标船漂离会造成船舶发生倾覆、毁坏危险，应采取相应积极救济措施消除危险状态，王某某能够履行该义务却未履行，属不作为，其行为构成了破坏交通设施罪，应负刑事责任。

三、避险过当及其刑事责任

避险过当指避险行为超过必要限度且造成不应有的损害。紧急避险的价值在于在迫不得已的情况下损害较小的合法权益保全较大的合法权益，如果避险行为造成的损害大于或等于保全的利益，避险就失去了意义，也失去了正当的根据，因此，避险过当的应当负刑事责任。但考虑到避险过当毕竟是在紧急避险的过程中发生的，为此，《刑法》第 21 条第 2 款规定：“紧急避险超过必要限度造成不应有的损害的，应当负刑事责任，但是应当减轻或者免除处罚。”避险过当不是独立的罪名，对避险过当的定罪，应当在确定其罪过形式的基础上，以其所触犯的刑法分则的有关条文定罪量刑。至于避险过当的主观罪过，同防卫过当一样，不可能是直接故意，而只能是过失或者间接故意，需要根据具体情况判断。

四、紧急避险与正当防卫的异同

（一）紧急避险与正当防卫的相同点

正当防卫和紧急避险都是为了保护国家、公共利益、本人或者他人的人身、财产和其他权利，都给他人的权益造成了一定的损害，都是刑法明文规定的正当行为。

（二）紧急避险与正当防卫的区别

正当防卫和紧急避险二者之间也存在明显的区别，紧急避险是两个合法权益之间的冲突，而正当防卫是合法权益与不法侵害之间的对抗，二者的区别具体表现在以下方面。

1.起因条件不同

紧急避险的起因条件，包括人的不法侵害、自然界的力量、动物的侵袭以及人的饥饿、疾病等各种各样的危险。而正当防卫的起因条件只限于人的不法侵害。

2.对象条件不同

紧急避险通常损害的是第三者的合法权益，通过牺牲较小的合法权益保护较大的合法权益。而正当防卫只能针对不法侵害者本人实施，不允许对无辜的第三者实施防卫行为。

3.限度条件不同

紧急避险的限度条件是“不能超过必要限度造成不应有的损害”，紧急避险所造成的损害一般只能小于所避免的损害，不能大于或者等于所避免的损害。而正当防卫的限度条件是“不能明显超过必要限度造成重大损害”，允许正当防卫所造成的损害等于或大于不法侵害行为可能造成的损害。

4.限制条件不同

紧急避险存在“不得已”的限制条件，只有当危险已经迫在眉睫且别无选择时才能实施，只要还有其他方法能够避免危险，就不能采取紧急避险措施。而正当防卫则无此限制，即使存在其他可替代的措施，只要符合正当防卫的条件，公民仍然可以进行正当防卫。

5.主体条件不同

紧急避险不适用于在职务上、业务上负有特定责任的人。正当防卫对防卫人无此限制条件，只要符合正当防卫的条件都可以防卫。

第三节 其他正当行为

除了刑法明文规定的正当防卫和紧急避险以外，理论界认为下列行为也可以作为正当行为。

一、依据法令的行为

依据法令的行为，指根据法律、法规、法令的规定，作为权利或义务实施的行为，如警察逮捕犯罪嫌疑人击毙逃犯的行为、公务员执行上级命令的行为、公民扭送现行犯罪人的行为等。由于法令行为是法律本身所允许和鼓励的合法行为，实施法令行为是特定机关和人员的权力与义务，因而其不是犯罪行为。尽管从形式上看某些依据法令实施的行为与某些犯罪行为的客观方面具有相似性，但由于其不具有社会危害性，因而属于排除犯罪性的行为，但是需要满足以下条件：第一，必须有明确的法律、法规、法令规定。第二，行为人行为时必须严格遵守法令规定，没有滥用权利。第三，行为人主观上须有依据法令行使权利的意图。

二、执行命令的行为

执行命令的行为，是指在国家法律认可的范围内，依据上级国家机关工作人员的命令而实施的行为，例如武警战士执行法院院长的命令而对死刑犯执行枪决的行为。执行命令的行为的正当化必须符合以下条件：执行的命令必须是上级国家机关工作人员发布的；执行的命令必须是上级国家机关工作人员依据职权发布的；执行的必须是上级国家机关工作人员依据法定程序发布的内容合法的命令；执行人依据自己的权限实施命令要求的行为。在执行形式合法内容不合法的命令时，则根据执行人主观上有无罪过进行判断。主观上无罪过的，由发布命令的上级承担责任，行为人有审查的义务，因没有认真履行审查义务而执行了内容不合法的命令的，应当根据执行人主观罪过的内容和客观情节，确定其相关责任。执行人明知上级命令具有犯罪的内容而予以执行的，则与下达命令者承担共同犯罪的责任。

三、正当业务行为

业务，指在社会生活中反复继续实施的工作，如医疗、新闻报道、体育竞技等。这些行为虽没有法律、法令的直接规定，但在社会生活中均被认为属于正当业务行为。如医生给病人开颅、截肢的行为只要符合医疗常规，即使存在失败的风险，也不认为是犯罪行为。同理，体育竞技中只要遵循竞技规则，即使给参赛对象造成伤害也不属于犯罪行为。通常认为，正当业务行为需要满足以下条件：行为人所从事的业务必须是合法的；行为人主观上必须具有执行业务的正当目的；行为人的行为没有超出业务范围；行为人的行为没有超出业务上的必要限度。

四、被害人承诺的行为

被害人承诺的行为符合一定的条件，便可以排除犯罪性。因为被害人既然不要求保护，刑法也就不必强行介入提供保护，损害被放弃的法益的行为，就不构成犯罪。但是并非所有经被害人承诺后实施的行为都排除犯罪性。只有符合下列条件时经过被害人承诺的行为才能排除犯罪的成立。

（1）承诺者对被侵害的法益具有处分权限，而且该处分权限有一定的限度，不得损害公共利益。如儿童赵某生活在贫困家庭，甲征得赵某父母的同意，将赵某卖至富贵人家，甲的行为虽然得到了赵某父母的有效承诺，并有利于儿童的成长，但由于赵某的父母不具有处分的权限，且损害了公共利益，故他们仍构成拐卖儿童罪。

【案例10-3-01】杨某组织贩卖人体器官，其与雷某约定以10万元的价格将雷某的肾脏移植给了他人。本案中，雷某没有处分自己肾脏的权限。刑法理论一向认为，对于生命、重大器官等被害人没有处分权限，其所作出的放弃生命、重大身体伤害承诺是无效的承诺。杨某基于贩卖人体器官而移植雷某的肾脏，雷某作出的承诺是无效的。

（2）承诺者必须对所承诺的事项的意义、范围具有理解能力。如果被害人对于所处分的法益本身并无认识错误，而只是对与法益处分无关的其他细节存在认识错误（如关于嫖资、报酬等的认识错误），则该认识错误不影响承诺的有效性。

【案例10-3-02】沈某误以为自己的爱马患了致命疾病，要求兽医对其进行安乐死。事后查明，市面上已经有了治疗该病的特效药。本案中，沈某对于事实细节的误认与对要处分的法益本身无关，即沈某对于自己要处分马匹这一法益是没有认识错误的，因此，沈某的承诺是有效的承诺。

（3）承诺必须出于被害人的真实意志。这里的“真实意志”是指，被害人作出的承诺符合自己的真实意愿，不是因他人的强暴、胁迫或强制而作出的，也不是因为他人的欺诈手段而导致被害人不得不承诺的。如果被害人因自己的过失导致作出的承诺与真实意愿不一致，外界又无从知晓，则只能按照被害人实际作出的意思表示作为判断其意志的根据。

【案例10-3-03】张某收到乡下邻居的短信，问可否将其乡下住宅的院墙拆除，张某本欲回复“不可以”，但漏打了“不”字，乡下邻居遂将院墙拆除。本案中，张某作出的承诺意思的客观表示效果虽然与其主观真实意思不一致，但是对于邻居来说，只能通过张某外在的客观表示作为自己行为是否能够被允许的根据，因此，应当认为，张某所作出的承诺仍然是有效的承诺。

（4）必须存在现实的承诺。一般认为，承诺的意思必须以语言、举动等方式向行为人表示出来。

（5）承诺至迟必须存在于结果发生时。如果行为人在实施侵犯被害人合法权益的行为时并未得到他人同意，而在事后获得同意或宽恕，不影响行为构成犯罪，但可能影响量刑。

（6）经承诺所实施的行为不得超出承诺的范围。如孙某为戒掉网瘾，让其妻子丙将其反锁在没有电脑的房间一星期，此例中孙某处分的是自己的法益，且没有超过范围，符合被害人承诺的要件，因而丙的行为不构成非法拘禁罪；但如果李某同意丁砍掉自己的一个小手指，而丁却砍掉了李某的大拇指，丁的行为成立故意伤害罪，原因在于李某虽然同意丁砍掉他的小手指，但是没有同意丁砍掉他的大拇指，丁的行为已经超过了承诺的范围，构成故意伤害罪。

虽然经被害人承诺的行为符合一定的条件可以排除其犯罪性，但经被害人承诺或同意结束他人生命的行为，被认为是不可接受的，不排除犯罪性。“安乐死”即属于此种情况。所谓“安乐死”，是指对于濒临死亡的且极其痛苦的患者，按照患者的意愿提早结束其生命的情形。对于安乐死能否作为排除犯罪性行为，世界各国做法不一。中国至今没有规定安乐死，立法者对安乐死一直持保守的态度。虽然有学者认为，安乐死符合现代社会对尊严的重视和需要，从社会发展的趋势来看，安乐死的非罪化符合社会发展的趋势，但目前为他人实施安乐死在法律上仍然属于故意杀人。

五、推定被害人承诺的行为

行为人虽然没有被害人的现实承诺，但为了救助权利人的利益，可以推定如果权利人知道行为时的具体情况，会当然做出承诺，从而基于这一推定而实施的行为。如屋主外出时住宅发生火灾，为了避免烧毁住宅内的贵重物品，邻居破门而入的情形。在推定权利人承诺的场合，同一权利人的不同利益之间发生冲突，为了保护权利人更大的利益而损害了其较小的利益，行为从整体上是有利于权利人的，因而是正当的。

推定被害人承诺的行为正当化必须符合下列条件：①被害人没有现实的承诺；②待处理的事项具有紧迫性；③以一般人的意志为标准，根据一般人的社会经验，推定被害人知道真相将会作出承诺；④为了被害人的一部分权益而牺牲其另外一部分权益，并且牺牲的权益不得大于所保护的权益；⑤针对被害人有处分权限的个人权益实施推定承诺的行为，且行为手段一般为社会观念所允许；⑥行为在客观上有利于被害人。

六、自救行为

自救行为，又称自助行为，是指被害人受到侵害后，若通过法律程序获得救济，该权利的恢复事实上已不可能或者面临显著困难时，个人依靠自己的力量救济权利的行为。如在盗窃犯即将损毁财物或逃往外地等场合，来不及通过司法机关挽回损失，被害人从盗窃犯手中夺回财物的行为即属于自救行为。再如甲发现乙开着自己丢失的汽车，即上前进行阻拦，甚至强行夺取汽车，这种情形不构成非法拘禁罪或抢夺罪。一般认为，构成自救行为需要满足以下条件：第一，前提条件：有不法侵害的状态存在且能够通过自救恢复被侵害的权利。第二，主观条件：欲通过自救使自己的合法权益得到恢复。第三，时间条件：必须在来不及请求法律救济的紧急情况下行使。第四，方法条件：私力救济的手段具有相当性。自救行为与正当防卫行为最大的区别在于：正当防卫针对的是正在发生的不法侵害，自救行为是在侵害行为或危险已经过去而被侵害状态存续的情况下实施的事后救济行为。

七、义务冲突

义务冲突，指存在两个不能兼顾的义务，履行其中一个义务而不能履行其他义务的情形。如律师为了维护当事人的利益，不得不泄露当事人的隐私。由于两者之间存在着义务冲突，履行一个义务就不能履行另一个义务，因此，此时尽管泄露了当事人的隐私仍然属于正当行为。义务冲突必须具备以下条件：第一，两个以上义务必然冲突。所谓“冲突”，是指履行一方的义务，必然导致不履行他方义务的事态。第二，引起冲突的责任不在于行为人。第三，必须根据现实情况，履行价值更高或者相同一方的义务。

思考题

1. 正当防卫应具备哪些条件？如何把握正当防卫和防卫过当的界限？

2. 紧急避险应具备哪些条件？如何把握紧急避险与避险过当的界限？

3. 正当防卫与紧急避险的区别何在？

4. 如何理解其他正当行为？

阅读书目

1. 陈璇：《正当防卫：理念、学说与制度适用》，中国检察出版社2020年版。
2. 陈兴良：《正当防卫论》，中国人民大学出版社2017年版。
3. 王骏：《超法规的正当化行为研究》，中国人民公安大学出版社2007年版。
4. 王政勋：《正当行为论》，法律出版社2000年版。

第十一章　故意犯罪的停止形态

第一节　故意犯罪停止形态概述

一、故意犯罪停止形态的概念

故意犯罪停止形态，是指故意犯罪在其产生、发展和完成的过程及阶段中，由于主客观原因而停止下来的各种犯罪状态。故意犯罪往往表现为一个过程，一般是：产生犯罪意图—形成犯罪决意—着手实行犯罪行为—完成犯罪。在这个发展过程中，行为人可能未在中途停止下来，完成了犯罪，形成犯罪既遂；也可能会受到一些主客观因素的影响，在发展过程中，犯罪完成之前即停止下来，而使犯罪呈现出不同的结局。根据故意犯罪停止时所处的阶段以及犯罪人的主观心理状态，可将犯罪未完成形态分为三种，即犯罪预备、犯罪未遂和犯罪中止。

研究故意犯罪的停止形态，有利于区分不同行为人的行为产生的社会危害程度，区分行为人的主观恶性和人身危险性，进而遵循主客观一致的原则对犯罪人作出恰当的刑事责任认定和处罚，贯彻罪责刑相适应原则。

二、故意犯罪停止形态的特征

总体上看，故意犯罪停止形态具有如下特征。

（一）故意犯罪停止形态只存在于部分直接故意犯罪当中

1.过失犯罪中不存在犯罪停止形态

犯罪停止形态之所以不存在过失犯罪当中，原因有如下几点：第一，在过失犯罪中，一般只有出现法定的危害结果时，犯罪才能成立。如过失致人死亡罪、过失致人重伤罪，要求出现被害人死亡或者重伤的结果才成立该罪。如果没有出现该结果，此种过失犯罪不能成立。因此，过失犯罪只存在成立与不成立两种情况，而不存在属于何种犯罪形态的问题。第二，过失犯罪中行为人的主观方面为疏忽大意的过失或者过于自信的过失，不存在预谋实施某种犯罪，或有意识地去为犯罪作准备或者着手实行特定犯罪活动，因而不可能存在犯罪预备、犯罪未遂和犯罪中止形态。

2. 部分直接故意犯罪中存在故意犯罪停止形态

这其中包含两层含义。

第一，间接故意犯罪中不存在犯罪的停止形态。首先，在间接故意犯罪中，行为人对危害结果发生与否持消极的放任态度，因而不存在为了追求某种犯罪结果的出现，而预谋并决意实施某种危害行为的心理态度，也就谈不上对完成特定犯罪的追求和追求的实现与否，因而，也就不存在犯罪预备、犯罪未遂、犯罪中止形态。其次，间接故意犯罪中由于行为人主观放任心理的支配，在客观上出现的此种状态或彼种结局都符合其放任心理，因而，间接故意犯罪中也就没有了犯罪未完成形态存在的空间。最后，间接故意犯罪中只有发生了法定危害结果才能构成犯罪，没有发生法定危害结果的也难以认定构成犯罪。综上所述，通说认为，间接故意犯罪中不存在犯罪未完成形态，因而也就失去了与未完成形态相对的犯罪完成形态即犯罪既遂存在的意义与可能。

第二，并非所有的直接故意犯罪都存在各种故意犯罪停止形态。意即，某些犯罪类型不存在某种或者全部的犯罪未完成形态，如举动犯，一经实施，即达到既遂，因而不存在犯罪未遂；情节犯，以“情节严重”“情节恶劣”作为犯罪成立条件，符合“情节严重”“情节恶劣”的即构成犯罪，不符合则不构成犯罪，因而也不存在犯罪未完成形态。如《刑法》第291条之二规定的高空抛物罪，“从建筑物或者其他高空抛掷物品，情节严重的，处一年以下有期徒刑、拘役或者管制，并处或者单处罚金”；《刑法》第293条之一规定的催收非法债务罪，“有下列情形之一，催收高利放贷等产生的非法债务，情节严重的，处三年以下有期徒刑、拘役或者管制，并处或者单处罚金：（一）使用暴力、胁迫方法的；（二）限制他人人身自由或者侵入他人住宅的；（三）恐吓、跟踪、骚扰他人的”。这些犯罪均以“情节严重”作为成立条件，不具备该条件的不构成犯罪，不存在犯罪未完成形态。

（二）故意犯罪停止形态只存在于犯罪过程中

故意犯罪过程从犯罪预备行为开始，以犯罪行为彻底完成为终点。在这个过程之外，所出现的某种状态，都不属于犯罪停止形态。如在犯罪预备行为发生前的犯意表示，即表达出自己准备实施犯罪的想法，后来由于种种原因，没有开始实施犯罪行为，不属于犯罪预备。在犯罪行为实施完毕，发生的归还原物、恢复原状行为也不属于犯罪停止形态。如放火烧毁别人房屋后又将房屋修复，盗窃后将财物放还原处的行为，均属于在犯罪既遂之后的悔罪表现，而不是犯罪未遂或者犯罪中止。

（三）故意犯罪停止形态是一种结局性的状态

结局性状态意味着，当特定犯罪行为呈现出某种犯罪形态后，就不会再继续发展下去。具体而言，某种行为呈现犯罪预备形态之后，就不可能再出现犯罪未遂或者犯罪中止形态；出现犯罪未遂形态之后，就不可能再有犯罪既遂、犯罪中止形态；出现犯罪既遂形态之后，即使犯罪人有悔罪表现，也不可能再有犯罪中止形态。

第二节　犯罪既遂形态

犯罪既遂是故意犯罪的完成形态，也是最为常见的犯罪形态。我国刑法中没有规定犯罪既遂的概念，理论界对犯罪既遂的概念认识存在分歧。

一、犯罪既遂的概念

理论界关于犯罪既遂概念的学说主要有法定结果说、目的得逞说、构成要件齐备说。

法定结果说认为，犯罪既遂是指犯罪实行之后，出现了法律规定的犯罪结果；目的得逞说认为，犯罪既遂是指犯罪实行后，出现了犯罪人所追求的危害结果，达到了犯罪人所追求的目的；构成要件齐备说认为，犯罪既遂是指犯罪行为实施后，具备了具体犯罪构成全部要件的情形。

法定结果说强调以法定结果的出现作为既遂的标准，对于某些犯罪是合理的，如故意杀人罪、故意伤害罪，但是并非刑法分则中所有犯罪的既遂均以结果为标志，如颠覆国家政权罪、分裂国家罪、强奸罪、侮辱罪、诽谤罪等就不是以危害结果的出现作为既遂的标志，因此，法定结果说关于犯罪既遂即为出现法律规定的危害结果的说法是不全面、不准确的。

目的得逞说将犯罪既遂理解为出现犯罪人所追求的危害结果，这种认识过于主观化，以此为犯罪既遂的标准必然导致犯罪既遂认定缺乏统一的客观标准。比如，犯罪人意图盗窃汽车，并将汽车卖掉后获利，但在盗窃汽车之后，即被抓获，按照目的得逞说，犯罪未达既遂，这明显有悖常理，因而缺乏科学性。

构成要件齐备说强调犯罪既遂以某种犯罪的构成要件全部要素齐备为标志，考虑了所有犯罪成立既遂标准的一致性，也考虑到各罪成立犯罪既遂标准的特殊性，能满足作为所有犯罪既遂标准的需要，因而是科学的，合理的。这是目前的通说。

以构成要件齐备说为标准，本书认为，犯罪既遂是指行为人实施了直接故意犯罪之后，具备了刑法分则规定的某一犯罪的全部构成要件要素的犯罪形态。

二、犯罪既遂的类型

根据我国刑法分则对具体犯罪构成要件的规定，犯罪既遂呈现出不同的样态，据此，我国刑法理论界认为犯罪既遂形态可以分为以下类型。

（一）结果犯

结果犯是指以法定结果的出现作为犯罪既遂标准的犯罪形态。一般而言，成立结果犯的既遂形态不仅要求行为人实施符合具体构成要件的行为，还要求发生符合法律规定的犯罪结果，该结果是犯罪行为对犯罪客体造成的物质性的、可以具体测量的损害事实。结果发生与否是犯罪既遂与其他犯罪形态区分的标志。如《刑法》第232条规定的故意杀人罪即为典型的结果犯，该罪的既遂形态不仅要求有故意杀人的行为，而且要求有被害人死亡的结果出现，否则不能成立故意杀人罪既遂。故意伤害罪、故意毁坏财物罪等都属于常见的结果犯。

【案例11-2-01】陈某趁珠宝柜台的售货员接待其他顾客时，伸手从柜台内拿出一个价值5000元的戒指，握在手中，然后继续在柜台边假装观看，几分钟后售货员发现少了一个戒指并怀疑陈某，便立即报告保安人员，陈某见状，速将戒指扔回柜台内后逃离。此例中，由于陈某事实上已经控制了该财物，属于犯罪既遂。

（二）行为犯

行为犯是指以法定危害行为的完成作为犯罪既遂标准的犯罪形态。行为犯不要求行为造成危害结果，犯罪行为完成后，即使没有造成损害结果，同样成立犯罪既遂。如《刑法》第316条规定的脱逃罪，只要脱逃行为完成（一般以逃出警戒线为限），即使没有脱逃成功，也已经构成犯罪既遂。但是需要注意的是，行为犯并非一经实施行为即构成既遂，而是需要行为实施完毕才构成犯罪既遂。投敌叛变罪、资助危害国家安全犯罪活动罪、绑架罪、强奸罪、脱逃罪、运送他人偷越国（边）境罪、传播性病罪等皆可以归为此类。

【案例 11-2-02】丙绑架赵某，并要求其亲属交付100万元。在提出勒索要求后，丙害怕受刑罚处罚，将赵某释放。丙已经将赵某绑走，且提出了勒索，此时绑架罪已经既遂，尽管丙主动将赵某释放，也不影响其犯罪构成，可以在量刑的时候予以考虑。

（三）危险犯

危险犯是指以发生某种法定结果的危险状态作为犯罪既遂标志的犯罪形态。如《刑法》第114条规定的放火罪、决水罪、爆炸罪、投放危险物质罪和以危险方法危害公共安全罪即属于此类。只要放火、决水等行为足以发生危害公共安全的危险，即使没有出现严重后果，即可成立犯罪既遂。再如《刑法》第116条规定的破坏交通工具罪、破坏交通设施罪，只要破坏行为足以使火车、汽车、电车、船只、航空器发生倾覆、毁坏的危险，即使尚未造成倾覆、毁坏的事实状态，也可成立犯罪既遂。

（四）举动犯

举动犯是指以行为人着手实行犯罪行为作为犯罪既遂标志的形态。此种形态中，犯罪行为一经着手，犯罪既遂即告成立。举动犯主要包括两种类型：一是组织领导参加型犯罪，如《刑法》第120条规定的组织、领导、参加恐怖组织罪、第294条规定的组织、领导、参加黑社会性质组织罪。二是煽动型犯罪，如《刑法》第103条第2款规定的煽动分裂国家罪，第105条第2款规定的煽动颠覆国家政权罪，第249条规定的煽动民族仇恨、民族歧视罪，第278条规定的煽动暴力抗拒法律实施罪等。

【案例 11-2-03】丙加入某恐怖组织并参与了一次恐怖活动，后经家人规劝退出该组织。丙加入了该恐怖组织，且参与了一次恐怖活动，已经成立参加恐怖组织罪的既遂，其后的退出行为只可以在量刑上有所体现。

值得注意的是，对举动犯本身的含义以及举动犯能否作为独立的犯罪既遂类型，学界还存在不同认识。如有学者认为，任何犯罪都是一个过程，即使是所谓的举动犯，也必然有一个过程，并非一着手就既遂。

三、既遂犯的处罚原则

对于既遂犯，刑法总则没有规定处罚原则，理论上一般认为，刑法分则中的罪与刑均是以既遂犯为标准设置的，因此，对既遂犯的处罚，直接按照刑法分则具体条文的规定，结合总则的相关规定进行处罚。如《刑法》第232条第1款规定："故意杀人的，处死刑、无期徒刑或者十年以上有期徒刑。"其第2款规定："情节较轻的，处三年以上十年以下有期徒刑。"该罪的法定刑适用的是故意杀人，且导致被害人死亡的情形，就是故意杀人既遂的法定刑。因此，对故意杀人既遂的，直接按照《刑法》第232条的规定，同时考虑刑法总则中规定的量刑情节进行处罚即可。

四、犯罪既遂与犯罪成立的关系

犯罪既遂与犯罪成立是两个既有联系也有区别的概念。一方面，犯罪既遂表明犯罪已经成立，它是犯罪的完成形态，是犯罪构成要件齐备的形态。另一方面，犯罪成立并非意味着犯罪既遂。在某些情况下，犯罪已经成立，但尚未达到既遂状态，如结果犯并未出现法定的结果，行为犯的犯罪行为尚未实施完毕，危险犯所要求的法定危险状态并未出现，在这些情形中，行为均不成立犯罪既遂，但实际上，犯罪可能已经成立，构成了犯罪预备、犯罪未遂、犯罪中止等形态。

第三节　犯罪预备形态

根据我国刑法的规定和有关刑法学理论，犯罪预备形态是故意犯罪过程中未完成犯罪的一种停止形态。

一、犯罪预备的概念和特征

（一）犯罪预备的概念

我国刑法对犯罪预备有明确规定，《刑法》第22条第1款规定："为了犯罪，准备工具、制造条件的，是犯罪预备。"根据该条规定，结合刑法理论，犯罪预备，是指行为人为了实施犯罪，开始准备工具、制造条件，但由于行为人意志以外的原因而未能着手犯罪实行行为的犯罪停止形态。

（二）犯罪预备的特征

1. 主观上为了实施犯罪

行为人为了实施某种犯罪活动而开始作准备，主观上具有实施犯罪的意图。此后实施的准备工具、制造条件行为都是围绕着这一犯罪意图进行的。易言之，进行犯罪预备活动的目的与意图是为了顺利着手实施和完成犯罪。如行为人为了实施绑架而跟踪被害人，为了抢劫而“踩点”，为了杀人而购买刀具、毒药等，均属于犯罪预备。如果不是为犯罪作准备，不能认定为犯罪预备。

2. 客观上实施了犯罪预备行为

犯罪预备形态中的行为人不仅在主观上有犯罪意图，而且在客观上要有犯罪预备行为，即准备工具、制造条件的行为。如果仅仅有犯罪意图，而没有实施犯罪预备行为，不属于犯罪预备。如行为人想抢劫银行，但一直没有为此采取任何行动，则不属于犯罪预备。

犯罪预备行为分为两种情形。一是为犯罪准备工具，包括收集、购买、制造以及非法获取工具等。如林某某为了谋杀室友黄某，从实验室带回毒性物质二甲基亚硝胺的行为即属于准备犯罪工具；马某某为杀死同学购买石工锤的行为也属于准备犯罪工具的行为。二是为犯罪制造条件，是指除了准备犯罪工具和其他物品以外的，为顺利进行犯罪活动，达到犯罪目的而创造条件的行为，如为了犯罪筹措资金、邀集同伙、制定作案计划等。如果从准备工具对实施犯罪所起的作用来看，准备工具也是为实施犯罪制造条件。

【案例 11-3-01】甲意图杀害乙，经过跟踪，掌握了乙每天上下班的路线。某日，甲准备了凶器，来到乙必经的路口等候。在乙经过的时间快要到时，甲因口渴到旁边的小卖部买饮料，待甲返回时，乙因提前下班已经过了路口。甲等了一阵儿不见乙经过，就准备回家，在回家路上因凶器暴露被抓获。甲为杀害乙买了凶器，蹲点守候，即为准备工具，制造条件。

3. 犯罪预备行为停止在着手实施犯罪行为之前

准备工具、制造条件的犯罪预备行为发生在犯罪实行行为之前。所谓“犯罪的实行行为”，是指刑法分则中规定的成立某种犯罪所要求的行为。犯罪预备只是在为实行犯罪作准备，并没有开始着手实行行为，否则不能称其为犯罪预备行为，这是犯罪预备在阶段上的特征。

【案例 11-3-02】甲与一女子有染，其妻乙生怨。某日，乙将毒药拌入菜中意图杀甲。后被不知情的婆婆将菜倒掉。乙的行为并未产生法益侵害的紧迫危险，乙的行为停止在故意杀人实行行为之前。

4. 行为停止出于行为人意志以外的原因

所谓“意志以外的原因”，是指行为人自身无法控制的、违背行为人意志的原因。犯罪预备行为最终停止下来，并不是行为人自觉自愿放弃犯罪，而是由于行为人意志以外的原因使其被迫停止下来，无法继续实施犯罪的实行行为。

【案例 11-3-03】黄某邀舒某某去外地抢劫他人钱财，并一同精心策划，准备了杀猪刀、绳子、地图册等作案工具。二人骗租了一辆出租车，准备在僻静处对出租车司机吴某夫妇实施抢劫。由于司机夫妇的警觉、报案，两人的抢劫犯罪未能着手实行。黄某、舒某某为了抢劫准备工具、制造条件，但由于意志以外的原因未能着手实施抢劫实行行为，因而成立抢劫犯罪预备。

二、预备犯的处罚原则

对于预备犯，各国刑法分为处罚和不处罚两种情况。考虑到预备犯已经为犯罪作了准备，如果不是意志以外原因的阻碍，可能会将犯罪发展下去，造成严重危害，因而具有一定的人身危险性和社会危害性，因而，从主客观相统一的原则出发，我国刑法对预备犯坚持处罚的立场。但是预备犯毕竟未能开始着手实施犯罪实行行为，根据罪责刑相适应原则，在处罚力度上预备犯应该比既遂犯轻缓。为此，我国《刑法》第22条第2款规定，对于预备犯，可以比照既遂犯从轻、减轻或免除处罚。

需要注意的是，有些犯罪的预备行为本身即具有较大的社会危害性，因此出于防范更严重犯罪的考虑，刑法将某些预备行为规定为独立犯罪的，配置了独立的法定刑，此时应当按照刑法分则的规定处理，而不再比照既遂犯从轻、减轻或者免除处罚。如《刑法》第120条之二第1款规定的准备实施恐怖活动罪，“有下列情形之一的，处五年以下有期徒刑、拘役、管制或者剥夺政治权利，并处罚金；情节严重的，处五年以上有期徒刑，并处罚金或者没收财产：（一）为实施恐怖活动准备凶器、危险物品或者其他工具的；（二）组织恐怖活动培训或者积极参加恐怖活动培训的；（三）为实施恐怖活动与境外恐怖活动组织或者人员联络的；（四）为实施恐怖活动进行策划或者其他准备的”。行为人实施的上述行为，属于为实施恐怖活动作准备，但由于刑法已经为这种预备行为确定了独立的罪名与法定刑，所以在处理时应该按照该条款进行处罚。

第四节　犯罪未遂形态

犯罪未遂形态是故意犯罪过程中一种常见的停止形态，也是犯罪未完成形态中较为典型的类型。

一、犯罪未遂的概念与特征

（一）犯罪未遂的概念

我国《刑法》第23条第1款规定："已经着手实行犯罪，由于犯罪分子意志以外的原因而未得逞的，是犯罪未遂。"据此规定，犯罪未遂是指行为人已经着手实行犯罪行为，但由于意志以外的原因未得逞的一种犯罪停止状态。

（二）犯罪未遂的特征

1.行为人已经着手实施犯罪行为

着手实行犯罪是指行为人着手实行刑法分则中某种犯罪构成要件中的实行行为。着手实行意味着行为人的行为已经超越了为了犯罪准备工具、制造条件的预备阶段进入实行阶段，其行为使刑法所保护的具体权益受到犯罪的危害或面临实际存在的威胁。例如，《刑法》第263条规定："以暴力、胁迫或者其他方法抢劫公私财物的，处三年以上十年以下有期徒刑，并处罚金……"如果行为人已经开始实施了暴力、胁迫或者其他方法攫取财物，即视为行为人已经着手实施犯罪。

2.犯罪未得逞

"未得逞"本是一个生活用语，其含义具有不确定性。我国刑法理论界在判断犯罪是否得逞问题上存在法定结果说、目的说和构成要件齐备说。法定结果说认为，没有出现法定的结果即表明犯罪未得逞；目的说主张，犯罪未得逞是没有达到犯罪人所希望实现的目的；构成要件齐备说认为，犯罪未得逞是犯罪行为没有完整具备刑法分则性条文规定的某一犯罪构成的要件。对这三种学说前面已经作过评述，相比较而言，构成要件齐备说更具合理性，得到我国刑法学界的广泛支持而成为通说。根据该学说，"未得逞"是指犯罪行为没有完整具备刑法分则性条文规定的某一犯罪构成的要件。从刑法分则规定的看，犯罪未得逞主要有如下几种情形：第一，对结果犯而言，法定犯罪结果没有发生是未得逞的标志。如盗窃罪未发生窃得财物的犯罪结果；诈骗犯发送诈骗短信，受骗人上当后汇出5万元，但因误操作汇到无关第三人的账户等。第二，对行为犯而言，法定的犯罪行为未能完成是犯罪未得逞的标志，如实施脱逃罪的行为人在逃出监房后未能逃出监狱的警戒线。第三，对危险犯而言，法定的危险状态尚未具备是犯罪未得逞的标志，如行为人在油库放火，因火柴受潮而未能擦着即被捕获。

犯罪未得逞是犯罪既遂与犯罪未遂最重要的区别。如果犯罪已经既遂，即使没有实现犯罪人的预期目的，或者没有出现法定危害结果，也不属于"未得逞"。

【案例11-4-01】甲让行贿人乙以乙的名义办理银行卡，存入50万元，乙将银行卡及密码交给甲。甲用该卡时，忘记密码，不好意思再问乙。后乙得知甲被免职，将该卡挂失取回50万元。乙将银行卡及密码交给甲时，甲此时成立受贿罪既遂。即使甲没有获取财物，也不属于未得逞。

3.犯罪未得逞是由于意志以外的原因

所谓"意志以外的原因"，是指行为人自身无法控制的、违背行为人意志的原因，或者是使犯罪人认为不能既遂从而停止犯罪。该原因的出现使犯罪人不能将犯罪行为进行下去，从而不得不停止犯罪。从主观上讲，行为人是"欲达目的而不能"，这是犯罪未遂与犯罪中止的主要区别。

司法实践中这种意志以外的原因主要有三种类型：一是行为人自身以外的原因，如被害人的反抗、他人的阻止、自然力的阻碍、警察的抓捕等；二是行为人自身能力方面的原因，如行为人体力不支无法追赶上受害人、作案工具选择不当、无法发挥作用等。三是行为人主观认识错误，如行为人对犯罪对象、犯罪工具的认识发生错误，因而无法达到犯罪既遂。

另外，根据我国刑法的基本原理，意志以外的原因应达到"足以阻止犯罪意志"的程度，如果只是由于受到轻微不利因素的影响，犯罪人即放弃犯罪的，不能将这种不利因素作为"意志以外的原因"。

【案例11-4-02】丁抓住妇女李某的手腕，欲绑架李某然后出卖。李某为脱身，便假装说："我有性病，不会有人要。"丁信以为真，于是垂头丧气地离开现场。此例中，丁只是受到不利因素的影响，但仍然有机会继续实施犯罪，但自己放弃了犯罪，因而不属于犯罪未遂。

二、犯罪未遂的种类

按照不同的标准可以对犯罪未遂形态进行分类，分类研究也有助于对犯罪未遂形态的理解。按照不同的标准可以将犯罪未遂分为如下两类。

（一）行为实行终了的未遂和行为未实行终了的未遂

以犯罪行为是否实行终了为标准，可以将犯罪未遂形态分为实行终了的未遂和未实行终了的未遂。实行终了的未遂指行为人将自认为达到既遂所必需的全部行为实行终了，但由于意志以外的原因未得逞的情形。如诈骗犯已经实施了虚构事实、隐瞒真相的行为，但被对方识破，犯罪无法达到既遂，即属于此种。

未实行终了的未遂是指由于意志以外原因的出现，行为人未能将其自认为达到既遂所必需的全部行为实行终了，因而未遂，如故意杀人时被害人反抗逃脱、实施盗窃时被抓获等情形。

（二）能犯未遂和不能犯未遂

根据行为是否能够达到既遂为标准，可以将犯罪未遂划分为能犯未遂和不能犯未遂。能犯未遂是指犯罪行为有可能达到既遂，但由于意志以外原因的出现，导致犯罪未能达到既遂，如偷窃财物时被发现而未遂的、因投放的毒药未达致死量而未遂的等就属于此种情形。不能犯未遂是指根据案件具体事实，行为人所实施的行为本身不可能达到既遂的情形，包括对象不能犯未遂和工具不能犯未遂两种。

对象不能犯未遂是指由于行为对象不在行为的有效作用范围之内，或者不具有特定犯罪对象的属性，从而使得犯罪不能既遂，如误把尸体当成活人实施杀害的行为。

【案例 11-4-03】甲深夜潜入乙家行窃，发现留长发穿花布睡衣的乙正在睡觉，意图奸淫，便扑在乙身上强脱其衣。乙惊醒后大声喝问，甲发现乙是男人，慌忙逃跑被抓获。由于强奸罪的犯罪对象必须是女子，误将男子当作女子实施奸淫的，无法侵犯刑法所保护的女子的性自由，只能成立强奸罪对象不能犯的未遂。

工具不能犯未遂是指行为人所使用的犯罪工具没有效果，犯罪不能既遂的情形，如误把不具有毒害性的物质当成毒药投放的、误把空枪当成有子弹的枪支射杀的情形。需要注意的是，工具不能犯未遂与迷信犯不同。迷信犯是出于迷信，采取了一些反科学、超自然的方法，如“烧香念咒”“画符烧纸”“香灰投毒”，试图加害他人，由于迷信犯无论如何也不能出现危害结果，其行为也不是刑法意义上的危害行为，不可能侵犯刑法所保护的法益，因而迷信犯不是犯罪。但是工具不能犯未遂只是由于行为人对犯罪工具的性能发生了错误认识，否则完全可能达到犯罪既遂，因而二者有着较大的区别。

三、未遂犯的处罚原则

由于未遂犯已经着手实施了犯罪行为，其社会危害性和人身危险性是客观存在的，但是也考虑到未遂犯由于意志以外的原因未得逞，没有达到既遂，因而《刑法》第23条第2款规定：“对于未遂犯，可以比照既遂犯从轻或减轻处罚。”具体应该综合考虑犯罪行为的实行程度、造成损害的大小、犯罪未得逞的原因等情况，可以比照既遂犯减少基准刑的50%以下[①]。这样处理既符合主客观相统一原则，也符合罪责刑相适应原则。

第五节　犯罪中止形态

犯罪中止也是一种故意犯罪的未完成形态，但是在成立条件上与犯罪预备和犯罪未遂明显不同。

一、犯罪中止的概念与特征

（一）犯罪中止的概念

《刑法》第24条第1款规定：“在犯罪过程中，自动放弃犯罪或者自动有效地防止犯罪结果发生的，是犯罪中止。”可见，犯罪中止，是指在犯罪过程中，自动放弃犯罪或自动有效地防止犯罪结果发生的一种犯罪停止形态。根据刑法的规定，犯罪中止可以分为两种类型，即自动放弃的犯罪中止和自动有效防止犯罪结果发生的犯罪中止。

（二）犯罪中止的特征

自动放弃型犯罪中止和有效防止型犯罪中止的特征有所不同，它们既有共同点也有不同之处。

① 参见2021年《最高人民法院 最高人民检察院关于常见犯罪的量刑指导意见（试行）》。

1. 自动放弃型犯罪中止的特征

（1）犯罪中止发生在犯罪过程中。所谓“犯罪过程中”，即从犯罪预备行为开始到犯罪既遂状态以前的过程。这就意味着犯罪中止可以发生在犯罪预备阶段，也可以发生在犯罪实行阶段。但是如果犯罪已经既遂，即使事后恢复原状，也不属于犯罪过程中，因而不能成立犯罪中止。

【案例11-5-01】甲收买一名儿童打算日后卖出。次日，看到拐卖儿童犯罪分子被判处死刑的新闻，偷偷将儿童送回家。甲以出卖为目的购买儿童的行为，已经成立了拐卖儿童罪的既遂，不符合在“犯罪过程中”的条件。他事后将儿童送回家的行为属于犯罪后的悔改表现，可以在量刑上有所体现，但不能成立犯罪中止。

（2）行为人自动放弃犯罪。自动放弃犯罪是犯罪中止的本质特征，它是指行为人在没有受到任何外界因素阻止下，出于自己的意志而停止犯罪。“自动”是指行为人认识到或者认为自己可以继续实施犯罪或者可能既遂，但自愿放弃原来的犯罪行为，是“能达目的而不欲”。对此，有几点需要明确：一是，尽管行为人事实上已经无法实施犯罪行为或者不可能达到既遂，但只要行为人自认为可以继续实施犯罪而自愿放弃犯罪，仍然可以认为是自动放弃犯罪。相反，虽然在客观上犯罪尚可继续实施和完成，但行为人误认为犯罪已不可能进行而放弃犯罪，不能认定为自动性。二是，出于何种动机自动放弃不影响犯罪中止的成立。行为人可能出于真诚悔改、担心害怕、同情怜悯或是其他原因，只要是在犯罪过程中行为人自认为可以将犯罪完成的情况下，自愿放弃了犯罪，就可以认定为自动放弃犯罪。三是，虽然有时行为人受到了一些轻微不利因素的影响与阻碍，但只要行为人不是被迫放弃犯罪，而是自动放弃犯罪，不影响自动性的成立。

【案例11-5-02】甲入户抢劫时，看到客厅电视正在播放庭审纪实片，意识到犯罪要受刑罚处罚，于是向被害人赔礼道歉后离开。担心日后被处罚不影响犯罪中止自动性的认定。

自动性是成立犯罪中止与否的关键，也是犯罪中止与犯罪预备、犯罪未遂的本质区别所在。

（3）中止行为具有彻底性。这是指行为人主观上彻底放弃犯罪，彻底打消了原来犯罪的意图，在客观上彻底放弃了自认为可以继续进行的犯罪行为。中止行为的彻底性表明了行为人自动停止犯罪的真诚性，也表明犯罪人的人身危险性消失。如果是遇到困难暂时停止，等待时机成熟再继续实施犯罪，都不具有中止的彻底性。但是彻底性放弃针对的只是此次正在进行的某个具体犯罪，并不要求以后行为人不再犯同种罪行或者不再犯罪。

2. 有效防止型犯罪中止的特征

这种犯罪中止是在犯罪行为实行终了，尚未造成某种构成要件所要求的结果之前，行为人采取积极的措施有效地阻止该危害结果发生的犯罪中止类型。其特征如下：

（1）行为发生在实行阶段。有效防止型犯罪中止只发生在实行阶段，且在行为实施完毕之后，某种犯罪的既遂状态所要求的危害结果尚未发生。这一点与自动放弃型犯罪中止不同，自动放弃型犯罪中止既可以发生在犯罪预备阶段，也可以发生在犯罪实行阶段。但有效防止型犯罪中止是以实行行为的发生为前提，因为只有实施了实行行为，才有导致犯罪既遂的可能性，此时才谈得上有效防止危害结果的问题。

（2）行为人实施了防止犯罪结果发生的中止行为。有效防止型犯罪中止不仅要求行为人停止犯罪实行行为，而且要求行为人为防止犯罪结果的发生积极采取措施。

【案例 11-5-03】甲意图故意杀死乙，但在乙遭受其重伤后，甲心生怜悯，停止了杀害行为，并将乙送到医院就医，乙得救。甲送乙就医就是为了防止乙死亡这种结果发生而采取的积极措施。

（3）中止行为的自动性。所谓“自动性”，是指行为人基于自己的意志中止了犯罪行为。如果行为人是基于外界的原因被迫采取措施防止危害结果的发生，不能认定为犯罪中止。如甲在伤害乙的过程中，被人发现，在周围群众的强制之下，被迫将乙送到医院救治，则甲不成立犯罪中止。

（4）中止行为的有效性。中止行为的有效性是指没有发生行为人起初所追求的、行为性质所决定的危害结果。中止行为的有效性表明行为人犯罪的社会危害程度降低，有效性是犯罪中止的重要特征。

【案例 11-5-04】甲以杀人故意将郝某推下过街天桥，见郝某十分痛苦，便拦下出租车将郝某送往医院，郝某获救。甲自动有效防止了危害结果的发生，因而属于犯罪中止。

如果行为人积极采取了防止危害结果发生的措施，但危害结果没有避免，不能认定行为人成立犯罪中止。

二、犯罪中止的类型

根据犯罪中止发生的阶段和犯罪中止成立的要求，可以对犯罪中止形态进行分类。

（一）预备阶段的中止与实行阶段的中止

这是根据犯罪中止发生的阶段所作的分类。

预备阶段的中止指发生在犯罪预备之后，着手实行犯罪行为之前的中止。

【案例 11-5-05】夏某某伙同张某某预谋抢劫出租车司机，二人携带卡簧刀在黑龙江省五常市山河镇骗乘周某某驾驶的出租车，要求周某某将车开往五常市朝阳区四合屯。行至五常市杜家镇时，周某某拒绝前行，要求二人下车。二人担心立即实施抢劫可能被人发觉，遂下车。夏某某、张某某二人已经为抢劫作了准备，但是尚未开始抢劫的实行行为，就自动放弃了犯罪行为，成立犯罪中止，且属于犯罪预备阶段的中止。

实行阶段的中止，指发生在行为人着手实行犯罪行为之后的中止。这种犯罪中止又可以细分为行为未实行终了的中止和行为实行终了的中止。

行为未实行终了的中止，指犯罪中止发生在行为人着手犯罪行为之后，行为实行终了之前的犯罪中止。

【案例 11-5-06】甲携带凶器拦路抢劫，黑夜中遇到乙便实施暴力，乙发现是自己的熟人甲，便喊甲的名字，甲一听便住手，还向乙道歉说："对不起，认错人了。"甲的抢劫行为已经开始，但没有劫取财物，也没有导致被害人受伤，甲在本可以继续实施犯罪的情况下，自愿放弃犯罪，其行为属于犯罪中止，且属于行为未实行终了的中止。

实行终了的中止，指犯罪中止发生在犯罪行为实行终了之后，犯罪既遂之前，行为人自动有效防止犯罪结果发生的情形。

【案例 11-5-07】甲毒杀乙，在乙喝下毒药之后，死亡之前，甲将乙送到医院救治，乙脱险。甲故意杀人的行为已经实行完毕，但是在犯罪既遂之前，采取积极措施救治被害人，阻止了犯罪既遂的发生，因而属于犯罪中止，且属于行为实行终了的犯罪中止。

（二）消极中止与积极中止

这是根据对行为成立犯罪中止的不同要求所作的分类。所谓“消极中止”，是指行为人只需自动停止犯罪行为的继续便可成立的犯罪中止。积极中止是指行为人不仅要自动停止犯罪，而且要以积极的作为去防止犯罪既遂结果的发生才能成立的犯罪中止。以此为标准，自动放弃型犯罪中止为消极中止，有效防止型犯罪中止为积极中止。

三、中止犯的处罚原则

中止犯实施了犯罪预备行为或者实行行为，具有一定的社会危害性和人身危险性。但是考虑到中止犯是基于自己的意志，在自认为可以继续实施犯罪达到既遂的情况下，自动放弃了犯罪，其社会危害性和人身危险性有所降低，据此，对中止犯的处罚应该更为宽缓。因此《刑法》第24条第2款规定，对于中止犯，没有造成损害的，免除处罚；已经造成损害的，减轻处罚。这里的“没有造成损害的”是指没有造成任何损害。“已经造成损害的”是指造成了一定的损害事实，但没有造成行为人原本追求的、达到犯罪既遂所要求的结果。

四、犯罪中止与犯罪未遂的区别

犯罪中止和犯罪未遂都是犯罪未达既遂状态的停止形态，二者区别比较明显。第一，犯罪发生的阶段不同，犯罪中止可以发生在犯罪预备阶段、实行阶段和实行行为完成后，危害结果出现之前；犯罪未遂只能发生在犯罪分子已经着手实行犯罪的过程中。第二，犯罪停止的原因不同，犯罪中止体现为“自动性”，是行为人“能而不欲”；犯罪未遂体现为“被迫性”，是行为人“欲而不能”，即未得逞，这是二者的关键区别。对于其中的“能”与“不能”，应以行为人的认识为标准进行判断，如果行为人认为可能既遂而不愿达到既遂的，即使客观上不可能既遂，也是犯罪中止。

【案例11-5-08】甲欲杀乙，将乙打倒在地，掐住脖子致乙深度昏迷。30分钟后，甲发现乙未死，便举刀刺乙，第一刀刺中乙腹，第二刀扎在乙的皮带上，刺第三刀时刀柄折断。甲长叹道：“你命太大，整不死你，我服气了。”遂将乙送医，乙得以保命。经查，第一刀已致乙重伤。此例中，虽然甲可以继续实施犯罪，但他认为自己无法杀死乙，欲达目的而不能，因而成立犯罪未遂。

需要探讨的是，"放弃可以重复的侵害行为"是犯罪中止还是犯罪未遂，理论界有不同认识。有学者认为，对放弃重复侵害的行为应当采取整体判断，而不能进行个别判断或者按行为人的计划判断。按照整体判断说，放弃重复侵害的行为原则上成立犯罪中止。但是在前行为已经未遂的情况下，即使行为人放弃了后行为，也应当认定为犯罪未遂；在前行为还没有形成未遂的终局状态的情况下，则需要判断后行为是否符合中止犯的成立行为，即是否存在中止行为以及是否具有自动性。

一般而言，"放弃重复实施的侵害行为"有两方面的特征：一是客观上，已经实施的侵害行为未能发生预期的危害结果，而且同时存在着继续实施犯罪行为的可能性；二是主观上，行为人认识到可以重复继续实施犯罪行为而放弃重复实施，并且行为人预期的法定结果没有发生。由于行为人在客观上具备可以继续实施犯罪的条件，主观上对继续实施犯罪的可能性亦有清醒的认识，放弃本来可以继续实施的犯罪行为，表现出放弃犯罪的自觉性。因而自动放弃重复侵害行为可以认定为犯罪中止。但如果不是完全自动地放弃重复侵害行为，而是既有自动性，也有被迫性，就应当实事求是，客观分析判断究竟是自动性为主，还是被迫性为主，如果有足够依据判定行为人停止犯罪是以被迫性为主，则可以认定犯罪停止形态为未遂。

【案例11-5-09】王某欲杀陈某，窃得一支枪及10发子弹前去杀陈某。第一发子弹没有打中陈某，第二发子弹打中陈某的腹部，致使陈某血流如注，跌倒在地，惨不忍睹。王某见后，未再继续枪杀，并且立马送医院施救，陈某获救痊愈。王某完全出于自己的意志，自动放弃了可以继续实施的犯罪行为，并积极施救，有效防止了犯罪结果的发生，可以认定为犯罪中止。

思考题

1.犯罪既遂的标志有哪些？

2.犯罪预备与犯罪未遂的联系与区别何在？

3.犯罪中止的类型与特点有哪些？

4.区分犯罪预备、犯罪未遂和犯罪中止的意义何在？

阅读书目

1. 王复春：《不能犯未遂的规范论研究》，法律出版社2018年版。
2. 许健：《犯罪预备行为处罚限度研究》，中国人民公安大学出版社2015年版。
3. 彭文华：《犯罪既遂原理》，中国政法大学出版社2013年版。

第十二章　共同犯罪

共同犯罪是一种复杂的社会现象，它在犯罪成立条件、刑事责任承担方面与单独犯罪有区别。对其进行研究有助于确定共同犯罪责任的归属，准确划分各类犯罪人，并确定其刑事责任处罚原则。

第一节　共同犯罪概述

相对于单独犯罪而言，共同犯罪对社会的危害更加严重。虽然刑法分则中规定的犯罪基本上是以单独犯罪为标准设置的，但共同犯罪也是一种常见的犯罪形式，因此在刑法总则中规定共同犯罪很有必要。

一、共同犯罪的概念

（一）共同犯罪的概念分歧

什么是共同犯罪，在刑法理论界一直存在争议。国外存在犯罪共同说和行为共同说。前者强调犯罪的共同，是一种客观主义的共同犯罪理论。后者强调行为的共同，是一种主观主义的共同犯罪理论。犯罪共同说又可以分为完全犯罪共同说和部分犯罪共同说。完全犯罪共同说认为，共同犯罪必须是数人共同实施特定的犯罪，或者说二人以上只能就完全相同的犯罪成立共同犯罪。部分犯罪共同说主张，二人以上虽然共同实施了不同的犯罪，但当这些不同的犯罪之间具有重合性质时，则在重合的限度内成立共同犯罪。行为共同说认为，共同犯罪是指数人共同实施了行为，而不是共同实施特定的犯罪，二人以上通过共同行为以实现各自企图的犯罪人，就是共同犯罪。换言之，成立共同犯罪不要求共同实施特定的犯罪，只要行为具有共同性；不要求数人必须具有共同实现犯罪的意思联络，只要就实施行为具有意思联络就可以成立共同犯罪。

（二）我国的共同犯罪概念

我国的共同犯罪概念以刑法对共同犯罪的规定为基础。我国《刑法》第25条第1款规定：“共同犯罪是指二人以上共同故意犯罪。”据此，共同犯罪指两人以上的共同故意犯罪。该规定为开展共同犯罪的理论研究提供了参照，也为司法实践中共同犯罪的认定提供了依据。

二、共同犯罪成立的条件

根据《刑法》第25条的规定，主流刑法理论认为，共同犯罪的成立应该符合下列条件。

（一）共同犯罪主体为两人以上

根据《刑法》第25条的规定，共同犯罪必须是“二人以上”，联系我国刑法关于犯罪主体的规定，这里的“人”既包括自然人也包括单位，具体而言有以下三种情况。

1.两个以上的自然人

主流观点认为，二人以上都必须达到刑事责任年龄，具有刑事责任能力。如果两个以上的行为人，其中只有一个人符合犯罪主体条件，其他人均未达到刑事责任年龄或者不具备刑事责任能力，则不是共同犯罪。

需要注意的是，有些犯罪除了要求行为人具有刑事责任能力之外，还必须具备特定的身份，这种犯罪主体称为特殊主体，也称为身份犯。不具有特殊身份的人与具有特殊身份的人实施真正身份犯罪时，可以构成共同犯罪，或者说非适格主体可以成为由适格主体实施犯罪的共犯。

【案例12-1-01】丁与某私营企业的部门经理李某内外勾结，利用李某职务上的便利，共同将该单位的5万元资金非法据为己有。《最高人民法院关于审理贪污、职务侵占案件如何认定共同犯罪几个问题的解释》第2条规定，行为人与公司、企业或者其他单位的人员勾结，利用公司、企业或者其他单位人员的职务便利，共同将该单位财物非法占为己有，数额较大的，以职务侵占罪共犯论处。因此，丁应该构成职务侵占罪。

同理，不具有国家工作人员身份的人单独不构成贪污罪，但如果伙同国家工作人员贪污的，可以构成贪污罪的共犯。这是因为刑法分则中规定的特殊主体等身份犯罪针对的仅仅是实行犯，对于帮助犯和教唆犯则无身份的要求。

2. 两个以上的单位

单位犯罪以刑法明文规定为前提，因此两个以上的单位共同实施刑法明文规定为单位犯罪的行为才可能成立共同犯罪，如单位共同生产、销售伪劣产品、共同走私、共同伪造货币等。

3. 自然人与单位也可成立共同犯罪

《刑法》第156条规定："与走私罪犯通谋，为其提供贷款、资金、帐号、发票、证明，或者为其提供运输、保管、邮寄或者其他方便的，以走私罪的共犯论处。"如果公司、企业、事业单位与走私犯罪分子通谋，为其提供上述方便的，构成走私犯罪的共同犯罪，但此时同样要以刑法明文规定为单位犯罪为前提。

需要注意的是，单位和其直接责任人员之间或单位与其直接负责的主管人员之间不成立共同犯罪。因为单位中的直接负责的主管人员、直接责任人员犯罪行为往往就是单位的行为，因此，二者不能成立共同犯罪。

（二）主观方面有共同的犯罪故意

所谓"共同的犯罪故意"，是指各行为人通过意思的传递、反馈而形成的，明知自己是和他人配合共同实施犯罪，并且明知共同的犯罪行为会发生某种危害社会的结果，而希望或者放任这种危害结果发生的心理态度。可见，共同犯罪故意的成立不仅涉及单个犯罪行为人的主观故意，而且涉及各个犯罪行为人的合意。具体可以从以下几个方面理解：第一，必须有意思联络，即要求各共同犯罪人认识到自己不是在单独地实施犯罪，而是和其他人相互配合实施犯罪。数行为人在主观上相互沟通，彼此联络，换言之，各行为人具有共同实施特定犯罪行为的"合意"。这种沟通可以采用明示或者默示的方式，可以在事前形成，也可以在事中形成。第二，必须具有共同的认识，即各共同犯罪人都明知自己与他人共同犯罪行为的性质，认识到行为会发生危害社会的结果。第三，必须有共同的意志，即各共同犯罪人都对危害结果的发生采取希望或者放任的态度。

虽然在多数情况下，共同故意表现为共犯人均有相同的犯罪故意，但是成立共同犯罪，并不要求共犯人故意犯罪的内容必须完全相同，如果行为人共同造成犯罪结果的发生，此时他们在犯意重合的范围内可以成立共同犯罪。

【案例12-1-02】丙以为钱某要杀害他人，为其提供了杀人凶器，但钱某仅欲伤害他人而使用了丙提供的凶器。丙和钱某在故意伤害的范围内成立共同犯罪。

需要提醒的是，共同犯罪故意是成立共同犯罪主观方面的条件，但是，有关司法解释[①]对此作出了突破。交通肇事后，单位主管人员、机动车辆所有人、承包人或者乘车人指使肇事人逃逸，致使被害人因得不到救助而死亡的，以交通肇事罪的共犯论处。

【案例12-1-03】乙在乡村公路驾驶机动车时过失将吴某撞成重伤。乙正要下车救人，坐在车上的甲说："别下车！前面来了许多村民，下车会有麻烦。"乙便驾车逃走，吴某因流血过多而亡。对甲、乙应以交通肇事罪共犯论处。

交通肇事罪为过失犯罪，但根据上述司法解释，肇事人可以与指使逃逸人构成交通肇事罪的共犯。这与刑法关于"共同犯罪是指二人以上共同故意犯罪"的规定明显不一致，这是一个值得研究和重视的问题。

（三）客观方面有共同的犯罪行为

所谓"共同的犯罪行为"，不仅指各共犯人都实施了同一犯罪构成的行为，而且要求各共犯人的行为在共同故意支配下相互配合、相互协调、相互补充，形成一个整体。在发生了危害结果的情况下，这些行为作为一个整体与危害结果之间都具有因果关系，意即：各行为人基于犯意联络，通过相互协作和配合实施特定的犯罪行为，共同实现预期的犯罪目的，才成立共同犯罪。

从分工情况看，共同犯罪行为可以区分为实行行为与非实行行为。实行行为是刑法分则规定的具体犯罪客观构成要件中的行为。如秘密窃取他人财物的盗窃行为、暴力或者以暴力相威胁的抢劫行为即属于实行行为。非实行行为包括组织行为、教唆行为和帮助行为，这些行为虽然不是刑法分则规定的构成各罪的实行行为，但是却可以和实行行为彼此联系，相互配合，成立共同犯罪行为。

【案例12-1-04】甲欲去乙的别墅盗窃，担心乙别墅结构复杂难以找到贵重财物，就请熟悉乙家的丙为其标图。甲入室后未使用丙提供的图纸就找到乙价值100万元的珠宝，即携珠宝逃离现场。此例中，甲是实行犯，乙帮助甲犯罪，是非实行犯。

从行为方式看，共同犯罪犯罪行为可以分为三种。第一，共同的作为，如甲乙共同实施盗窃或者诈骗行为。第二，共同的不作为，如夫妻二人共同遗弃年老

① 参见2000年《最高人民法院关于审理交通肇事刑事案件具体应用法律若干问题的解释》第5条。

有病的父母即属于此种情形。第三，作为与不作为相结合，即各共犯人中有的是作为，有的是不作为。

【案例12-1-05】甲乙夫妇因8岁的儿子严重残疾生活完全不能自理而非常痛苦，一天，甲往儿子要喝的牛奶里放入“毒鼠强”时被乙看到，乙说，“这是毒药吧，你给他喝呀?”见甲不说话，乙叹了口气后就走开了，毒死儿子后，甲、乙二人一起掩埋尸体并对外人说儿子因病而死。本案中甲以作为的方式，乙以不作为的方式共同对其儿子生命权利进行了侵害，可以认定二人有共同的犯罪行为，构成共同犯罪。

综上所述，主流理论认为，共同犯罪的成立必须同时具备主体为两人以上、主观方面存在共同的犯罪故意、客观方面有共同的犯罪行为三个条件。但是，也有学者对此传统共同犯罪理论提出质疑。如张明楷教授从德国和日本的三阶层犯罪理论（该理论认为，犯罪成立的条件为构成要件符合性、违法性和有责性）出发，提出如下观点：①共同犯罪是不法形态，处理共同犯罪案件时，应该首先从不法层面判断是否成立共同犯罪，然后从责任层面个别地判断各参与人是否具有责任以及具有何种责任。换言之，共同犯罪的特殊性只是表现在不法层面，共同犯罪的立法与理论只是解决不法层面的问题；在责任层面，共同犯罪与单个犯罪没有区别，所以要以“不法”（行为符合构成要件且违法）为重心、以正犯为中心、以因果关系为核心认识共同犯罪。②“共同犯罪”并不意味着各参与人最终均成立犯罪，部分参与人可能因为没有责任或者存在违法阻却事由而不成立犯罪。③由于共同犯罪只是不法形态，而参与人的行为最终构成何罪还取决于责任内容，所以，在最终成立共同犯罪的情况下，虽然所有参与人都成立犯罪，但完全可能成立不同的罪名的犯罪。按照该理论，15岁的甲入户盗窃，17岁的乙为其望风，二人在不法层面构成共同犯罪，但由于甲没有达到盗窃罪的刑事责任年龄阻却责任，其行为最终不成立犯罪，乙具备责任条件，成立盗窃罪。以此类推，倘若甲是缺乏责任能力的精神病人，二人也在不法层面成立共同犯罪，但只追究乙的刑事责任。这种观点能够解决特殊案件中共同违法行为的责任归属问题，值得引起关注并深化研究。

三、共同犯罪的认定

《刑法》第25条第1款规定了共同犯罪的概念和条件，但是司法实践中共同犯罪的情形较为复杂，对共同犯罪的认定需要注意如下问题。

（一）共谋共犯

共同犯罪中有的行为人只参与了共同谋划犯罪计划，设计犯罪方案，但是没有实施某种具体犯罪的实行行为，此种行为人是否和实行行为人成立共同犯罪？对此有肯定说与否定说两种不同认识。本书认为，肯定说较为合理，因为共同犯罪的行为不仅包括实行行为，也包括预备行为，共同谋划犯罪已经在为犯罪制造条件，属于犯罪预备行为，因而共谋的行为人应该和实行行为人构成共同犯罪。

【案例12-1-06】甲、乙共谋傍晚杀丙，甲和乙商量了杀害丙的具体方法。傍晚乙如约到达现场，但甲却因故未去，乙独自按照商量好的方法杀死丙。甲只参与了共同谋划，没有实施故意杀人的实行行为，但实施了犯罪预备行为，且与乙有共同的意思联络，因而和乙成立共同犯罪。

（二）共同过失犯罪

共同过失犯罪是指二人以上的过失行为共同导致一定的危害结果的犯罪情形。如医生甲误将药物剂量放大，护士乙未能仔细检查，直接按照大剂量给病人丙输液，导致丙死亡。甲和乙主观上均为过失，二人的共同过失行为导致丙的死亡。甲和乙是否成立共同犯罪？对此问题理论界有观点认为，共同过失犯罪客观存在，应该承认共同过失可以成立共同犯罪。本书认为，共同过失犯罪虽然客观存在，是事实上的共同犯罪，但这种行为并非《刑法》第25条第1款规定的共同犯罪。只有存在意思联络、行为彼此配合的共同故意犯罪才是《刑法》第25条第1款规定的共同犯罪。一般来说，这种共同犯罪中，行为人之间通过意思联络形成了互相协调的危害社会的合力，其社会危害性无疑比单个人犯罪的程度要严重得多，其责任归属问题更为重要，以刑法加以规制也更为必要。而共同过失中的行为人主观上并不具有意思联络，没有形成犯罪“合意”，客观上也没有相互配合、相互补充的共同犯罪行为，从总体上看，其社会危害性并不是特别严重，欠缺刑法规制的必要性。当然共同过失产生严重危害结果的也需要承担刑事责任。为此，《刑法》第25条第2款规定：“二人以上共同过失犯罪，不以共同犯罪论处；应当负刑事责任的，按照他们所犯的罪分别处罚。”上述案例中，医生甲和护士乙主观上均为过失，二人共同导致丙的死亡，因而应该按照他们所犯罪行分别定罪处罚。

（三）实行过限

实行过限，是指实行犯实施了超出共同犯罪故意的行为，因缺乏共同犯罪故意，故未参与实行过限行为的其他共同犯罪人无需就过限行为承担刑事责任。实行过限的理解需把握几点：一是客观方面，过限行为必须是独立于共同犯罪行为之外的行为。二是主观方面，过限行为必须是共同犯罪故意之外的行为。三是共同犯罪行为所造成的过失后果，不存在实行过限。因为该过失后果是从属于共同犯罪行为的，在我国的刑法理论和实践中，均只具有量刑上的意义，而无定罪上的意义。

刑法理论通说认为，根据主客观一致的定罪原则，要构成共同犯罪，行为人必须存在犯罪故意，超出共同犯罪故意的行为及其造成的危害结果，只有实行者本人存在犯罪故意，其他人对此行为缺乏故意，共同故意无从谈起，因而不能认定为共同犯罪。但是司法实践中实行过限情形较为复杂，总的来说，对于共同犯罪中的实行过限，应当按不同情况作不同处理。

（1）共同实行犯实行过限的处理。共同实行犯中的实行过限，是指数人在共同实施符合刑法分则规定的构成要件行为时，其中的某个人所实施的行为超出他们事先计划实施行为的范围。在共同实行犯罪的情形下，判定实行行为过限的基本原则是看其他实行犯对个别实行犯所谓的“过限行为”是否知情。如果其他共同实行犯根本不知情，则判定预谋外的犯罪行为系实行过限行为，由实行者本人对其过限行为和后果承担责任；如果其他实行犯知情，除非其有明确、有效的制止行为，否则一般认为实行犯之间在实施犯罪当场临时达成了犯意沟通，其他人对实行者的行为予以了默认或支持，个别犯罪人的行为不属于实行过限，其行为造成的危害结果由各实行犯共同承担责任。

【案例12-1-07】如甲、乙经共谋后到丙的住所对其实施了强奸，事后，乙趁丙不注意之机，将丙的钱包（内有5000元）拿走。甲与乙共同成立强奸罪的共犯。乙偷拿丙的财物，是超出他们共同犯罪故意的行为，二人没有意思联络，属于实行过限行为，故甲对盗窃行为不承担刑事责任，乙单独构成盗窃罪。

（2）实行过限时组织犯的责任。组织犯，由于只是组织、指挥、策划犯罪活动，没有参与实行行为，因而对实行犯的实行过限不可能知道，主观上也不存在罪过。因此，一般情况下，组织犯只对其组织、指挥、策划范围内的犯罪行为承担刑事责任，对实行过限行为不应当承担刑事责任。如，甲组织乙、丙、丁等人拐卖儿童，但在此过程中，乙故意伤害了被害人王某，此种情况下，甲只对组织实施的拐卖儿童罪承担刑事责任，对乙的故意伤害行为不承担刑事责任，该行为属于乙的实行过限行为，由乙单独对其承担刑事责任。但如果甲在组织乙、丙、丁拐卖儿童时，告诉他们，如果小孩不听话，就打。此时乙的故意伤害行为没有违背甲的本意，也属于其组织实施的犯罪活动之一，而不是乙的实行过限行为，因此，甲对乙的故意伤害罪也需要承担刑事责任。

（3）实行过限时教唆犯的责任。在教唆犯罪的情形下，判定实行行为过限的基本原则是看被教唆人的行为是否超出了教唆的范围。教唆故意范围的认定，主要看教唆者的教唆内容是否明确，即教唆犯对被教唆人的实行行为有无明确要求：或正面明确要求用什么犯罪手段达到什么犯罪后果，如明确要求用棍棒打断被害人的一条腿；或从反面明确禁止实行犯采用什么手段，不得达到什么犯罪结果等，如在伤害中不得使用刀具、不得击打被害人头部，不得将被害人打死等。如果教唆内容明确，则以教唆内容为标准判断实行者行为是否过限。如果教唆内容不明确，则属于一种盖然性的内容，一般情况下不应认定实行行为过限，除非实行行为显而易见地超出教唆内容。

【案例12-1-08】王某某因逄某某卖沙价格较低影响自己沙地的经营，即预谋找人教训逄某某。王某某纠集了韩某、王某甲及崔某某、肖某某、冯某某等人。王某某将准备好的4根铁管分给韩某等人，并指认了被害人逄某某。韩某等人即开始殴打被害人。其间，韩某掏出随身携带的尖刀捅刺被害人逄某某腿部数刀，致其双下肢多处锐器创伤致失血性休克死亡。本案中，王某某雇佣他人犯罪，属于教唆犯，从其教唆内容看属于盖然性教唆。虽然王某某仅向实行犯韩某、王某甲等人提供了铁管，韩某系用自己所持的尖刀捅刺的被害人，且被害人的死亡在一定程度上也确实超乎王某某的意料，但因其对韩某的这种行为事前没有明确禁止，所以不能判定韩某这种行为属于过限行为，教唆者王某某仍应对被害人的死亡承担刑事责任。

（4）实行过限时帮助犯的责任。如果实行犯超出了帮助犯的犯意实施了其他犯罪，则出现对帮助犯的实行过限问题。一般情况下，帮助犯对于被帮助人的过限行为不负刑事责任。但如果实行过限的内容属于结果加重犯中的加重结果，比如故意伤害致被害人死亡、抢劫致使被害人死亡的，那么对于这种实行过限，帮助犯也应该承担刑事责任。

（四）片面共犯

片面共犯是指两个以上的行为人共同针对同一个犯罪对象实施犯罪行为，但只有一方有共同犯罪的故意，并协力于他人的犯罪行为，另一方却不知其给予了协力，因而缺乏共同犯罪的意思联络的情形。

【案例12-1-09】甲与乙有仇，持凶器追杀乙，适逢丙碰见，丙对乙早已怀恨在心，见此情景，立即暗中在乙逃跑的必经路上设置了障碍，致使乙被甲追上杀死。甲、丙是否成立共犯即涉及片面共犯的问题。

对于片面共犯是否存在，理论界存在不同认识。本书认为，在类似于上述案例中，按照我国共同犯罪的理论，由于被帮助者缺乏和对方共同犯罪的意图，因而双方缺乏共同犯罪故意中的意思联络，不成立共同犯罪。但是由于帮助者并没有直接实施刑法分则中所规定的某种具体犯罪构成要件中的行为，如果不以共同犯罪处理，即失去对其进行处罚的依据。因此，在片面帮助犯的场合，认定帮助者为共同犯罪中的从犯是追究其刑事责任的有效途径。换言之，片面帮助犯是应该存在的，但是如果承认片面帮助犯就会与刑法规定的共同犯罪需有共同犯罪故意的要求相违背，因而，对于这个问题还有待理论研究的深化和立法的进一步完善。

（五）间接正犯

间接正犯是基于德日刑法中的共犯理论而衍生出的样态，在我国刑法中并没有规定间接正犯，但理论界一直在使用间接正犯的概念。正犯也就是实行犯，包括直接正犯和间接正犯，亲自实施构成要件行为的是直接正犯，对何为间接正犯，理论界观点不一。如有学者认为，间接正犯是把一定的人作为中介实施其犯罪行为，其所利用的中介由于具有某些情节而不负刑事责任或不发生共同犯罪关系，间接正犯对于其所通过中介实施的犯罪行为承担刑事责任，间接正犯的特点就在于实施犯罪行为的间接性和承担刑事责任的直接性的统一。也有学者认为，通过利用他人实现犯罪的情况，就是间接正犯，行为人不必出现在犯罪现场、也不必参与共同实施，而是通过强制或者欺骗手段支配直接实施者，从而支配构成要件的实现。

对于间接正犯的类型，理论界也存在争议。一般认为，间接正犯包括：利用未达到刑事责任年龄的人为工具实施犯罪，利用精神病人为工具实施犯罪，利用他人的无罪过行为实施犯罪，利用他人的合法行为实施犯罪，利用他人的过失行为实施犯罪，利用有故意准备的工具实施犯罪。

间接正犯在现实生活中确实存在。肯定间接正犯，意味着间接正犯必须对被利用者所造成的危害社会的行为承担责任。目前，我国理论界对于间接正犯的特征与类型、间接正犯与教唆犯的关系、间接正犯与被利用者是否成立共同犯罪等问题，都还存在争议，研究尚不充分。

（六）共同犯罪停止形态的认定

共同犯罪的停止形态是一个较为复杂与易混乱的问题。由于在犯罪过程中各共犯人停止犯罪的阶段和停止犯罪的原因可能各不相同，因而共同犯罪停止形态的认定较为困难。

（1）共同犯罪的既遂。一般来说，在共同犯罪中，只要共犯人没有中止与脱离，那么，共同犯罪的形态与各共犯人的犯罪形态基本上是统一的，即共犯人中一人的行为导致既遂，其他共犯人均成立既遂。

【案例 12-1-10】甲、乙、丙三人合谋放火制造事故后越狱，最后只有丙越狱成功。此例中，甲、乙虽然没有脱逃成功，但对丙的脱逃成功发挥了促进和帮助作用，具有因果关系，三人的行为均构成脱逃罪既遂。

（2）共同犯罪的中止。在共同犯罪中，对于部分人主动放弃犯罪的，要根据具体情形认定其犯罪停止形态。第一，如果共同犯罪中的部分人主动放弃犯罪，并有效阻止其他人继续犯罪，或者阻止犯罪结果发生的，主动放弃者属于犯罪中止。此种情形下的其他共犯人，如果系经劝说后自动停止犯罪的，也属于犯罪中止。如果系因客观原因而未能完成犯罪的，则属于犯罪未遂。第二，如果共同犯罪中的部分人主动退出，但没有采取任何措施阻止其他共犯继续犯罪的，对主动退出者仍应当认定为犯罪既遂，如因其提前退出而导致在共同犯罪中所起的作用较小，可依法对退出者从轻处罚。

（3）共犯关系的脱离。所谓“共犯关系的脱离”，是指同时消除了已经实施的共犯行为与结果之间的物理因果性与心理因果性。消除了因果性，也就是消除了共犯行为对犯罪结果的促进作用，从而让共犯承担中止犯、预备犯、未遂犯的刑事责任。

教唆者在被教唆者产生犯意之后实施犯罪之前撤回自己的教唆，并劝说被教唆者放弃犯罪，但最终未能阻止被教唆者继续实行犯罪的，教唆犯的停止形态应认定为既遂。如果教唆者撤销教唆后，被教唆者接受教唆犯的劝说，最终放弃或者有效防止犯罪结果发生的，则教唆犯和实行犯均构成犯罪中止。如果教唆者撤回教唆后，原有的教唆无法对被教唆者提供心理上的支持，被教唆者的犯罪行为是在新的动机作用下实施的，此种情况下教唆犯仍构成犯罪中止。

帮助犯在提供帮助后，如果主动停止帮助，及时阻止实行犯实施犯罪或者有效防止犯罪结果发生的，可以构成犯罪中止。如果帮助犯在实行犯着手前主动退出犯罪，且已消除其帮助行为与犯罪结果之间的因果关系的，则属于预备阶段的中止。如果帮助犯仅是自行退出，而没有消除已提供的帮助与犯罪结果之间的因果关系的，则属于犯罪既遂。如果帮助犯为消除已提供的帮助付出了诚挚的努力，但仍未能阻止实行犯实施犯罪或者有效防止犯罪结果发生的，虽构成犯罪既遂，但在量刑时对帮助犯为积极阻止犯罪付出的努力应作适当考虑，可以从轻处罚。

【案例12-1-11】甲与乙共谋盗窃汽车，甲将盗车所需的钥匙交给乙。但甲后来向乙表明放弃犯罪之意，让乙还回钥匙，乙对甲说，“你等几分钟，我用你的钥匙配制一把钥匙后再还给你”，甲要回了自己原来提供的钥匙，后乙利用自己配制的钥匙盗窃了汽车（价值15万元）。本案中甲、乙对盗窃汽车进行了共谋，虽然后来甲向乙表明放弃犯罪，但是他却让乙继续配制钥匙用于犯罪，没有消除自己犯罪的作用与影响，没有阻断自己已经实施的共犯行为与结果之间的物理因果性和心理因果性，其犯罪形态仍然属于盗窃罪既遂。

（七）不构成共同犯罪的情形

根据共同犯罪成立条件，以下情形不属于共同犯罪：

（1）二人以上共同实施危害行为，其中有人是过失，有人是故意，不构成共同犯罪。共同犯罪是二人以上的共同故意犯罪，二人以上虽然共同实施了危害社会的行为，但过失犯和其他人缺乏共同犯罪故意，即使二人的行为彼此存在联系，也不构成共同犯罪。

【案例12-1-12】医生丁为杀害仇人王某，故意将药量加大10倍，护士李某未能发现问题，即按丁所开处方用药，导致王某死亡。此例中医生为故意，护士是过失，二人不构成共同犯罪。

（2）故意犯罪行为和无罪过行为不构成共同犯罪。故意犯罪行为和无罪过行为之间同样缺乏共同犯罪的故意，不具备共同犯罪的主观条件，因而不成立共同犯罪。

（3）二人以上同时或者先后实施某种故意犯罪，但主观上缺乏意思联络的，不构成共同犯罪。二人以上没有共同犯罪的故意，同时在同一场所实施了同一性质犯罪的为同时犯。

【案例12-1-13】甲、乙都以盗窃的故意同时潜入仓库，分别窃取价值6000元和9000元的财物，甲、乙虽然以各自行为侵害同一对象，但彼此之间无意思联络，因而不成立共同犯罪，只能作为单独犯对自己所实施的犯罪行为承担责任。

（4）二人以上共同实施没有重合内容的不同犯罪的，不成立共同犯罪。如甲、乙两人共同前往某派出所进行盗窃，但甲盗窃的是枪支，乙盗窃的是钱财，由于二人的故意内容和行为性质不属于同一犯罪构成，应认定分别构成盗窃枪支罪和盗窃罪，不成立共同犯罪。二人如果在盗窃过程中互相帮助，则构成上述两罪的共同犯罪。但是，如果二人以上实施的行为中有重合的内容，可以就重合的部分成立共同犯罪。

【案例12-1-14】丁某教唆17岁的肖某抢夺他人手机，肖某在抢夺得手后，为抗拒抓捕将追赶来的被害人打成重伤。此例中，丁某构成抢夺罪的教唆既遂，肖某构成转化型抢劫，二人在抢夺行为中构成共犯。

（5）事前无通谋的窝藏、包庇、窝赃、销赃行为与其指向的犯罪不成立共同犯罪。这些行为虽然与他人的行为之间存在着密切的关联，但由于彼此间缺乏共同犯罪故意，因而不成立共同犯罪。如甲明知乙犯故意杀人罪而为乙提供隐藏处和财物，甲、乙不构成共同犯罪。

第二节　共同犯罪的类型

对共同犯罪进行分类研究能够更好地认识与理解共同犯罪问题。按照不同的标准，从不同的角度可以将共同犯罪分为多种类型。

一、任意的共同犯罪和必要的共同犯罪

任意的共同犯罪和必要的共同犯罪是以共同犯罪能否依照法律的规定任意形成标准作出的分类。任意的共同犯罪是指刑法分则中规定的一人能够单独实施的

犯罪，当二人以上共同实施时所构成的共同犯罪的情形。我国刑法中，大多数犯罪的成立不以多数人为犯罪成立的必要条件，一人即可以成立该种犯罪，二人以上共同实施则可成立共同犯罪，如故意杀人罪、抢劫罪、袭警罪、贩卖毒品罪等。必要的共同犯罪是指刑法分则规定必须由二人以上共同实施的犯罪，单个人不可能构成该种犯罪。理论界对必要共同犯罪的分类观点不一致。有学者认为，必要共同犯罪可细分为对向犯、聚众共同犯罪和集团共同犯罪。对向犯是指以二人以上相互对向的行为为要件的犯罪，刑法对对向双方的罪名设置和处罚情形并不一致。如重婚罪和代替考试罪，刑法为双方规定的罪名和法定刑均相同；但是对行贿罪与受贿罪这一对向行为，刑法规定的罪名和法定刑均不相同；而对贩卖淫秽物品和购买淫秽物品的双方，刑法只处罚贩卖者，不处罚购买者。对向犯的情况较为复杂，理论界观点分歧较大。也有观点认为，行贿罪与受贿罪、重婚罪中的双方未必成立共同犯罪。

聚众共同犯罪是由首要分子组织、策划、指挥众人所实施的共同犯罪。如《刑法》第242条第2款规定的聚众阻碍解救被收买的妇女、儿童罪；《刑法》第317条第2款规定的聚众持械劫狱罪。但是聚众犯罪未必都是共同犯罪，因为在某些聚众犯罪中，刑法规定只处罚首要分子，而不处罚其他参与人。如《刑法》第291条规定的“聚众扰乱公共场所秩序、交通秩序罪”，“聚众扰乱车站、码头、民用航空站、商场、公园、影剧院、展览会、运动场或者其他公共场所秩序，聚众堵塞交通或者破坏交通秩序，抗拒、阻碍国家治安管理工作人员依法执行职务，情节严重的，对首要分子，处五年以下有期徒刑、拘役或者管制”。此时，如果首要分子只有一人，共同犯罪便无从谈起。

集团共同犯罪是指三人以上有组织地实施的共同犯罪。集团共同犯罪可能是必要共同犯罪，如《刑法》第120条规定的组织、领导、参加恐怖组织罪，第294条第1款规定的组织、领导、参加黑社会性质组织罪。但集团共同犯罪也可能是任意共同犯罪，如集团实施的抢劫、杀人、敲诈勒索等犯罪即属于任意共同犯罪。

二、事前有通谋的共同犯罪和事前无通谋的共同犯罪

事前有通谋的共同犯罪和事前无通谋的共同犯罪是以共同犯罪故意形成的时间为标准进行的分类。“通谋”一般是指二人以上为了实施特定的犯罪而进行的谋划和商议。事前有通谋的共同犯罪是指各共犯人在着手实行犯罪之前，进行了商议和计划，从而形成共同犯罪故意的共同犯罪。这种共同犯罪较为常见。如为了生产、销售伪劣产品而进行的商量，为了拐卖妇女而事先进行的计划等。

需要注意的是，有些共同犯罪的成立需要以共谋作为成立的条件。如《刑法》第310条第1款规定："明知是犯罪的人而为其提供隐藏处所、财物，帮助其逃匿或者作假证明包庇的，处三年以下有期徒刑、拘役或者管制……"其第2款规定："犯前款罪，事前通谋的，以共同犯罪论处。"意即，明知是犯罪的人而为其提供隐藏处所、财物，帮助其逃匿或者作假证明包庇，如果与本犯事前有通谋，则成立共同犯罪；如果与本犯没有通谋，只是事后窝藏、包庇的，则成立窝藏、包庇罪。《刑法》第312条规定的掩饰、隐瞒犯罪所得、犯罪所得收益罪、《刑法》第349条规定的包庇毒品犯罪分子罪和窝藏、转移、隐瞒毒品、毒赃罪也是如此。这些犯罪中的行为人是否与本犯成立共同犯罪，同样取决于他们之间事先是否有通谋。如丙明知是甲盗窃的机动车而代为销售的，如果事先与甲没有通谋，成立掩饰、隐瞒犯罪所得、犯罪所得收益罪；如果与甲事前有通谋，事后代为销售的，成立盗窃罪的共同犯罪。相关司法解释也明确了这一点[①]。

事前无通谋的共同犯罪是指各共犯人在刚着手实行犯罪时或者在实行犯罪过程中形成共同犯罪故意的共同犯罪。"事前无通谋"并不等于"没有通谋"或者事后通谋，而是指通谋形成于犯罪行为实行之时或者之中。行为人虽在事先未与他人形成共同犯罪故意，但其在明知他人犯罪性质的情况下，于事中参与了他人犯罪的后续行为，这表明其在主观上对他人犯罪目的的认可和主观故意内容上的沟通，在客观上对他人实现犯罪目的起到了积极帮助作用，根据主客观相一致的定罪原则，应与他人以共同犯罪论处。

【案例12-2-01】丙发现某商店失火，立即叫孙某："现在是趁火打劫的好时机，我们一起去吧"，孙某便和丙一起到失火地点窃取商品后各自回家。此案例中，丙和孙某的共同犯罪故意形成于着手实行犯罪之时，属于事前无通谋的共同犯罪。

---

① 最高人民法院、最高人民检察院、公安部2021年《关于办理电信网络诈骗等刑事案件适用法律若干问题的意见(二)》第11条规定，明知是电信网络诈骗犯罪所得及其产生的收益，以下列方式之一予以转账、套现、取现，符合刑法第三百一十二条第一款规定的，以掩饰、隐瞒犯罪所得、犯罪所得收益罪追究刑事责任。但有证据证明确实不知道的除外。

(一)多次使用或者使用多个非本人身份证明开设的收款码、网络支付接口等，帮助他人转账、套现、取现的；

(二)以明显异于市场的价格，通过电商平台预付卡、虚拟货币、手机充值卡、游戏点卡、游戏装备等转换财物、套现的；

(三)协助转换或者转移财物，收取明显高于市场的"手续费"的。

实施上述行为，事前通谋的，以共同犯罪论处……

在事前无通谋的共同犯罪中，如果其中先行为人已经实施了一部分实行行为，后行为人以共同犯罪的故意中途加入，参与实行或者提供帮助的，称为承继的共同犯罪。

【案例12-2-02】周某为抢劫财物在某昏暗场所将王某打昏。周某的朋友高某正好经过此地，高某得知真相后应周某的要求提供照明，使周某顺利地将王某钱包拿走。本例中，周某与高某事先没有通谋，高某只是在周某在实行犯罪过程中加入进来，二人共同犯罪的故意形成于抢劫行为实行过程中，因而属于事前无通谋的共同犯罪。二人成立承继共犯。

三、简单共同犯罪和复杂共同犯罪

以共同犯罪人之间有无分工，可以将共同犯罪分为简单共同犯罪和复杂共同犯罪。简单共同犯罪指各共同犯罪人都直接实行某一具体犯罪构成客观要件中的行为的共同犯罪，如甲、乙、丙均去实施盗窃行为、抢劫行为的，三人之间没有分工，即属于简单共同犯罪。复杂共同犯罪是指各共同犯罪人之间有分工的共同犯罪，共同犯罪中存在着组织行为、实行行为、帮助行为、教唆行为等。组织犯负责组织犯罪活动、制定犯罪计划、指挥犯罪活动等，实行犯负责执行与实施具体的犯罪行为，帮助犯为犯罪活动的实施提供帮助，教唆犯负责唆使他人产生犯罪决意。各共犯人各负其责，共同实施与完成整个共同犯罪活动。当然，在复杂共同犯罪中，各共犯人的分工并不是绝对的，组织犯参与实施实行行为、教唆犯参与实行行为或者帮助行为是完全可能的。

【案例12-2-03】2013年11月，被告人郭某升通过网络中介购买店主为“汪亮”、账号为play2011-1985的淘宝店铺，并改名为“三星数码专柜”，在未经三星（中国）投资公司授权许可的情况下，批发假冒的三星I8552手机裸机及配件进行组装，并通过“三星数码专柜”在淘宝网上以“正品行货”进行宣传、销售。被告人郭某锋负责该网店的客服工作及客服人员的管理，被告人孙某标负责假冒的三星I8552手机裸机及配件的进货、包装及联系快递公司发货。至2014年6月，该网店共计组装、销售假冒三星I8552手机20000余部，非法经营额2000余万元，非法获利200余万元。被告人郭某升、郭某锋、孙某标，系共同犯罪，且该共同犯罪是存在一定分工的复杂共同犯罪。

四、一般共同犯罪和特殊共同犯罪

根据有无组织形式为标准可以将共同犯罪划分为一般共同犯罪和有组织的共同犯罪。一般共同犯罪是指二人以上为实施特定犯罪而事先或者临时结合的无特殊组织形式的共同犯罪。有组织的共同犯罪就是犯罪集团实施的犯罪。根据《刑法》第26条第2款的规定，犯罪集团是指三人以上为共同实施犯罪而组成的较为固定的犯罪组织。犯罪集团具有成员众多、实施犯罪目的明确、组织性强、存在稳固性等特点。

【案例12-2-04】2015年6月至2016年4月间，被告人张某闵等52人先后在印度尼西亚共和国和肯尼亚共和国参加对中国大陆居民进行电信网络诈骗的犯罪集团。在实施电信网络诈骗过程中，各被告人分工合作，其中部分被告人负责利用电信网络技术手段对大陆居民的手机和座机电话进行语音群呼，群呼的主要内容为"有快递未签收，经查询还有护照签证即将过期，将被限制出境管制，身份信息可能遭泄露"等。当被害人按照语音内容操作后，电话会自动接通冒充快递公司客服人员的一线话务员。一线话务员以帮助被害人报案为由，将电话转接至冒充公安局办案人员的二线话务员。二线话务员向被害人谎称"因泄露的个人信息被用于犯罪活动，需对被害人资金流向进行调查"，欺骗被害人转账、汇款至指定账户。如果被害人对二线话务员的说法仍有怀疑，二线话务员会将电话转给冒充检察官的三线话务员继续实施诈骗。至案发，张某闵等被告人通过上述诈骗手段骗取75名被害人钱款共计人民币2300余万元。此案中，有明显首要分子，主要成员固定，犯罪目的明确，组织性强，可以认定为诈骗犯罪集团。

我国刑法分则中也有犯罪集团的立法例。《刑法》第294条第1款规定的组织、领导、参加黑社会性质组织罪中的"黑社会性质组织"就属于犯罪集团，具有犯罪集团的一般属性。根据该条第4款的规定，黑社会性质的组织应当同时具备以下特征：①形成较稳定的犯罪组织，人数较多，有明确的组织者、领导者，骨干成员基本固定；②有组织地通过违法犯罪活动或者其他手段获取经济利益，具有一定的经济实力，以支持该组织的活动；③以暴力、威胁或者其他手段，有组织地多次进行违法犯罪活动，为非作恶，欺压、残害群众；④通过实施违法犯罪活动，或者利用国家工作人员的包庇或者纵容，称霸一方，在一定区域或者行业内，形成非法控制或者重大影响，严重破坏经济、社会生活秩序。这些特征表明黑社会性质的组织是“三人以上为共同实施犯罪而组成的较为固定的犯罪组织”，属于特殊的共同犯罪。相对于一般共同犯罪，特殊共同犯罪对社会具有更加严重的破坏性，社会危害性更大，因而也是刑法打击的重点。

第三节　共同犯罪人的刑事责任

在共同犯罪中，各行为人在共同犯罪中承担的角色和发挥的作用各不相同，其刑事责任大小也有所区别，因此与单独犯罪相比，共同犯罪人的刑事责任更为复杂。为此，对共同犯罪人刑事责任需要区分情况作出考虑。从世界各国刑法立法和理论来看，一般将共同犯罪人按照分工或者作用进行分类。按照分工的不同，共同犯罪人可以分为组织犯、实行犯、帮助犯和教唆犯；按照作用大小分类，共同犯罪可以分为主犯、从犯、胁从犯。我国刑法中对共同犯罪的分类兼顾上述两种分类法。按照共同犯罪人在共同犯罪中的作用，将其分为主犯、从犯和胁从犯，同时按照分工标准，将教唆犯作为共同犯罪人的类型之一。据此，我国共同犯罪人有主犯、从犯、胁从犯和教唆犯四种，其刑事责任也有所不同。

一、主犯及其刑事责任

（一）主犯的概念和类型

根据《刑法》第26条第1款的规定：“组织、领导犯罪集团进行犯罪活动的或者在共同犯罪中起主要作用的，是主犯。”可见，主犯包括两种类型。

1.组织领导犯罪集团进行犯罪活动的犯罪分子，即犯罪集团的首要分子

这类主犯以犯罪集团的存在为前提，组织行为表现为纠集、串联、领导、指挥、策划、安排、率领集团成员进行犯罪等。这类主犯对于犯罪集团的成立和犯罪活动的实施都有着举足轻重的作用。

【案例12-3-01】为获取非法利益，2017年下半年开始，王某某伙同董某某以营利为目的，长期开设赌场，纠集参赌人员在赌场内以“斗干宝”形式赌博，并从中抽头渔利。同时，纠集曹某某抽取并管理赌场获利的赃款；纠集张某某为赌场站岗放哨、拉送赌博所用案板、灯具、搭棚等用具；纠集张某在赌场内维持秩序及干杂活；纠集齐某某、周某某、匡某某、张某某、陈某、杨某某、王甲等人为其赌场站岗放哨；纠集时某、赵某某接送参赌人员和站岗放哨等。本案人员较多，有明显的首要成员，重要成员较为固定，且经常纠集在一起实施开设赌场犯罪，是犯罪集团。王某某伙同董某某组织、管理、指挥他人实施开设赌场犯罪行为，应当认定为犯罪集团的首要分子。

2. 在共同犯罪中起主要作用的犯罪分子

这类主犯是指除犯罪集团首要分子以外的在共同犯罪中起主要作用的犯罪分子。包括如下几种：

（1）在犯罪集团中表现积极的骨干分子。这类主犯是指在犯罪集团当中，积极参与违法犯罪活动，发挥作用大的犯罪分子。如直接听命于组织者、领导者，并多次指挥或积极参与实施有组织的违法犯罪活动或者其他长时间在犯罪组织中起重要作用的犯罪分子。

【案例 12-3-02】2014 年，被告人曹某昌（在逃）注册成立“郴州市某某服务有限公司”从事租赁和商务服务。自 2018 年 5 月 29 日，曹某昌将公司更名为“湖南某信息科技有限公司”，分设行政部、市场部、销售部和售后部，并组织被告人邓某、杨某祥以及曹某、乐某、罗某、曹某平等人对淘宝商家实施诈骗。被告人杨某祥作为销售部的组长，任职期间，分别负责各组的组员“话术”培训和业绩提升，且享受组内业绩 5% 的分红提成。被告人邓某自 2019 年 2 月份担任该诈骗集团的市场部主管并于 2019 年 4 月份任公司法人代表，主要负责市场部员工日常工作、传达老板指令、分配工作任务，收集提供用于继续作案的被害人信息等，且其业绩提成与市场部员工每月完成寻找客户量挂钩。邓某、杨某祥在整个共同犯罪中起到了组织管理作用，行为积极主动，在共同犯罪中起主要作用，系犯罪集团的骨干分子，应当认定为犯罪集团除首要分子以外的主犯。

（2）聚众犯罪中的首要分子或者其他起主要作用的犯罪分子。这类主犯是在聚众型共同犯罪中进行组织、指挥，表现积极的犯罪人。

【案例 12-3-03】自 2019 年 11 月起，在被告人曾某某的煽动、唆使下，其所在村的村民以对拆迁安置政策不满为由，采取拦截、围堵施工车辆及轮流值守的方式阻挠当地政府引进的三个项目正常施工，导致项目被迫全面停工，最终造成项目人工损失人民币 149500 元。曾某某在整个聚众扰乱社会秩序罪犯罪中起组织、指挥作用，是首要分子，应当认定为主犯。

（3）在聚众共同犯罪以外的一般共同犯罪中起主要作用的犯罪分子。这类主犯是一般共同犯罪中的主要人物，对共同犯罪的发生、发展和危害结果的产生发挥了举足轻重的作用。

【案例12-3-04】国有甲公司领导王某与私企乙公司签订采购合同，以10万元的价格向乙公司采购一批设备。后王某发现，丙公司销售的相同设备仅为6万元。王某虽有权取消合同，但却与乙公司老总刘某商议，由王某花6万元从丙公司购置设备交给乙公司，再由乙公司以10万元的价格卖给甲公司。经王某签字批准，甲公司将10万元货款支付给乙公司后，刘某再将10万元返给王某。刘某为方便以后参与甲公司采购业务，完全照办。本案属于王某与刘某串通共同犯罪。王某为主犯。

与主犯容易混淆的是首要分子。根据《刑法》第97的规定，首要分子是指在犯罪集团或者聚众犯罪中起组织、策划、指挥作用的犯罪分子。首要分子分为两类：一类是在犯罪集团中起组织、策划、指挥作用的犯罪分子，另一类是在聚众犯罪中起组织、策划、指挥作用的犯罪分子。首要分子与主犯是两个不同的概念。根据《刑法》第26条第1款的规定，第一类首要分子，即组织、领导犯罪集团进行犯罪活动的犯罪分子都属于主犯；但第二类首要分子未必都是主犯。这是因为刑法规定对某些聚众犯罪只处罚首要分子，其他参与人不予以处罚，如果首要分子仅为一人，此时并不存在共同犯罪，因而也就不存在主犯。如《刑法》第291条规定："聚众扰乱车站、码头、民用航空站、商场、公园、影剧院、展览会、运动场或者其他公共场所秩序，聚众堵塞交通或者破坏交通秩序，抗拒、阻碍国家治安管理工作人员依法执行职务，情节严重的，对首要分子，处五年以下有期徒刑、拘役或者管制。"根据该条规定，在聚众扰乱公共场所秩序犯罪中的首要分子未必成立主犯。

（二）主犯的处罚原则

在共同犯罪当中，主犯所起作用大，因而对主犯的处罚也应该更严厉。但是即使是主犯，社会危害性的大小也不一样，基于罪责刑相一致的刑法基本原则，对主犯的处罚原则也应有所区别。根据《刑法》第26条第3款和第4款的规定，对组织领导犯罪集团的首要分子，按照集团所犯的全部罪行处罚，对其他主犯，按照其所参与或组织、指挥的全部犯罪处罚。由此可见，对主犯的处罚原则分为如下两种情形。

（1）对组织领导犯罪集团的首要分子，按照集团所犯的全部罪行处罚。所谓

“集团所犯的全部罪行”，是指在集团组织、策划、安排下所犯的罪行。组织、领导犯罪集团的首要分子是犯罪集团的核心，犯罪集团所犯的全部罪行都在其主观故意之中，犯罪活动的实施离不开首要分子的组织与领导，因此，犯罪集团中的首要分子不仅要对自己直接实施的犯罪行为及其结果承担刑事责任，还要对集团所犯的全部罪行承担刑事责任，即要对其他成员按照集团犯罪计划所犯的全部罪行承担刑事责任。需要注意的是，“集团所犯全部罪行”不等于“集团成员所犯的全部罪行。犯罪集团成员超出集团犯罪计划，独自实施的犯罪行为，不属于“集团所犯的罪行”，首要分子不对此承担刑事责任。

（2）对其他主犯，按照其所参与或组织、指挥的全部犯罪处罚。这就意味着对于组织、指挥共同犯罪的主犯，应该按照其组织、指挥的全部犯罪处罚；对于除此以外的，在共同犯罪中起主要作用的主犯，应按照其参与的全部犯罪进行处罚。

二、从犯及其刑事责任

共同犯罪中从犯是依主犯而划分的共犯人种类。对于从犯的认定与处罚应该考虑其在共同犯罪中的作用。

（一）从犯的概念

《刑法》第27条第1款规定：“在共同犯罪中起次要或者辅助作用的，是从犯。”可见从犯可以分为两种。一类是起次要作用的实行犯，这种从犯直接实施了具体犯罪构成要件中的行为，但与主犯相比，其作用较小。

【案例12-3-05】甲、乙共同伤害王某，甲用铁棍殴打王某头部，乙用拳头殴打王某腿部，二人共同导致王某重伤。在这起案件中，甲和乙都是实行犯，但甲对王某的重伤起主要作用，为主犯；乙起次要作用，为从犯。

另一类是起辅助作用的帮助犯。即未实施某种犯罪构成要件中的实行行为，但为共同犯罪的实施制造条件，提供帮助，辅助实行犯。表现为给实行犯提供犯罪工具、望风、按事前约定进行销赃等。

【案例12-3-06】乙、丙在五金店门前互殴，店员甲旁观。乙边打边掏钱向甲买一羊角锤。甲递锤时对乙说“你打伤人可与我无关”。乙用该锤将丙打成重伤。甲明知乙是用锤伤害他人，仍然卖锤给对方，成立乙故意伤害罪的帮助犯。

需要注意的是，某些帮助行为具有中立性，帮助者并没有和被帮助的犯罪人形成共同犯罪的合意，因而并不能作为从犯处理。

【案例12-3-07】丙系某快递公司快递员，按照公司的安排为销售伪劣产品的人派送了近万件伪劣产品，丙属于正常的经营行为，不构成销售伪劣产品的帮助犯。

（二）从犯的处罚原则

考虑到从犯在共同犯罪中发挥了次要或者辅助作用，对共同犯罪的发生和发展具有一定的作用，但是与主犯相比，从犯所起的作用较小，因而《刑法》第27条第2款规定："对于从犯，应当从轻、减轻处罚或者免除处罚。"根据相关司法解释。对于从犯，综合考虑其在共同犯罪中的地位、作用等情况，应当予以从宽处罚，减少基准刑的20%—50%；犯罪较轻的，可以减少基准刑的50%以上或者依法免除处罚。[①]

关于从犯的处罚，还需要注意的是：

（1）如果刑法分则有关条文明确规定了某些共同犯罪中从犯的法定刑，则无需适用刑法总则中关于从犯的处罚原则。如《刑法》第294条规定："组织、领导黑社会性质的组织的，处七年以上有期徒刑，并处没收财产……其他参加的，处三年以下有期徒刑、拘役、管制或者剥夺政治权利，可以并处罚金。"这里的"其他参加的"显然是从犯，此时按照该法条规定的法定刑进行处罚即可。

（2）如果在刑法分则中，某些帮助行为已经被单独定罪，即帮助行为实行化，则直接依据刑法分则的规定定罪处罚，不再作为本犯的帮助犯。如根据《刑法》第120条之一的规定，资助恐怖活动组织、实施恐怖活动的个人的，或者资助恐怖活动培训的，以及为恐怖活动组织、实施恐怖活动或者恐怖活动培训招募、运送人员的，构成帮助恐怖活动罪。根据《刑法》第244条第2款的规定，明知他人以暴力、威胁或者限制人身自由的方法强迫他人劳动的，为其招募、运送人员或者有其他协助强迫他人劳动行为的，构成强迫劳动罪。根据《刑法》第287条之二的规定，明知他人利用信息网络实施犯罪，为其犯罪提供互联网接入、服务器托管、网络存储、通讯传输等技术支持，或者提供广告推广、支付结算等帮助，情节严重的，构成帮助信息网络犯罪活动罪。根据《刑法》第358条第4款的规定，为组织卖淫的人招募、运送人员或者有其他协助组织他人卖淫行为的，构成协助组织

① 参见2021年最高人民法院、最高人民检察院《关于常见犯罪的量刑指导意见（试行）》第3条。

卖淫罪。在这些情形中，帮助行为已经被刑法作为实行行为处理，因而不再考虑按照被帮助行为的从犯处理，而是直接按照刑法的规定定罪处刑。

三、胁从犯及其刑事责任

胁从犯也是共同犯罪人的一种类型，但并非所有的共同犯罪中都有胁从犯。

（一）胁从犯的概念

根据《刑法》第28条的规定，胁从犯是指被胁迫参加犯罪的犯罪分子。胁从犯的特征表现为：在客观上实施了犯罪行为，在主观上仍有行为选择的可能性，在原因上是由于受到他人的胁迫而参加犯罪。“胁迫”即以剥夺生命、损害健康、揭发隐私、损毁财物等对行为人进行精神上的强制。

胁从犯属于共同犯罪人，但是当行为人所受到的胁迫是一种正在发生的危险，直接威胁到国家、公共利益、本人或者他人的人身权利、财产权利时，如果行为人为了保护较大合法利益而被迫实施损害较小合法权利的行为，应当认定为紧急避险，不能按照胁从犯处理。

胁从犯也可以转化为主犯或者从犯。如果行为人一开始被胁迫参加犯罪，在着手实行犯罪后，积极主动投入到犯罪活动当中，此时应该按照其作用认定为主犯或者从犯。

（二）胁从犯的处罚原则

考虑到胁从犯虽然参与了犯罪，但并非出于自愿，而是受到了精神强制，因而，我国《刑法》第28条规定，对于被胁从参加犯罪的，应当按照他的犯罪情节减轻处罚或者免除处罚。

四、教唆犯及其刑事责任

教唆犯是按照分工对共同犯罪人作出的分类，教唆犯的成立条件和处罚原则较为复杂，理论界对教唆犯的认识还存在很多分歧。

（一）教唆犯的概念

《刑法》第29条规定了教唆犯的刑事责任，没有规定教唆犯的概念。理论界一般认为，教唆犯就是故意唆使他人犯罪的犯罪分子。

（二）教唆犯的成立条件

教唆犯本人不亲自实行犯罪，故意唆使他人产生犯罪决意并实行犯罪行为。

一般认为，教唆犯的成立需满足客观和主观条件。

1. 客观上具有教唆他人犯罪的行为

教唆者采用授意、怂恿、劝说、利诱等方法唆使他人实行某一具体犯罪。对于教唆的对象需要注意以下问题：第一，教唆的对象是本无犯罪意图的人，或者虽有犯罪意图，但犯罪意志尚不坚决的人。第二，教唆犯所教唆的对象为具备刑事责任能力、达到刑事责任年龄的人。主流观点认为：教唆的对象必须是有刑事责任能力的人，如果教唆无刑事责任能力的人进行犯罪，那就不是教唆犯，而是利用无责任能力人犯罪的间接正犯。第三，一般认为，教唆的对象是特定的，如果教唆的对象不特定，则为“煽动”，不属于教唆犯。第四，教唆可以是口头的，也可以是书面的，还可以是示意性的动作。第五，教唆的内容必须是犯罪行为，如果教唆他人实施违法行为或者不道德行为，不是教唆犯。如教唆他人吸毒的，由于吸食毒品并非犯罪，因而教唆他人吸食毒品并不构成教唆犯，而是成立教唆他人吸毒罪。第六，教唆行为不要求传授犯罪方法。我国《刑法》第295条规定了传授犯罪方法罪。虽然教唆犯在教唆的同时可能会传授犯罪方法，但教唆犯的成立并不以传授犯罪方法为必要条件。

2. 主观上具有教唆他人犯罪的故意

教唆者认识到他人尚无犯罪决意，预见到自己的教唆行为将引起被教唆者产生犯罪决意，而希望或者放任教唆行为所产生的结果。

【案例12-3-08】甲与乙有仇，企图报复，于是便授意丙将乙打成重伤，丙果然按照甲的意图殴打乙，并将乙打伤致残。甲明知其教唆行为会造成丙伤害乙的结果，而希望这种结果发生，对于丙将乙打伤的结果是积极追求的。甲成立教唆犯。

但是，如果仅仅是“说者无意，听者有心”，“听者”进而实施了犯罪，则“说者”因并不存在教唆故意，而不成立教唆犯。

【案例12-3-09】甲因其夫张某经常深夜不归，于是当着其子的面张小某痛骂：“以后再这么晚回来，信不信我挑断你的脚筋。”当晚，张小某将张某的脚筋挑断。甲并不存在教唆张小某伤害张某的故意，因而不是教唆犯。

（三）教唆犯的处罚原则

《刑法》第29条第1款规定，“教唆他人犯罪的，应当按照他在共同犯罪中所起的作用处罚。教唆不满十八周岁的人犯罪的，应当从重处罚。”其第2款规定：“如果被教唆的人没有犯被教唆的罪，对于教唆犯，可以从轻或者减轻处罚。”可见，对于教唆犯的处罚应该区分情况处理。

1.教唆他人犯罪的，应当按照教唆者在共同犯罪中的作用处罚

这种情形是指，被教唆者实施了教唆之罪，因而教唆犯和教唆者成立共同犯罪的情形。“按照他在共同犯罪中的作用处罚”意味着：如果教唆犯在共同犯罪中起主要作用，就按主犯处罚；如果起次要作用，就按从犯处罚。一般情况下，教唆犯在共同犯罪中都起主要作用，按照主犯处罚，但在少数共同犯罪中，也存在按照从犯处罚的情形，如教唆他人帮助别人犯罪的，一般是从犯。

需要引起注意的是，我国刑法中没有设置“教唆罪”，一般情况下，教唆犯的罪名与实行犯的罪名是一致的。

2.教唆不满18周岁的人犯罪的，应当从重处罚

刑法之所以规定教唆不满18周岁的人犯罪，应当从重处罚，是因为，一方面，选择未满18周岁的人进行教唆，说明教唆人具有更大的主观恶性。另一方面，未满18周岁的人认识能力和控制自己行为的能力有限，独立判断能力不足，因而更容易接受教唆，发生危害社会的行为，因而刑法规定教唆未成年人犯罪的，应当从重处罚是合理的。这里的“教唆不满18周岁的人犯罪”应该根据《刑法》第17条规定的不同情况分别处理：一是教唆已满16未满18周岁的人犯任何罪，都应当依法从重处罚。二是教唆已满14未满16周岁的人犯故意杀人、故意伤害致人重伤或者死亡、强奸、抢劫、贩卖毒品、放火、爆炸、投放危险物质罪；或者教唆已满12未满14周岁的人实施故意杀人、故意伤害罪，致人死亡或者以特别残忍手段致人重伤造成严重残疾，应当对教唆犯从重处罚。

教唆未满18周岁的人犯罪，应当从重处罚，在刑法分则中也有体现。《刑法》第347条第6款规定：“利用、教唆未成年人走私、贩卖、运输、制造毒品，或者向未成年人出售毒品的，从重处罚。”

至于教唆已满14未满16周岁的人实施我国《刑法》第17条第2款规定以外之罪、教唆已满12未满14周岁的实施《刑法》第17条第3款规定以外之罪、教唆未满12周岁的人实施刑法规定的任何罪行的，该如何处理，学界有不同观点。本书赞同：由于被教唆人没有达到法定刑事责任年龄，缺乏成为犯罪主体的条件，他们实施的刑法规定为犯罪的行为不构成犯罪，因而教唆者不能成为教唆犯，他们把被教唆者当成犯罪的工具，完全符合间接正犯的特征，应当按照间接正犯（实践上即按照间接实行犯）处理并从重处罚。

3. 如果被教唆的人没有犯被教唆的罪，对于教唆犯，可以从轻或者减轻处罚

被教唆人没有犯被教唆之罪的情况也称“教唆未遂”。一般认为，教唆未遂包含如下情形：①被教唆人拒绝了教唆人的教唆；②被教唆人虽然接受了教唆，但实际上没有进行任何犯罪活动；③被教唆人当时允诺实施被教唆的犯罪，但实际上实施的是其他犯罪。此时，如果被教唆人所犯的罪与教唆的罪在性质上根本不同，教唆犯只对自己所教唆的犯罪承担刑事责任。如甲唆使乙强奸妇女丙，但乙只是抢夺了丙的财物1万元后即离开现场，此时甲不构成抢夺罪的教唆犯，属于强奸罪的教唆未遂。④教唆犯对被教唆人进行教唆时，被教唆人已有实施犯罪的决意[①]。教唆未遂的，对教唆犯可以从轻或减轻处罚。但也有学者认为，可以将“被教唆的人没有犯被教唆的罪”理解为，“被教唆的人没有犯被教唆的既遂罪”，或者“被教唆的人没有犯罪既遂”，详言之，如果被教唆的人着手实行犯罪后，由于意志以外的原因未得逞或者自动放弃犯罪或有效防止犯罪结果的发生，对于教唆犯，可以从轻或减轻处罚。这一理解有一定的启发性，但是被教唆的人没有犯被教唆的罪与被教唆的人犯罪但未遂或者中止有着较大的区别，因而对此问题还有进一步研究的必要。

教唆未遂与未遂的教唆是两个不同的概念。未遂的教唆犯是指被教唆人已经着手实行犯罪，但基于意志以外的原因而未完成犯罪情形下的教唆犯。未遂的教唆犯与被教唆者有共同犯罪关系，应该对实行犯的犯罪未遂负刑事责任。但也有学者认为，未遂的教唆是指教唆者故意唆使他人实施不能既遂的行为。教唆者在实施教唆时就认识到，被教唆人产生犯罪决意后施行犯罪的结局只能是未得逞，不可能既遂，例如甲将一支没有子弹的手枪交给乙，指示乙开枪杀死丙，乙接受教唆开枪射击，因没有子弹而不能致丙死亡。对于教唆未遂与未遂的教唆的界定以及二者之间的关系都还存在研究的空间。

需要注意的是，在刑法分则中，某些教唆行为已经被单独定罪，即教唆行为被实行化，此时依照刑法分则的规定定罪处罚，不再适用总则中教唆犯的处罚原

① 此种情形中，教唆者是否属于教唆犯还存在分歧。2013年法考（卷二）第55题：乙因妻丙外遇而决意杀之。甲对此不知晓，出于其他原因怂恿乙杀丙。后乙杀害丙。答案认为，甲不构成故意杀人罪的教唆犯，甲是主观教唆客观帮助的情况，重合在帮助犯的范围内，应认定为乙故意杀人罪的帮助犯。我国台湾学者林东茂也认为，他人的犯罪决意必须是教唆者所引起，如果教唆前，被教唆人已经有坚决的犯罪念头，教唆者即非教唆犯。例如，甲花钱买凶杀乙，凶手却早已下定决心杀乙，并随而杀死乙，甲不是教唆犯。这个例子中的甲，应该是帮助犯。甲对于早有犯罪决意的乙，提供精神上的鼓舞，所以成立帮助犯。参见林东茂：《刑法综览》（修订5版），中国人民大学出版社2009年版，第177页。

则。如《刑法》第104条第1款规定，“组织、策划、实施武装叛乱或者武装暴乱的，对首要分子或者罪行重大的，处无期徒刑或者十年以上有期徒刑……”其第2款规定：“策动、胁迫、勾引、收买国家机关工作人员、武装部队人员、人民警察、民兵进行武装叛乱或者武装暴乱的，依照前款的规定从重处罚。”此处的策动、胁迫、勾引、收买实际上属于教唆行为。由于刑法已经将其作为独立的犯罪，不再按照总则中教唆犯定罪处罚。

思考题

1. 共同犯罪成立的条件有哪些？
2. 主犯与首要分子关系如何？
3. 如何理解“被教唆的人没有犯被教唆的罪”？

阅读书目

1. 秦雪娜：《共犯从属性研究》，中国法制出版社2020年版。
2. 陈兴良：《共同犯罪论》（第3版），中国人民大学出版社2017年版。
3. 魏东：《教唆犯诠释与适用》，中国人民公安大学出版社2012年版。

第十三章　罪数形态

罪数指犯罪主体实施的犯罪个数，罪数形态是表现为一罪或者数罪的各种类型化的犯罪形态。

第一节　罪数概述

区分一罪与数罪是司法实践中经常遇到的问题。正确区分一罪与数罪对于准确定罪、合理量刑意义重大。

一、罪数形态研究的意义

罪数形态理论的基本任务在于，阐明各种罪数形态的构成要件，解释有关罪数形态的本质属性和实际罪数，进而确定对各种罪数形态应当适用的处断原则，因而对罪数形态的研究具有重要的意义。具体而言，可以分为以下几个方面。

（一）有助于准确定罪

准确定罪不仅需要认定行为人的行为是否构成犯罪，构成何种犯罪，还需要认定行为人构成几个犯罪，罪数形态理论研究的便是犯罪个数的理论，因此对罪数形态的研究有助于准确定罪。

（二）有助于准确适用刑罚

认定犯罪个数是准确适用刑罚的前提，只有对罪数形态作出准确的认定，才能判断出是一罪还是数罪，是并罚数罪还是非并罚数罪，进而判断行为的社会危害性和人身危险性，根据罪责刑相适应原则对犯罪人的刑罚作出准确的裁量。

（三）有助于刑罚中具体制度的适用

罪数类型中的连续犯、继续犯、牵连犯、集合犯等形态与刑法中规定的很多制度都有关联，如《刑法》第89条第1款规定："追诉期限从犯罪之日起计算；犯罪行为有连续或者继续状态的，从犯罪行为终了之日起计算。”该制度的适用前提即需要对连续犯、继续犯作出正确的认定。刑法当中的数罪并罚制度的适用同样建立在对罪数的准确认定基础之上。

二、罪数判断标准学说

罪数形态的判断标准是指判断一罪与数罪的依据。罪数的判断标准，在刑法理论上存在不同的学说。

（一）行为标准说

行为标准说认为，犯罪的本质是行为，没有行为就没有犯罪，因此判断罪数应该依据行为的个数。实施了一个行为的为一罪，实施了数个行为的为数罪。如行为人一次开枪打死两个人，因为只有一个行为，因而只能认定为一罪。

（二）法益标准说

法益标准说，也称为结果标准说。这种学说认为，犯罪的本质是对法益的侵害，因此，区分一罪与数罪的标准应该是法益，行为侵犯一个法益或发生一个结果的是一罪，侵犯数个法益或数个结果的是数罪。法益包含国家法益和社会法益以及个人法益。个人法益又可以分为人身专属法益和非专属法益两类，前者指生命、健康、人格等与拥有人不可分离的法益，后者指动产、不动产等财产法益。依据此标准，行为人一次开枪打死两人的，应该成立两个犯罪。

（三）犯意标准说

犯意标准说，也称为意思标准说。这种学说认为，犯罪是犯罪人主观上犯罪意思的外部表现，所以应该以犯罪意思的个数判断一罪与数罪。基于一个犯罪意思实施的犯罪是一罪，基于数个犯罪意思实施的犯罪是数罪。如以一次杀两人的意思同时杀害两人的是一罪，相反，杀害一人之后又决意杀害另一人的，是数罪。

（四）构成要件标准说

构成要件标准说认为，犯罪首先以构成要件符合性为标准，行为人不具备构成要件的，不构成犯罪，所以判断一罪与数罪的标准只能是犯罪构成要件。符合一个犯罪构成要件的是一罪，符合数个构成要件的是数罪。如日本学者小野清一郎认为，在罪数论中提倡以构成要件为标准，即有充分满足一次构成要件的事实是一罪，有充分满足两次构成要件的事实即为二罪，以此类推。

上述各种学说均有其合理之处，但也均有其不足。①行为标准说注意到了行为在犯罪中的重要性，但是只强调行为，而对犯罪结果、主观方面的要件均未作考虑。而犯罪是符合构成要件的行为，犯罪主观方面和犯罪结果均属于犯罪构成要件，据此，行为标准说片面强调行为，难免以偏概全。②法益标准说认识到了法益在犯罪认定中的地位，但是忽视犯罪行为、犯罪主观方面等要件，而行为与罪过是构成犯罪不可缺少的条件，因而以法益为标准判断罪数是不妥当的。③犯意标准说强调了犯罪意思在犯罪构成中不可或缺的作用，但是没有重视犯罪客观方面的行为与结果等要件在成立犯罪方面的价值，罪数认定过于强调主观标准，以犯意个数作为区分罪数的标准，显然难以区分出一罪与数罪，因而也是不可取的。

由此可见，行为标准说、法益标准说和犯意标准说均以犯罪构成的某一个或某一方面的要件为标准区分罪数，存在客观主义和主观主义的局限。相比较而言，构成要件标准说更为全面、合理。构成要件包含了行为、结果或法益以及故意等要素，因而它避免了上述标准的片面性。但是该学说同样存在问题，按照德日刑法犯罪构成理论，犯罪有三个要件构成，即构成要件符合性、违法性和有责性，虽然构成要件符合性在犯罪构成三阶层理论中举足轻重，但并不能以其代替违法性和有责性的考察，行为符合构成要件的次数不等于犯罪的个数。因而，以构成要件为标准区分一罪与数罪也有失偏颇。在全面剖析上述理论，吸收某些理论合理成分的基础上，我国刑法学坚持以马克思主义辩证唯物主义为指导思想，提出了犯罪构成标准说。

三、犯罪构成标准说

犯罪构成标准说认为，犯罪构成是主客观要件的统一，是犯罪成立要件的整体，行为符合犯罪构成的，犯罪成立，所以判断一罪还是数罪的标准只能是犯罪构成的个数，行为符合一个犯罪构成的是一罪，符合数个犯罪构成的是数罪。此处的犯罪构成是指刑法分则条文对各种具体犯罪所规定的具体的犯罪构成。犯罪构成标准说克服了上述罪数学说的不足，具有科学性，具体体现在如下方面。

（一）贯彻了罪刑法定原则

罪刑法定是刑法基本原则，它要求犯罪和刑罚必须由刑法明文规定。我国刑法总则规定了所有犯罪必须具备的共同要件，刑法分则规定了具体犯罪构成要件。以犯罪构成作为标准区分一罪与数罪是贯彻罪刑法定的具体体现。它使罪数判断具有了统一的尺度，能够防止犯罪认定的随意和司法的擅断。

（二）贯彻了主客观相统一的原则

犯罪构成是刑法规定的，决定某种行为的社会危害性及其程度，而为该种行为构成犯罪所必须的一切客观要件和主观要件的有机统一。刑法分则中规定的每一种具体犯罪的构成中，都既有犯罪客体、犯罪行为等客观行为，也有犯罪主观方面的故意或者过失主观要件，任何犯罪都是主客观相统一的结果。所以以犯罪构成为区分罪数的标准，防止了罪数认定的片面性，为区分一罪与数罪提供了主客观相统一的科学依据。

（三）贯彻了犯罪构成理论

犯罪构成理论是我国刑法学的核心理论，也是刑法学理论的基石，它贯穿于刑法学的各个领域。罪数理论是犯罪论的组成部分，因而在罪数理论标准上也应坚持犯罪构成理论。换言之，以犯罪构成作为罪数判断标准是犯罪构成理论在罪数形态论中的自然延伸或必然体现。

综上可见，以犯罪构成为标准判断罪数既能保证刑法适用的统一性，也能保持理论的一贯性，因而是科学合理的罪数判断标准。需要说明的是：犯罪构成是判断一罪与数罪的理论上的标准，但是考虑到某些犯罪的特殊情况，刑法对其罪数认定作出了特别规定的，此时则需要依据刑法确定罪数。如根据《刑法》第198条的规定，投保人、被保险人为了实施诈骗，故意造成财产损失的保险事故以及投保人、受益人故意造成被保险人死亡、伤残或者疾病，同时构成其他犯罪的，依照数罪并罚的规定处罚。这种情形虽然符合一罪当中的牵连犯的情形，但是刑法明确规定对其实施数罪并罚，需依照刑法的规定并罚。

四、罪数类型

罪数类型分为一罪与数罪。一罪指一个犯罪，数罪指数个犯罪。依照犯罪构成标准符合一个犯罪构成的为一罪，符合数个犯罪构成的为数罪。但是现实生活中，犯罪复杂多样，千差万别，这给罪数认定造成了困难，因此在刑法理论上，关于一罪与数罪的分类及具体类型一直存在争议。

（一）一罪的类型

一罪应该包含哪些情形，有多种观点。代表性的有：①一罪包括实质的一罪（继续犯、想象竞合犯、结果加重犯）、法定的一罪（结合犯、集合犯）、处断的一罪（连续犯、牵连犯、吸收犯）；②一罪包括单纯的一罪（继续犯、连续犯、法条竞合)、包括的一罪(连续犯、集合犯、发展犯、附随犯、共罚的事前行为、共罚的事后行为)、科刑的一罪(想象竞合、不并罚的牵连犯);③一罪包括单纯的一罪(继续犯、接续犯、徐行犯)、法定的一罪(转化犯、惯犯、结果加重犯、结合犯)、处断的一罪(想象竞合犯、连续犯、牵连犯、吸收犯);④一罪包括单纯的一罪(即成犯、状态犯、接续犯、徐行犯)、实质的一罪(继续犯、想象竞合犯、结果加重犯)、法定的一罪(结合犯、包容犯、转化犯、集合犯)、处断的一罪(连续犯、牵连犯、吸收犯)。

本书采用第一种观点,认为一罪应包含下列情形:

(1)实质的一罪:包括继续犯、想象竞合犯和结果加重犯。

(2)法定的一罪:包括结合犯、集合犯。

(3)处断的一罪:包括连续犯、牵连犯和吸收犯。

(二)数罪的类型

理论上一般将数罪分为下列几种情形:

(1)同种数罪和异种数罪。

(2)并罚数罪和非并罚数罪。

(3)判决宣告前的数罪和刑罚执行期间的数罪。

第二节 一罪的类型

以犯罪构成作为判断罪数的标准,在绝大多数情况下,能区分出一罪与数罪,但是有些犯罪情况复杂,貌似数罪实则一罪,或者实际上是数罪,但按照一罪处理,此时在运用犯罪构成标准判断时,需要特别加以注意。

一、实质的一罪

实质的一罪,是指行为人只实施了一个犯罪行为,因而只能被认定为一罪的罪数形态。一般认为,实质的一罪包括下列三种情形。

(一)继续犯

1.继续犯的概念

继续犯也称持续犯,指犯罪行为及其所引起的不法状态同时处于持续过程中的犯罪形态。我国《刑法》第89条第1款规定“追诉期限从犯罪之日起计算;犯罪行为有连续或者继续状态的,从犯罪行为终了之日起计算”,这是研究继续犯的法律依据。一般认为《刑法》第238条规定的非法拘禁罪是继续犯的适例。此外，非法持有型犯罪、窝藏罪、遗弃罪也被认为是适例。

2.继续犯的特征

对于继续犯的特征，学术界也有不同认识，但一般认为继续犯应该具备四个条件。

（1）必须是基于一个犯罪故意实施一个犯罪行为的犯罪。即主观上出于一个犯罪故意，为了完成同一犯罪意图所实施的一个犯罪行为。行为大多数是作为，也有少数是不作为，如遗弃罪。如果不是出于一个犯罪故意，或者实施的不是一个行为，均不能作为继续犯。如甲拘禁乙10天，期间不断变换地点，但仍然是一个行为。然而甲在10日内连续盗窃10户人家，则是连续实施数个盗窃行为，而不是一个危害行为。

（2）继续犯是持续地侵害同一或相同直接客体的犯罪。如果行为人持续实施的危害行为侵犯了作为某一犯罪必要要件之外的其他犯罪的直接客体，则不仅成立以继续犯为特征的具体犯罪，而且同时构成其他犯罪。如甲在非法拘禁乙的过程中，还对其进行了强制猥亵行为，则甲不仅成立非法拘禁罪，还成立强制猥亵罪。

（3）继续犯必须是犯罪行为及其所引起的不法状态同时处于持续过程中的犯罪。首先，犯罪行为必须具有继续性，即犯罪行为从着手实行到行为终了在时间上有一个过程。在这个过程中，实行行为一直处于不间断进行过程中。其次，犯罪行为所引起的不法状态必须处于持续状态。所谓“不法状态”，是指由于犯罪的实行行为使客体遭受侵害的状态。最后，犯罪行为和不法状态同时处于持续过程中。非法拘禁犯罪中，非法拘禁的行为处于持续过程之中，被害人人身自由被非法剥夺的不法状态也在一起持续，因而是继续犯。如果行为已经结束，仅仅是不法状态在继续，不属于继续犯。

（4）必须是从着手实行到行为终了持续一段时间。没有一定的时间过程，也就没有犯罪行为和不法状态的继续，也就谈不上继续犯。因此时间上的持续性是继续犯的重要条件，至于继续犯的持续时间该以多长时间为准，应该根据不同犯罪性质和情节，具体分析。持续的时间不影响对继续犯的认定，但会影响到对该继续犯的量刑。

以上四个条件必须同时具备，才能成立继续犯。

【案例13-2-01】2015年初，牛某初中三年级辍学后打工，其间经人介绍加入某传销组织，后随该组织到某市进行传销活动。2016年4月21日，被害人瞿某（男，成年人）被其女友卢某（另案处理）骗至该传销组织。4月24日上午，瞿某在听课过程中发现自己进入的是传销组织，便要求卢某与其一同离开。乔某（传销组织负责人）得知情况后，安排牛某与卢某、孙某（另案处理）等人进行阻拦。次日上午，瞿某再次开门欲离开时，在乔某指使下，牛某积极参与对被害人瞿某实施堵门、言语威胁等行为，程某（另案处理）等人在客厅内以打牌名义对瞿某进行看管。15时许，瞿某在其被拘禁的四楼房间窗户前探身欲呼救时不慎坠至一楼，经法医鉴定，瞿某为重伤二级。本案中，除牛某因未成年被附条件不起诉外，人民法院以非法拘禁罪分别判处各被告人有期徒刑1年至3年不等。本案中，各被告人故意对被害人瞿某实施非法拘禁行为，非法拘禁行为与被害人人身自由被剥夺的不法状态同时持续达几十小时，因而，成立继续犯。

3.继续犯的处断原则

我国刑法对继续犯设有专门的条款，并配置了相应的法定刑，因此，对继续犯，直接按照刑法的规定以一罪论处，不实行数罪并罚。持续时间的长短可以作为量刑情节加以考虑。

4.继续犯与即成犯、状态犯、接续犯的区别

即成犯，是与继续犯相对的一种犯罪形态，是指犯罪行为实行终了，犯罪即行完成的犯罪形态。与继续犯的成立必须具备危害行为持续性的要求不同，即成犯在犯罪构成要件方面没有时间持续性的要求，只要该危害行为实施终了或者危害行为实施终了并造成法定的危害结果，就具备某种犯罪的全部构成要件。如诬告陷害罪、伪证罪，只要犯罪行为实施终了，就具备相应犯罪的全部构成条件。故意伤害罪中故意伤害的行为实行终了并出现轻伤以上结果，即认为符合该罪的全部构成要件。虽然伤害行为可能持续很长时间，如殴打受害者1个小时，造成受害者重伤，但持续时间不是故意伤害罪的构成要件。

状态犯是指犯罪既遂后，其实行行为所造成的不法状态处于持续之中的犯罪形态。与继续犯的成立需要危害行为与不法状态同时处于持续状态不同，状态犯只是不法状态在继续，危害行为并不继续。例如盗窃之后占有赃物，只是占有赃物的状态在持续，盗窃行为不再持续，因而是状态犯，不是继续犯。

接续犯是指行为人在同一机会以性质相同的数个举动接续不断地完成一个犯罪行为的犯罪形态。例如，行为人多日在同一个被害人的饮食中下毒，终于实现杀人的目的。接续犯与继续犯的区别在于：接续犯是数个相同的举动组成一个犯罪行为，但没有犯罪行为和不法状态的同时延续。而继续犯则是犯罪行为与不法状态同时处于持续之中。

（二）想象竞合犯

1.想象竞合犯的概念

想象竞合犯，也称想象的数罪、观念的竞合犯，是指行为人基于数个不同的具体罪过，实施一个危害行为，而触犯两个以上异种罪名的犯罪形态。对想象竞合犯，有的国家刑法明确规定了处罚原则。我国刑法对此没有作出明文规定，但是理论界一直承认想象竞合犯，司法实践中也接受了这一犯罪形态。

2.想象竞合犯的特征

想象竞合犯具有以下特征：

（1）行为人必须基于数个不同的具体罪过实施犯罪行为，这是想象竞合犯在主观方面的特征。“数个不同的具体罪过”的类型可以是犯罪故意，可以是犯罪过失，还可以是既有犯罪故意也有犯罪过失。数个罪过是造成想象竞合犯的根本原因，例如，甲擦枪时，不慎走火，打死了乙，打伤了丙。此例中，甲对乙、丙两人均存在犯罪过失。又如，甲意图伤害乙，但担心伤害离乙不远的丙，于是转移位置开枪，结果因枪法不准，还是伤害了丙，乙却幸免，甲对丙是过失，对乙是故意。

【案例13-2-02】甲意图杀乙，看见丙离乙不远，但是不管不顾，仍然开枪，结果乙被打死，丙被打伤。此例中，甲对乙、丙二人均存在犯罪故意。

（2）行为人只实施一个犯罪行为，这是想象竞合犯在客观方面的特征。所谓“一个犯罪行为”，是指在社会生活的意义上被评价为一个行为，行为既可以是作为，也可以是不作为。如果行为人实施了数个犯罪行为，不属于想象竞合犯。

【案例13-2-03】甲为杀害乙，在晚上将乙家的房子点燃，乙和乙的妻子、孩子被烧死，乙家的房子也被烧毁。甲符合故意杀人罪、故意毁坏财物罪和放火罪的构成条件，但甲只实施了一个放火行为。

（3）行为人实施的一个行为必须同时触犯数个罪名，即一个行为在形式上或外观上同时符合刑法规定的数个犯罪构成。如对正在执行公务的警察实施暴力使之受轻伤的，同时触犯了妨害公务罪和故意伤害罪；冒充军人劫持航空器的，触犯冒充军人招摇撞骗罪与劫持航空器罪。至于触犯罪名是同种罪名还是异种罪名，在刑法理论上存在争议。一种意见认为，想象竞合犯分为同种类的想象竞合犯和异种类的想象竞合犯。前者如一枪打死两人，后者如一枪打死一人，打伤一人，两种情况都应该属于想象竞合犯。另一种意见认为，只有异种罪名才是想象竞合犯。主流观点认为，只有一个行为同时触犯数个异种罪名才是想象竞合犯。因为研究想象竞合犯旨在解决按照哪一种罪名定罪的问题，同种罪名在罪名认定上不发生疑问，因而将其作为想象竞合犯，在司法实践中没有实际意义，因此，触犯数个异种罪名法律也是想象竞合犯的一个特征。

【案例 13-2-04】陈某欲制造火车出轨事故，破坏轨道时将螺栓砸飞，击中在附近玩耍的幼童，致其死亡。陈某的行为被及时发现，未造成火车倾覆、毁坏事故。陈某触犯了破坏交通设施罪和过失致人死亡罪两个罪名，属于想象竞合犯。

3. 想象竞合犯的处断原则

对想象竞合犯，理论界通说主张按照“从一重处断”的原则处理，即依照行为触犯的罪名中法定刑较重的犯罪定罪处罚，而不实行数罪并罚。我国刑法对此也有确认。如《刑法》第 291 条之二规定：“从建筑物或者其他高空抛掷物品，情节严重的，处一年以下有期徒刑、拘役或者管制，并处或者单处罚金。”“有前款行为，同时构成其他犯罪的，依照处罚较重的规定定罪处罚。”相关司法解释也规定：“冒充国家机关工作人员进行诈骗，同时构成诈骗罪和招摇撞骗罪的，依照处罚较重的规定定罪处罚。”①

【案例 13-2-05】郑某等人将放有爆炸装置的自行车停于储蓄所门前。当运钞车停在该所门前押款人员下车提押款时（当时附近没有行人），郑某遥控引爆爆炸装置，致 2 人死亡 4 人重伤（均为运钞人员），运钞车中的 230 万元人民币被劫走。郑某等人为了杀害运钞人员而引爆爆炸装置，构成故意杀人罪，同时也构成爆炸罪，属于想象竞合犯，择一重罪处罚。

需要提醒的是，虽然理论上认为，想象竞合犯一般按照“从一重处断”原则处理，但是，如果刑法另有规定的，则依照刑法规定定罪处罚。如，按照《刑法》第 204 条第 2 款的规定，纳税人缴纳税款后，采取前款规定的欺骗方法，骗取所缴纳的税款的，依照逃税罪的规定定罪处罚；骗取税款超过所缴纳的税款部分，依

①参见 2011 年《最高人民法院、最高人民检察院关于办理诈骗刑事案件具体应用法律若干问题的解释》第 8 条。

照骗取出口退税罪的规定处罚。实施一个骗取出口退税的行为，但因数额超过缴纳部分，既构成逃税罪，也构成骗取出口退税罪，属于想象竞合犯，但依法应数罪并罚。

【案例13-2-06】某企业生产的一批外贸供货产品因外商原因无法出口，该企业采用伪造出口退税单证和签订虚假买卖合同等方法，骗取出口退税50万元（其中包括该批产品已征的产品税、增值税等税款19万元）。对该企业应该按照逃税罪和骗取出口退税罪数罪并罚。

4.想象竞合犯与法规竞合犯

法规竞合犯，也称法条竞合犯，是指行为人实施一个犯罪行为同时触犯数个在犯罪构成上具有重合或者交叉关系的刑法规范，只适用其中一个刑法规范的情形。如行为人实施了集资诈骗的行为，同时也符合诈骗罪的犯罪构成，但集资诈骗罪和诈骗罪之间具有包含与重合关系。

想象竞合犯与法规竞合犯都是实施了一个犯罪行为，都触犯了规定不同罪名的数个法条，一般适用一个法条按照一罪处理。二者之间比较难以区分。一般认为它们的区别可以从以下方面考虑：①法规竞合犯的一个犯罪行为是出于一个罪过，想象竞合犯中的一个行为往往是基于数个罪过。②法规竞合犯中数个法条之间的竞合是由于法规之间存在重合或交叉关系，想象竞合犯中数个法条之间发生关联是由于犯罪的事实特征，如数个罪过、数个结果所导致。③法规竞合犯触犯的数个法条之间具有重合或交叉关系，想象竞合犯触犯的数个法条之间不具有这种关系，如已婚的丁明知杨某是现役军人的配偶，却仍然与之结婚，丁构成重婚罪与破坏军婚罪的法规竞合犯，而不是想象竞合犯。因为重婚罪与破坏军婚罪侵犯的是同一法益，在立法者设置法条之时，二者就存在交叉关系。破坏军婚的行为，除同居以外，基本上都是重婚行为。重婚罪是普通法条，破坏军婚罪是特殊法条。④法规竞合犯的法律适用原则为特别法优于普通法、重法优于轻法，想象竞合犯的处断原则主要为从一重处断。

（三）结果加重犯

1.结果加重犯的概念

结果加重犯，是指实施基本犯罪构成要件的行为，由于发生了刑法规定的基本犯罪构成要件以外的重结果，刑法对其规定加重法定刑的犯罪形态。

2.结果加重犯的特征

（1）行为人实施了基本犯罪构成要件的行为。行为人实施了符合刑法规定的基本犯罪构成要件中的行为，是成立结果加重犯的前提条件。

（2）产生了基本犯罪构成以外的重结果，且这一结果与基本犯罪行为之间具有因果关系。如，故意伤害致人重伤、死亡，强奸致人重伤、死亡，抢劫致人重伤、死亡。基本犯罪构成要件的行为分别为故意伤害、强奸、抢劫，但出现了被害人重伤、死亡这一基本犯罪构成以外的重结果，且该行为与结果之间具有因果关系。这是结果加重犯的重要特征。

【案例13-2-07】医生甲退休后，擅自为人看病2年多。某日，甲为乙治疗，需注射青霉素。乙自述以前曾注射过青霉素，甲便未做皮试就给乙注射青霉素，乙因青霉素过敏而死亡。甲实施的是非法行医的基本犯，但出现了病人死亡的重结果，且这一结果与甲的非法行医之间具有因果关系。

有基本犯罪构成的行为，也出现了更加严重的结果，但如果二者之间缺乏因果关系，则不属于结果加重犯。

【案例13-2-08】甲将乙拘禁在宾馆20楼，声称只要乙还债就放人。乙无力还债，深夜跳楼身亡。由于甲的拘禁行为和乙的死亡结果之间介入了被害人跳楼这一异常因素，阻断了甲的行为与乙的死亡结果之间的因果关系，甲的行为不成立非法拘禁罪的结果加重犯。

（3）行为人对基本犯罪和加重结果均有犯意。至于罪过的形式，理论界存在争议，但通说认为基本犯的犯罪主观方面既可以是故意，也可以是过失。同样，行为人对加重结果所持有的主观方面可以是故意，也可以是过失。如行为人故意伤害致人死亡，对死亡结果只能是过失，否则即成立故意杀人罪。但是，在抢劫致人重伤或死亡犯罪中，行为人对被害人重伤或者死亡结果既可以是故意，也可以是过失。

（4）刑法规定了比基本犯罪较重的法定刑，这是结果加重犯的重要特点。如《刑法》第234条规定："故意伤害他人身体的，处三年以下有期徒刑、拘役或者管制。犯前款罪，致人重伤的，处三年以上十年以下有期徒刑；致人死亡或者以特别残忍手段致人重伤造成严重残疾的，处十年以上有期徒刑、无期徒刑或者死刑……"据此，实施故意伤害行为，基本法定刑为3年以上10年以下有期徒刑，但如果出现致人重伤或者致人死亡等严重结果的，刑法规定了比基本犯罪更加严重的法定刑。刑法在强奸罪、抢劫中都有这样的设置，因而它们符合结果加重犯的条件。但是，并非刑法并不是对所有犯罪的重结果配置了加重法定刑，如侮辱罪、诽谤罪、遗弃罪，即使造成他人死亡，由于刑法没有为重结果规定较重法定刑，因而不能认定为结果加重犯。

需要注意的是，行为人实施了基本犯罪构成要件的行为，并由此产生了更加严重的结果，但刑法没有为重结果规定法定刑，而是规定按照另一种较重犯罪进行定罪处罚，也不属于结果加重犯。如《刑法》第247条规定："司法工作人员对犯罪嫌疑人、被告人实行刑讯逼供或者使用暴力逼取证人证言的，处三年以下有期徒刑或者拘役。致人伤残、死亡的，依照本法第二百三十四条、第二百三十二条的规定定罪从重处罚。"行为人实施的是基本犯罪行为是刑讯逼供、暴力取证行为，由此产生了更加严重的结果，但刑法规定按照另一较重犯罪，即故意伤害罪、故意杀人罪定罪处罚，因而不是结果加重犯。这种情形也被称为转化犯，类似情形还存在于《刑法》第238条、248条、269条、292条、333条当中。

3. 结果加重犯的处断原则

由于刑法对结果加重犯规定了比基本犯罪更加严重的法定刑，所以对结果加重犯直接按照刑法的规定，在较重法定刑的范围内进行处罚，不实行数罪并罚。

二、法定的一罪

法定的一罪是指刑法将某些行为规定为一罪的情形，包括结合犯和集合犯。

（一）结合犯

1. 结合犯的概念

结合犯，是指数个各自独立的犯罪行为，根据刑法的明文规定，结合成为一个独立的新罪的犯罪形态。例如，日本《刑法》规定的"犯强盗罪的，而又强奸妇女者"构成强盗强奸罪，就是结合犯的典型。一般认为，我国没有结合犯的典型形态。

2. 结合犯的构成特征

（1）被结合之罪是刑法明文规定的具有独立构成要件且性质各异的数罪。被结合的罪都具有独立的犯罪构成，不依附于其他罪，在性质上属于不同的犯罪。

（2）结合犯是将数个独立的犯罪结合成了一个独立的新罪。如强盗罪+强奸罪=强盗强奸罪。两种罪行之所以被结合成一个新罪，往往是因为原罪之间具有牵连关系或常常同时发生，如犯强盗罪时常常伴随有强奸罪。

（3）数个独立的犯罪结合成为一个新罪是根据刑法的明文规定。如果没有刑法的明文规定，则不成立结合犯，可能构成情节加重犯或者结果加重犯。如我国《刑法》第236条第3款规定："强奸妇女、奸淫幼女，有下列情形之一的，处十年以上有期徒刑、无期徒刑或者死刑……（六）致使被害人重伤、死亡或者造成其他严重后果的。"此条文中的"致人重伤、死亡"是强奸罪的结果加重犯，刑法并没有将其与强奸罪结合构成新罪，因而不是结合犯。

3. 结合犯的处断原则

由于结合犯是刑法明文规定将原来的数罪结合成为一个新罪，并为新罪配置了法定刑，因而对结合犯，直接按照刑法规定进行处罚，不实行数罪并罚。

（二）集合犯

1. 集合犯的概念

集合犯，是指行为人基于实施多次同种犯罪行为的意图而实际实施的数个同种犯罪行为，被刑法规定为一罪的犯罪形态。

2. 集合犯的类型与构成特征

一般认为，集合犯可以分为常业犯和营业犯，两种情形在构成特征上有差异。

（1）常业犯的概念与特征：常业犯是指以一定的行为为常业的犯罪。在这种犯罪类型中，法律规定以反复实施同种犯罪行为为构成要件，如果行为人仅实施一次行为，犯罪不成立，只有反复多次实施同种行为，犯罪才能成立。这种罪数形态的典型代表为赌博罪。如《刑法》第303条第1款规定："以营利为目的，聚众赌博或者以赌博为业的，处三年以下有期徒刑、拘役或者管制，并处罚金。"其中"以赌博为业"即为常业犯的适例。

（2）营业犯的概念与特征。营业犯是指通常以营利为目的，以反复实施一定的行为为业的犯罪。在这种罪数形态中，实施一次犯罪行为，可能构成犯罪，反复实施同种犯罪行为，仍然构成一罪。如《刑法》第363条第1款规定的制作、复制、出版、贩卖、传播淫秽物品牟利罪就属于此种类型。如果行为人以牟利为目的，制作、复制、出版、贩卖、传播淫秽物品的，即使实施上述行为一次，即可构成该罪，多次反复实施上述行为，仍成立一罪。再如《刑法》第336条第1款规定："未取得医生执业资格的人非法行医，情节严重的，处三年以下有期徒刑、拘役或者管制，并处或者单处罚金……"如果行为人非法行医，即使只有一次，构成非法行医罪，多次实施非法行医行为，仍然构成一罪。

3. 集合犯的处断原则

集合犯是法定的一罪，刑法分则条文对集合犯的定罪处罚有明文规定，因此，直接按照刑法的规定进行处罚，不实行数罪并罚。

三、处断的一罪

处断的一罪是指由于数罪之间具有某种关系，而在处理时将其作为一罪。包括连续犯、牵连犯和吸收犯。

（一）连续犯

1. 连续犯的概念

连续犯，是指基于同一或概括的犯罪故意，连续多次实施数个性质相同的危害行为，触犯同一罪名的犯罪形态。

2. 连续犯的特征

（1）连续犯必须实施性质相同独立成罪的数个行为，这是构成连续犯的客观条件。如果只实施一个犯罪行为，不成立连续犯。数个行为必须独立成罪，如果数个行为中只有一个行为构成犯罪，其余是非罪行为，或者数个行为被刑法规定为一罪，都不是连续犯。连续犯中数个行为还必须性质相同，手段类似，如果一次是盗窃行为，一次是诈骗行为，不构成连续犯。

（2）数个行为必须基于连续意图支配下的数个同一故意或者概括的故意。这是构成连续犯的主观条件。连续犯中数个具体的犯罪故意在性质上完全一致，同属于刑法规定的某种犯罪的故意，而这些同一或者概括的故意必须在连续意图支配之下实施。所谓“连续意图”，是指行为人在着手实施一系列犯罪行为之前，对于即将实施的数个性质相同的犯罪行为存在连续性认识，并决意追求这些犯罪行为连续进行的心理态度。“同一故意”是指行为人预计实施数次同一犯罪的故意，每次实施的犯罪故意都明确地包含在行为人的故意内容之中；“概括故意”指行为人概括地具有实施数次同一犯罪的故意，每次实施的具体犯罪并非明确地包含在行为人的故意内容当中。

关于出于过失能否成立连续犯，理论界有争议。如甲违章驾驶汽车，沿途三次撞死三人，甲是否成立连续犯的问题。通说认为，连续故意是数个犯罪行为具有连续性不可缺少的条件，连续过失并没有犯意使行为具有连续性，不宜认定为连续犯。

（3）数个犯罪行为之间必须具有连续性，这是连续犯的重要特征。如何理解数个行为的连续性，理论界有主观说、客观说和折中说。主观说主张以行为人的主观意思为基准，行为人只要具有连续犯罪的决意即可成立；客观说主张以行为人实施的行为有外部的类似关系和时间上的联络（接近性），就认为行为之间具有连续性；折中说认为连续犯的成立不仅需要行为人主观上有连续犯罪的决意和同一犯罪的故意，还需要客观上数个行为有外部的类似关系和时间上的联络。通说主张应该以主客观相统一为标准，确定行为之间的连续性，即基于连续意图支配下的数个同一或概括的犯罪故意，在一定时间内连续实施性质相同的数个独立成罪的危害行为，数个犯罪行为之间就具有连续性。

（4）连续所实施的数个犯罪行为必须触犯同一罪名，这是连续犯的法律特征。所谓“同一罪名”，是指犯罪性质完全相同的罪名，即同质罪名。易言之，数次行为均符合同一犯罪的构成要件。但是同一罪名在具体犯罪形态上可以有差别，如数次触犯的可以是同一犯罪的不同形态，有的是既遂、有的是未遂；有的犯罪行为符合基本犯罪构成，有的符合加重或减轻的犯罪构成，这些均不影响同一罪名的认定。

【案例 13-2-09】2018 年 12 月彭某龙使用昵称为“李平，上善若水”的微信添加丁某英为微信好友。谎称可以通过科技套利的方式带其赚钱，丁某英在“易购商城”充值 84007 元，彭某龙代其操作全部亏损。2019 年 4 月彭某龙使用昵称为“李平，上善若水”的微信联系马某宾，谎称可以通过科技套利的方式带其在“易购商城”赚钱，马某宾充值 11014 元，后该平台关闭。马某宾被骗 11014 元。彭某龙在连续故意支配之下多次实施诈骗行为，其行为符合连续犯的特征。

3. 连续犯的处断原则

连续犯按照一罪处罚，不实行数罪并罚。具体而言，有如下几种方式。

（1）按照基本犯从重处罚。对于刑法只规定了一个量刑档次的，或者规定有两个量刑档次但无加重构成档次的，按照一罪从重处罚。如《刑法》第 299 条之一规定：“侮辱、诽谤或者以其他方式侵害英雄烈士的名誉、荣誉，损害社会公共利益，情节严重的，处三年以下有期徒刑、拘役、管制或者剥夺政治权利。”该条只规定了一个量刑档次。侵害英雄烈士名誉、荣誉罪的连续犯只能在这个量刑档次内从重处罚。

（2）刑法对多次实施某种犯罪明文规定了重于基本构成的量刑档次，则按照加重构成的量刑档次处罚。如刑法对多次聚众斗殴、多次抢劫、多次敲诈勒索罪、多次运送他人偷越国（边）境罪都规定了重于基本犯罪构成的量刑档次处罚。这些犯罪的连续犯均可以在加重量刑档次内进行处罚。

（3）刑法对多次实施某种行为没有明文规定加重量刑档次，但是对“情节严重”“情节特别严重”规定了加重的量刑档次，依照有关严重情节的量刑档次处罚。如《刑法》第334条之一规定：“违反国家有关规定，非法采集我国人类遗传资源或者非法运送、邮寄、携带我国人类遗传资源材料出境，危害公众健康或者社会公共利益，情节严重的，处三年以下有期徒刑、拘役或者管制，并处或者单处罚金；情节特别严重的，处三年以上七年以下有期徒刑，并处罚金。”该罪的连续犯应该按照刑法规定的相应加重量刑档次处罚。

4.连续犯与继续犯

连续犯与继续犯的犯罪行为均在一段时间内处于不间断状态。二者都不实行数罪并罚。但二者之间的区别比较明显。第一，连续犯属于处断的一罪，实际上行为人实施了数个犯罪行为，行为具有复数性；继续犯只实施了一个犯罪行为。第二，连续犯是基于数个性质相同的同一或者概括的故意，继续犯只有一个故意。第三，连续犯所实施的数个性质相同的行为之间具有时间间隔性，继续犯所实施的行为在时间上处于不间断的状态。第四，连续犯的行为与其可能造成的不法状态是不同步的，继续犯的犯罪行为与不法状态一起处于持续之中。

（二）牵连犯

1.牵连犯的概念

牵连犯，是指以实施一个犯罪为目的，其方法行为或结果行为又触犯其他罪名的犯罪形态。

2.牵连犯的构成特征

（1）牵连犯是以实施一个犯罪为目的。如果行为人出于实施数个犯罪的目的，在此目的支配之下实施了数个犯罪，不构成牵连犯。

（2）牵连犯必须具有两个以上的危害行为。行为人必须实施数个独立成罪的行为，如果只实施了一个危害行为，或者实施的数个行为中，只有一个构成犯罪，均不是牵连犯。

（3）数个行为之间具有牵连关系。所谓“牵连关系”，是指行为人实施的数个危害行为之间具有手段与目的或原因与结果之间的关系。易言之，数行为或是表现为目的行为与方法行为之间的关系，如为了诈骗伪造国家机关公文、证件、印章；或是表现为原因行为与结果行为之间的关系，如甲意图盗窃他人提包，结果打开发现，里面是枪支和10发子弹，甲便将枪支和子弹藏于家中。此例中，盗窃是原因行为，非法持有枪支、弹药是结果行为，属于牵连关系。

牵连关系是否存在的判断标准是什么，在刑法理论上有主观说、客观说和折中说。主观说认为有无牵连关系应以行为人的主观意思为标准，行为人主观意思上以手段或结果的关系使其与本罪发生牵连，即认为存在牵连关系；客观说认为有无牵连关系应以客观的事实是否具有牵连的性质为标准；折中说认为本罪与方法行为或结果行为的牵连关系，应该从主客观两方面考察，即行为人在主观上具有牵连的意思，客观上具有通常的方法或结果关系。

（4）牵连犯的数个行为必须触犯不同罪名。如果数个行为触犯同一个罪名，不成立牵连犯。如入户抢劫的，抢劫是目的行为，入户是方法行为，但此时刑法把入户抢劫规定为加重抢劫罪构成的条件之一，方法行为也是触犯抢劫罪，因而入户抢劫不是牵连犯。

【案例13-2-10】甲承租乙的房屋后，伪造身份证与房产证交与中介公司，中介公司不知有假，为其售房给不知情的丙，甲获款300万元。甲伪造身份证与房产证，其目的是为了伪造自己是房主的假象，从而实施诈骗行为。因此其伪造身份证与房产证的行为是手段行为，诈骗行为是目的行为，成立牵连犯。

3.牵连犯的处断原则

对牵连犯的处断原则，刑法总则没有规定，理论界有争议。本书认为，如果刑法分则对某些具体犯罪的牵连犯的处罚作出了明确规定，对牵连犯的处断直接依照刑法的规定处理。如果刑法分则条款没有明确规定处断原则的牵连犯，应当适用“从一重处断”原则定罪处罚，不实行数罪并罚。从我国刑法分则条款规定的情况看，牵连犯的定罪处罚有如下几种：

（1）数罪并罚。即对牵连犯按照数罪处理，并按照数罪并罚原则进行并罚。如《刑法》第198条第1款规定：“有下列情形之一，进行保险诈骗活动，数额较大的，处五年以下有期徒刑或者拘役，并处一万元以上十万元以下罚金……（四）投保人、被保险人故意造成财产损失的保险事故，骗取保险金的；（五）投保人、受益人故意造成被保险人死亡、伤残或者疾病，骗取保险金的。”其第2款规定：“有前款第四项、第五项所列行为，同时构成其他犯罪的，依照数罪并罚的规定处罚。”本条中，保险诈骗是目的行为，故意造成财产损失的保险事故、故意造成被保险人死亡、伤残或者疾病的是方法行为。二者具有牵连关系，依法实行数罪并罚。此外《刑法》第157条第2款规定：“以暴力、威胁方法抗拒缉私的，以走私罪和本法第二百七十七条规定的阻碍国家机关工作人员依法执行职务罪，依照数罪并罚的规定处罚。”本条中，目的行为是走私，手段行为是以暴力、威胁方法抗拒缉私，二者具有牵连关系，依法实行数罪并罚。

（2）从一重罪处断。如《刑法》第399条第1款规定：“司法工作人员徇私枉法、徇情枉法，对明知是无罪的人而使他受追诉、对明知是有罪的人而故意包庇不使他受追诉，或者在刑事审判活动中故意违背事实和法律作枉法裁判的……”第2款规定：“在民事、行政审判活动中故意违背事实和法律作枉法裁判，情节严重的……”第3款规定：“在执行判决、裁定活动中，严重不负责任或者滥用职权，不依法采取诉讼保全措施、不履行法定执行职责，或者违法采取诉讼保全措施、强制执行措施，致使当事人或者其他人的利益遭受重大损失的……”第4款规定：“司法工作人员收受贿赂，有前三款行为的，同时又构成本法第三百八十五条规定之罪的，依照处罚较重的规定定罪处罚。”据此，司法人员犯徇私枉法罪、民事、行政枉法裁判罪、执行判决、裁定失职罪、执行判决、裁定滥用职权罪、枉法仲裁罪的同时又构成受贿罪的，依照处罚较重的规定处罚。受贿是原因行为，徇私枉法等行为是结果行为，二者具有牵连关系，依照刑法规定从一重罪处断。

（3）从一重罪并从重处罚。如《刑法》第253条规定：“邮政工作人员私自开拆或者隐匿、毁弃邮件、电报的，处二年以下有期徒刑或者拘役。”“犯前款罪而窃取财物的，依照本法第二百六十四条的规定定罪从重处罚。”据此，邮政工作人员私自开拆、隐匿、毁弃邮件、电报，而窃取财物的，依照盗窃罪定罪从重处罚。盗窃是目的行为，私自开拆、隐匿、毁弃邮件、电报是方法行为，二者之间具有牵连关系，依照刑法的规定“从一重并从重”处罚。

（三）吸收犯

1.吸收犯的概念

关于吸收犯的概念存在多种不同观点。一般认为，吸收犯是指行为人实施数个犯罪行为，其中一个犯罪行为吸收其他的犯罪行为，仅成立吸收后的犯罪行为一个罪名的情形。非法制造枪支弹药事后藏于家中，伪造货币后使用该伪造的货币，是吸收犯的适例。

2.吸收犯的构成特征

理论界对吸收犯的构成特征的认识存在分歧，一般认为，吸收犯具有如下特征：

（1）必须具有数个基本性质一致的犯罪行为。这是成立吸收犯的前提条件。该特征包括以下层次：首先，犯罪行为的复数性。吸收犯以一个行为吸收其他行为为特征，因此，行为人必须实施数个行为，且数个行为均构成独立犯罪，即每个行为都必须符合刑法规定的犯罪构成，否则不成立吸收犯。如行为人在盗窃他人汽车后，谎称所盗汽车为自己的汽车并出卖给他人，这种出卖行为属于掩饰、隐瞒盗窃犯罪所得的行为，不单独构成犯罪，理论界也称为不可罚的事后行为，因而不能成立吸收犯。再如，甲盗窃信用卡并使用的行为，虽然有盗窃和信用卡诈骗两种行为，但此种情形依照《刑法》第196条第3款的规定，应按照盗窃罪处理，因而不具有数个犯罪行为，不成立吸收犯。其次，数个犯罪行为基本性质一致。吸收犯中的数个犯罪行为有的可能符合某种犯罪的基本犯罪构成，有的符合某种犯罪的修正犯罪构成，如有的是犯罪预备行为，有的是犯罪实行行为，但它们之间具有共同的基本属性，因而数个犯罪行为在基本性质上是一致的。

（2）数个行为之间必须具有吸收关系，这是吸收犯成立的关键。所谓“吸收关系”，即包容关系。一个行为之所以能够包容其他行为，是因为这些行为在通常意义上属于实施某种犯罪的同一过程，前一犯罪行为可能是后一犯罪行为发展的所经阶段，后一犯罪行为可能是前一犯罪行为发展的自然结果。如因贩卖毒品而持有毒品的，持有是贩卖的当然结果或必经阶段，两行为之间具有吸收关系。同样，伪造货币后，又出售、运输、持有、使用自己制造的货币的行为，制造行为和后续行为也具有吸收关系。但是走私枪支入境后非法出卖的，走私不是贩卖的必经过程，贩卖不是走私的必然结果，因此，二者之间没有吸收关系。

对于吸收关系的具体表现，刑法理论界存在分歧，但一般认为具有如下三种：第一，重行为吸收轻行为。例如非法制造枪支、弹药，事后藏于家中，非法制造行为重于私藏行为，因而私藏行为能被制造行为所吸收，只成立非法制造枪支、弹药罪。第二，实行行为吸收预备行为。行为人经由犯罪预备阶段进入犯罪实行阶段，预备行为和实行行为属于实施某种犯罪的同一过程。如伪造信用卡后使用伪造的信用卡诈骗的行为，伪造信用卡是信用卡诈骗的预备行为，触犯了伪造金融票证罪，而使用伪造的信用卡诈骗的行为是实行行为，触犯了信用卡诈骗罪，实行行为吸收预备行为，仅成立信用卡诈骗罪。第三，主行为吸收从行为。主行为和从行为是根据共同犯罪人在共同犯罪中的分工和作用进行区分的。一般认为，在共同犯罪中，与帮助行为、教唆行为相比，实行行为是主行为；与帮助行为相比，教唆行为是主行为。如果既帮助犯罪行为，又参与共同实行犯罪，实行行为吸收帮助行为；既有教唆行为，又有帮助行为的，教唆行为吸收帮助行为。

【案例13-2-11】2018年3月至2019年间，被告人孙某某与被告人林某某等人共同商议后，由林某某、孙某某、白某某、马某某成立艺霖公司。孙某某担任经理，下设业务部、催收部、财务部等部门，雇佣被告人王某某、夏某等人从事小额贷款业务，以“无抵押担保、快速放款”为诱饵进行宣传吸引被害人借贷，继而以“违约金”“保证金”“平台费”等虚假理由诱骗被害人签订虚高借款合同、房屋租赁合同，形成虚假债权债务关系。在借款人无力偿还的情况下，采取向法院提起诉讼、言语威胁、恐吓、上门骚扰、殴打和非法拘禁等非法手段讨债，迫使被害人归还高额利息，并按照虚高金额归还本金，非法占有被害人的财物。在林某某被公安机关抓获后，为逃避法律追究，各被告人将借款凭证、收条及取款凭证等会计凭证资料烧毁。此案中故意销毁会计凭证的犯罪行为不是诈骗犯罪行为的必经阶段、组成部分或当然结果，不能被诈骗犯罪行为所吸收。

（3）行为人所实施的数个犯罪行为必须侵犯同一或相同的直接客体，并指向同一的具体犯罪对象。这是构成吸收犯的必备条件，如行为人制造毒品后又持有该毒品的，侵犯了同一客体，并且犯罪对象均为毒品。

（4）行为人必须基于一个犯意，为了实现一个具体的犯罪目的而实施数个犯罪行为。这是构成吸收犯的主观特征。

3.吸收犯的处断原则

由于吸收犯所实施的数个行为之间具有包容关系，因此对吸收犯在处理时，按照吸收后的犯罪定罪处罚，不实行数罪并罚。

4.吸收犯与牵连犯的区别

吸收法和牵连犯同属于处断的一罪，但二者之间是有区别的。第一，犯意不同。吸收犯中行为人必须基于一个犯意，为了实现一个具体的犯罪目的而实施数个犯罪行为。犯意具有单一性和同一性。牵连犯中行为人在一个犯罪目的的支配下，形成了与目的行为、方法行为、结果行为相应的多个犯罪故意，犯意具有异质性和复数性。第二，触犯的罪名性质不同。吸收犯中行为人触犯的罪名必须是一致的，而牵连犯中行为人触犯的罪名是不同的。第三，侵犯的客体和对象不同。吸收犯中数行为侵犯的是同一或相同的直接客体，并指向同一的具体犯罪对象。牵连犯中数行为侵犯的直接客体必须是不同的，也不必作用于一个对象。第四，吸收犯不实行数罪并罚，牵连犯有可能数罪并罚。

第三节　数罪的类型

数罪即符合数个犯罪构成的犯罪形态。对于数罪的准确认识，有利于促进数罪并罚制度的实际运用。根据不同的标准，数罪常见分类有如下几种。

一、异种数罪与同种数罪

这种分类是以行为人的犯罪事实符合的数个犯罪构成的性质是否一致为标准。区分异种数罪与同种数罪的意义在于正确量刑。在一定的法律条件下，对于异种数罪必须实行并罚，同种数罪则不需要并罚。①

（1）异种数罪。异种数罪指行为人出于数个不同的犯意，实施数个行为，符合数个性质不同的基本犯罪构成，触犯数个不同罪名的数罪。如甲出于不同的犯意，实施了故意伤害行为，也实施了盗窃行为，由于故意伤害和盗窃是两种性质不同的犯罪，符合两个犯罪的构成条件，分别构成盗窃罪和故意伤害罪两罪，甲的行为属于异种数罪。

（2）同种数罪。同种数罪指行为人出于数个相同的犯意，实施数个行为，符合数个性质相同的基本犯罪构成，触犯数个相同罪名的数罪。如乙为了报复，杀死丙。一年后，因感情纠葛，杀死丁，甲出于两个相同的犯意，实施两个故意杀人的行为，两次行为均符合故意杀人罪的基本犯罪构成，触犯的罪名均为故意杀人罪，此时，乙所犯罪行为同种数罪。

同种数罪是否该得到承认，理论界存在肯定说和否定说，通说认为同种数罪在司法实践中是客观存在的，在处罚结果上是否并罚并不应该影响对同种数罪存在的认定。但是如果刑法已经将多次实施相同犯罪行为作为该罪的严重情节，则不能将其作为同种数罪。如《刑法》第237条第3款规定："猥亵儿童的，处五年以下有期徒刑；有下列情形之一的，处五年以上有期徒刑：（一）猥亵儿童多人或者多次的……"如果多次猥亵儿童，不构成数个猥亵儿童罪，而是属于猥亵儿童罪的加重构成，直接按照刑法规定处罚即可。

同种数罪与连续犯有不同之处。第一，同种数罪中行为人的罪过形式必须一致，但既可以是同一故意，也可以同一过失，且不需要是连续故意。连续犯必须是基于连续意图支配下的同一的或者概括的犯罪故意。第二，构成同种数罪的各

① 高铭暄、马克昌：《刑法学》（第9版），北京大学出版社、高等教育出版社2019年版，第194页。

个犯罪之间不存在特定的连续性，而连续犯的数个行为之间必须具有特定的连续性。第三，同种数罪则存在并罚的可能，连续犯属于处断的一罪或无须并罚的数罪。

二、并罚数罪与非并罚数罪

这是按照行为人已经构成的实质数罪在量刑时是否实行数罪并罚为标准进行的划分。区分并罚数罪与非并罚数罪的意义在于为实行数罪并罚提供罪数认定上的参照。

（一）并罚数罪

并罚数罪，是指行为人基于数个罪过，实施数个行为，构成数个独立的犯罪，依法应实行并罚的犯罪。异种数罪一般都是并罚数罪，但如果已经作为牵连犯、吸收犯，被按照一罪处理则另当别论。同种数罪一般都不并罚，但是在法律有特别规定的情况下，也可能成为并罚数罪，如《刑法》第70条规定："判决宣告以后，刑罚执行完毕以前，发现被判刑的犯罪分子在判决宣告以前还有其他罪没有判决的，应当对新发现的罪作出判决，把前后两个判决所判处的刑罚，依照本法第六十九条的规定，决定执行的刑罚。"《刑法》第71条规定："判决宣告以后，刑罚执行完毕以前，被判刑的犯罪分子又犯罪的，应当对新犯的罪作出判决，把前罪没有执行的刑罚和后罪所判处的刑罚，依照本法第六十九条的规定，决定执行的刑罚。"这两个条文中的新发现的罪和新犯的罪，与原先所犯之罪均可能属于同种犯罪，此时，同种数罪应该并罚。

（二）非并罚数罪

非并罚数罪，是指行为人实施数个行为，符合数个犯罪构成，触犯数个罪名，但由于特定事由或者法律规定不实行数罪并罚，只按一罪处罚的数罪。牵连犯、吸收犯实质上都是数罪，但由于数罪之间存在特殊的关系，因而一般不实行数罪并罚，称为处断的一罪。同种数罪除《刑法》第70条和第71条规定的情形之外，一般为非并罚数罪。

三、判决宣告以前的数罪与刑罚执行期间的数罪

按照数罪发生的时间为标准可以将数罪分为判决宣告以前的数罪与刑罚执行期间的数罪，这种分类有助于数罪并罚规则的准确适用。

（1）判决宣告前的数罪。判决宣告前的数罪指行为人在判决宣告以前实施的

并被发现的数罪。

（2）刑罚执行期间的数罪。刑罚执行期间的数罪指行为人在判决宣告和刑罚执行期间被发现漏罪或再犯新罪而构成的数罪。

对于判决宣告以前的数罪与刑罚执行期间的数罪的处罚规定集中于《刑法》第69-71条当中。

思考题

1. 想象竞合犯与法规竞合犯之间的联系与区别有哪些？
2. 结果加重犯有哪些特征？
3. 连续犯和同种数罪有何区别？
4. 牵连犯与吸收犯如何区分？

阅读书目

1. 李晓磊：《罪数理论简约化论要》，法律出版社2021年版。
2. 邓思：《牵连犯研究》，中国政法大学出版社2014年版。
3. 杨国举：《吸收犯研究》，中国检察出版社2010年版。

第十四章　刑事责任

刑事责任是现代刑法中的基本范畴。在我国刑法中，刑事责任是联结犯罪和刑罚的中介环节，涉及犯罪之后的法律后果和刑罚适用，因而它具有重要地位。但是刑事责任在刑法中规定并不明确，理论探讨莫衷一是，因而存在很多认识上的分歧。

第一节　刑事责任概述

一、刑事责任的概念

对于刑事责任的定义，理论界存在不同理解，总体看来，有以下几种主要观点。

（1）法律责任说。认为“刑事责任是国家司法机关依据法律规定，根据犯罪行为及其他能说明犯罪社会危害性的事实，强制犯罪人承担的法律责任”。

（2）法律后果说。认为刑事责任“是依照刑事法律规定，行为人实施刑事法律所禁止的行为所必须承担的法律后果”。

（3）否定评价说，也称为责难说、谴责说。认为“刑事责任是指犯罪人因实施刑法所禁止的行为而应承担的、代表国家的司法机关依照刑事法律对其犯罪行为及其本人的否定性评价和谴责”。

（4）刑事义务说。认为刑事责任是“犯罪人因其犯罪行为根据刑法规定向国家承担的、体现着国家最强烈的否定评价的惩罚义务”。

（5）刑事负担说。认为“刑事责任是国家为维持自身的生存条件，在清算触犯刑律的行为时，运用国家暴力，强迫行为人承受的刑事上的负担”。

（6）刑事处罚（制裁）说。认为刑事责任就是国家对犯罪人的刑罚处罚或制裁。

上述学说从不同的方面和角度揭示了刑事责任的特征和主要内容，有值得肯定之处，但是也存在着缺陷和不足。法律责任说指出刑事责任因犯罪行为而产生，正确揭示了刑事责任对犯罪行为的依赖性，也说明了刑事责任的强制性，但是该学说并没有对刑事责任的内涵作出清晰界定。法律后果说揭示了犯罪行为与刑事责任之间的因果关系，指明了刑事责任与法律后果之间的关系，但是该学说所提出的法律后果指代并不明确，也容易将刑事责任与刑罚混淆。否定评价说认识到刑事责任与犯罪的关系，指出刑事责任是国家对犯罪人的否定性评价，但是否定性评价或者谴责并不能代表刑事责任本身，“否定评价”指代不明，无法揭示出刑事责任的特殊性。刑事义务说注意到了刑事责任与国家之间的特殊关系，也指出了刑事责任的法律依据，但是该学说将刑事责任仅界定为惩罚性义务，有失偏颇，与我国的刑事立法也不符合。刑事负担说阐述了刑事责任产生的根据，指出了刑事责任的强制性特征，但是对刑事责任内涵界定不够完整。刑事处罚说注意到了刑事责任与刑罚之间的关系，但是忽视了刑事责任的其他实现方式，因而是不全面、不科学的。

综上所述，在把握刑事责任本质特征的基础之上，借鉴上述各种理论的优长，本书赞同：刑事责任，是指依据刑事法律规定和实际发生的犯罪事实而产生的，由代表国家的司法机关依法确认的，犯罪人因实施犯罪行为而应当承担的以刑罚处罚、非刑罚处罚措施或者单纯有罪宣告等否定性评价为具体内容的法律责任。

二、刑事责任的特点

刑事责任的概念为我们认识刑事责任奠定了基础，从刑事责任的概念出发，可以总结出刑事责任的特征。

（一）刑事责任的法定性

刑事责任是刑事法律规定的法律责任。刑事责任的承担往往关系到行为人的生命、自由、财产或者其他重要权利的剥夺或受限，对行为主体关系重大。因而，行为人对其行为是否负刑事责任、负何种刑事责任以及如何负刑事责任都必须由刑法明确具体地加以规定。如我国《刑法》第14条第2款规定：“故意犯罪，应当负刑事责任”。第15条第2款规定：“过失犯罪，法律有规定的才负刑事责任”。此外，《刑法》第17条规定了未成年人的刑事责任、第18条规定了精神病人和醉酒的人的刑事责任、第20条和第21条规定正当防卫、紧急避险不负刑事责任、第30条规定了单位犯罪的刑事责任等。代表国家的司法机关只能依据法律规定决定是否追究犯罪人刑事责任以及如何追究刑事责任。这是罪刑法定原则的基本要求，是刑法人权保障机能的重要体现。刑事责任的法定性是刑事责任与其他法律责任在法律根据上的区别。

（二）刑事责任承担主体的特定性

刑事责任是违反刑法、构成犯罪时、犯罪人承担的责任。实施犯罪行为是承担刑事责任的前提，刑事责任是实施犯罪行为的必然结果。这就决定了刑事责任承担主体的特定性。

首先，只有犯罪人才能承担刑事责任。“无犯罪就无刑事责任”已经成为刑法学界的共识与常识。犯罪是刑事责任的原因，没有犯罪的人根本不具备承担刑事责任的前提。行为人只有实施了符合刑法关于某一犯罪主客观构成要件的行为，才是犯罪。对于刑法规定的未满12周岁的未成年人和不具备刑事责任能力的精神病人实施的严重危害社会的行为，一律不能追究他们的刑事责任；对于符合刑法规定的正当防卫，紧急避险的行为，行为人不负刑事责任。

其次，刑事责任不能转移给他人。刑事责任因犯罪行为而产生，是一种严格的个人责任，根据罪责自负的原则，刑事责任只能由犯罪人自己承担，不能由他人代为承担，也不能殃及无辜。一方面，即使他人自愿代为承担，如父母愿意代替子女承担犯罪的刑事责任，法律也不允许。另一方面，如果行为人不符合追究刑事责任的条件或者出现了刑事责任消灭的事由，如超过追诉时效、犯罪人死亡等，致使行为人无法承担刑事责任，也不能由其他人代替行为人承担刑事责任。如未满12周岁的人故意杀人、已满12周岁未满14周岁的人强奸他人、已满14未满16周岁的人实施抢夺行为，按照刑法规定均不能令行为人承担刑事责任，也不能让其监护人代替其承担刑事责任。刑事责任的专属性与民事责任有着较大区别，民事责任的承担，如赔偿损失可以部分或者全部转移给其他人。

（三）刑事责任内容的特定性

刑事责任是刑法规定的以刑罚处罚、非刑罚处罚措施或者单纯有罪宣告之否定性评价为具体内容。刑罚处罚指依照刑法规定的刑罚进行处罚，这种处罚不仅可以剥夺人的政治权利、财产权利、人身自由，甚至可以剥夺人的生命。对于犯罪情节轻微不需要判处刑罚的，可以在免予刑事处罚的同时，根据案件的不同情况，予以训诫或者责令具结悔过、赔礼道歉、赔偿损失，或者由主管部门予以行政处罚或者行政处分等非刑罚处罚措施。也可以在免除刑罚处罚后，不给予任何处罚，仅以有罪宣告表示对这种行为的否定性评价。

（四）刑事责任承担方式的严厉性

与其他法律责任承担方式相比，承担刑事责任的方式是最为严厉的。从刑事责任的内容看，承担刑事责任的方式主要是刑罚处罚。刑罚表现为权利、自由的剥夺或者限制，轻者涉及资格与财产，重者涉及自由甚至生命，这些权利与自由对个人来说至关重要，剥夺或者限制这些权利和自由对个人来说也是最为严厉的。当然承担刑事责任的方式中也有非刑罚处罚或单纯宣告有罪，但与刑罚处罚方式相比，这些方式居于次要的、辅助的地位。

（五）刑事责任由代表国家的司法机关强制犯罪人承担

刑事责任是国家强制犯罪人承担的一种责任。刑事责任并非私人之间的博弈，不可以讨价还价，它是国家对犯罪人强制其承担的一种责任，直接借助国家强制力实现。由司法机关代表国家强制犯罪者承担刑事责任。通常情况下，即使被害人不追究犯罪人的责任，国家出于维护社会秩序和公共利益的考虑，也会追究犯罪人的刑事责任。即使在告诉才处理的自诉案件中，也存在自诉转公诉，由国家追究行为人刑事责任的可能。如《刑法》第246条第1款规定：“以暴力或者其他方法公然侮辱他人或者捏造事实诽谤他人，情节严重的，处三年以下有期徒刑、拘役、管制或者剥夺政治权利。”其第2款规定：“前款罪，告诉的才处理，但是严重危害社会秩序和国家利益的除外。”这就意味着如果侮辱、诽谤行为严重危害社会秩序和国家利益，即使被害人不告诉，司法机关也能追究行为人的刑事责任。由此可见，刑事责任具有强制性特点。

三、刑事责任的地位

（一）刑事责任在《刑法》中的地位

我国刑法总则分为五章内容，包括刑法的任务、基本原则和适用范围，犯罪，刑罚，刑罚的具体运用，其他规定。可见刑法总则的结构是按照犯罪—刑罚的结构构建的，并未形成犯罪—刑事责任—刑罚的刑法体系。刑事责任看似不在刑法总则当中，但实际上，每一个部分都与刑事责任有关。总则中有13个条文在21处提及刑事责任。在第一章“刑法基本原则”部分，罪责刑相适应原则要求“刑罚的轻重，应当与犯罪分子所犯罪行和承担的刑事责任相适应。”在第二章“犯罪”部分，第一节标题即为“犯罪与刑事责任”。其中明确规定了刑事责任年龄和刑事责任能力、不负刑事责任和减轻刑事责任能力的情形。在第三章“刑罚”部分，各种刑罚适用对象、刑期、处遇的设置也都考虑了刑事责任。在第四章“刑罚的具体运用”部分，无论是量刑一般原则，还是具体的量刑制度，如累犯、自首、立功、坦白，缓刑都无法离开对犯罪人刑事责任的考量。综上可见，刑事责任在刑法总则中的地位是不可或缺的。在刑法分则中，每一种具体犯罪及其法定刑的设置无不考虑了行为人承担的刑事责任。只有那些严重危害社会，立法者认为需要追究刑事责任的行为，才会被规定为犯罪，刑罚的设置考虑了罪与责的轻重。在司法实践中，对危害社会行为的罪与非罪的认定、刑罚的具体适用也不能脱离对行为人刑事责任有无和大小的判断。无刑事责任不能判处刑罚，刑事责任大小是判处刑罚轻重的重要标准。由此可见，刑事责任在刑法当中的地位是不容取代，甚至是举足轻重的。

（二）刑事责任在刑法理论中的地位

我国从20世纪80年代起，开始在刑法理论中涉及刑事责任问题，进入90年代，逐渐受到重视，在一些著作和教材中出现了刑事责任的章节内容，刑事责任在刑法理论中逐渐占有一定的地位。但关于刑事责任的具体定位，理论界还有争论，也存在多种学说。主要有责—罪—刑说、罪—责说和罪—责—刑说。①责—罪—刑说认为，刑事责任是刑法中的根本概念，是刑法的内在生命，没有刑事责任也就没有犯罪，也就不应当受到刑罚处罚。因此刑事责任作为刑法学的基本理论应该置于犯罪论之前，形成责—罪—刑的理论体系。②罪—责说认为，犯罪是刑事责任的前提，刑事责任是犯罪的后果，因此，犯罪论应该居于刑事责任论之前。刑罚虽然是承担刑事责任的基本方式，但并非唯一方式，还存在非刑罚处罚措施，因此刑罚与非刑罚处罚方式都只是刑事责任的下位概念，不能与刑事责任相提并论。刑法的理论体系应该是罪—责体系。③罪—责—刑说是目前的通说，该学说认为，犯罪、刑事责任、刑罚是各自独立又相互联系的三个范畴，刑事责任确实是联结犯罪与刑罚的纽带。犯罪是刑事责任的前提，刑事责任是犯罪的后果；同时刑事责任是刑罚适用的前提，刑罚是实现刑事责任的基本方式，虽然也有非刑罚处罚措施和单纯的有罪宣告等否定性评价形式，但是毕竟刑罚是最主要的刑事责任承担方式，因而刑法学的理论应当遵循犯罪论—刑事责任论—刑罚论的体系。

第二节　刑事责任的根据

刑事责任的根据包含两个层面：一是国家基于何种前提、基础或决定因素追究犯罪人的刑事责任，二是犯罪人基于何种理由承担刑事责任。国家追究犯罪人的刑事责任也就是犯罪人承担刑事责任的根据，因此二者只是立基于不同的侧面，实际上是统一的。对这个问题的研究有助于明确国家追究犯罪人刑事责任的正当性，也能解释犯罪人承担刑事责任的理由，有助于犯罪人心悦诚服地承担刑事责任。对刑事责任根据的探讨存在多种学说和视角，其中刑事责任的哲学根据和法学根据是最为常见的两种。

一、刑事责任的哲学根据

从哲学上考察刑事责任的根据必然涉及人的意志自由问题。恩格斯曾指出，如果不谈所谓自由意志、人的责任能力、必然和自由之间的关系等问题，就不能很好地议论道德和法的问题。可见，刑事责任与人的自由意志关系密切，因此追究刑事责任的根据不能忽视哲学视角。围绕着人有无自由意志的问题，西方历史上曾经展开过激烈的争论。以康德、黑格尔为代表的古典学派认为，人是理性的，人的意志是自由的。康德指出，意志可以包括有意志的选择行为，这种选择行为可以由纯理性决定，而形成自由意志的行为。黑格尔也认为，人是有自由意志的，自由是意志的根本规定既然人有选择的意志自由，在能够选择为善时选择了作恶，选择犯罪而不选择守法，因此，人要对自己选择的犯罪行为承担刑事责任。以意大利犯罪学家龙勃罗梭、菲利为代表的近代学派认为刑事责任的根据不能从意志自由中去找。龙勃罗梭从“天生犯罪人”理论出发，指出，犯罪是人类隔代遗传的结果，犯罪的原因在于行为人的身体构造不同于常人，在于原始人和低等动物特征要在我们当代重新繁衍。因而人的意志并不自由。菲利提出“犯罪三元论”，指出犯罪是自然因素、社会因素和人类学因素综合作用的结果，否认将自由意志作为犯罪的原因和承担刑事责任的基础。

我国刑法探究刑事责任的哲学依据应该立足马克思主义辩证唯物主义的立场，坚持相对意志自由是人承担刑事责任的哲学依据。物质决定意识，社会生活条件决定人的意识，但是人并非被动地被决定，而是有其意志自由与主观能动性。恩格斯曾指出，自由不在于幻想中摆脱自然规律而独立，而在于认识这些规律，从而能够有计划地使自然规律为一定的目的服务……因此，意志自由只是借助于对事物的认识来作出决定的能力。可见，人可以借助自身对外物的认识作出自由的选择。人有相对的意志自由，因而对自由选择实施的行为应该承担责任。具体到刑法领域，国家将严重危害社会的行为规定为犯罪，行为人本应选择守法，却选择了犯罪行为，或者没有避免实施这些行为，就应该对自己选择的犯罪行为承担刑事责任。但是如果行为人确实是在无法认识、无法选择的情况下，做出危害社会的行为，就不应该追究其刑事责任。可见，我国刑事责任的哲学根据在于行为人实施犯罪时具有相对意志自由。

二、刑事责任的法学根据

刑事责任的哲学依据解决的是追究犯罪人刑事责任的终极原因。刑事责任的法学依据是从法律层面探求追究犯罪人刑事责任的具体根据和具体标准。刑事责任的法学根据存在罪过说、犯罪行为说和犯罪构成说等不同主张。通说认为，刑事责任有无的法学根据是行为是否符合犯罪构成。

罪刑法定是刑法的基本原则，犯罪成立与否必须以刑法对某种行为有无具体规定为准。表现为刑法有无为某种行为规定具体的犯罪构成。犯罪构成是某种行为构成犯罪的主观要件和客观要件的统一体，是区分罪与非罪的标准。行为只有符合刑法规定的犯罪构成才成立犯罪，否则即使有社会危害性也不能作为犯罪处理，不能追究行为人的刑事责任。因此犯罪构成就成为行为人有无刑事责任的法律依据。

但是，刑事责任的法学根据不应局限于刑事责任的有无，还应该考虑刑事责任的程度。因为刑事责任是质与量的统一，确定刑事责任不仅要解决刑事责任是否存在的问题，还要解决刑事责任程度大小的问题。犯罪构成主要解决的是刑事责任存在与否的问题，在决定刑事责任程度方面还要考虑其他的反映犯罪行为社会危害性和犯罪人人身危险性的刑法规定。

易言之，刑事责任程度的根据是行为符合社会危害性程度不同的犯罪构成和构成要件之外的影响行为的社会危害性和人身危险性大小的因素。这些因素主要包括未成年人、又聋又哑的人、盲人、防卫过当、预备犯、未遂犯、中止犯、主犯、从犯、胁从犯、自首、坦白、立功等。

第三节 刑事责任的发展阶段

犯罪是产生刑事责任的前提，追究刑事责任是犯罪的法律后果，但是刑事责任不仅是一种理论探讨，也不是仅停留在纸上的抽象法律规定，而是要通过司法机关的实践活动落实到具体的犯罪人身上。从刑事责任的产生到确认再到实现需要运用一系列的程序，经过一个过程才能最终完成。这就涉及刑事责任的发展阶段问题。

一、刑事责任的产生阶段

刑事责任的产生阶段始于犯罪行为实施之时，终于监察机关对公职人员职务犯罪开始调查或者司法机关对刑事犯罪予以立案之时。关于刑事责任从何时开始，理论界观点不一致。有人主张刑事责任从犯罪行为实施时开始，有人认为刑事责任始于法院作出有罪判决之时。这种认识分歧主要是因为未能正确区分应然层面的刑事责任开始时间和监察机关、司法机关实际追究行为人刑事责任的开始时间，以及犯罪人实际承担刑事责任的开始时间。此处探讨的刑事责任开始时间是从应然层面探讨刑事责任的开始时间。

我国学者一般坚持刑事责任产生于犯罪行为实施之时。理由在于：①刑事责任是犯罪的法律后果，只能随着犯罪而产生，只要行为人实施了犯罪行为，客观上就产生了刑事责任。②行为人犯罪后，司法机关即开始对行为人追究刑事责任，如果刑事责任尚未开始，司法机关就没法追究刑事责任。③《刑法》第17条第1-3款规定："已满十六周岁的人犯罪，应当负刑事责任。""已满十四周岁不满十六周岁的人，犯故意杀人……应当负刑事责任。""已满十二周岁不满十四周岁的人，犯故意杀人、故意伤害罪，致人死亡或者以特别残忍手段致人重伤造成严重残疾，情节恶劣，经最高人民检察院核准追诉的，应当负刑事责任。"这些规定均表明刑事责任的开始时间与犯罪行为相伴相生。（4）我国《刑法》第87—89条规定了追诉时效制度，犯罪经过一定的期限不再追诉，即不再追究刑事责任。这也说明犯罪后，刑事责任即已经产生，否则不会发生不再追诉的问题。

二、刑事责任的确认阶段

刑事责任的确认阶段从监察机关对公职人员的职务犯罪开始调查或司法机关对犯罪予以刑事立案时开始，到人民法院作出的有罪判决发生法律效力时止。这一阶段的任务在于确认行为人是否实施了犯罪行为、应否承担刑事责任、应承担何种程度的刑事责任以及如何承担刑事责任。它是刑事责任从应然向现实转化的过程。证据的采集、犯罪成立与否的判断、刑事责任有无的甄别、刑事责任程度的确认都在这一阶段完成，因而它直接关涉到行为人的命运。司法机关务必以事实为依据、以法律为准绳确认行为人的刑事责任，保证办案质量。已经发生的一些冤案、错案，都与刑事责任没有得到准确的确认直接相关。司法的公信力、公正性主要在这一阶段实现，因而其地位至关重要。为了确保犯罪人的刑事责任得到准确的确认，立法机关在刑法中规定了严密的罪刑认定与适用制度，在刑事诉讼法中规定了严格的办案程序。

三、刑事责任的实现阶段

刑事责任的实现阶段始于人民法院作出有罪判决发生法律效力之时，止于判决所确定的内容被执行完毕或者被赦免之日。刑事责任的实现是刑事责任发展阶段的核心。刑法规定刑事责任，依法追究刑事责任，最终都是为了实现刑事责任，所以这一阶段具有特别重要的意义。刑事责任的实现具体表现为以下三种情形：①判处刑罚的，刑罚执行完毕或者执行一段时间后罪犯被赦免。刑罚如期执行完毕，是最为常见的刑事责任实现方式。赦免往往出现在特殊时期，针对特殊的案件和特定的犯罪人。②判决免予刑罚处罚而对犯罪人适用非刑罚处罚措施的，具体的非刑罚处罚措施执行完毕。这种方式针对的是犯罪情节轻微，但还需要给予行政处分、行政处罚、赔礼道歉、赔偿损失等处罚的人。③判决免除处罚的，生效的免除处罚公开予以宣告即意味着刑事责任的实现。

第四节　刑事责任的实现方式

刑事责任的解决方式，是指对已经产生的刑事责任予以处理，使刑事责任得到终结。对刑事责任的解决方式存在许多不同的认识和争论。本书赞同将刑事责任的解决方式细分为刑事责任的实现方式和刑事责任的其他解决方式。前者是通过定罪判刑和定罪免刑使刑事责任得到实现，后者是通过消灭和转移处理解决了刑事责任承担问题。

一、刑事责任的主要实现方式

刑事责任的实现是指已经依法追究了犯罪人的刑事责任，具体实现了刑事责任的内容。包含定罪判刑和定罪免刑。

（一）定罪判刑

即人民法院在认定犯罪人的行为构成犯罪的同时，作出给予犯罪人某种刑罚处罚的判决。定罪判刑是刑事司法实践中最基本、最常见的刑事责任解决方式。定罪是判刑的前提，只有定罪准确，才能正确判处刑罚。定罪涉及的是犯罪构成要件的考察、犯罪形态、犯罪形式和罪数的判断。判刑涉及刑罚的选择刑罚幅度的确定。我国刑法规定了五种主刑和四种附加刑。主刑包括管制、拘役、有期徒刑、无期徒刑和死刑。附加刑包括罚金、没收财产、剥夺政治权利和驱逐出境。刑法分则中规定的每一种犯罪都配置了不同类型和不同幅度的刑罚，供法官根据犯罪人承担的刑事责任程度予以选择适用。

【案例14-4-01】被告人卢某某从他人处获取霰弹枪2支及部分弹药，后分别将上述霰弹枪2支（经鉴定，均是以火药为动力的制式12号猎枪）、弹药16发（经鉴定，为12号猎枪弹）交给被告人吴某某。2017年，被告人吴某某利用亲属遗留的枪支散件，自行组装气枪1支（经鉴定，是以压缩气体为动力的制式4.5毫米气枪），并将枪支存放在其经营的农庄木箱中。后被告人吴某某将被告人卢某某交给其的上述霰弹枪及弹药、梁某交给其的气枪1支（经鉴定，是以压缩气体为动力的制式4.5毫米气枪）、黄某交给其的枪支散件2件（经鉴定，是以压缩气体为动力的自制气枪）及来源不明的疑似枪支散件1件（经鉴定，为气枪枪管，属于制式气枪散件）分别存放在上述木箱中或农庄杂物房内。法院认定吴某某和卢某某均构成非法持有枪支罪，判处被告人吴某某有期徒刑3年6个月，判处被告人卢某某有期徒刑3年。

（二）定罪免刑

即人民法院认定犯罪人的行为构成犯罪，但免除其刑罚处罚。定罪免刑也是刑事责任的解决方式，适用于一些犯罪情节较轻，刑事责任较小的犯罪人。与定罪处刑相比，是一种辅助性的、次要的刑事责任解决方式。根据我国刑法的规定，定罪免刑后有两种处理情形。

（1）免除刑罚处罚，但给予其非刑罚处罚。《刑法》第37条规定：“对于犯罪情节轻微不需要判处刑罚的，可以免予刑事处罚，但是可以根据案件的不同情况，予以训诫或者责令具结悔过、赔礼道歉、赔偿损失，或者由主管部门予以行政处罚或者行政处分”。“情节轻微”的判断要根据刑法及其相关司法解释的规定，综合考虑犯罪手段、犯罪对象、退赃情况及社会反应等情况，客观评价刑罚处罚的必要性。根据相关司法文件，被告人的行为已经构成犯罪，但犯罪情节轻微，或者未成年人、在校学生实施的较轻犯罪，或者被告人具有犯罪预备、犯罪中止、从犯、胁从犯、防卫过当、避险过当等情节，依法不需要判处刑罚的，可以免予刑事处罚[①]。

（2）免除刑罚处罚后，不给予任何处罚。指人民法院对犯罪人作有罪宣告后，既不给予犯罪行为人刑事处罚，也不予以非刑罚处罚。定罪免刑并不意味着不存在刑事责任，因为免除刑罚是建立在确定行为人刑事责任、具备应受刑罚处罚性的基础上的。通过有罪宣告确认行为人刑事责任的存在，表明国家对犯罪行为的否定性评价。但是由于行为人承担的刑事责任比较轻微，不需要以刑罚作为其后果，因而免除其刑事处罚。在免除犯罪人刑罚后可以不给予任何处罚。

【案例14-4-02】被告人李某婷与沈某原系夫妻关系，离婚后二人仍生活在一起。2020年6月7日凌晨，被告人李某婷因怀疑其前夫沈某与被害人李某有不正当关系，认为其前夫欺骗了自己，为了发泄对沈某的不满，遂至连云区某酒店门前，采用脚踹、用下水道盖子砸等方式损坏被害人李某车牌的宝马轿车，经鉴定，车辆毁损部件价值5998元人民币。2020年7月23日，被告人李某婷主动至公安机关投案。终审法院认为，李某婷故意毁坏他人财物，数额较大，其行为已构成故意毁坏财物罪。李某婷犯罪以后自动投案，如实供述自己的罪行的，是自首，可以从轻或者减轻处罚。李某婷自愿认罪认罚，依法可以从宽处理。李某婷的亲友代为赔偿被害人的经济损失，取得被害人的谅解，量刑时予以考虑。李某婷犯罪情节轻微不需要判处刑罚，可以免予刑事处罚。最终判决：李某婷犯故意毁坏财物罪，免予刑事处罚。

二、刑事责任的其他实现方式

其他解决方式是指刑事责任实现方式之外的其他使刑事责任终结的方式。

（一）消灭处理方式

消灭处理方式，是指行为人的行为已经构成犯罪，应当负刑事责任，但由于法律规定的事由的出现，使刑事责任归于消灭。国家不再追究行为人的刑事责任，行为人也不再为自己的行为承担刑事责任。这些法定的事由包括犯罪行为人死亡、被赦免后释放，或者犯罪已经超过诉讼时效。基于上述事实，行为人的刑事责任归于消灭，这也是一种解决刑事责任的方式。

① 参见2010年最高人民法院《关于贯彻宽严相济刑事政策的若干意见》第15条。

（二）转移处理方式

转移处理方式，是指行为人的刑事责任不由我国司法机关解决，而是通过外交途径解决的方式。我国《刑法》第11条规定："享有外交特权和豁免权的外国人的刑事责任，通过外交途径解决。"这是刑事责任转移处理的法律依据。转移处理针对的对象是特定的，是一种特殊的刑事责任解决方式。

需要提醒的是：除以上几种刑事责任解决方式之外，其他强制措施不属于刑事责任的解决方式。如《刑法》第17条第5款规定："因不满16周岁不予刑事处罚的，责令其父母或者其他监护人加以管教；在必要的时候，依法进行专门矫治教育。"第64条规定："犯罪分子违法所得的一切财物，应当予以追缴或者责令退赔；对被害人的合法财产，应当及时返还；违禁品和供犯罪所用的本人财物，应当予以没收……"这些强制措施均不是解决刑事责任的方式。

思考题

1. 刑事责任的特点有哪些？
2. 刑事责任与犯罪和刑罚之间的关系怎样？
3. 定罪判刑作为最基本的刑事责任解决方式有何优缺点？

阅读书目

1. 刘灿华：《网络服务提供者刑事责任：理论与实践》，中国社会科学出版社2021年版。

2. 高永明：《论刑事责任的生成》，知识产权出版社2018年版。

3. ［美］吉姆·佩特罗、南希·佩特罗：《冤案何以发生：导致冤假错案的八大司法迷信》，苑宁宁、陈效译，北京大学出版社2012年版。

第十五章　刑罚概述

刑罚是犯罪人承担刑事责任的最主要方式。犯罪行为的后果是使犯罪人被剥夺或者限制某种权益，遭受一定的损失和痛苦，这也是刑罚的本质。如果缺少刑罚，刑法的价值将随之失去，犯罪的认定将缺乏意义，刑事责任承担也将会落空。因此，刑罚论在刑法理论中的地位是非常重要的。

第一节　刑罚的概念和演进

一、刑罚的概念和特点

刑罚是刑法规定的，由国家审判机关依法对犯罪人适用的限制或剥夺其某种权益的强制性方法。根据我国刑法的规定，刑罚分为主刑和附加刑。主刑分为管制、拘役、有期徒刑、无期徒刑和死刑。附加刑分为罚金、剥夺政治权利、没收财产以及针对外国人的驱逐出境。我国刑罚具有以下特征。

（一）刑罚只能由最高权力机关在刑法中规定

由于刑法中规定的刑罚直接关涉到公民的人身权利，刑罚的适用可能导致公民自由的丧失甚至生命的剥夺，因此，很多国家规定，只能由最高国家权力机关制定法律规定刑罚。我国《宪法》第62条规定：全国人民代表大会行使下列职权：……制定和修改刑事、民事、国家机构的和其他的基本法律。据此，只有全国人民代表大会及其常务委员会才有权制定、修改刑法，其他任何国家机关均无权制定和修改刑法及其中的刑罚。同时，刑罚只能在刑法且必须在刑法中规定，其他任何法律不能规定刑罚。罪刑法定是刑法的基本原则，罪刑法定不仅要求罪之法定，而且要求刑之法定，不仅刑罚的种类和适用标准要由刑法明文规定，每一种犯罪的刑罚也应该由刑法明文规定。

（二）刑罚是最为严厉的制裁方法

与其他法律制裁方法相比，刑罚是最为严厉的。刑罚是国家为了防止犯罪行为对法益的侵犯，由法院根据刑事立法，对犯罪人适用的建立在剥夺性、限制性痛苦基础上的最严厉的强制措施。其严厉性体现在刑罚不仅可能剥夺犯罪人的某种资格或者财产，还有可能限制、剥夺人的自由甚至生命，其带给犯罪人的损失与精神痛苦是其他任何法律制裁手段所无法比拟的。其他法律制裁则排除对生命的剥夺，一般也不涉及剥夺自由，其严厉程度都轻于刑罚。刑罚之所以最为严厉，是因为犯罪行为对社会的危害程度最严重，所以作为对犯罪行为进行打击、制裁与防范的手段，刑罚也应该最为严厉。虽然与过去相比，无论中外，刑罚的严厉程度都有所下降，刑罚措施也更加文明、人道和宽和。但就整体而言，刑罚仍然是最为严厉的制裁方法。

（三）刑罚只能对犯罪人适用

刑罚是承担刑事责任的基本方式，刑罚的适用是国家对犯罪人行为所作出的最具否定性的评价。一般来说，刑罚是犯罪的当然后果，因此，刑罚只能针对犯罪人适用。犯罪人在我国包括自然人和单位。除此之外，刑罚不能适用于无罪的人，这是司法实践中务必遵循的铁律。

（四）刑罚只能由国家审判机关依法适用

刑罚的适用主体只能是人民法院，刑罚只能由人民法院根据刑法和刑事诉讼法的规定去适用。《刑事诉讼法》第12条规定：“未经人民法院依法判决，对任何人都不得确定有罪。”这也就意味着，只有人民法院才能确定行为人的行为是否构成犯罪，从而决定是否适用刑罚，适用何种类型和幅度的刑罚。其他任何机关或个人均无权适用刑罚。虽然刑事诉讼过程中，公安机关会对犯罪嫌疑人采取逮捕、拘留等剥夺人身自由的强制方法，监察机关可以对符合条件的被调查人员进行留置，但这些都不是刑罚。对他们采取强制措施，只是为了保证刑事诉讼的正常进行，不是适用刑罚。由此可见，人民法院才是刑罚的适用机关，当然，人民法院对犯罪人适用刑罚不能随心所欲，必须以刑法中的罪刑规定为依据，遵循刑事诉讼法规定的诉讼程序进行。

（五）刑罚只能由特定机关去执行

刑罚只有通过执行才能产生实际的效果，才能发挥其功能，实现其目的，因而刑罚只能由特定的机关依法执行。刑罚执行权是国家刑罚权的重要组成部分。

根据我国刑法、刑事诉讼法和社区矫正法的规定，死刑、罚金和没收财产由人民法院执行，无期徒刑和有期徒刑由监狱或者其他劳改场所执行，拘役和剥夺政治权利由公安机关执行，管制由负责社区矫正的司法行政机关执行。特定机关执行刑罚体现了刑罚的严肃性，也是刑罚区别于其他强制方法的标志。特定机关应该严格依照法律规定执行刑罚，而不能怠于执行或者不执行刑罚。

二、刑罚的历史演变

（一）中国刑罚的历史脉络

1.以肉刑和生命刑为主发展为以自由刑为主

肉刑和生命刑在我国刑罚历史上一直占据重要地位。奴隶制五刑包括墨、劓、刖、宫、大辟。此五刑即针对人的身体和生命之刑。墨为先刻面，以墨窒之；劓为截去鼻子；刖为断足；宫者，丈夫割其势，女子闭子宫（一说为用棍敲击女性腹部以造成子宫下垂）；大辟则为毙命之刑。汉文帝十三年，文帝下诏废除肉刑，这为封建制新五刑的确立奠定了基础。隋朝正式确立了笞、杖、徒、流、死五种刑罚。笞和杖即针对身体的肉刑；徒是强迫罪犯服劳役的刑罚；流为流放之刑，一般是将罪犯流放到边远、人烟稀少之地。死刑同样是封建五刑中的主要刑罚。可见，封建五刑虽然较之奴隶制五刑有所减轻，但仍然以肉刑为主。清朝末年，政府统治摇摇欲坠，在西方列强的威逼下，清政府被迫修改律法。1911年，清政府正式废除五刑制度，确立近代刑罚体系，确立了主刑和从刑的刑罚体系。主刑有罚金刑、拘役刑、有期徒刑、无期徒刑和死刑。从刑为褫夺公权和没收。从此，以肉刑和生命刑为主的刑罚体系彻底被抛弃，以自由刑为主的近现代新五刑制度开始出现。清政府覆灭后，北洋政府和国民党政府效法了清朝新五刑体系。新中国成立后，确立了以主附刑相结合、以自由刑为主的刑罚制度。主刑分为管制、拘役、有期徒刑、无期徒刑、死刑。四种附加刑为罚金、剥夺政治权利、没收财产和驱逐出境。这种刑罚体系一直保留至今。

2.刑罚由残酷、野蛮走向人道、文明

从刑罚的发展历史看，古代刑罚异常残酷，不仅死刑和肉刑占据主要地位，而且死刑的执行方式异常野蛮，如凌迟、抽肠、五马分尸等。不仅如此，古代刑罚还规定有株连制度。株连分为族株和连坐。前者指一人犯罪夷灭其族人。后者指一人犯罪株连他人，株连者不限于亲人，朋友、同族、邻里和上下级都可被株连。可见，连坐涉及的人员范围更广。直至汉文帝，开始废除肉刑和连坐；到隋朝，开始确立新五刑；清朝，开始简化和统一死刑的执行方式；新中国成立后，刑法中虽然保留死刑，但逐渐减少了死刑罪名。至目前为止，在刑法483个罪名中，仅有46个死刑罪名，所占比例不足1/10。自由刑成为最主要的刑罚种类，财产刑也占据较大比重，可见刑罚更加人道与文明。

（二）国外刑罚的历史发展

国外刑罚同样经历了一个从野蛮走向文明的过程。近现代以来，世界刑罚发展变化呈现出如下趋势。

1.刑罚轻缓化

刑罚轻缓化表现为：①世界范围内在立法上废除死刑的国家和在司法上不适用死刑的国家约占2/3。这些国家主要集中在欧洲和美洲。如英国、法国、德国、意大利、加拿大、哥伦比亚、委内瑞拉等。②非监禁刑在刑罚体系中占据较大比重。电子监控、社区服务、家中监禁、宵禁令、罚金、没收财产、资格刑在一些国家刑法中得到确立，并被作为非监禁刑广泛使用。③缓刑、假释的适用率较高。

2.刑罚两极化

刑罚两极化表现为：①对严重犯罪保留了长期监禁或者死刑。目前保留死刑的国家主要集中在亚洲、部分非洲和美洲国家。如印度、日本、韩国、新加坡、俄罗斯、埃及、美国等。死刑主要针对的是严重危害社会的犯罪，如国事类犯罪、谋杀罪。②对轻微犯罪作轻刑化处理。如对轻微犯罪规定了财产刑、非监禁刑等。

总体看来，世界刑罚都在从野蛮、残忍走向宽缓和文明，即使对犯罪人适用刑罚，也体现出刑罚人道的精神。

第二节 刑罚的功能

刑罚功能是刑罚理论的重要组成部分。只有刑罚发挥其功能才能使刑法的规定具有现实的意义和价值。何为刑罚的功能，学界存在认识分歧。有人认为，刑罚的功能是指国家制定、适用、执行刑罚所直接产生的社会效应，如震慑功能、安抚补偿功能、教育感化功能等。通说认为，刑罚的功能是指国家正确制定、裁量和执行刑罚对社会个体以及整体所产生和可能产生的积极作用。需要注意的是，客观地说，刑罚的适用既有积极的社会作用，也有消极的社会作用。正如德国著名刑法学家耶林所言，刑罚如双刃之剑，用之不得其当，则国家和个人两受其害。但此处的刑罚功能仅指刑罚的积极作用，即刑罚对国家和社会有利的作用。这样界定符合“功能”一词的本意，也有利于我们研究如何更好地发挥刑罚应有的效应。刑罚的适用对于不同的对象产生的功能是不同的。

一、对犯罪人的功能

刑罚是人民法院依法对犯罪人适用的强制方法，犯罪人是刑罚的直接承担者，因而刑罚首先对犯罪人发生作用。这种作用主要表现为如下方面。

（1）惩罚功能。惩罚是刑罚的本质，也是刑罚的基本功能。刑罚的惩罚功能是指通过对犯罪人适用刑罚，限制或剥夺犯罪人的某种权益，对其进行惩戒和责罚。刑罚能够剥夺犯罪人的金钱、资格、人身自由，甚至生命。通过剥夺使其丧失正常人拥有的权益，以此对其进行惩罚。作为“罪有应得”的刑罚在给犯罪人带来损失和痛苦的同时，使其因行为受到否定性评价而感受到心理上的耻辱。当然，通过惩罚也使犯罪人认识到犯罪得不偿失，进而警醒自己，防止自己再次犯罪。这些都是刑罚惩罚功能的效果。

（2）教育改造功能。刑罚对犯罪人具有惩罚功能，但刑罚并非仅仅是惩罚，它还有教育改造功能。犯罪人之所以走上犯罪道路，很大程度上是思想认识上存在错误、人格上的自私贪婪，以及好逸恶劳的不良品性等所致，因此，仅有惩罚是不够的，刑罚还应该具有教育改造功能。刑罚通过制定、适用和执行，使犯罪人从中受到教育，养成良好的规范意识，消除犯罪的思想根源，自觉地把自己转变为去恶从善、遵纪守法、自食其力的公民。

刑罚的教育改造形式是多样的。根据我国刑法的规定，对于被判处管制、宣告缓刑、裁定假释和暂予监外执行的犯罪人，依法实行社区矫正。《中华人民共和国社区矫正法》第36条第1款规定：“社区矫正机构根据需要，对社区矫正对象进行法治、道德等教育，增强其法治观念，提高其道德素质和悔罪意识。”第37条规定：“社区矫正机构可以协调有关部门和单位，依法对就业困难的社区矫正对象开展职业技能培训、就业指导，帮助社区矫正对象中的在校学生完成学业。”作为我国刑罚的主要执行机构，监狱同样要对罪犯开展教育。我国《监狱法》第62条规定：“监狱应当对罪犯进行法制、道德、形势、政策、前途等内容的思想教育”，第64条规定：“监狱应当根据监狱生产和罪犯释放后就业的需要，对罪犯进行职业技术教育。”第69条规定：“有劳动能力的罪犯，必须参加劳动。”相关机构通过形式多样的教育，对罪犯的思想、人格和行为进行矫正，提高其社会生存的技能，为其重新融入社会作准备。大多数犯罪人通过刑罚的改造，能弃恶从善，重新开始正常的社会生活。

虽然刑罚对犯罪人加以惩罚和改造，看似对犯罪人形成了负面的价值，但是最终可以帮助其改邪归正，重新融入社会，这不仅对其自身是积极的、有益的，也有利于社会的安宁与和谐，因而从整体上看，是积极的、正面的作用。

二、对被害人的功能

被害人是犯罪行为针对的对象，是因犯罪行为遭受损害的人。对犯罪被害人而言，刑罚的功能主要表现为安抚和慰藉功能。被害人因犯罪行为遭受到财产损失、健康损失甚至生命丧失，因而被害人及其亲属会对犯罪人存在不满和愤怒情绪，希望犯罪人受到刑罚的惩罚。对犯罪人适用刑罚，犯罪人罪有应得才能使被害人心灵上得到安抚和慰藉，平复心境，感受到法律的公平正义。公正司法，就是受到侵害的权利一定会得到保护和救济，违法犯罪活动一定要受到制裁和惩罚。如果犯罪人未受到应有刑罚处罚，极有可能引发被害人“以牙还牙”进行报复或者聚众闹事危害社会秩序等非理性行为。因而，安抚被害人是刑罚不可忽视的功能。

三、对社会的功能

对犯罪人适用刑罚，不仅对犯罪人和被害人发生作用，也会对其他社会成员产生影响，这就是刑罚的社会功能。这种功能表现在两个方面。

（1）威慑功能。所谓“威慑”，是指使他人感到威吓和震慑。在立法上规定刑罚，使社会成员意识到犯罪的不利后果，权衡利弊后放弃犯罪。司法机关通过对犯罪人适用刑罚，使潜在犯罪分子感受到刑罚的现实性和严厉性，进而不敢犯罪，刑罚的威慑性得以发挥。

（2）教育功能。通过刑罚的制定、适用和执行，能够帮助社会公众，获取关于犯罪与刑罚的知识，认识犯罪及其后果，这本身就是一种法治宣传和教育。一个案例胜过一打文件，对犯罪分子定罪量刑本身也是生动的法治教育素材，能使社会公众从中受到教育和警示，从而自觉约束自己的行为，防范违法犯罪的发生，这就是刑罚教育功能所在。

第三节　刑罚的目的

刑罚的目的，是指人民法院代表国家对犯罪分子适用刑罚所要达到的目标或结果，也即国家的刑事立法采用刑罚作为对付犯罪现象的强制性措施及其具体适用和执行所预期实现的效果。为什么对犯罪人科处刑罚？刑罚在什么条件下可以实施？这些问题关系到刑罚正当化根据问题。这些问题也一直存在着争议。

一、国外刑罚目的理论

（一）报应刑论

报应刑论最原始的内容是“因为有犯罪，所以要处罚”。这种理论认为，犯罪是刑罚的原因，刑罚是犯罪的当然结果，刑罚是对已经发生的犯罪的报应，强调刑法是针对恶行的恶报，科处刑罚的根据仅仅在于犯罪行为造成了客观损害，除此之外，不应该考虑其他目的。报应刑论的代表人物康德主张对犯罪人施以“以眼还眼，以牙还牙”等量报应，即科处刑罚应该与恶行相均衡。黑格尔认为，犯罪是对社会的一种恶，是对社会的否定，而刑罚是犯罪的一种害恶，是对犯罪的否定，通过否定之否定，使被犯罪行为侵害的社会恢复到原来的状态。从根本上说，报应刑论主张刑罚是同态复仇，即只是在客观造成的侵害范围内科处刑罚的观点，对于划定刑罚的上限，具有重要的借鉴意义。从这个意义上说，报应刑论可以避免不正义的刑罚，对于维护犯罪人的合法权益具有价值。但是报应刑论将满足伦理上的正义要求作为刑罚干预公民个人生活的根据，对犯罪人的主观责任、罪过类型、人身危险性等因素没有作充分的考虑，也没有认识到刑罚并非仅仅为了惩罚而惩罚，刑罚也应该具有预防犯罪的目的。

（二）目的刑论

目的刑论最原始的内容是“因为让人不要犯罪或者不再犯罪，所以要处罚”。这种理论认为，刑罚只是为了实现一定目的，即预防犯罪的意义上才具有价值，只有在对预防犯罪或者教育罪犯具有特定的效果的时候，才具有正当性。刑罚是为了预防将来犯罪而科处的一种教育手段，科处刑罚的根据是犯罪行为当中所体现出来的“主观恶性”或者说“人身危险性”，而不是行为所造成的客观危害。目的刑论与预防刑论基本相同。预防刑论分为一般预防刑论和特殊预防刑论。前者认为，刑罚具有防止犯罪人以外的一般人犯罪的效果，后者主张刑罚具有使已经犯罪的人不再犯罪的效果。目的刑论放眼于未来，考虑了刑罚在预防犯罪方面的独特价值，这是值得肯定的，但是这种理论将刑罚单纯定位于预防未然之罪，强调通过适用刑罚达到杀一儆百的效果，犯罪人往往成为预防他人犯罪的手段，可能会导致对犯罪人的刑罚没有上限，造成刑罚的苛厉。严刑峻法极有可能导致罪责刑不相适应，这反而不利于预防犯罪。

（三）并合主义

这是一种折中的观点，以相对报应刑论为内容。“因为有犯罪，为了没有犯罪而科处刑罚”是并合主义的经典表述。并合主义主张，刑罚正当化的根据一方面是为了满足恶有恶报、善有善报的正义要求，同时必须是防止犯罪所必需且有效的，应当在报应刑的范围内实现一般预防和特殊预防的目的的场合，才能够正当化[①]。这种理论既考虑到了刑罚是对已然犯罪的惩罚，也考虑到了刑罚对未然犯罪的预防，既有利于防止无上限地惩罚犯罪人，也能发挥刑罚警醒其他人的效果，因而是较为合理的。

二、我国刑罚目的理论

我国学界关于刑罚的目的众说纷纭。通说认为，我国刑罚的目的在于预防犯罪，包括特殊预防和一般预防。

（一）特殊预防

所谓“特殊预防”，是指通过对犯罪分子适用刑罚，进行教育改造，预防他们重新犯罪。特殊预防通过下列方式实现。

1. 剥夺犯罪分子再次犯罪的能力，使其不再危害社会

（1）通过适用死刑，剥夺犯罪分子再次犯罪的能力。这是一种最简单、最彻底、最有效的特殊预防形式，可以从根本上预防犯罪分子再次犯罪。但是大量适用死刑必然会产生严重的负面效果，因而，我国虽然保留了死刑，但是从适用对象、执行方式、核准程序等方面对其适用进行了限制。

（2）对绝大多数犯罪人适用的刑罚是剥夺或者限制其人身自由，以此方式剥夺其再次犯罪的能力。被剥夺人身自由的犯罪人在一定时期或者长期与社会隔离，在此期间，由执行机关对其进行教育改造，使其认罪服法，改邪归正，成为守法公民，不再危害社会。被限制人身自由的犯罪人在一定时期内，需要接受专门机关的矫正，从而认识错误，消除再次犯罪的意识。

（3）对经济犯罪、财产犯罪和其他贪财型犯罪适用财产刑，剥夺其再次犯罪的能力。经济类、财产型犯罪一般都与犯罪人自私贪婪、好逸恶劳有关，通过对这些犯罪人施以财产刑，剥夺他们的财产，进而剥夺其再次犯罪的经济能力。对犯罪人施以财产刑也使其感受到得不偿失，不愿犯罪。

① [日]大谷实:《刑法讲义总论》,黎宏译,中国人民大学出版社2008年版,第36-37页。

（4）对某些犯罪人独立适用资格刑，剥夺其一定的资格，从而防止其利用这些资格或权利进行犯罪。

2. 教育改造犯罪分子，使其弃恶扬善，不再实施犯罪行为

在剥夺犯罪人再次犯罪能力的同时，针对犯罪人的心理特点和人格特征进行教育改造，使其从思想深处悔过自新，消除犯罪心理，远离违法犯罪，达到特殊预防的目的。通过劳动改造，犯罪人掌握一定的劳动技能，养成劳动的习惯，促使其刑罚执行之后，回归社会后自食其力，从而实现刑罚的特殊预防目的。

（二）一般预防

一般预防是指通过对犯罪分子适用刑罚，威慑、警示潜在的犯罪人，防止他们走上犯罪道路。潜在的犯罪人有三种：一是危险分子，如多次违法行为的人、未能得到有效改造的刑满释放人员、多次受到刑罚处罚的人。这些人主观恶性深，人身危险性大，因而是一般预防的重点。二是不稳定分子，即具有某种犯罪倾向的人。这类人法治观念淡薄，对外界的诱惑抵抗力低，也是潜在的犯罪人。三是具有私人报复倾向的被害人及其家属。这类人是犯罪的直接或者间接受害者，对犯罪人具有严重不满情绪，如果不及时对其负面情绪进行疏导和化解，极有可能成为潜在的犯罪人。

一般预防主要表现为如下方式：一是通过制定、适用和执行刑罚，威慑社会上的危险分子和不稳定分子，抑制他们的犯罪意念，使他们不敢以身试法；二是通过制定、适用和执行刑罚，表明国家对犯罪人的否定性评价，以此安抚犯罪被害人，防止他们实施报复性犯罪；三是通过制定、适用和执行刑罚，提高广大公民的法律意识和法治观念，鼓励他们同犯罪行为作斗争。

（三）特殊预防和一般预防的关系

特殊预防和一般预防是刑罚目的的两个方面，它们之间是对立统一关系。二者的对立表现在：对象和要求不同。特殊预防针对的是已然的犯罪人，它要求根据对犯罪人改造的难易程度来判处和执行刑罚；一般预防针对的对象主要是社会不稳定分子，是未然之犯罪人，它要求根据社会治安状况的好坏判处和执行刑罚。二者的统一表现在：首先，它们的目的一致，即都是为了预防犯罪。其次，它们的方式和实现路径基本相同，即都有赖于刑罚各种功能的充分发挥。但是特殊预防与一般预防的统一性并不代表在任何时候二者都应该并重。一般来说，在刑事立法上应该侧重于一般预防，在刑事司法上即在量刑与刑罚执行中应该侧重于特殊预防。

在司法审判中，两种预防要考虑不同的犯罪情形和社会形势而有所侧重。①对于惯犯、累犯等人身危险性大，特殊预防必要性大的犯罪人，侧重于特殊预防，对初犯、偶犯等人身危险性小，特殊预防必要性小的人，则侧重于一般预防。②对于偶发、少发犯罪侧重于特殊预防，对于多发、常发的犯罪侧重于一般预防。③对一定时期、一定地区危害性大的犯罪，适用刑罚侧重考虑一般预防，相反则侧重考虑特殊预防。但是应当注意的是，无论侧重于哪一种预防，适用刑罚的轻重都必须在刑法规定的法定刑范围内，而且不能超出行为人承担刑事责任的程度。不能为了达到一般预防的效果，对犯罪人科以重刑，而使刑罚超过行为人责任的范围。

思考题

1. 如何理解各种刑罚目的理论？
2. 如何看待刑罚的历史发展演变？
3. 刑罚的功能有哪些？
4. 如何理解刑罚一般预防与特殊预防的关系？

阅读书目

1. 罗翔：《刑罚的历史》，云南人民出版社2021年版。
2. 蔡一军：《刑罚立法技术初论》，中国政法大学出版社2020年版。
3. 邱兴隆：《刑罚理性四部曲》，中国检察出版社2018年版。
4. 沈家本：《历代刑法考》，中国检察出版社2003年版。

第十六章　刑罚的体系和种类

刑罚的体系是指刑法中依据一定的标准对各种刑罚方法进行排列形成的刑罚序列。刑罚体系由各种具体的刑罚方法构成，这些刑罚方法也称为刑罚种类。

第一节　刑罚的体系

我国刑罚体系从实现刑罚目的和功能的需要出发，既考虑了我国历史传统，也考虑了时代发展需要，进行了科学的设置。

一、我国刑罚设置整体状况

（一）主附刑结合，以自由刑为主

我国刑罚的体系由主刑和附加刑组成。主刑由轻到重依次是管制、拘役、有期徒刑、无期徒刑和死刑五种。附加刑包括罚金、剥夺政治权利、没收财产、驱逐出境四种刑罚。从刑法分则规定的法定刑看，每种犯罪都配置有剥夺自由刑，其中有期徒刑是适用面最广的刑罚种类，死刑只适用于46个罪名。因而，我国目前的刑罚体系可以概括为“主附刑结合，以自由刑为主”。

（二）整体趋缓，宽严相济

从我国刑罚的配置情况看，整体趋于缓和。一方面，反映刑罚严厉性的死刑数量在我国刑法中逐渐缩减。新中国成立后，1997年《刑法》修改前，我国的死刑罪名有71个。1997年《刑法》将死刑罪名减少至68个。经过《刑法修正案（八）》和《刑法修正案（九）》的两次修正，目前，我国刑法的483个罪名中，只有46个罪中设有死刑。另一方面，轻刑罪名在增加，近年来，增设了最高刑为拘役的危险驾驶罪、代替考试罪，使用虚假身份证件、盗用身份证件罪；增设了最高刑为1年有期徒刑的高空抛物罪、妨害安全驾驶罪、危险作业罪。轻刑罪名的设置从整体上减弱了刑罚的严厉程度，使我国刑罚趋于缓和。

宽严相济体现在：我国刑罚为社会危害性程度不同的犯罪设置了轻重不同的法定刑。对诸如背叛国家罪，武装叛乱、暴乱罪，放火罪，故意杀人罪，绑架罪，强奸罪，抢劫罪等严重犯罪配置了死刑或者无期徒刑；对轻微犯罪，设置了诸如拘役、管制的轻刑，宽严相济，轻重结合，能满足处罚不同犯罪情形的需要。

二、我国刑罚体系的特点

（一）种类齐全、结构合理

在我国刑罚体系中既有针对财产的刑罚也有针对人身的刑罚。财产刑有罚金与没收财产，在针对人身的刑罚中，既有针对资格的剥夺政治权利，也有针对自由和生命的刑罚。在针对自由的刑罚中，既有开放型的管制刑，也有短期剥夺自由的拘役刑，还有适应不同刑期需要的有期徒刑、终身剥夺自由的无期徒刑，除此之外，还有剥夺生命的死刑。可见，我国的刑罚体系中各种类型刑罚配置齐全，而每种刑罚给犯罪人造成的剥夺性痛苦不同，可以适应惩罚不同类型、不同程度的犯罪人的需要，因而这种配置是合理的。

（二）轻重搭配、衔接紧凑

我国刑罚中无论主刑还是附加刑都有轻有重，在同种刑罚内部，也有刑期长短、数量多少的区别，体现了有宽有严、宽严相济的刑事政策。不同种刑罚之间尽量做到了有序衔接。如我国拘役的最长期限为6个月，有期徒刑的最短期限为6个月，衔接严密。管制刑限制自由，监禁刑剥夺自由，刑罚结构紧凑有序。

（三）内容科学、刑罚人道

我国刑罚方法既遵循了我国刑罚历史发展的脉络，考虑了时代发展的实际需要，也参照了国际社会的有益经验。管制刑和死刑缓期执行都是中国的独创，同时设置了国外广泛适用的罚金刑。可见，我国刑罚体系既没有被历史所束缚，也没有照搬外国立法实践，而是具有中国特色，符合中国需要的刑罚体系，因而内容是科学的。

刑罚人道体现在：我国刑罚体系中无论是何种刑罚方法，都会给犯罪人造成一定的痛苦，但是这些痛苦并不是蓄意使犯罪人在肉体或精神上遭受剧烈疼痛或痛苦，因而刑罚并不残虐。就死刑而言，对于应当判处死刑的犯罪分子，如果不是必须立即执行的，可以判处死刑同时宣告缓期2年执行。死刑不适用于犯罪的时候不满18周岁的人和审判的时候怀孕的妇女；审判的时候已满75周岁的人，不适用死刑，但以特别残忍手段致人死亡的除外。废除了残酷的死刑执行方法，采用枪决或注射执行死刑。除死刑立即执行外，其他刑罚都侧重于教育改造犯罪人。另外，管制犯在社区中执行刑罚，在劳动中同工同酬；拘役犯每月可以回家一到两天，参加劳动的，可酌量发给报酬。这些规定都表明我国刑罚具有人道性。

第二节　主　刑

主刑是对犯罪分子适用的主要刑罚方法。它的特点在于：主刑只能独立适用，不能附加适用；对一项犯罪只能适用一种主刑；但数罪并罚时，一个罪犯最终适用的主刑可能不止一个。根据我国刑法的规定，我国共有五种主刑，即管制、拘役、有期徒刑、无期徒刑和死刑。

一、管　制

（一）管制的概念及意义

管制，是指对犯罪分子不实行关押，但限制一定程度的自由，由社区进行矫正的刑罚方法。管制刑是我国独创的刑罚。它产生于民主革命时期，新中国成立后被保留下来，是我国最轻的主刑，适用于罪行轻微、人身危险性小，不需关押的犯罪人。管制刑是一种开放性的刑罚方法，犯罪人无需脱离社会，由社区负责监督、管理、帮教。这种刑罚具有明显的优势：①管制可以避免犯罪人在监禁场所执行刑罚被交叉感染的风险。②管制能充分发挥社会力量对其加以改造，借助家庭、单位的力量感召犯罪人，帮助他们改过自新，重新回归社会。③管制刑可以节约行刑成本。④管制与国际刑罚轻缓化的潮流相符。

（二）管制的特点

1.对犯罪分子不予关押

被判处管制的犯罪分子不被羁押在特定的场所或者设施内，不剥夺其人身自由。这是管制刑的主要特点，也是它与拘役、有期徒刑、无期徒刑最大的区别。

2.限制犯罪分子一定的自由

管制不剥夺犯罪分子自由，但是管制同样是一种刑罚，因而应当具有惩罚属性。管制的惩罚性即限制犯罪人的自由。限制自由表现为管制犯罪分子需遵守监管规定。《刑法》第39条第1款规定：“被判处管制的犯罪分子，在执行期间，应当遵守下列规定：（一）遵守法律、行政法规，服从监督；（二）未经执行机关批准，不得行使言论、出版、集会、结社、游行、示威自由的权利；（三）按照执行机关规定报告自己的活动情况；（四）遵守执行机关关于会客的规定；（五）离开所居住的市、县或者迁居，应当报经执行机关批准。”

另外，根据《刑法》第38条第2款的规定，对某些管制犯罪分子可以同时宣告禁止令，即人民法院可以根据犯罪情况，同时禁止犯罪分子在执行期间从事特定活动，进入特定区域、场所，接触特定的人。“特定”的确定，需要人民法院根据每一起案件的具体情况，主要是个案中犯罪的性质、情节，行为人犯罪原因，维护社会秩序、保护被害人免遭再次侵害、预防犯罪人再次犯罪的需要等情况，作出具体的禁止性规定。人民法院作出禁止令，可以只涉及一个方面，也可以同时涉及三个方面的事项。禁止令需具有针对性和可行性。例如，犯罪分子是因长期在网吧上网，形成网瘾，进而走上犯罪道路的，可以作出禁止其进入网吧的决定；如果犯罪分子是因为在夜总会、酒吧沾染上恶习实施犯罪的，则可作出禁止其进入夜总会、酒吧的决定；犯罪分子在犯罪前后有滋扰证人行为的，可作出禁止其接触证人的决定；犯罪分子是在酒后犯罪，且有酗酒习性的，可作出禁止其饮酒的决定；等等。但是禁止令的内容不能妨害犯罪分子的正常生活。例如，不能作出“禁止进入公共场所”等决定。如甲因“医闹”被法院以寻衅滋事罪判处管制2年，法院不能同时发布禁止甲出入医疗机构的禁止令。

2011年4月28日，最高人民法院、最高人民检察院、公安部、司法部联合发布了《关于对判处管制、宣告缓刑的犯罪分子适用禁止令有关问题的规定（试行）》，对适用禁止令的根据，禁止从事的活动，禁止进入的区域、场所和禁止接触的人员作出了详细的规定。若犯罪人在被判处管制的同时适用了禁止令，则其必须遵守禁止令。依照《刑法》第38条第4款的规定，管制犯罪分子违反禁止令的，由公安机关依照《中华人民共和国治安管理处罚法》的规定处罚。可见，监管规定和禁止令在一定程度上限制了管制犯罪人的人身自由，因而也是对犯罪人的惩罚。但是，管制犯罪分子参加劳动的，应当同工同酬。

3.对犯罪分子自由的限制具有一定的期限

根据我国《刑法》第38条第1款的规定，管制的期限，为3个月以上2年以下。但是如果犯罪人因犯数罪被判处数个管制的，根据《刑法》第69条第1款的规定，最高刑期不能超过3年。考虑到管制是限制犯罪人自由，而判决前先行羁押是剥夺人身自由，因而，《刑法》第41条规定，管制的刑期，从判决执行之日起计算；判决执行以前先行羁押的，羁押1日折抵刑期2日。根据《刑法》第40条的规定，被判处管制的犯罪分子，管制期满，执行机关应即向本人和其所在单位或者居住地的群众宣布解除管制。

4. 对管制犯依法实行社区矫正

管制是一种最轻的主刑，但对管制犯不能一放了之，也不能不管不治，而应该对其进行教育和矫治。根据《刑法》第38条第3款的规定，对被判处管制的犯罪分子，依法实行社区矫正。2019年12月28日，全国人民代表大会常务委员会通过了《中华人民共和国社区矫正法》。该法的出台为管制的执行提供了规范化的依据。根据该法第3条的规定，社区矫正工作坚持监督管理与教育帮扶相结合，专门机关与社会力量相结合，采取分类管理、个别化矫正，有针对性地消除社区矫正对象可能重新犯罪的因素，帮助其成为守法公民。社区矫正由专门机构分工负责。该法第8条规定：国务院司法行政部门主管全国的社区矫正工作。县级以上地方人民政府司法行政部门主管本行政区域内的社区矫正工作。人民法院、人民检察院、公安机关和其他有关部门依照各自职责，依法做好社区矫正工作。人民检察院依法对社区矫正工作实行法律监督。地方人民政府根据需要设立社区矫正委员会，负责统筹协调和指导本行政区域内的社区矫正工作。司法所根据社区矫正机构的委托，承担社区矫正相关工作。社区矫正机构对管制犯罪人进行监督管理和教育帮扶。该法第9条规定，社区矫正机构担负着教育和指导矫正对象的任务。根据该法第36条和第37条的规定，社区矫正机构根据需要，对社区矫正对象进行法治、道德等教育，增强其法治观念，提高其道德素质和悔罪意识。对社区矫正对象的教育应当根据其个体特征、日常表现等实际情况，充分考虑其工作和生活情况，因人施教。社区矫正机构可以协调有关部门和单位，依法对就业困难的社区矫正对象开展职业技能培训、就业指导，帮助社区矫正对象中的在校学生完成学业。

【案例16-2-01】2018年9月某日、2019年2月某日、2019年3月某日，被告人王某某在家中，提供毒品和吸毒工具，容留刘某吸食甲基苯丙胺（冰毒）3次。后王某某经民警电话传唤到案。法院认为，综合考量王某某的犯罪事实、性质、社会危害程度，及王某某无犯罪前科，在公安机关如实供述等情形，最终判决王某某容留他人吸毒罪，管制1年，并处罚金人民币1000元。

二、拘　役

（一）拘役的概念

拘役，是指短期剥夺犯罪分子自由，就近执行并实行劳动改造的刑罚方法。

拘役是一种短期自由刑，是介于管制和有期徒刑之间的一种较轻的刑罚，适用于罪行较为轻微，但需要与社会隔离的犯罪分子。如作为一种轻罪，危险驾驶罪的主刑即拘役。《刑法》第133条之一第1款规定："在道路上驾驶机动车，有下列情形之一的，处拘役，并处罚金：（一）追逐竞驶，情节恶劣的；（二）醉酒驾驶机动车的……"

（二）拘役的特点

根据《刑法》第42条至第44条的规定，拘役具有以下特点。

（1）剥夺犯罪分子自由，即被判处拘役的犯罪分子关押在特定的改造场所进行改造，使其丧失人身自由。被判处拘役的犯罪人虽然罪行较轻，但不适宜在社会上执行，因而将其放在特定监禁场所加以教育改造。

（2）剥夺自由的期限较短。根据《刑法》第42条第1款的规定，拘役的期限为1个月以上6个月以下。根据《刑法》第44条的规定，拘役的刑期，从判决执行之日起计算；判决执行以前先行羁押的，羁押一日折抵刑期一日。根据《刑法》第69条第1款的规定，如果行为人因犯数罪被判处几个拘役，数罪并罚时，拘役最高不能超过1年。

（3）拘役由公安机关就近执行。根据《刑法》第43条第1款的规定，被判处拘役的犯罪分子，由公安机关就近执行。拘役犯曾经一度放在拘役所中执行，但考虑到安全和规范执行刑罚的需要，2005年公安部下发了《关于做好撤销拘役所有关工作的通知》，规定：对于被判处拘役的罪犯，由看守所执行。

（4）享受一定的待遇。根据《刑法》第43条第2款的规定，在执行期间，被判处拘役的犯罪分子每月可以回家一天至两天；参加劳动的，可以酌量发给报酬。这一点与有期徒刑、无期徒刑不同，被判处有期徒刑和无期徒刑的犯罪分子凡有劳动能力的一律实行无偿的强制劳动改造。

【案例16-2-02】被告人李某于2020年12月18日15时30分许，酒后驾驶小型客车，沿丹阜高速公路行驶，追撞上李某1驾驶重型牵引车尾部，造成小型客车受损的道路交通事故。经认定，被告人李某负全部责任，李某1无责任。经鉴定，被告人李某血液中乙醇含量为120.1mg/100mL。李某被查获归案，到案后自愿如实供述自己的罪行。法院认为：李某犯危险驾驶罪，判处拘役3个月，并处罚金人民币6000元。

（三）拘役与类似惩罚措施的区别

拘役与刑事拘留、民事拘留和行政拘留都是短期剥夺自由的强制方法，但它们存在很大的不同，体现在：①性质不同。拘役是刑罚方法，刑事拘留是刑事诉讼中的强制措施，民事拘留具有司法行政性质，行政拘留属于治安行政处罚。②适用对象不同。拘役适用于犯罪分子，刑事拘留适用于《刑事诉讼法》第82条规定的七种情形之一，民事拘留适用于民事诉讼法中违反法庭规则、妨害司法行为、当事人恶意诉讼和调解、被执行人恶意诉讼、仲裁和调解、不履行协助调查或执行义务等情形，行政拘留适用于违反治安管理法规，尚未构成犯罪的人。③适用的机关不同。拘役和民事拘留由人民法院适用，刑事拘留和行政拘留由公安机关适用。④适用的法律依据不同。拘役根据刑法适用，刑事拘留根据刑事诉讼法适用；民事拘留根据民事诉讼法适用，行政拘留根据治安管理处罚法适用。另外，拘役与刑事拘留、民事拘留和行政拘留在适用期限、行为人待遇等方面也有不同。

【案例16-2-03】2021年7月16日，一则"杭州发生敲门杀人案"的信息在网络平台传播，引发市民高度关注，造成严重不良社会影响。经公安机关调查，该信息为不实信息，系陈某某为博人眼球编造虚假信息发至微信好友群中，后群内好友截图转发至个人微博引发舆论关注，根据《中华人民共和国治安管理处罚法》相关规定，公安机关依法对陈某某处以行政拘留8日的处罚。

三、有期徒刑

（一）有期徒刑的概念

有期徒刑，是指剥夺犯罪分子一定期限的人身自由，强制其劳动并接受教育和改造的刑罚方法。有期徒刑是我国适用面最广的刑罚方法。

（二）有期徒刑的特点

根据刑法的规定，有期徒刑具有如下特点：

（1）剥夺犯罪分子一定期限的自由。根据《刑法》第45条的规定，有期徒刑的期限，除第50、60条规定外，为6个月以上15年以下。但如果犯罪人因犯数罪，被判处数个有期徒刑，数罪并罚时，总和刑期不满35年的，最高不能超过20年，总和刑期在35年以上的，最高不能超过25年。根据《刑法》第47条的规定，有期徒刑的刑期从判决执行之日起计算，判决执行以前先行羁押的，羁押1日抵刑期1日。有期徒刑刑期弹性大，跨度长，可以适用于轻重不同的罪行，这是有期徒刑被广泛适用的重要原因。

（2）在监狱或者其他执行场所执行。根据《刑法》第46条的规定，被判处有期徒刑、无期徒刑的犯罪分子，在监狱或者其他执行场所执行。有期徒刑的执行场所主要是监狱。根据《监狱法》第2条的规定，被判处死刑缓期2年执行、无期徒刑、有期徒刑的罪犯，在监狱内执行刑罚。监狱以外的其他执行场所主要为针对未成年犯的未成年犯管教所。另外，根据《刑事诉讼法》第264条第2款的规定，对被判处有期徒刑的罪犯，在被交付执行刑罚前，剩余刑期在3个月以下的，由看守所代为执行。根据《监狱法》第25条的规定，对于被判处无期徒刑、有期徒刑在监内服刑的罪犯，符合刑事诉讼法规定的监外执行条件的，可以暂予监外执行。

（三）强迫罪犯参加劳动，接受教育改造

根据《刑法》第46条的规定，被判处有期徒刑的犯罪分子，凡有劳动能力的，都应当参加劳动，接受教育和改造。有劳动能力，是指根据罪犯的身体健康状况，可以参加劳动。劳动是改造罪犯、实现刑罚特殊预防目的的重要方式，也是评价罪犯是否有悔改表现的重要指标，是法定的奖惩考核内容，因此强制有劳动能力的罪犯进行无偿劳动是必要的。当然，在进行劳动改造的同时，还应对罪犯进行其他教育。根据《监狱法》第4条的规定，监狱对罪犯应当依法监管，根据改造罪犯的需要，组织罪犯从事生产劳动，对罪犯进行思想教育、文化教育、技术教育。

四、无期徒刑

（一）无期徒刑的概念

无期徒刑，是指剥夺犯罪分子的终身自由，强制其参加劳动并接受教育改造的刑罚方法。无期徒刑是仅次于死刑的刑罚方法。无期徒刑适用于罪行严重，但不至于被判处死刑，需要与社会永久隔离的犯罪分子。但是，未成年人犯罪只有罪行极其严重的，才可以适用无期徒刑。对已满14周岁不满16周岁的人犯罪的，一般不判处无期徒刑。

（二）无期徒刑的特点

（1）剥夺犯罪分子终身自由。从语词上看，被判处无期徒刑的犯罪分子将永

久与社会隔离，实行无期限关押。但是需要注意的是，被判处无期徒刑的犯罪分子还有回归社会的机会。根据刑法关于减刑和假释的规定，如果被判处无期徒刑的犯罪分子确有悔改或者立功表现，符合减刑或者假释条件的，可以被减刑或假释。此外，如果国家发布特赦令，无期徒刑的犯罪人也有机会获得特赦。

（2）在监狱或其他执行场所执行刑罚，强制劳动改造。根据《刑法》第46条的规定，被判处无期徒刑的犯罪分子在监狱或者其他执行场所执行刑罚；凡有劳动能力的，都应当参加无偿劳动，接受教育和改造。

（3）无期徒刑与剥夺政治权利同时适用。根据《刑法》第57条第1款的规定，对于被判处死刑、无期徒刑的犯罪分子，应当剥夺政治权利终身。据此，在判处犯罪人无期徒刑的同时，必须附加剥夺其政治权利终身。这显示出国家对被判处无期徒刑的犯罪分子也予以政治上的否定。

需要注意的是，无期徒刑不同于我国《刑法》第383条第4款和第386条规定的终身监禁①。学界对于终身监禁的法律定位争议较多，各种观点分歧较大。虽然有学者认为，从执行方式看，终身监禁是无期徒刑②。但是终身监禁并不能等于无期徒刑。终身监禁仅适用于特定的犯罪人，即因犯贪污罪或者受贿罪被判处死刑缓期2年执行，因没有故意犯罪，2年期满，减为无期徒刑后，不得减刑与假释的犯罪人。可见，终身监禁并非刑罚种类，而是与死缓配合适用于特定犯罪的处罚方法。它与无期徒刑在法律性质、适用对象、适用后果上均有不同。

五、死　刑

（一）死刑的概念

死刑又称生命刑、极刑，是剥夺犯罪分子生命的刑罚方法，因此它是一种最严厉的刑罚方法。作为一种古老的刑种，在奴隶社会和封建社会，死刑罪名繁多，执行方式残酷。自18世纪的资产阶级启蒙思想家贝卡里亚提出废除死刑的主张以

①《刑法》第383条规定：对犯贪污罪的，根据情节轻重，分别依照下列规定处罚：(一)贪污数额较大或者有其他较重情节的，处3年以下有期徒刑或者拘役，并处罚金。(二)贪污数额巨大或者有其他严重情节的，处3年以上10年以下有期徒刑，并处罚金或者没收财产。(三)贪污数额特别巨大或者有其他特别严重情节的，处10年以上有期徒刑或者无期徒刑，并处罚金或者没收财产；数额特别巨大，并使国家和人民利益遭受特别重大损失的，处无期徒刑或者死刑，并处没收财产……犯第一款罪，有第三项规定情形被判处死刑缓期执行的，人民法院根据犯罪情节等情况可以同时决定在其死刑缓期执行2年期满依法减为无期徒刑后，终身监禁，不得减刑、假释。《刑法》第386条规定，对犯受贿罪的，根据受贿所得数额及情节，依照本法第383条的规定处罚。

② 王世友、周少元：《论我国终身监禁的刑罚属性》，载《重庆社会科学》2021年第4期。

来，关于死刑的存废之争已经持续了两个多世纪。从立法实践看，目前有近2/3的国家已废除死刑或不适用死刑。

（二）死刑存废之争

多年来，死刑存废问题也是我国理论界关注的热点问题。“主存论”和“主废论”围绕死刑是否具有威慑性、死刑是否公正、死刑是否可以预防犯罪、死刑是否符合世界刑罚的发展方向等问题展开了激烈的争论。本书认为，死刑的存废不是一个国家落后或者进步的标志，也不是愚昧与文明的界限。死刑的存废与一个国家历史文化传统、社会现实需要和国民心理接受程度有着密切的关系。我国目前保留死刑的原因有三点：第一，我国正处于“百年未有之大变局”，面临着错综复杂的国际形势、艰巨繁重的国内改革发展和稳定任务，各种风险和挑战犹存。人民日益增长的美好生活需要和不平衡不充分的发展之间的矛盾凸显。现阶段，破坏国家安全，危害公共安全，侵犯公民人身权利、财产权利等严重犯罪仍然存在。刑法维护国家安全和社会稳定的任务艰巨，因而必须继续运用死刑这一刑罚手段同犯罪作斗争，遏制重大犯罪活动的发生。第二，对严重危害国家和社会的犯罪分子，适用死刑，达到特殊预防的刑罚目的，也能发挥教育警示危险分子和不稳定分子的效果，达到刑罚一般预防的目的。第三，保留死刑，符合社会大众的价值观。大量民调表明，多数民众不支持废除死刑。2008年德国马普研究所的调查表明，六成中国人支持死刑；2009年环球网的调查结果表明，近91%的人反对废除死刑[①]。可见“杀人偿命”目前还是我国广大公民所认同的正义观，废除死刑超越了我国现阶段社会公众的认知与情感，缺乏社会文化和心理基础。综上，运用死刑惩罚极少数罪行极其严重的犯罪分子，仍然是保卫国家安全和人民利益、保障社会主义现代化建设顺利进行的必要手段。

保留死刑并不意味着死刑可以广泛适用，相反，随着人们观念的更新和社会的发展变化，严格控制死刑的观念已经被越来越多的人所接受。保留死刑，严格控制和慎重适用死刑，坚持少杀、防止错杀是我国一贯政策。这在立法上表现为死刑数量在不断减少。1997年新修订刑法出台时，68个罪名中设置有死刑。2011年5月1日生效的《刑法修正案（八）》取消13个罪名中的死刑；2015年11月1日生效的《刑法修正案（九）》取消了9个罪名中的死刑。通过修正，一些经济犯罪和财产犯罪中的死刑被废除，包括走私文物罪，走私贵重金属罪，走私珍贵动物、珍贵动物制品罪，走私普通货物、物品罪，票据诈骗罪，金融凭证诈骗罪，

① 汪明亮：《守底限的刑罚模式》，法律出版社2020年版，第143页。

信用证诈骗罪，虚开增值税专用发票、用于骗取出口退税、抵扣税款发票罪，伪造、出售伪造的增值税专用发票罪，盗窃罪，传授犯罪方法罪，盗窃古文化遗址、古墓葬罪，盗掘古人类化石、古脊椎动物化石罪，走私武器、弹药罪，走私核材料罪，走私假币罪，伪造货币罪，集资诈骗罪，组织卖淫罪，强迫卖淫罪，阻碍执行军事职务罪，战时造谣惑众罪。目前，我国共有46个死刑罪名，主要分布在危害国家安全罪、危害公共安全罪、侵犯公民人身权利罪、贪污贿赂罪和军人违反职责罪等章节中。不仅如此，为了防止死刑的滥用和错用，我国刑法总则对死刑适用进行了严格的限制。

（三）适用死刑的限制性规定

众所周知，死刑不是最好的刑罚制度，死刑的滥用会造成无法挽回的后果，因此死刑只能当成最后的手段。我国保留了死刑，但从适用条件、对象、方式、程序多方面严格限制死刑的适用。

1.从适用条件上严格限制

根据《刑法》第48条第1款的规定，死刑只适用于罪行极其严重的犯罪分子。罪行极其严重，是指犯罪的性质极其严重、犯罪的情节极其严重、犯罪分子的人身危险性极其严重的统一。对于罪行十分严重、社会危害性极大，依法应当判处重刑或死刑的，要坚决地判处重刑或死刑；对于极端仇视国家和社会，以不特定人为侵害对象，所犯罪行特别严重的犯罪分子，该重判的要坚决依法重判，该判处死刑的要坚决依法判处死刑[①]。

【案例16-2-03】2003年5月7日，被告人郭某某受李某荣一方纠集，伙同李某某、王某某、王某某（另案处理，均已判刑）打砸“经典歌城”。郭某某持刀砍人，致何某重伤、吴某某轻伤。2008年1月1日，郭某某持菜刀欲砍兰某，被路过并劝架的被害人蓝某某（殁年26岁）阻拦，郭某某遂持菜刀猛砍蓝某某头部，致蓝某某严重颅脑损伤死亡。郭某某持菜刀乱砍，致兰某重伤，致李某某轻伤。2008年5月，郭某某负案潜逃期间，应同案被告人李某的邀约，参加了黑社会性质组织，充当打手。2009年5月17日，郭某某蒙面持菜刀砍击赵某某、张某某，致该二人轻伤。2010年12月17日，绵阳市中级人民法院认定被告人郭某某犯参加黑社会性质组织罪，处有期徒刑2年；犯故意杀人罪，处死刑，缓期2年执行，剥夺政治权利终身；犯故意伤害罪，处有期徒刑5年；数罪并罚，决定执行死刑，

① 参见2010年最高人民法院《关于贯彻宽严相济刑事政策的若干意见》第6、7条。

缓期2年执行，剥夺政治权利终身。四川省绵阳市人民检察院认为一审判决对被告人郭某某量刑畸轻，依法提出抗诉。2012年4月16日，四川省高级人民法院二审改判郭某某死刑立即执行。经核准，2012年11月22日，被告人郭某某被执行死刑。

根据刑法的规定，只能对符合罪行极其严重的犯罪人应该适用死刑，对不符合罪行极其严重条件的则不能适用死刑。在司法实践中，符合罪行极其严重的犯罪人毕竟是少数，因而“罪行极其严重”实际上限制了死刑的适用。

2. 从适用对象上进行严格限制

根据《刑法》第49条第1款的规定，犯罪的时候不满18周岁的人和审判的时候怀孕的妇女，不适用死刑。这意味着，对这两类人，即使罪行极其严重，也绝对不能适用死刑。这里的“不适用死刑”，指既不适用死刑立即执行，也不适用死刑缓期2年执行。这一规定体现了我国对未成年人重在教育的政策和体恤幼小的人道主义精神。审判时怀孕的妇女，是指在人民法院审判的时候被告人是怀孕的妇女，也包括审判前在羁押受审时已是怀孕的妇女，不论其是否自然流产或者经人工流产，以及流产后移送起诉或审判期间的长短。也就是说，只要刑事诉讼程序已经启动，尚未结束，对此期间怀孕的妇女，无论基于何种原因，均不适用死刑。

在司法实践中，怀孕妇女因涉嫌犯罪在羁押期间自然流产后，又因同一事实被起诉、交付审判的，应当视为“审判的时候怀孕的妇女”，依法不适用死刑。羁押期间做人工流产后脱逃，多年后被抓获交付审判的，不能适用死刑。

【案例16-2-04】甲女因抢劫杀人被逮捕，羁押期间不慎摔伤流产，一个月后，甲被提起公诉，对甲仍应当视为“审判时怀孕的妇女”，不适用死刑。

除了犯罪的时候不满18周岁的人和审判的时候怀孕的妇女，不适用死刑外，《刑法》第49条第2款规定：“审判的时候已满七十五周岁的人，不适用死刑，但以特别残忍手段致人死亡的除外。”以特别残忍手段，是指犯罪手段令人发指，严重违背人类的善良风俗、伦理底线和恻隐心的行为。如使用焚烧、冷冻、油煎、毒蛇猛兽撕咬、分解肢体、剥皮、肢解、毁人容貌、挖人眼睛、砍掉人双脚等手段，犯罪行为持续的时间长、次数频繁等[①]。如果没有达到特别残忍的程度，对审判时年满75周岁的人，不适用死刑。该规定体现了我国对老年人认知情况的特殊

① 何帆：《刑法注释书》（第2版），中国民主法制出版社2021年版，第79页。

考虑，也体现了中华文化中矜老的传统。

【案例16-2-05】75周岁的胡某亭，因农村分地问题对村干部黄某忠怀恨在心，预谋将黄某忠杀害，并为此准备了杀人工具尖刀一把。2011年11月7日19时30分许，胡某亭得知黄某忠来村里，即一边尾随其后，一边用脏话挑衅黄某忠，趁黄某忠不备，用事先准备的尖刀朝其左侧后背猛刺一刀。黄某忠因左肺下叶破裂、心脏破裂致心肺功能衰竭、失血性休克而死亡。当晚，胡某亭主动向公安机关投案。金华市中级人民法院一审以被告人胡某亭犯故意杀人罪，判处死刑，剥夺政治权利终身。浙江省高级人民法院二审认为被告人胡某亭犯故意杀人罪，但作案手段不属于特别残忍，改判为无期徒刑，剥夺政治权利终身。

3. 从适用程序上严格限制

《刑法》第48条第2款规定："死刑除依法由最高人民法院判决的以外，都应当报请最高人民法院核准。死刑缓期执行的，可以由高级人民法院判决或者核准。"为了打击严重刑事犯罪的需要，最高人民法院曾经将死刑案件的核准权下放给部分省、自治区、直辖市的高级人民法院行使。这种做法虽然减轻了最高人民法院的负担，但是破坏了法律的统一性，也难以保证死刑案件的质量，更不利于保障犯罪人的基本人权。为解决这一问题，最高人民法院作出了《关于统一行使死刑案件核准权有关问题的决定》，规定自2007年1月1日起，所有死刑案件的核准权全部收回至最高人民法院统一行使。根据我国《刑事诉讼法》第21条及第246至248条的规定，可能判处无期徒刑、死刑的案件由中级人民法院进行一审，基层法院不得审理死刑案件。中级人民法院判处死刑的第一审案件，被告人不上诉的，应当由高级人民法院复核后，报请最高人民法院核准。高级人民法院判处死刑的第一审案件，被告人不上诉的，和判处死刑的第二审案件，都应当报请最高人民法院核准。中级人民法院判处死刑缓期2年执行的案件，由高级人民法院核准。严格的核准程序为防止死刑被错用或滥用，保证死刑核准标准的统一性和严肃性提供了保障。此外，为了依法、公正、准确、慎重地办理死刑案件，惩罚犯罪，保障人权，2010年7月，最高人民法院、最高人民检察院、公安部、国家安全部、司法部联合发布了《关于办理死刑案件审查判断证据若干问题的规定》，要求办理死刑案件，必须严格执行刑法和刑事诉讼法，切实做到事实清楚，证据确实、充分，程序合法，适用法律正确，确保案件质量。

4.从执行制度上限制死刑立即执行的适用

我国死刑的执行制度包括死刑立即执行和死刑缓期2年执行。《刑法》第48条第1款规定："对于应当判处死刑的犯罪分子，如果不是必须立即执行的，可以判处死刑，同时宣告缓期两年执行"，这就是死缓制度。死缓是对犯罪分子暂缓执行死刑，其期限为2年，2年期间强迫犯罪人劳动，以观后效。死缓不是独立的刑罚种类，它与死刑立即执行同为我国死刑执行制度。死缓是我国的独创，其目的在于贯彻我国少杀、慎杀的刑事政策，控制和减少死刑实际执行数量。死缓具有如下特点：

（1）适用对象是应当判处死刑，不是必须立即执行的犯罪分子。也就是说，犯罪人罪行极其严重，这是宣告死缓的前提条件。到底哪些犯罪分子属于"不是必须立即执行"死刑的，刑法没有明确规定。在司法实践中由法官根据犯罪人的具体犯罪事实和量刑情节加以考虑。比如犯罪后有自首、立功、坦白等法定从宽处罚情节的；在共同犯罪中发挥的作用较小的；被害人有过错导致犯罪人激愤犯罪等。

（2）死缓的法律效果有三种情形。《刑法》第50条第1款规定，在死刑缓期执行期间，如果没有故意犯罪，2年期满以后，减为无期徒刑；如果确有重大立功表现，2年期满以后，减为25年有期徒刑；如果故意犯罪，情节恶劣的，报请最高人民法院核准后执行死刑。"情节恶劣"需结合犯罪的动机、手段、危害、造成的后果等犯罪情节，即以罪犯在缓期执行期间的改造、悔罪表现等综合确定。对于虽然故意犯罪，但因为未达"情节恶劣"而未被执行死刑的罪犯，死刑缓期执行的期间重新计算，并报最高人民法院备案。意即死缓期间故意犯罪，即使因没有达到"情节恶劣"未被最高人民法院核准死刑立即执行，犯罪人此前的死缓期限作废，死缓期限重新起算。从死缓的三种法律效果看，只有犯罪人在死缓期间故意犯罪，且情节恶劣的才有可能被核准执行死刑立即执行，其余两种情形都将会被减刑。可见，死缓给犯罪分子留有活路，是从执行制度方面对死刑立即执行的限制。

【案例16-2-06】孙某因犯抢劫罪被判处死刑，缓期2年执行。在死刑缓期执行期间，孙某在劳动时由于不服管理，违反规章制度，造成重大伤亡事故。此案中孙某在死缓执行期间虽然有犯罪行为，但属于过失犯罪，故2年期满后仍应减为无期徒刑。

考虑到死缓犯所犯罪行和社会危害性的差异，对一些罪行严重的死缓犯，我国刑法规定了两种特殊的处理方式。

一是《刑法》第50条第2款规定了“限制减刑”的死缓，即“对被判处死刑缓期执行的累犯以及因故意杀人、强奸、抢劫、绑架、放火、爆炸、投放危险物质或者有组织的暴力性犯罪被判处死刑缓期执行的犯罪分子，人民法院根据犯罪情节等情况可以同时决定对其限制减刑。”限制减刑并非不得减刑，但是对犯罪人在减刑之前执行的刑期、减刑的幅度和间隔时间方面要求更加严格，犯罪人实际执行的刑期比其他死缓犯减刑后实际执行的刑期更长。

【案例16-2-07】李某因怀疑自己丢掉工作与徐某某有关。2008年9月12日23时许，李某破门进入徐某某在“小天使形象设计室”内的卧室，持室内的铁锤多次击打徐某某的头部，击打徐某某表妹王某某头部、双手数下。稍后，李某又持铁锤先后再次击打徐某某、王某某的头部，致徐某某当场死亡、王某某轻伤，后潜逃。李某母亲协助公安机关将李某抓获并代为赔偿被害人亲属4万元。法院认为，被告人李某的行为已构成故意杀人罪，罪行极其严重，论罪应当判处死刑。本案系因民间矛盾引发的犯罪；案发后李某的母亲积极配合公安机关将李某抓获归案；李某在公安机关对其进行抓捕时，顺从归案，没有反抗行为，并在归案后始终如实供述自己的犯罪事实，认罪态度好；李某的母亲代为赔偿被害方经济损失；李某虽系累犯，但此前所犯盗窃罪的情节较轻。综合考虑上述情节，可以对李某酌情从宽处罚，对其可不判处死刑立即执行。同时，鉴于其故意杀人手段残忍，又系累犯，且被害人亲属不予谅解，故依法判处被告人李某死刑，缓期2年执行，同时决定对其限制减刑。

二是《刑法》第383条第4款规定了附带“终身监禁”的死缓，即犯贪污罪、受贿罪，数额特别巨大，并且使国家和人民利益遭受特别重大损失的，人民法院根据犯罪情节等情况可以同时决定在其死刑缓期执行2年期满依法减为无期徒刑后，终身监禁，不得减刑、假释。

【案例16-2-08】2000年至2013年，白某某先后利用职务上的便利以及职权和地位形成的便利条件，为他人在房地产开发、获取矿权、职务晋升等事项上谋取利益，直接或者通过其妻非法收受他人财物，共计折合人民币2.46764511亿元。白某某还有巨额财产明显超过合法收入，不能说明来源。法院最终对其最终数罪并罚，判处白某某执行死刑，缓期2年执行，剥夺政治权利终身，并处没收个人全部财产，在其死刑缓期执行2年期满依法减为无期徒刑后，终身监禁，不得减刑、假释。白某某成为中国终身监禁第一人。

死刑立即执行的严厉性不言而喻，对于应当判处死刑的犯罪分子，如果不是必须立即执行的犯罪分子适用死缓，从执行制度上限制了死刑立即执行的适用，是贯彻坚持少杀、防止错杀死刑政策行之有效的举措。

除了刑法通过死缓限制死刑立即执行适用之外，有关司法文件规定：对于因婚姻家庭、邻里纠纷等民间矛盾激化引发的故意杀人犯罪，适用死刑一定要十分慎重，应当与发生在社会上的严重危害社会治安的其他故意杀人犯罪案件有所区别。对于被害人一方有明显过错或对矛盾激化负有直接责任，或者被告人有法定从轻处罚情节的，一般不应判处死刑立即执行①。

第三节 附加刑

附加刑是补充主刑适用的刑罚类型。它的特点在于既可以独立适用，也可附加于主刑适用；一项犯罪可判处几个附加刑；对一个罪犯，最终可以同时适用几个附加刑。我国刑法规定的附加刑包括罚金、剥夺政治权利、没收财产和驱逐出境。

一、罚 金

（一）罚金的概念

罚金是强制犯罪分子向国家缴纳一定数额金钱的刑罚方法。罚金属于财产刑的一种，主要适用于贪图财利或者与财产有关的犯罪，同时也适用于少数妨害社会管理秩序的犯罪。如《刑法》第170条规定："伪造货币的，处三年以上十年以下有期徒刑，并处罚金……"《刑法》第263条规定："以暴力、胁迫或者其他方法抢劫公私财物的，处三年以上十年以下有期徒刑，并处罚金……"对于追求经济利益的犯罪分子判处罚金，既可以剥夺犯罪分子继续犯罪的经济条件，也能对犯罪分子起到惩罚与教育的作用，达到特殊预防的效果。

（二）罚金的适用方式

从我国刑法分则具体罪名中罚金刑的设置看，罚金的适用方式分为如下几种

① 参见1999年最高人民法院《全国法院维护农村稳定刑事审判工作座谈会纪要》。

情况。

1. **选处罚金**

选处罚金是将罚金与有关主刑并列，由人民法院根据犯罪的具体情况选择适用。此种情况下罚金只能独立适用，不能附加适用。如《刑法》第277条第1款规定："以暴力、威胁方法阻碍国家机关工作人员依法执行职务的，处三年以下有期徒刑、拘役、管制或者罚金。"《刑法》第340条规定："违反保护水产资源法规，在禁渔区、禁渔期或者使用禁用的工具、方法捕捞水产品，情节严重的，处三年以下有期徒刑、拘役、管制或者罚金。"在这些条文中，罚金与主刑并列，选择了主刑，则不能选择罚金，选择了罚金，则不能选择主刑。

2. **单处罚金**

单处罚金是对犯罪分子只能判处罚金，而不能判处其他刑罚，此时，罚金是唯一的法定刑。单处罚金包括以下两种情形：第一，刑法分则规定对单位犯罪判处刑罚的，都是对单位判处罚金，即对单位只能判处罚金，而不能判处其他刑罚。第二，根据2000年最高人民法院发布的《关于适用财产刑若干问题的规定》，犯罪情节较轻，适用单处罚金不致再危害社会并具有下列情形之一的，可以依法单处罚金，包括：①偶犯或者初犯；②自首或者有立功表现的；③犯罪时不满18周岁的；④犯罪预备、中止或者未遂的；⑤被胁迫参加犯罪的；⑥全部退赃并有悔罪表现的；⑦其他可以依法单处罚金的情形。

3. **并处罚金**

并处罚金是在判处主刑的同时附加适用罚金，根据刑法分则规定的情形看，分为必须附加和可以附加罚金两种情形。根据有关司法解释①，刑法规定"并处"没收财产或者罚金的犯罪，人民法院在对犯罪分子判处主刑的同时，必须依法判处相应的财产刑；刑法规定"可以并处"没收财产或者罚金的犯罪，人民法院应当根据案件具体情况及犯罪分子的财产状况，决定是否适用财产刑。如《刑法》第120条第1款规定："组织、领导恐怖活动组织的，处十年以上有期徒刑或者无期徒刑，并处没收财产；积极参加的，处三年以上十年以下有期徒刑，并处罚金；其他参加的，处三年以下有期徒刑、拘役、管制或者剥夺政治权利，可以并处罚金。"该条中，对积极参加者，必须并处罚金，对其他参加的，由人民法院根据犯罪事实决定是否适用罚金。

【案例16-3-02】2007年至2018年，被告人金某某在担任某医院党委书记、院

① 参见2000年《最高人民法院关于适用财产刑若干问题的规定》。

长期间，利用职务上的便利，为请托人在承建工程项目、销售医疗设备、销售药品、支付货款、结算工程款、职务晋升等事项上提供帮助，非法收受他人财物共计人民币1161.1万元、4000欧元。金某某犯受贿罪，判处有期徒刑10年，并处罚金人民币50万元。

4.并处或单处罚金

并处或单处罚金是指罚金既可附加主刑适用，也可以作为与主刑并列的刑罚方法选择适用。人民法院可以对犯罪人判处主刑，同时附加适用罚金，也可以不判处主刑，仅适用罚金。刑法当中并处或单处罚金的立法例较为常见。如《刑法》第133条之二第1款规定："对行驶中的公共交通工具的驾驶人员使用暴力或者抢控驾驶操纵装置，干扰公共交通工具正常行驶，危及公共安全的，处一年以下有期徒刑、拘役或者管制，并处或者单处罚金。"《刑法》第216条规定："假冒他人专利，情节严重的，处三年以下有期徒刑或者拘役，并处或者单处罚金。"据此，人民法院可以在判处被告人有期徒刑、拘役或者管制的同时，附加适用罚金，也可以仅对其判处罚金，而不判处主刑。

（三）罚金数额的立法规定

《刑法》第52条规定："判处罚金，应当根据犯罪情节决定罚金数额。"判处罚金刑，应当以犯罪情节为根据，并综合考虑被告人缴纳罚金的能力，依法决定罚金数额。比如，对醉酒驾驶机动车的被告人判处罚金，应当根据被告人的醉酒程度、是否造成实际损害、认罪悔罪态度等情况，确定与主刑相适应的罚金数额。从我国刑法分则的规定看，罚金刑的数额确定有如下几种情况。

1.无上限罚金制

无上限罚金制是指只规定判处罚金，但不规定罚金上限的具体数额，而是由人民法院依照刑法总则相关规定确定罚金的数额。刑法对单位犯罪判处罚金皆属于此种情形，对自然人犯罪也有无上限罚金制的立法例。如《刑法》第284条之一第1款规定："在法律规定的国家考试中，组织作弊的，处三年以下有期徒刑或者拘役，并处或者单处罚金；情节严重的，处三年以上七年以下有期徒刑，并处罚金。"虽然刑法没有规定具体的罚金数额，但并不等于罚金没有下限。根据《最高人民法院关于适用财产刑若干问题的规定》，罚金最低不能少于1000元，对未成年人犯罪应当从轻或者减轻判处罚金，但罚金数额不能少于500元。

2.限额罚金制

限额罚金制是指刑法明确规定了上、下限的罚金。如《刑法》第172条规定："明知是伪造的货币而持有、使用，数额较大的，处三年以下有期徒刑或者拘役，并处或者单处一万元以上十万元以下罚金；数额巨大的，处三年以上十年以下有期徒刑，并处二万元以上二十万元以下罚金；数额特别巨大的，处十年以上有期徒刑，并处五万元以上五十万元以下罚金或者没收财产。"

3.比例罚金制

比例罚金制是指根据犯罪金额的百分比确定罚金的数额。如《刑法》第159条第1款规定："公司发起人、股东违反公司法的规定未交付货币、实物或者未转移财产权，虚假出资……处五年以下有期徒刑或者拘役，并处或者单处虚假出资金额或者抽逃出资金额百分之二以上百分之十以下罚金。"《刑法》第179条第1款规定："未经国家有关主管部门批准，擅自发行股票或者公司、企业债券，数额巨大、后果严重或者有其他严重情节的，处五年以下有期徒刑或者拘役，并处或者单处非法募集资金金额百分之一以上百分之五以下罚金。"

4.倍数制

倍数制是指根据犯罪数额的倍数确定罚金的数额。如《刑法》第175条第1款规定："以转贷牟利为目的，套取金融机构信贷资金高利转贷他人……并处违法所得一倍以上五倍以下罚金……"《刑法》第202条规定："以暴力、威胁方法拒不缴纳税款的，处三年以下有期徒刑或者拘役，并处拒缴税款一倍以上五倍以下罚金……"

5.比例兼倍数制

比例兼倍数制是指同时以犯罪金额的比例和倍数决定罚金的数额。如《刑法》第148条规定："生产不符合卫生标准的化妆品，或者销售明知是不符合卫生标准的化妆品……并处或者单处销售金额百分之五十以上二倍以下罚金。"

（四）罚金刑的执行

根据《刑法》第53条的规定，罚金在判决指定的期限内一次或者分期缴纳。期满不缴纳的，强制缴纳。对于不能全部缴纳罚金的，人民法院在任何时候发现被执行人有可以执行的财产，应当随时追缴。由于遭遇不能抗拒的灾祸等原因缴纳确实有困难的，经人民法院裁定，可以延期缴纳、酌情减少或者免除。据此，罚金的执行有如下几种方式：①一次或者分期缴纳。②强制缴纳。针对的是有能力缴纳而不缴纳的情形。③随时缴纳。针对的是"不能全部缴纳罚金的"，包括当时确无能力缴纳而不能全部缴纳，也包括将财产转移、隐匿而不缴纳的情形。④延期、减少或者免除缴纳。针对的是遭受火灾、水灾、地震等灾祸而丧失财产，罪犯因重病、伤残等丧失劳动能力，或者需要罪犯抚养的近亲属患有重病，需支付巨额医疗费等，确实没有财产可供执行的情形[①]。

需要注意的是，国外存在罚金刑易科制度。我国刑法不允许用缴纳罚金代替监禁刑，也不允许用监禁刑代替罚金。

（五）民事赔偿责任优先

《刑法》第36条第2款规定：“承担民事赔偿责任的犯罪分子，同时被判处罚金，其财产不足以全部支付的，或者被判处没收财产的，应当先承担对被害人的民事赔偿责任。”可见，在犯罪人同时负有民事赔偿责任和执行罚金的情况下，民事责任优先于罚金刑的执行。

（六）对未成年人适用罚金的特殊规定

为了在司法实践中贯彻对未成年人“教育为主，惩罚为辅”的原则，2006年最高人民法院出台了《关于审理未成年人刑事案件具体应用法律若干问题的解释》，对未成年人犯罪适用罚金刑作了特殊规定。其中第15条规定，对未成年罪犯实施刑法规定的“并处”没收财产或者罚金的犯罪，应当依法判处相应的财产刑；对未成年罪犯实施刑法规定的“可以并处”没收财产或者罚金的犯罪，一般不判处财产刑。对未成年罪犯判处罚金刑时，应当依法从轻或者减轻判处，并根据犯罪情节，综合考虑其缴纳罚金的能力，确定罚金数额，但罚金的最低数额不得少于500元人民币。对被判处罚金刑的未成年罪犯，其监护人或者其他人自愿代为垫付罚金的，人民法院应当允许。

（七）罚金不同于罚款

罚金与罚款有明显的不同。二者的区别在于：①性质不同。罚金是刑罚方法，罚款是行政处罚。②适用对象不同。罚金适用于犯罪分子，罚款适用于一般违法分子。③适用机关不同。罚金的适用机关是人民法院，罚款的适用机关是公安、海关、税务、工商等行政机关。④适用的法律依据不同。适用罚金的法律根据是刑法，适用罚款的法律根据是治安管理、海关、税务、工商等行政法律、法规。

【案例16-3-01】2018年9月30日，某省税务局依法向范某某正式下达《税务

① 参见2000年《最高人民法院关于适用财产刑若干问题的规定》。

处理决定书》和《税务行政处罚决定书》，要求其收到上述处理处罚决定后在规定期限内将追缴的税款、滞纳金、罚款缴清。对范某某多项合计总共罚款金额达到8.84亿元之多。税务机关对范某某的此项处罚属于行政处罚中的罚款，而不是罚金。

二、剥夺政治权利

（一）剥夺政治权利的概念

剥夺政治权利是指剥夺犯罪人参加管理国家和政治活动权利的刑罚方法。刑法总则中剥夺政治权利的规定集中于《刑法》第54至第58条。

（二）剥夺政治权利的内容

根据《刑法》第54条的规定，剥夺政治权利是指剥夺犯罪分子以下权利：①选举权和被选举权；②言论、出版、集会、结社、游行、示威自由的权利；③担任国家机关职务的权利；④担任国有公司、企业、事业单位和人民团体领导职务的权利。被剥夺政治权利的人可以在国有公司、企业、事业单位和人民团体中继续工作，只是不能担任领导职务。此外，被剥夺政治权利的人仍然享有担任集体、私营公司、企业和事业单位领导职务。需要注意的是，一旦罪犯被判处剥夺政治权利，上述四项权利全部被剥夺。

（三）剥夺政治权利的适用对象

剥夺政治权利适用范围较为广泛，既可以适用于严重犯罪，也可以适用于较轻微的犯罪；既可以适用于危害国家安全的犯罪分子，也可以适用于普通刑事犯罪分子。如对于危害国家安全的犯罪分子应当附加剥夺政治权利，对一些轻罪也可以剥夺政治权利。如《刑法》第299条之一规定："侮辱、诽谤或者以其他方式侵害英雄烈士的名誉、荣誉，损害社会公共利益，情节严重的，处三年以下有期徒刑、拘役、管制或者剥夺政治权利。"但应注意的是，除刑法规定"应当"附加剥夺政治权利外，对未成年犯罪一般不判处附加剥夺政治权利。如果对未成年犯罪判处附加剥夺政治权利的，应当依法从轻判处[①]。

（四）剥夺政治权利的适用方式

剥夺政治权利既可以独立适用，也可以附加适用。独立适用时，适用于较轻

① 参见2006年《最高人民法院关于审理未成年人刑事案件具体应用法律若干问题的解释》。

的犯罪，附加适用时，适用于严重犯罪。根据刑法和相关司法解释的规定，剥夺政治权利的适用方式有如下情形：

1.附加于主刑适用

附加剥夺政治权利包含“应当”和“可以”附加剥夺政治权利。具体而言，有如下情形：①对于危害国家安全的犯罪分子应当附加剥夺政治权利。②对于被判处死刑、无期徒刑的犯罪分子，应当剥夺政治权利终身。之所以作此规定，主要原因在于：在对犯罪人判处重刑，予以法律上否定的同时，对犯罪人也应予以政治上的否定。同时剥夺政治权利能防止罪犯被赦免或者假释后利用政治权利实施犯罪，也可以防止此类人或者其家属代为行使有关政治权利。对应当附加剥夺政治权利的，人民法院没有选择的余地，必须在依法适用主刑的同时附加适用剥夺政治权利。③对于故意杀人、强奸、放火、爆炸、投放危险物质、抢劫等严重破坏社会秩序的犯罪分子，可以附加剥夺政治权利。④对故意伤害、盗窃等其他严重破坏社会秩序的犯罪，犯罪分子主观恶性较深，犯罪情节恶劣、罪行严重的，也可以附加剥夺政治权利。⑤对于犯组织、利用邪教组织破坏法律实施罪和组织、利用邪教组织致人重伤、死亡罪，严重破坏社会秩序的犯罪分子，根据《刑法》第56条的规定，可以附加剥夺政治权利。

2.独立适用

独立适用剥夺政治权利的由刑法分则规定。即将剥夺政治权利与有关主刑并列供选择适用，如果选择剥夺政治权利，则不能再适用主刑。在情节较轻，不宜判处主刑的场合，可以独立适用剥夺政治权利。从我国刑法分则规定来看，可以独立适用剥夺政治权利的犯罪主要集中于危害国家安全罪、侵害公民人身权利、民主权利罪，妨害社会管理秩序罪、危害国防利益罪等犯罪类型中罪行较轻的犯罪。如分裂国家罪，煽动分裂国家罪，武装叛乱、暴乱罪，颠覆国家政权罪，煽动颠覆国家政权罪中的“其他参加者”。《刑法》第103条规定：“组织、策划、实施分裂国家、破坏国家统一的……对其他参加的，处三年以下有期徒刑、拘役、管制或者剥夺政治权利。”此外，在盗窃、抢夺、毁灭国家机关公文、证件、印章罪，伪造公司、企业、事业单位、人民团体印章罪，伪造、变造、买卖身份证件罪等犯罪中都将附加剥夺政治权利作为与主刑并列的刑罚，供法官选择适用，一旦选择了剥夺政治权利，则不能选择适用主刑。

（五）剥夺政治权利的期限与执行

剥夺政治权利的期限分为四种情况：①判处管制附加剥夺政治权利的，剥夺政治权利的期限与管制的期限相同，同时起算，同时执行。②独立适用或者判处拘役、有期徒刑附加剥夺政治权利的期限为1年以上5年以下。剥夺政治权利的期限从主刑执行完毕之日或者从假释之日起计算，附加剥夺政治权利的效力当然施用于主刑执行期间。如甲因犯罪被判处有期徒刑3年，附加剥夺政治权利1年，甲实际上不享有政治权利的时间为4年。但是应该注意的是，如果犯罪人被判处有期徒刑、拘役而没有被附加剥夺政治权利的，在刑罚执行期间仍应享有一定的政治权利。③对于被判处死刑、无期徒刑的犯罪分子，应当剥夺政治权利终身。④在死缓减为有期徒刑或者无期徒刑减为有期徒刑的时候，应当将附加剥夺政治权利的期限改为3年以上10年以下。剥夺政治权利的期限应当从减刑后的有期徒刑执行完毕之日或者假释之日起计算。犯罪分子在执行有期徒刑期间，当然也不享有政治权利。

剥夺政治权利由公安机关执行。《刑法》第58条第2款规定，被剥夺政治权利的犯罪分子，在执行期间，应当遵守法律、行政法规和国务院公安部门有关监督管理的规定，服从监督；不得行使《刑法》第54条规定的各项权利。

三、没收财产

（一）没收财产的概念

没收财产是指没收犯罪分子个人所有财产的一部或者全部强制无偿收归国家所有的刑罚方法。“犯罪分子个人所有的财产”是指属于犯罪分子本人所有的财物及其在共同财产中应有的份额。没收财产可以分为全部没收和部分没收两种情形。

（二）没收财产的适用方式

根据刑法分则的规定，没收财产的适用方式主要有如下几种。

1.与罚金选择并处

与罚金选择并处是将没收财产与罚金作为选择性的两种附加刑附加于主刑，审判人员可以选择没收财产也可以选择罚金附加于主刑适用。如《刑法》第141条第1款规定：“生产、销售假药的……致人死亡或者有其他特别严重情节的，处十年以上有期徒刑、无期徒刑或者死刑，并处罚金或者没收财产。”此时，罚金和没收财产只能选择一种，且必须选择一种与主刑并处。

2.并处没收财产

并处没收财产是指没收财产必须附加主刑适用，审判人员没有取舍的余地。如《刑法》第151条第1款规定：“走私武器、弹药、核材料或者伪造的货币的，处七年以上有期徒刑，并处罚金或者没收财产；情节特别严重的，处无期徒刑，并处没收财产……”

（三）没收财产的范围

《刑法》第59条规定：“没收财产是没收犯罪分子个人所有财产的一部或者全部。没收全部财产的，应当对犯罪分子个人及其扶养的家属保留必需的生活费用。”“在判处没收财产的时候，不得没收属于犯罪分子家属所有或者应有的财产。”上述规定表明：①没收财产的范围是犯罪分子个人所有或应有的财产。这样规定体现了刑法罪责自负的原则。②当决定没收个人全部财产时，应当为犯罪分子本人及其所扶养的人保留必需的生活费用。这是人道主义的体现，也是为了维护社会稳定的需要。

另外，根据《刑法》第60条的规定，没收财产以前犯罪分子所负的正当债务，需要以没收的财产偿还的，经债权人请求，应当偿还。“没收财产以前犯罪分子所负的正当债务”是指犯罪分子在判决前所负他人的合法债务。赌债之类的非法债务不在偿还之列。

（四）没收财产的执行

《刑事诉讼法》第272条规定：“没收财产的判决，无论附加适用或者独立适用，都由人民法院执行；在必要的时候，可以会同公安机关执行。”根据相关司法解释，财产刑由第一审人民法院负责裁判执行的机构执行。被执行的财产在异地的，第一审人民法院可以委托财产所在地的同级人民法院代为执行。对没收财产的执行，人民法院应当立即执行①。

（五）没收财产与罚金、追缴犯罪所得、没收违禁物品和供犯罪使用的物品的区别

没收财产与罚金同属于财产刑，但二者之间有区别：①适用对象不同。没收财产主要适用于危害国家安全罪、破坏社会主义市场经济秩序罪、侵犯财产罪、妨害社会管理秩序罪、贪污贿赂罪中情节较重的犯罪；罚金刑适用于情节较轻的贪利型犯罪。②内容不同。没收财产是剥夺犯罪分子个人现实所有的财产的一部分或者全部，既可以是没收现金，也可以是其他财物；罚金是剥夺犯罪分子一定数额的金钱，这些金钱不一定是现实所有的。③执行方式不同。没收财产只能一

① 参见2010年《最高人民法院关于财产刑执行问题的若干规定》。

次性没收，不存在分期执行和减免的问题；罚金可以分期缴纳，如果缴纳确有困难，可以减免。

没收财产与追缴犯罪所得、没收违禁物品和供犯罪使用的物品的法律性质不同。《刑法》第64条规定："犯罪分子违法所得的一切财物，应当予以追缴或者责令退赔；对被害人的合法财产，应当及时返还；违禁品和供犯罪所用的本人财物，应当予以没收。"如前所述，判处没收财产的，应当执行刑事裁判生效时被执行人合法所有的财产。没收的是犯罪人合法所有且没有用于犯罪的财产。犯罪所得财物，是指犯罪分子违法所得的一切财物，本来这些财物就属于国家或者他人所有，理应予以追缴或者责令退赔；犯罪所涉及的违禁物品是国家法律禁止个人非法所有的物品，毒品、武器之类的都属于违禁品。之所以要进行没收，是因为这些物品在实质上具有普遍危险性而被国家禁止个人非法持有，这是一种行政性强制措施。对被害人的合法财产不能没收，而应予以返还。如甲抢劫他人汽车被判处死刑并处没收财产，汽车应该返还给被害人。供犯罪使用的本人财物是犯罪分子使用的犯罪工具，如制作假币的印刷机、传播淫秽物品的电脑硬盘等，这些物品具有诉讼证据的作用，没收这些财物是刑事诉讼的需要。

【案例16-3-03】甲受贿100万元，被判处有期徒刑8年，并处没收财产。此处的100万元属于犯罪分子违法所得的财物，应当予以追缴或者责令退赔，不属于没收财产刑的执行对象。

四、驱逐出境

驱逐出境是强制犯罪的外国人离开中国国（边）境的刑罚方法。《刑法》第35条规定："对于犯罪的外国人，可以独立适用或者附加适用驱逐出境。"据此可知，驱逐出境具有附加刑的特点，但是该项刑罚只适用犯罪的外国人（包括具有外国国籍的人和无国籍的人），不具有普遍适用的性质，是一种特殊的附加刑。对于犯罪的外国人不是一律适用驱除出境，而是根据其犯罪的性质、情节及犯罪分子本人的情况，结合国际关系和形势，决定是否驱逐出境。我国是一个独立主权的国家，外国人在我国境内犯罪，除享有外交特权和豁免权的以外，都适用我国刑法。如果犯罪的外国人继续居留在我国境内有害于我国国家和人民的利益，人民法院可以对其单独适用或者附加适用驱除出境，以消除其在我国境内继续犯罪的可能性。独立适用驱除出境的，从判决确定之日起执行，附加适用驱逐出境的，从主刑执行完毕之日起执行。

【案例16-3-04】印度尼西亚人阿丹·奈姆召集利都安·喜拉依特、达马·步得拉等9名被告人，乘坐2艘快艇在马来西亚海域追上泰国籍油轮“暹（先）罗差猜号”。被告人阿丹·奈姆带领其他人持刀登上该油轮，控制该油轮驾驶台，然后将被害人差猜·炎塞埃、能为·胜挪等17名泰国船员捆绑关押。后留下1人，将另外的16名船员放走。被告人阿丹·奈姆指使其他人对该油轮的船名、注册港、烟囱颜色进行了涂改。劫得该油轮后，阿丹·奈姆指挥该船进入中国领海。当该船与中国杂货轮“正阳一号”接驳柴油时被中国警方现场查获。汕头市中级人民法院认为，上述10名被告人均构成抢劫罪，判处被告人阿丹·奈姆有期徒刑15年，并处罚金人民币3万元，驱逐出境。其他9名被告人也被判处徒刑、罚金和驱除出境。

需要注意的是，作为刑罚的驱除出境与《出境入境管理法》第81条规定的驱除出境[①]虽然都是将外国人从我国境内强制驱除出去，但二者性质不同。作为刑罚的驱除出境适用于犯罪的外国人，而《出境入境管理法》中的驱除出境是一种行政处罚方法，针对的是违反该法规定，情节严重，尚不构成犯罪的情形。

【案例16-3-05】山东省烟台市公安局于2020年9月17日公布情况通报：经司法行政部门调查，对美国人鲍某某在华期间违反律师执业管理有关法律法规，情节严重，北京市司法局依法吊销其律师执业证书。根据我国《出境入境管理法》第3条、第81条之规定，公安部决定对鲍某某驱逐出境。此种驱除出境并不是作为附加刑的驱除出境，而是一种行政处罚。

综上可见，我国刑法规定的刑罚体系由主刑和附加刑两大类，共九种刑罚方法构成。不同的刑罚方法适应了对不同犯罪进行惩罚的需要，司法机关只能根据犯罪实际情况，在刑法规定的刑罚体系范围内选择适用刑罚。

需要说明的是，在国外，不少国家刑法中除了设置刑罚之外，还设置了保安处分作为刑罚的补充。保安处分以特殊预防为目的，以再犯危险性为适用前提。各国的保安处分类型各不相同，一般来说，有针对少年犯的感化教育，对精神障

① 参见《出境入境管理法》第81条：外国人从事与停留居留事由不相符的活动，或者有其他违反中国法律、法规规定，不适宜在中国境内继续停留居留情形的，可以处限期出境。外国人违反本法规定，情节严重，尚不构成犯罪的，公安部可以处驱逐出境。公安部的处罚决定为最终决定。被驱逐出境的外国人，自被驱逐出境之日起10年内不准入境。

碍犯的监护处分，对毒瘾或酒瘾的禁戒处分、对有犯罪习性的强制工作，对性犯罪的强制治疗，对假释或缓刑犯的保护管束等。这些举措对于预防再次犯罪具有积极的意义。我国刑法中没有规定保安处分，但是现实中也存在对于因未达刑事责任年龄不追究刑事责任的未成年人的专门矫治教育，对于精神障碍犯的强制医疗，对于吸毒人员的强制戒毒措施等。

第四节　非刑罚处理方法

我国对犯罪的处理不是单纯依靠刑罚，根据犯罪的情节和严重程度，刑法也规定了多种非刑罚处理方法作为刑罚制度的补充。

一、非刑罚处理方法的概念

非刑罚处理方法是指人民法院对犯罪分子适用的刑罚以外的处理方法。其特点是：对犯罪分子适用，但不具有刑罚性质。非刑罚处理方法有的是与刑罚同时适用，有的是独立适用。

二、非刑罚处理方法的种类

根据我国刑法的规定，非刑罚处理方法有如下几种。

（一）判处赔偿经济损失和责令赔偿损失

根据《刑法》第36条和第37条的规定，由于犯罪行为而使被害人遭受经济损失的，对犯罪分子除依法给予刑事处罚外，并应根据情况判处赔偿经济损失。对于犯罪情节轻微不需要判处刑罚的，可以免予刑事处罚，但是可以根据案件的不同情况，责令赔偿损失。“由于犯罪行为而使被害人遭受经济损失的”，既包括由犯罪行为直接造成被害人物质损失，如毁坏财物、盗窃、诈骗等直接侵害财产的犯罪行为，也包括由于犯罪行为的侵害间接造成的被害人经济上的损失，如伤害行为，不仅使被害人身体健康受到损害，而且使被害人遭受支出医疗费用等经济损失。“责令赔偿损失”，是指人民法院责令犯罪分子向被害人支付一定数额的金钱，以赔偿被害人的经济损失的处理方法。判决赔偿和责令赔偿都属于非刑罚处理方法，但是判处赔偿经济损失与刑罚一起适用；而责令赔偿经济损失则是对依法免除刑罚处罚的犯罪分子，属于独立适用。

（二）训诫、具结悔过、责令赔礼道歉、行政处罚或者行政处分

根据《刑法》第37条的规定，对于犯罪情节轻微不需要判处刑罚的，可以免予刑事处罚，但是可以根据案件的不同情况，予以训诫、具结悔过、责令赔礼道歉，或者由主管部门予以行政处罚或者行政处分。可见，这些非刑罚处罚方法适用的是因犯罪情节轻微被定罪免刑的犯罪人。

“训诫”，是指人民法院对犯罪分子当庭予以批评或者谴责，并责令其改正的一种教育方法。“具结悔过”，是指人民法院责令犯罪分子以书面形式保证悔改，以后不再重新犯罪的一种教育方法。“责令赔礼道歉”，是指人民法院责令犯罪分子公开向被害人当面承认错误，表示歉意的一种教育方法。“由主管部门予以行政处罚或者行政处分”，是指人民法院根据案件的情况，向犯罪分子的主管部门提出对犯罪分子予以行政处罚或者行政处分的建议，由主管部门给予犯罪分子一定的行政处罚或者行政处分的一种非刑罚处理方法。行政处罚包括警告、罚款、没收违法所得、没收非法财物、责令停产停业、暂扣或者吊销许可证、暂扣或者吊销执照、行政拘留；行政处分包括警告、记过、记大过、降级、撤职、开除。

（三）从业禁止

《刑法》第37条之一第1款规定：“因利用职业便利实施犯罪，或者实施违背职业要求的特定义务的犯罪被判处刑罚的，人民法院可以根据犯罪情况和预防再犯罪的需要，禁止其自刑罚执行完毕之日或者假释之日起从事相关职业，期限为三年至五年。”其第2款规定，被禁止从事相关职业的人违反人民法院依照前款规定作出的决定的，由公安机关依法给予处罚；情节严重的，依照《刑法》第313条的规定定罪处罚。从业禁止的主要目的在于预防犯罪分子再次利用职业便利进行犯罪。从业禁止包含如下内容：

第一，因利用职业便利实施犯罪，或者实施违背职业要求的特定义务的犯罪被判处刑罚。这是适用该制度的前提，一般是指违背一些行业、领域有关特定义务的要求，违背职业道德、职业伦理所实施的犯罪。如从事食品行业的人实施生产销售不符合安全标准的食品罪或生产、销售有毒、有害食品罪。从事工程建设施工、特种安全设备生产的人违背特定义务要求实施重大安全事故罪；从事化学品生产、销售、运输或者储存的人违反有关要求，实施有关污染环境罪或安全生产事故罪等。当然，利用职业便利实施犯罪和实施违背职业要求的特定义务的犯罪两者之间在范围上可能有相互覆盖、相互交叉的地方。

第二，法院可以根据犯罪情况和预防再犯罪的需要决定是否适用从业禁止。

这是适用该制度的关键。意即，不是所有因为职业犯罪而被判处刑罚的人都要适用从业禁止，而是需要根据犯罪情况和预防再犯罪的需要决定适用与否。根据相关司法解释[①]，对于组织考试作弊犯罪、非法利用信息网络、帮助信息网络犯罪活动的犯罪，以及实施“套路贷”构成相关犯罪的犯罪分子，可以依法禁止其从事相关职业。

第三，禁止其自刑罚执行完毕之日或者假释之日起从事相关职业，期限为3年至5年。这是该制度的主要内容。从业禁止不是终身的，而是有期限的，具体期限由法院根据犯罪情况评估犯罪人的人身危险性后确定。

第四，违反从业禁止规定，必须承担一定的法律后果。被禁止从事相关职业的人违反人民法院作出的从业禁止决定的，由公安机关依法给予处罚；情节严重的，依照《刑法》第313条拒不执行判决、裁定罪定罪处罚。“情节严重”主要是指违反人民法院从业禁止决定，经有关方面劝告仍不改正的，因违反从业禁止决定受到行政处罚又违反的，或者违反从业禁止决定且在从业过程中又有违法行为等情形。

【案例16-4-01】被告人王某雨、李某某于2017年9月至2018年11月8日期间，在明知电瓶水系工业用品，不得用于食品加工保鲜的情况下，仍将红某丹浸泡于添加了柠檬酸、电瓶水、清水的混合液之内，将浸泡过的红某丹运至水果市场内批发销售。二人共销售电瓶水浸泡过的红某丹100万元以上，非法获利12万元。后二人被公安机关传唤归案，均如实供述犯罪事实，并主动退出全部非法获利。经专家认定：用电瓶水浸泡加工后的红某丹，人体食用后足以造成严重食源性疾病。法院判决王某雨犯生产、销售有毒、有害食品罪，判处有期徒刑10年，并处罚金人民币50万元。禁止被告人王某雨自刑罚执行完毕之日或者假释之日起3年内从事食品生产、销售相关职业。

关于从业禁止的法律属性，刑法未作规定，理论界也尚无定论，主要存在“刑罚方法说”“保安处分说”“非刑罚处置措施说”“预防性措施说”“刑罚附带处分说”等。但是可以肯定的是，从业禁止不是一种刑罚，而是一种非刑罚处罚方法。从业禁止也不同于对管制犯和缓刑犯适用的“禁止令”。二者在适用条件、适

① 参见2019年《最高人民法院、最高人民检察院关于办理组织考试作弊等刑事案件适用法律若干问题的解释》；2019年最高人民法院、最高人民检察院《关于办理非法利用信息网络、帮助信息网络犯罪活动等刑事案件适用法律若干问题的解释》；2019年最高人民法院、最高人民检察院、公安部、司法部《关于办理“套路贷”刑事案件若干问题的意见》。

用方法、适用对象、违反后果等方面都存在区别。

思考题

1. 如何看待我国的刑罚体系？
2. 我国的管制刑有何特点？
3. 如何看待我国的死刑制度？
4. 如何理解从业禁止的性质？

阅读书目

1. 汪明亮：《守底限的刑罚模式》，法律出版社2020年版。
2. 张加林、姜涛：《死刑案件检察监督研究》，法律出版社2017年版。
3. 王胜华：《死缓限制减刑研究》，中国政法大学出版社2016年版。
4. 张秀玲：《无期徒刑研究》，法律出版社2015年版。

第十七章　刑罚的裁量

犯罪是承担刑事责任的前提，刑罚是实现刑事责任的主要方式。但刑法分则中规定的法定刑是一般的、抽象的，具有普遍适用性，而司法案件是具体的、特殊的。刑罚必须经人民法院的裁量才能适用于个案中的特定犯罪人。因此，刑罚裁量是对犯罪分子落实刑事责任的过程，是实现刑罚目的、发挥刑罚功能必不可少的环节。

第一节　刑罚的裁量概述

一、刑罚裁量的概念和意义

刑罚的裁量简称量刑，指人民法院在依法认定行为人的行为构成犯罪的基础上，依据行为人的犯罪事实、各种量刑情节与规则，依法决定对行为人是否判处刑罚、判处什么刑罚以及如何执行刑罚的刑事审判活动。

刑罚裁量的特点在于：

（1）刑罚的裁量主体只能是人民法院。其他任何机关无权量刑。我国《刑事诉讼法》第176条第2款规定："犯罪嫌疑人认罪认罚的，人民检察院应当就主刑、附加刑、是否适用缓刑等提出量刑建议……"该法第201条第1款同时规定："对于认罪认罚案件，人民法院依法作出判决时，一般应当采纳人民检察院指控的罪名和量刑建议……"据此可知，人民检察院对特定案件有量刑建议权，但这并不是否定人民法院量刑的主体地位。《刑事诉讼法》第201条第2款规定："人民法院经审理认为量刑建议明显不当，或者被告人、辩护人对量刑建议提出异议的，人民检察院可以调整量刑建议。人民检察院不调整量刑建议或者调整量刑建议后仍然明显不当的，人民法院应当依法作出判决。"可见，最终如何裁量刑罚的决定权仍然属于人民法院。

（2）刑罚裁量的性质是刑事审判活动。人民法院的审判活动既有民事审判活动、行政审判活动，也有刑事审判活动，但量刑是对刑罚的裁量，因而属于刑事审判活动。虽然在量刑的同时，可能确定对犯罪被害人赔偿经济损失，但其附属于对犯罪人的定罪量刑，因而不能改变量刑的性质。

（3）量刑的前提是行为人的行为被认定为犯罪。认定行为人的行为是否构成犯罪是刑事审判活动的第一个环节，在此基础上才能进入量刑环节。如果确定行为人的行为不构成犯罪，也就谈不上量刑。

（4）刑罚裁量的依据是行为人的犯罪事实和案件所具有的各种量刑情节。这些是决定犯罪人刑事责任大小和刑罚轻重的事实依据。

（5）刑罚裁量的内容是依法决定对犯罪人是否判处刑罚、判处何种刑罚和如何执行刑罚。量刑必须依照刑法的规定和有关量刑指导意见，确定行为人刑罚的有无、刑罚的种类、刑罚的幅度以及刑罚是否立即执行等问题。

量刑是人民法院的一项重要而严肃的活动，是检验刑事司法质量的重要指标。准确、恰当地裁量刑罚意义重大：一方面，它是贯彻刑法罪刑法定原则、罪责刑相适应原则，实现刑罚特殊预防和一般预防目的的需要。另一方面，由于量刑是当事人最为关心的问题，量刑是否准确、恰当直接影响人民群众司法公正感受，关系司法公信力能否确立。

二、刑罚裁量的原则

量刑的重要性决定了必须运用一定的原则对量刑活动加以指导，以避免量刑的盲目性和混乱性。量刑原则是指人民法院在对犯罪人进行量刑时必须遵循的基本准则。对人民法院的量刑兼具指导和制约作用。

《刑法》第61条规定：“对于犯罪分子决定刑罚的时候，应当根据犯罪的事实、犯罪的性质、情节和对于社会的危害程度，依照本法的有关规定判处。”根据该规定，可以认为我国量刑的基本原则是：以事实为根据，以法律为准绳。

（一）以事实为根据

“以事实为根据”，是指量刑应当根据犯罪的事实、犯罪的性质、情节和对于社会的危害程度。“犯罪事实”，是指表明行为人的行为具备刑法分则规定的某一犯罪的构成要件及其要素的事实情况，即行为侵害的客体、危害行为、结果、因果关系、行为主体及其心理态度等要素。“犯罪性质”，是指行为人的行为属于刑法分则规定的哪一种具体犯罪。“情节”，是指决定行为构成犯罪之外的、能够表明行为危害社会程度和行为人的主观恶性与人身危险性的各种具体事实情况，既包括犯罪实施过程中的情况，也包括犯罪实施前和实施后的情况。“对于社会的危害程度”，是指犯罪行为对社会所造成的危害的大小。当然，犯罪事实、犯罪性质、情节、对于社会的危害程度在决定犯罪人的刑罚上发挥的作用不尽相同。犯罪事实是确定犯罪性质的依据，犯罪事实和犯罪性质确定了行为人的定罪，因而解决了适用刑法分则哪种罪名的法定刑的问题；情节既包括法定量刑情节，也包括酌定量刑情节。情节使相同性质犯罪的社会危害程度的差异显现出来。比如，同是故意杀人，有人是蓄谋已久、图财害命杀人，而有的人是应被害人请求故意杀人；同是犯罪，有的人是犯罪后潜逃，被抓获归案，而有的人是自动投案，如实供述。这些情节对犯罪人量刑都可能产生不同的影响。犯罪的社会危害程度决定着犯罪的有无，也决定着犯罪的轻重，在对犯罪人裁量刑罚时，它是最主要的根据。而犯罪的社会危害程度是由犯罪事实、犯罪性质和情节所决定的，并通过它们体现出来。因此在认定行为社会危害性的时候，应该综合考虑犯罪事实、犯罪性质、情节和社会危害程度。

（二）以法律为准绳

以事实为根据，只是量刑原则内容的一个方面，要做到量刑适当，还必须以法律为准绳，这也是罪刑法定原则的必然要求。以法律为准绳包含以下方面：①必须根据刑法分则对具体犯罪的法定刑进行量刑。除非具有法定的或者酌定的减轻处罚情节，不能突破法定刑进行量刑，也不能判处法定刑中没有规定的刑罚。②必须根据刑法总则中规定的刑罚裁量制度裁量刑罚。刑法总则中规定了自首、立功、坦白、累犯、缓刑、数罪并罚等制度，在量刑时不得违反这些制度。③必须依据刑法总则、分则中关于各种量刑情节的规定裁量刑罚。刑法中规定了各种从重、从轻、减轻和免除处罚情节，量刑时应该遵循这些规定作出处罚。④必须依据刑法的规定决定是否免除刑罚或者立即执行刑罚。⑤必须依据量刑指导意见裁量刑罚。为进一步规范量刑活动，落实宽严相济刑事政策和认罪认罚从宽制度，增强量刑的公开性，实现量刑公正，最高人民法院、最高人民检察院发布了《关于常见犯罪的量刑指导意见（试行）》[①]（2021年7月1日实施，以下简称《意见》）。该《意见》指出，量刑应当以事实为根据，以法律为准绳，根据犯罪的事实、性质、情节和对于社会的危害程度，决定判处的刑罚。量刑既要考虑被告人所犯罪行的轻重，又要考虑被告人应负刑事责任的大小，做到罪责刑相适应，实

① 2021年最高人民法院、最高人民检察院《关于常见犯罪的量刑指导意见（试行）》规定了量刑指导原则、量刑基本方法、常见量刑情节的适用和23种常见犯罪的量刑。

现惩罚和预防犯罪的目的。量刑应当贯彻宽严相济的刑事政策，做到该宽则宽，当严则严，宽严相济，罚当其罪，确保裁判政治效果、法律效果和社会效果的统一。量刑要客观、全面把握不同时期不同地区的经济社会发展和治安形势的变化，确保刑法任务的实现；对于同一地区同一时期案情相似的案件，所判处的刑罚应当基本均衡。同时，该《意见》还对常见量刑情节的适用和常见犯罪的量刑作出了规定。人民法院在量刑时应该遵循上述指导意见，规范量刑。

三、刑罚裁量情节

（一）量刑情节的概念

刑罚裁量情节又称量刑情节，是指犯罪构成事实之外的、能够反映犯罪的社会危害程度和行为人的主观恶性和人身危险性的事实情况。量刑情节对于行为是否构成犯罪没有影响，但对于行为人是否判处刑罚、判处何种刑罚、是否立即执行刑罚则有影响。

（二）量刑情节的分类

对刑罚裁量情节可以从不同角度、依据不同标准进行分类。分类研究可以揭示不同量刑情节的法律意义以及对量刑轻重的不同作用，从而正确适用量刑情节。

1. 法定量刑情节和酌定量刑情节

这是以量刑情节是否有刑法明文规定为标准进行的分类。

（1）法定量刑情节是指刑法明文规定的影响量刑的各种主客观事实情况。如未满18周岁的人犯罪，应当从轻或减轻处罚；又聋又哑的人犯罪，可以从轻、减轻或免除处罚；教唆不满18周岁的人犯罪的，应当从重处罚等。我国刑法总则中规定了20多个量刑情节，刑法分则中也有针对特定犯罪的量刑情节。如《刑法》第236条第2款规定："奸淫不满十四周岁的幼女的，以强奸论，从重处罚。"第390条第2款规定："行贿人在被追诉前主动交待行贿行为的，可以从轻或者减轻处罚。其中，犯罪较轻的，对侦破重大案件起关键作用的，或者有重大立功表现的，可以减轻或者免除处罚。"这些情节，属于法定量刑情节，人民法院在量刑时应当考虑或者可以考虑。

除了刑法规定的量刑情节之外，最高司法机关在司法解释中也规定了一些量刑情节。例如，2013年最高人民法院、最高人民检察院出台的《关于办理盗窃刑事案件适用法律若干问题的解释》第11条第1项规定："采用破坏性手段盗窃公私财物，造成其他财物损毁的，以盗窃罪从重处罚。"再如，2020年最高人民法院、最高人民检察院出台的《关于办理侵犯知识产权刑事案件具体应用法律若干问题的解释（三）》第9条规定："具有下列情形之一的，可以酌情从轻处罚：（一）认罪认罚的；（二）取得权利人谅解的；（三）具有悔罪表现的；（四）以不正当手段获取权利人的商业秘密后尚未披露、使用或者允许他人使用的。"司法解释规定的量刑情节同样具有法律效力，也是刑罚裁量时应该考虑的情节。

（2）酌定量刑情节是指刑法没有明确规定、能够反映犯罪行为的社会危害程度和行为人的主观恶性与人身危险性的事实情况。酌定量刑情节无法完全列举。根据司法实践中的经验总结，酌定量刑情节主要有：①犯罪手段。如同是盗窃，但有的采用了撬锁、破门等破坏性手段实施，有的则因为银行自动取款机出错而实施了盗窃行为。二者在量刑时应当有所区别。②犯罪时间、地点。发生在自然灾害期间的抢劫比平时发生的抢劫危害性更大。③犯罪对象。针对没有反抗能力的老、幼、病、残、妇女实施的强奸就比针对其他妇女的强奸具有更大的主观恶性和社会危害性。④犯罪造成的危害后果。如有的诈骗行为导致被害人自杀，或者亲属无钱看病死亡，在量刑时应该予以考虑。⑤犯罪的动机。同是贪污，有的是因为家庭经济困难，有的则是为了追求享乐，动机不同，影响量刑。⑥犯罪后的态度。有的人犯罪后积极退赃、赔偿被害人，有的人则想方设法转移、隐匿赃款赃物，或者将赃物挥霍一空，导致财物无法追回。二者在量刑时应该有所区别。⑦犯罪人的一贯表现。如有的人一贯遵纪守法，仅因一时冲动犯罪，而有的人则一向劣迹斑斑，有多次违法记录，显然前者应该受到较轻的处罚。⑧前科。前科是指曾经受到过刑事处罚的事实。有前科又犯罪说明犯罪人难以改造，人身危险性大，理应酌情从重处罚。没有前科的初犯、偶犯则可以酌情从宽处罚。上述事实都在一定程度上反映了犯罪的社会危害性和行为人的人身危险性程度，因而可以作为量刑时酌情考虑的情节。

2.应当型和可以型量刑情节

以量刑情节是否必须考虑为标准可以将量刑情节划分为应当型和可以型量刑情节。应当型量刑情节是指量刑时必须考虑的从宽或者从严处罚的情节。应当型量刑情节都是法定量刑情节。如《刑法》第17条第4款规定："对依照前三款规定追究刑事责任的不满十八周岁的人，应当从轻或者减轻处罚。"第20条第2款规定："正当防卫明显超过必要限度造成重大损害的，应当负刑事责任，但是应当减轻或者免除处罚。"第29条第1款规定："教唆不满十八周岁的人犯罪的，应当从重处罚。可以型量刑情节是指量刑时可以考虑也可以不考虑的从宽或者从严处罚情节，是否从宽或者从严由人民法院根据案件事实决定。酌定量刑情节都是可以型量刑情节，部分法定情节也是可以型量刑情节。如《刑法》第19条规定：“又聋又哑的人或者盲人犯罪，可以从轻、减轻或者免除处罚。”第67条第1款规定：“犯罪以后自动投案，如实供述自己的罪行的，是自首。对于自首的犯罪分子，可以从轻或者减轻处罚。其中，犯罪较轻的，可以免除处罚。”

3. 从宽量刑情节和从严量刑情节

这是以对量刑起作用的结果性质为标准进行的划分。对行为人产生有利影响的为从宽量刑情节，对行为人产生不利影响的为从严量刑情节。从宽量刑情节是指适用后可以对行为人处罚较轻或者不处罚的情节，包括从轻处罚情节、减轻处罚情节和免除处罚情节三种情形。从严量刑情节，是指适用后对行为人处罚较重的情节，只有从重处罚一种类型。

此外，对于刑罚裁量情节还可以作多种划分。如反映行为人社会危害性的量刑情节和反映行为人人身危险性的量刑情节，罪前情节、罪中情节和罪后情节，功能确定情节和功能选择性情节等。

（三）刑罚裁量情节的运用

刑罚裁量情节的正确理解和运用是保障量刑公正，促进类案类判和实现刑法罪责刑相适应原则的前提。

1. 正确理解从轻处罚、从重处罚、减轻处罚和免除处罚的含义

（1）从轻处罚。根据《刑法》第62条的规定，从轻处罚是指在法定刑的范围内，判处较轻的刑种和较短的刑期。在一罪的法定刑只有一个量刑幅度的情况下，从轻处罚就在该幅度内，选择较轻的刑种或较短的刑期。在一罪的法定刑有几个量刑幅度的情况下，从轻处罚是指在与具体犯罪相对应的量刑幅度内，选择较轻的刑种或较短的刑期。如《刑法》第336条之一规定：“将基因编辑、克隆的人类胚胎植入人体或者动物体内，或者将基因编辑、克隆的动物胚胎植入人体内，情节严重的，处三年以下有期徒刑或者拘役，并处罚金；情节特别严重的，处三年以上七年以下有期徒刑，并处罚金。”如果行为人具有从犯、中止犯或者有自首、立功等情节而被从轻处罚的，则可以在与行为人犯罪情况对应的量刑幅度内，选择较轻的刑种或者较短的刑期。

（2）从重处罚。从重处罚与从轻处罚相对。根据《刑法》第62条的规定，从重处罚是指在法定刑以内选择较重的刑种或较长的刑期。在一罪的法定刑只有一个量刑幅度的情况下，从重处罚就在该幅度内，选择较重的刑种或较长的刑期。在一罪的法定刑有几个量刑幅度的情况下，从重处罚是指在与具体犯罪相对应的量刑幅度内，选择较重的刑种或较长的刑期。刑法在总则和分则中都设置了从重处罚情节。如《刑法》第29条第1款规定，教唆不满18周岁的人犯罪的，应当从重处罚。第65条第1款规定：累犯应当从重处罚。《刑法》第280条之二第1款规定："盗用、冒用他人身份，顶替他人取得的高等学历教育入学资格、公务员录用资格、就业安置待遇的，处三年以下有期徒刑、拘役或者管制，并处罚金。"其第2款规定："组织、指使他人实施前款行为的，依照前款的规定从重处罚。"如果行为人是累犯，或者具有组织、指使他人实施冒名顶替行为的，都应在法定刑以内选择较重刑种或者较长的刑期。

（3）减轻处罚。根据《刑法》第63条第1款规定：减轻处罚是指在法定刑以下判处刑罚。这里的"法定刑"是指根据被告人所犯罪行的轻重，应当分别适用的刑法规定的不同条款或者相应的量刑幅度。而刑法分则中设置的"处10年以上有期徒刑、无期徒刑或者死刑"是一个量刑幅度，而不是三个量刑幅度。"在法定刑以下判处刑罚"是指在法定量刑幅度的最低刑以下判处刑罚。根据《刑法》第63条第1款的规定，当刑法规定有数个量刑幅度的，应当在法定量刑幅度的下一个量刑幅度内判处刑罚。如《刑法》第233条规定："过失致人死亡的，处三年以上七年以下有期徒刑；情节较轻的，处三年以下有期徒刑。"该罪有两个量刑幅度，如果甲过失致人死亡，根据其犯罪事实选择在第一个量刑幅度内处罚，但如果确定甲具有减轻处罚情节，应在"3年以下有期徒刑"的幅度内判处刑罚。

减轻处罚的裁量方式有两种情形。第一，由审判人员直接裁量，这是在犯罪人具有法定减轻处罚情节的情况下适用。如《刑法》第24条第2款规定："对于中止犯，没有造成损害的，应当免除处罚；造成损害的，应当减轻处罚。"第29条第2款规定："如果被教唆的人没有犯被教唆的罪，对于教唆犯，可以从轻或者减轻处罚。"这些量刑情节属于法定应当或者可以减轻处罚的情节，法官可以根据案件情况依法对犯罪人减轻处罚。第二，审判人员不能直接裁量，而是必须经最高人民法院核准。这种减轻处罚情节是根据《刑法》第63第2款的规定："即犯罪分子虽然不具有刑法规定的减轻处罚情节，但是根据案件的特殊情况，经最高人民法院核准，也可以在法定刑以下判处刑罚。"这是酌定减轻处罚的情形。"案件的特殊情况"主要是指案件本身的特殊性，如涉及政治、国防、外交、宗教、统战等特殊情况。许霆案[1]就属于此种减轻处罚情形。2008年3月31日，广州市中级人民法院重审认为，被告人许霆以非法占有为目的，采用秘密手段窃取银行经营资金的行为，已构成盗窃罪，盗窃金额共计173826元。许霆盗窃金融机构，数额特别巨大，依法本应适用“无期徒刑或者死刑，并处没收财产”的刑罚。鉴于许霆是在发现银行自动柜员机出现异常后产生犯意，采用持卡窃取金融机构经营资金的手段，其行为与有预谋或者采取破坏手段盗窃金融机构的犯罪有所不同；从案发具有一定偶然性看，许霆犯罪的主观恶性尚不是很大。根据本案具体的犯罪事实、犯罪情节和对于社会的危害程度，对许霆可在法定刑以下判处刑罚。此案中，许霆没有法定减轻处罚情节，但案件具有特殊性，因而在报经最高人民法院核准后，减轻处罚，在法定刑以下判处刑罚。

关于特殊情况下的酌定减轻处罚能否下二档处罚的问题，刑法没有规定，但有意见认为，鉴于报最高人民法院核准是个特殊程序，为了政治、外交、国防、宗教、统战等国家利益的需要，以及为了实现特殊个案的公正，确有必要的，也可以下二档处罚。正如许霆虽没有法定减轻处罚情节，但经最高人民法院核准，对其下二档处罚，取得了很好的社会效果。

（4）免除刑事处罚。指对犯罪分子作有罪宣告，但不予以刑罚处罚。免除处罚的前提是行为人的行为构成犯罪，但犯罪情节轻微不需要判处刑罚，或者具有法定的免除处罚的情节，因而不予以刑罚处罚。刑法总则中针对防卫过当、紧急避险过当、预备犯、中止犯、从犯、胁从犯等均有免除处罚的规定。如《刑法》第28条规定：“对于被胁迫参加犯罪的，应当按照他的犯罪情节减轻处罚或者免除处罚。”刑法分则中也有免除处罚的规定。《刑法》第392条第2款规定：“介绍贿赂人在被追诉前主动交待介绍贿赂行为的，可以减轻处罚或者免除处罚。”此外，拒不支付劳动报酬罪、非法种植毒品原植物罪、贪污罪、行贿罪中也有免除处罚情节的设置。

① 2006年4月21日21时许，被告人许霆到广州市天河区黄埔大道西平云路163号的广州市商业银行自动柜员机（ATM）取款，同行的郭安山（已判刑）在附近等候。许霆持自己不具备透支功能、余额为176.97元的银行卡准备取款100元。当天21时56分，许霆在自动柜员机上无意中输入取款1000元的指令，柜员机随即出钞1000元。许霆经查询，发现其银行卡中仍有170余元，意识到银行自动柜员机出现异常，能够超出账余额取款且不能如实扣账。许霆于是在21时57分至22时19分、23时13分至19分、次日零时26分至1时06分三个时间段内，持银行卡在该自动柜员机指令取款170次，共计取款174000元。许霆告知郭安山该台自动柜员机出现异常后，郭安山亦采用同样手段取款19000元。同月24日下午，许霆携款逃匿。

（四）正确运用法定情节，不能忽视酌定情节

法定情节是刑法明文规定的从宽或从严情节。严格运用法定量刑情节是贯彻罪刑法定的要求。对于法定应当型量刑情节，必须不折不扣地加以运用。对法定可以型量刑情节一般也要予以考虑，只有在特殊情况下才不予考虑。如《刑法》第17条之一规定："已满七十五周岁的人故意犯罪的，可以从轻或者减轻处罚；过失犯罪的，应当从轻或者减轻处罚。"这就要求针对已满75周岁的人过失犯罪，必须从轻或者减轻处罚，已满75周岁的人故意犯罪，一般也要从轻或者减轻处罚，只有在特殊情况下，才不予以从轻或者减轻处罚。

酌定情节是法官在法律没有明文规定的情况下，根据案件中犯罪事实和犯罪人的特殊情况，适用于犯罪人的量刑情节。酌定量刑情节能够弥补成文法立法滞后、缺漏等问题，可以根据个案情况调节刑罚的轻重。因此，它对落实罪责刑相适应原则，防止机械司法，实现个案公正具有不可忽视的价值。在刑罚裁量中，不可避免也无法避免酌定情节的适用。

（五）正确运用功能选择性量刑情节

刑法中规定的多数刑罚裁量情节属于多功能情节。如《刑法》第19条规定："又聋又哑的人或者盲人犯罪，可以从轻、减轻或者免除处罚。"针对又聋又哑或者盲人犯罪存在从轻处罚、减轻处罚和免除处罚三个量刑情节可供选择。此时就需要审判人员选择其中的一种功能运用于量刑。究竟如何选择，理论界有不同的观点。有人主张按照功能排列顺序进行选择，有人主张根据犯罪的严重程度进行选择。此种情形应根据行为人犯罪的社会危害性和量刑情节本身的具体情况决定。如同是又聋又哑或者盲人犯罪，如果犯罪情节较轻，社会危害性较小，可以免除处罚；如果犯罪较重，社会危害性较大，可以选择减轻处罚；对于犯罪严重，社会危害性很大的，则可以选择从轻处罚；对于犯罪极其严重，社会危害性巨大的，可以不给予任何从宽处罚。

（六）多个刑罚裁量情节并存时的运用

在司法实践中，一个行为人往往具有多个刑罚裁量情节。如既有自首，也有立功，或者既是从犯，也是累犯。此时该如何适用刑罚裁量情节，对此刑法没有规定。根据2021年最高人民法院、最高人民检察院发布的《关于常见犯罪的量刑指导意见（试行）》，具有多个量刑情节的，一般根据各个量刑情节的调节比例，采用同向相加、逆向相减的方法调节基准刑；具有未成年人犯罪、老年人犯罪、

限制行为能力的精神病人犯罪、又聋又哑的人或者盲人犯罪，防卫过当、避险过当、犯罪预备、犯罪未遂、犯罪中止，从犯、胁从犯和教唆犯等量刑情节的，先适用该量刑情节对基准刑进行调节，在此基础上，再适用其他量刑情节进行调节。

第二节　累　犯

相对于初犯而言，累犯具有更加严重的人身危险性，将累犯作为一项从重处罚的量刑情节是世界各国较为普遍的做法，我国也不例外。

一、累犯的概念

累犯，是指因犯罪而受过一定的刑罚处罚，刑罚执行完毕或者赦免以后，在法定期限内又犯一定之罪的人。

二、累犯的分类和构成条件

根据我国《刑法》第65条和第66条的规定，累犯分为一般累犯和特殊累犯两种类型。

（一）一般累犯

根据《刑法》第65条第1款的规定，一般累犯是指因故意犯罪被判处有期徒刑以上刑罚，在刑罚执行完毕或者赦免以后5年内，再犯应当判处有期徒刑以上刑罚之故意犯罪的犯罪分子。据此，一般累犯的构成条件如下：

1.行为人所犯前罪和后罪都是故意犯罪

这是成立一般累犯的罪质条件。如果犯罪人实施的前罪和后罪都是过失犯罪，或者有一个为过失犯罪，都不能构成累犯。行为人实施的前罪和后罪都是故意犯罪，表明行为人主观恶性深，人身危险性大，因而有必要将其作为累犯，以实现刑罚的目的。过失犯罪是在行为人疏忽大意或者过于自信的情况下导致，行为人罪过较轻，人身危险性小，其再次犯罪的可能性较小，因此没有必要为过失犯罪设立累犯制度。

【案例17-2-01】甲因故意伤害罪被判7年有期徒刑，2015年8月29日刑满释放，甲于2020年6月25日犯交通肇事罪。由于交通肇事罪是过失犯罪，甲不构成累犯。

2. 犯前罪时必须年满18周岁

这是成立一般累犯的主体条件。根据《刑法》第65条第1款的规定，如果犯前罪时未满18周岁，即使后罪是故意犯罪且已满18周岁，也不构成累犯。这就意味着未成年时期的犯罪不纳入累犯考虑。

【案例17-2-02】丁17周岁时犯抢劫罪被判处有期徒刑5年，刑满释放后的第4年又犯盗窃罪，应当判处有期徒刑2年，丁不成立累犯。

3. 前罪被判处有期徒刑以上刑罚，后罪应当被判处有期徒刑以上刑罚

这是成立一般累犯的刑罚条件。根据立法精神，如果前罪被判处拘役、管制或者后罪应当被判拘役、管制时，不成立累犯。“有期徒刑以上刑罚”是指人民法院最终确定的宣告刑是有期徒刑以上刑罚，包括有期徒刑、无期徒刑和死刑缓期执行。之所以将累犯的前罪和后罪判处的刑罚确定为有期徒刑以上刑罚，主要原因在于：有期徒刑以上刑罚对应的犯罪都是较为严重的犯罪，行为人判处有期徒刑以上刑罚表明行为人罪行的严重性和人身危险性均已经达到一定的严重程度，有按照累犯处理的必要性。

4. 后罪发生在前罪刑罚执行完毕或者赦免以后5年以内

这是成立一般累犯的时间条件。对此条件应作正确理解：

（1）“刑罚执行完毕”是指有期徒刑以上的主刑执行完毕。对于有期徒刑以上的主刑执行完毕，但附加刑尚未执行完毕的，应以主刑执行完毕之日为累犯期间的起算时间。对于被假释的犯罪分子，刑罚执行完毕5年内从假释期满之日起计算。

【案例17-2-03】甲犯抢夺罪于2014年3月假释出狱，考验期为剩余的2年刑期。甲于2020年5月犯盗窃罪，应被判处3年有期徒刑，甲成立累犯。

（2）被判处有期徒刑宣告缓刑的犯罪分子，在缓刑考验期满5年内再犯应当被判处有期徒刑以上刑罚之罪的，不是累犯。这是因为缓刑是附条件不执行宣告的刑罚，考验期满原判刑罚就不再执行。被判处有期徒刑宣告缓刑的犯罪分子，在缓刑考验期满后5年内再犯应当判处有期徒刑以上刑罚之罪的，因前罪判处的有期徒刑并未执行，不具备《刑法》第65条规定的“刑罚执行完毕”的要件，故不应认定为累犯。

【案例17-2-04】张某犯故意伤害罪被判处有期徒刑3年，缓刑3年，缓刑考验期期满后的第3年又犯盗窃罪，被判处有期徒刑10年，张某并不属于累犯。

同理，前罪被免除刑罚处罚的，5年内再次犯罪，也不是累犯。如，李某因犯故意伤害罪被免予刑罚处罚，5年内犯伪造货币罪，被判处5年有期徒刑，李某也不成立累犯，因为李某不存在刑罚执行完毕的情形。

（3）如果后罪发生在刑罚执行期间，不成立累犯。这是因为确立累犯主要是基于其经过改造但仍没有悔过自新，又重新犯罪，因而其人身危险性大，而前罪的刑罚执行尚未完毕，难以说明前罪所判处的刑罚对于犯罪分子没有发挥惩罚和教育改造的效果，将其作为累犯的必要性不足。

（4）后罪发生在前罪刑罚执行完毕或者赦免5年以后，不成立累犯。刑法之所以将累犯成立的时间间隔设定为5年，主要是因为目前我国刑罚执行完毕5年之内的重新犯罪率比较高，这样规定有利于形成威慑，防止刑满释放人员再次犯罪。

【案例17-2-05】乙因盗窃罪被判3年有期徒刑，2015年3月25日刑满释放，2021年3月27日因犯诈骗罪被判有期徒刑4年，因时间间隔超过了5年，乙不构成累犯。

（二）特别累犯

1.刑法总则规定的特别累犯

根据我国《刑法》第66条的规定，特别累犯是指犯危害国家安全犯罪、恐怖活动犯罪、黑社会性质的组织犯罪的犯罪分子，在刑罚执行完毕或者赦免以后，在任何时候再犯上述任一类罪的人。特别累犯的成立不受时间条件的限制，对前罪判处的刑罚和后罪应该被判处的刑罚也没有限制，体现出对特别累犯从重处罚的精神。特别累犯的成立条件为：

（1）前罪和后罪都是危害国家安全犯罪、恐怖活动犯罪、黑社会性质的组织犯罪。如果前罪和后罪都不是“危害国家安全罪”“恐怖活动犯罪”“黑社会性质的组织犯罪”或者有一个不是上述任一类罪，均不成立特别累犯。

需要提醒的是，这里的“危害国家安全罪”“恐怖活动犯罪”“黑社会性质的组织犯罪”都是类罪名，比如“危害国家安全罪”就包含了十几种危害国家安全的犯罪行为。只要行为人所犯的前罪与后罪均属于上述三类罪中的任一种犯罪，即可能构成累犯。

（2）必须是前罪刑罚执行完毕或者赦免以后再次犯罪。特别累犯没有前罪和后罪发生时间间隔的限制，但要求后罪发生在前罪刑罚执行完毕或被赦免以后。至于前罪所判处的刑罚种类，后罪应当判处何种刑罚，均不影响特别累犯的成立。

【案例17-2-06】①甲犯参加恐怖组织罪被判处有期徒刑4年，刑罚执行完毕后的第12年，甲犯参加黑社会性质组织罪，成立累犯。②乙犯叛逃罪被判处管制2年，管制期满后20年又犯为境外刺探国家秘密罪，被判处拘役6个月，乙仍然构成累犯。③丙犯煽动颠覆国家政权罪被判处5年有期徒刑，刑满释放后第6年又犯故意杀人罪，丙不成立累犯。

值得探讨的是，从法条规定来看，不满18周岁的人不构成累犯，设置在《刑法》第65条一般累犯的规定当中，据此，不满18周岁的人不构成一般累犯是确定的，但他们是否也不成立特殊累犯？对此问题，存在不同的认识。一种意见认为，不满18周岁的人犯罪不构成累犯，是指不构成一般累犯，但从法律条款的含义分析，不满18周岁的人犯罪，在法定情况下可以构成特殊累犯。另一种意见认为，不满18周岁的人犯罪既不构成一般累犯，也不构成特殊累犯。原因在于，未满18周岁的人不构成累犯是《刑法修正案（八）》增加的内容，该条款的修正旨在完善对未成年人犯罪从宽处罚的规定，落实对未成年人罪犯"教育、感化、挽救"的方针，体现了宽严相济刑事政策。从修正的目的看，不满18周岁的人犯罪不构成累犯当然包括《刑法》第66条特殊累犯[①]。对此问题目前尚无法律规定与司法解释的规制，因而有待研究的深化和立法的完善。

2.刑法分则规定的特别累犯

除了刑法总则规定了特别累犯外，有学者认为《刑法》第356规定的情形也属于特别累犯[②]。根据该条规定，因走私、贩卖、运输、制造、非法持有毒品罪被判过刑，又犯刑法分则第六章第七节规定之罪的，从重处罚。该条规定不同于一般累犯，也不同于特别累犯，在成立条件上具有如下特点：即前罪为走私、贩卖、运输、制造毒品罪和非法持有毒品罪两种特定犯罪，后罪为刑法分则第六章第七节规定的所有毒品犯罪。该种累犯对前后罪的刑罚种类没有限制，对后罪发生时间也没有要求，但一般认为后罪应该发生在前罪刑罚执行完毕或者赦免以后。

三、累犯的刑事责任

累犯虽经过教育改造，但在刑罚执行完毕或者被赦免以后5年内再次故意犯

① 参见缐杰：《未成年人累犯问题研究》，载《人民检察》2015年第11期。

② 也有观点将其称为毒品再犯。

罪，危害社会，表明行为人不思悔改，人身危险性大，因此我国《刑法》第65条第1款规定：对累犯应当从重处罚。该条规定适用于一般累犯，也适用于特别累犯。根据《刑法》第356条的规定，对毒品累犯，也应当从重处罚。据此可知，我国刑法将累犯作为法定应当型从重情节，这就意味着对累犯必须从重处罚，必须在法定刑以内判处较重的刑种和较长的刑期。对累犯的处罚规定体现了刑法罪责刑相适应的基本原则，也有助于实现刑罚预防犯罪的目的。

对累犯给予严厉的惩罚也是西方国家应对重新犯罪的重要做法。为了加重对累犯、再犯的处罚，美国联邦于1994年通过了《暴力犯罪控制与执法条例》，俗称“三振出局法”。它规定：对于前已犯二次重大犯罪之重犯，或者前曾犯一次以上重大犯罪之暴力重罪犯，或者一次以上重大犯罪之毒品犯，当其再犯罪时，将被处终身监禁，不得假释。由于该法对严重暴力犯罪的处理类似棒球比赛中的三振出局，所以一般将该法称为“三振出局法”。此联邦法被全美30多个州采用，但各州规定稍有不同。如加利福尼亚州规定，犯两次重罪，第三次再犯重罪或暴力犯罪者，处25年以上有期徒刑至终身监禁或是处三倍于原刑期的处罚；而乔治亚州则规定，只要是第二次严重暴力犯罪即处终身监禁不得假释。

四、累犯与惯犯和再犯的区别

惯犯是指在较长时间内反复实施同种犯罪，以此为常业或者以犯罪所得作为生活的主要来源，并养成恶习的犯罪分子。惯犯与累犯虽然都是多次实施犯罪行为，且主观上都是故意，但二者存在明显的区别。①累犯是因犯罪而受过一定的刑罚处罚，刑罚执行完毕或者被赦免的犯罪分子；惯犯无此要求。②累犯必须是在前罪刑罚执行完毕或赦免以后又犯一定之罪；惯犯则是在一定时期内反复多次实施犯罪行为，且所犯之罪均未进行处理。③构成累犯，行为人前后所犯的罪未必是同种犯罪，而惯犯行为人所犯的数个罪为同种犯罪。

再犯是指再次犯罪的人，即两次或两次以上实施犯罪的人。累犯与再犯都是两次或两次以上实施犯罪行为。但再犯对后一次犯罪的时间没有限制；对前罪和后罪的罪质、对前罪和后罪被判处的刑罚均没有要求。

第三节　自首、坦白与立功

自首、坦白和立功是我国重要的从宽量刑制度，这些制度的运用对于准确、恰当裁量刑罚，促进个案公正，对贯彻罪责刑相适应原则和宽严相济的刑事政策具有不可忽视的价值。

一、自　首

自首也称自首从宽制度，是当今世界各国刑事立法中普遍采用的量刑制度。我国也不例外。

（一）自首的概念和意义

自首，是指犯罪嫌疑人犯罪后自动投案，如实供述自己的罪行，或者被采取强制措施的犯罪嫌疑人、被告人和正在服刑的罪犯，如实供述司法机关还未掌握的本人其他罪行的行为。

自首制度的设立有助于分化瓦解犯罪势力、激励犯罪嫌疑人悔过自新、促进迅速侦破案件，实现刑罚预防犯罪目的，也有利于节约司法资源，提高诉讼效率。根据自首的成立条件、适用对象的不同，可以对自首分类研究。

（二）自首的分类及其成立条件

根据我国刑法总则的规定，自首包括两类，即一般自首和准自首。此外，有学者认为在刑法分则中，对非国家工作人员行贿罪、行贿罪和介绍贿赂罪中也包含了自首的规定，并将其称为特别自首。

1.一般自首的成立条件

《刑法》第67条第1款规定："犯罪以后自动投案，如实供述自己的罪行的，是自首。"根据该规定，一般自首的成立必须具备以下条件：

（1）自动投案。犯罪分子自动投案是自首成立的前提条件，体现了犯罪嫌疑人投案的主动性和自愿性。对自动投案可以从以下几个方面理解。

首先，"自动投案"是指犯罪事实或者犯罪嫌疑人未被司法机关发觉，或者虽被发觉，但犯罪嫌疑人尚未受到讯问、未被采取强制措施时，主动、直接向公安机关、人民检察院或者人民法院投案[①]。为了鼓励和方便犯罪嫌疑人投案，下列情形也视为自动投案：犯罪嫌疑人向其所在单位、城乡基层组织或者其他有关负责人员投案的；犯罪嫌疑人因病、伤或者为了减轻犯罪后果，委托他人先代为投案，或者先以信电投案的；罪行尚未被司法机关发觉，仅因形迹可疑，被有关组织或者司法机关盘问、教育后，主动交代自己的罪行的[②]；犯罪后逃跑，在被通缉、追

① 参见1998年《最高人民法院关于处理自首和立功具体应用法律若干问题的解释》。

② 但有关部门、司法机关在其身上、随身携带的物品、驾乘的交通工具等处发现与犯罪有关的物品的，不能认定为自动投案。

捕过程中，主动投案的；经查实确已准备去投案，或者正在投案途中，被公安机关捕获的；并非出于犯罪嫌疑人主动，而是经亲友规劝、陪同投案的；公安机关通知犯罪嫌疑人的亲友，或者亲友主动报案后，将犯罪嫌疑人送去投案的，也应当视为自动投案[①]。另外，司法实务中将下列情形也视为自动投案：犯罪后主动报案，虽未表明自己是作案人，但没有逃离现场，在司法机关询问时交代自己罪行的；明知他人报案而在现场等待，抓捕时无拒捕行为，供认犯罪事实的；在司法机关未确定犯罪嫌疑人，尚在一般性排查询问时主动交代自己罪行的；因特定违法行为被采取劳动教养、行政拘留、司法拘留、强制隔离戒毒等行政、司法强制措施期间，主动向执行机关交代尚未被掌握的犯罪行为的；其他符合立法本意，应当视为自动投案的情形[②]。

其次，投案必须是犯罪嫌疑人自愿将自己置于有关机关的控制之下，等待接受国家司法机关的审查和裁判，这是“投案”的应有之意，表明了犯罪嫌疑人真诚悔罪的态度，不具备这一点不能成立自首。因此，犯罪嫌疑人自动投案后又逃跑的，不能认定为自首。如果犯罪嫌疑人自动投案，但不愿接受司法机关的调查，也不成立自首。如甲挪用公款后主动向单位领导承认了全部犯罪事实，并请求单位领导不要将自己移送司法机关，甲不成立自首。

（2）如实供述自己的罪行，即犯罪分子自动投案后，如实交代自己的主要犯罪事实。“如实供述”是自首成立的核心条件。“如实供述”的是自己的主要犯罪事实，即如实供述的是足以证明其行为构成犯罪的基本事实，是决定其行为性质的事实与情节。如甲自动投案后，如实交代自己的杀人行为，但未交代凶器藏匿地点的，仍可成立自首。

【案例17-3-01】丙故意杀人后如实交代了自己的客观罪行，司法机关根据其交代认定其主观罪过为故意，丙辩称其为过失。丙仍然属于如实供述。

犯罪嫌疑人自动投案时虽然没有交代自己的主要犯罪事实，但在司法机关掌握其主要犯罪事实之前主动交代的，应认定为如实供述自己的罪行。犯罪嫌疑人自动投案后隐瞒自己的真实身份等情况，影响对其定罪量刑的，不能认定为如实供述自己的罪行，但行为人对行为性质的辩解不属于不如实供述。如果隐瞒主要犯罪事实，避重就轻，或者包揽责任，掩护同伙，不能认定为如实供述。另外，犯罪嫌疑人多次实施同种罪行的，应当综合考虑已交代的犯罪事实与未交代的犯

① 参见1998年《最高人民法院关于处理自首和立功具体应用法律若干问题的解释》。

② 参见2010年《最高人民法院关于处理自首和立功若干具体问题的意见》。

罪事实的危害程度，决定是否认定为如实供述主要犯罪事实[①]。

自动投案和如实供述罪行表明行为人主动将自己置于司法机关的控制之下，并等待随时配合调查，交代罪行，因而它们是一般自首成立的必备条件。至于自首的动机，一般不在考虑之列。如丙参与共同盗窃后，主动投案并供述其参与盗窃的具体情况。后查明，丙系因分赃太少、得知举报有奖才投案。为了获取赏金、报复同案犯等不影响自首的成立。

2.准自首成立的条件

根据《刑法》第67条第2款的规定，准自首是指被采取强制措施的犯罪嫌疑人、被告人和正在服刑的罪犯，如实供述司法机关还未掌握的本人其他罪行的情形。准自首的成立不以“自动投案”为条件，但成立准自首，必须具备如下条件：

（1）准自首的主体必须是被采取强制措施的犯罪嫌疑人、被告人和正在服刑的罪犯。强制措施是指我国《刑事诉讼法》规定的拘传、拘留、取保候审、监视居住和逮捕。犯罪嫌疑人是指在公诉案件中因涉嫌犯罪而正在被立案调查和审查起诉的当事人。被告人是指因涉嫌犯罪而被检察机关提起公诉或者被自诉人提起自诉的当事人。正在服刑的罪犯是指经人民法院判决，正在执行所判刑罚的罪犯。

（2）必须如实供述司法机关还未掌握的本人其他罪行。根据相关司法解释[②]，此处的“司法机关还未掌握的本人其他罪行”是指与司法机关已掌握的或者判决确定的罪行属不同种罪行的情形。该罪行与司法机关已掌握的罪行属同种罪行还是不同种罪行，一般应以罪名区分。虽然如实供述的其他罪行的罪名与司法机关已掌握犯罪的罪名不同，但如实供述的其他犯罪与司法机关已掌握的犯罪属选择性罪名或者在法律、事实上密切关联，如因受贿被采取强制措施后，又交代因受贿为他人谋取利益行为，构成滥用职权罪的，应认定为同种罪行，不成立自首[③]。但如实供述的罪行与司法机关已掌握的或者判决确定的罪行属同种罪行的，可以酌情从轻处罚；如实供述的同种罪行较重的，一般应当从轻处罚。

如何判断“司法机关还未掌握的本人其他罪行”？根据司法文件的规定，对此应根据不同情形区别对待。如果该罪行已被通缉，一般应以该司法机关是否在通

---

① 虽然投案后没有交代全部犯罪事实，但如实交代的犯罪情节重于未交代的犯罪情节，或者如实交代的犯罪数额多于未交代的犯罪数额，一般应认定为如实供述自己的主要犯罪事实。无法区分已交代的与未交代的犯罪情节的严重程度，或者已交代的犯罪数额与未交代的犯罪数额相当，一般不认定为如实供述自己的主要犯罪事实。参见最高人民法院2010年《关于处理自首和立功若干具体问题的意见》第2条。

② 参见1998年《最高人民法院关于处理自首和立功具体应用法律若干问题的解释》。

③ 参见2010年《最高人民法院关于处理自首和立功若干具体问题的意见》。

缉令发布范围内作出判断，不在通缉令发布范围内的，应认定为还未掌握，在通缉令发布范围内的，应视为已掌握；如果该罪行已录入全国公安信息网络在逃人员信息数据库，应视为已掌握。如果该罪行未被通缉，也未录入全国公安信息网络在逃人员信息数据库，应以该司法机关是否已实际掌握该罪行为标准①。但是也有观点认为，以此种标准判断“司法机关还未掌握的本人其他罪行”不尽合理，应该原则上以犯罪嫌疑人、被告人和正在服刑的罪犯的认识为标准②。

需要注意的是，准自首中犯罪嫌疑人、被告人或者正在服刑的罪犯如实供述了司法机关还未掌握的本人其他罪行，此时自首的法律效力涉及的是司法机关还未掌握的本人其他罪行，而不是已经被司法机关掌握的罪行。

【案例 17-3-02】甲因扒窃8000元现金，被公安机关抓获。在讯问阶段，甲主动供述了杀人、诈骗罪行为。对甲的故意杀人罪和诈骗罪可以自首论，但盗窃罪并非自首。

3.特别自首的成立条件

特别自首是刑法分则中规定的对非国家工作人员行贿罪、行贿罪和介绍贿赂罪的人员在被追诉前，主动交代相关犯罪事实的情形。如根据《刑法》第164条第4款规定，对非国家工作人员行贿的人在被追诉前主动交待行贿行为的，可以减轻处罚或者免除处罚。第390条第2款规定：“行贿人在被追诉前主动交待行贿行为的，可以从轻或者减轻处罚。其中，犯罪较轻的，对侦破重大案件起关键作用的，或者有重大立功表现的，可以减轻或者免除处罚。”第392条第2款规定：“介绍贿赂人在被追诉前主动交待介绍贿赂行为的，可以减轻处罚或者免除处罚。”由此可见，特别自首的主体是特定犯罪的行为人，行为人在被追诉前主动如实交代自己的罪行。

（三）自首的认定

1.共同犯罪自首的认定

根据相关司法解释，共同犯罪案件中的犯罪嫌疑人，除如实供述自己的罪行，还应当供述所知的同案犯，主犯则应当供述所知其他同案犯的共同犯罪事实，才能认定为自首。

【案例 17-3-03】甲和乙共同诈骗之后，甲主动到公安机关交代自己的诈骗事

① 参见2010年《最高人民法院关于处理自首和立功若干具体问题的意见》。

②《刑法学》编写组：《刑法学》（上册·总论），高等教育出版社2019年版，第345页。

实，但未提及乙，此时甲不能成立自首。

共同犯罪中各共犯人的行为都是共同犯罪完整而不可分割的有机组成部分。如果犯罪嫌疑人不交代和自己一起实施共同犯罪的其他同案犯的行为，就无法认定其在共同犯罪中的作用大小，无法对其进行顺利追诉，也无法据此顺利查处其他共同犯罪人，因此，共同犯罪中仅如实供述自己罪行的意义不大，因而相关司法解释对共同犯罪自首作出上述规定是合理的。

2.“翻供”与自首

犯罪嫌疑人自动投案并如实供述自己的罪行后又翻供的，不能认定为自首；但在一审判决前又能如实供述的，应当认定为自首。此处的“翻供”应与“如实供述”联系起来考虑。如前所述，如实供述是指如实交代主要犯罪事实。所以，否认主要犯罪事实的，可认定“翻供”，不成立自首。但是，犯罪分子对案情细节的否认以及合理辩解不得视为“翻供”。

【案例 17-3-04】甲抢劫杀人后，如实供述杀人抢劫行为，但此后审理中又对持刀加害被害人的事实予以否认，因持刀杀害被害人的行为属抢劫案的主要犯罪事实，因而犯罪分子属于“翻供”。

3.交通肇事罪自首的认定

根据有关司法解释，交通肇事后保护现场、抢救伤者，并向公安机关报告的，应认定为自动投案，构成自首的，因上述行为同时系犯罪嫌疑人的法定义务，对其是否从宽、从宽幅度要适当从严掌握。交通肇事逃逸后自动投案，如实供述自己罪行的，应认定为自首，但应依法以较重法定刑为基准，视情决定对其是否从宽处罚以及从宽处罚的幅度[①]。

4.职务犯罪自首

为了鼓励职务犯罪分子自首，2009年最高人民法院、最高人民检察院印发了《关于办理职务犯罪案件认定自首、立功等量刑情节若干问题的意见》，规定职务犯罪的犯罪事实或者犯罪分子未被办案机关掌握，或者虽被掌握，但犯罪分子尚未受到调查谈话、讯问，或者未被宣布采取调查措施或者强制措施时，向办案机关投案的，是自动投案。在此期间如实交代自己的主要犯罪事实的，应当认定为自首。同时规定，没有自动投案，但具有以下情形之一的，以自首论：①犯罪分子如实交代办案机关未掌握的罪行，与办案机关已掌握的罪行属不同种罪行的；

① 参见2010年《最高人民法院关于处理自首和立功若干具体问题的意见》。

②办案机关所掌握线索针对的犯罪事实不成立，在此范围外犯罪分子交代同种罪行的。

5.单位犯罪自首

2002年最高人民法院、最高人民检察院、海关总署联合印发《办理走私刑事案件适用法律若干问题的意见》，规定了单位走私犯罪的自首情形：在办理单位走私犯罪案件中，对单位集体决定自首的，或者单位直接负责的主管人员自首的，应当认定单位自首。认定单位自首后，如实交代主要犯罪事实的单位负责的其他主管人员和其他直接责任人员，可视为自首，但对拒不交代主要犯罪事实或逃避法律追究的人员，不以自首论①。在2009年最高人民法院和最高人民检察院印发的《关于办理职务犯罪案件认定自首、立功等量刑情节若干问题的意见》中，也规定了单位自首的情形：在单位犯罪案件中，单位集体决定或者单位负责人决定而自动投案，如实交代单位犯罪事实的，或者单位直接负责的主管人员自动投案，如实交代单位犯罪事实的，应当认定为单位自首。单位自首的，直接负责的主管人员和直接责任人员未自动投案，但如实交代自己知道的犯罪事实的，可以视为自首；拒不交代自己知道的犯罪事实或者逃避法律追究的，不应当认定为自首。单位没有自首，直接责任人员自动投案并如实交代自己知道的犯罪事实的，对该直接责任人员应当认定为自首。虽然该规定涉及的是职务犯罪中单位犯罪自首的认定，但我们认为上述规定应适用于刑法规定的所有单位犯罪后自首的认定②。

（四）自首犯的刑事责任

根据《刑法》第67条第1款的规定，对于自首的犯罪分子，可以从轻或者减轻处罚。其中，犯罪较轻的，可以免除处罚。考虑到自首犯自动投案、如实供述自己的罪行，或是如实供述司法机关还未掌握的本人其他罪行，表现出真诚悔罪的态度和接受法律制裁的决心，有悔罪表现，主观恶性较小，因而对自首犯可以从宽处罚。对于自首情节，综合考虑自首的动机、时间、方式、罪行轻重、如实供述罪行的程度以及悔罪表现等情况，可以减少基准刑的40%以下；犯罪较轻的，可以减少基准刑的40%以上或者依法免除刑罚。恶意利用自首规避法律制裁等不足以从宽处理的除外③。但是具体案件中是否对犯罪分子从宽处罚，还应该考虑其犯罪事实、犯罪性质、犯罪情节、危害后果、社会影响、行为人的主观恶性和人

① 参见2002年《最高人民法院、最高人民检察院、海关总署办理走私刑事案件适用法律若干问题的意见》。

② 高铭暄、马克昌：《刑法学》(第9版)，北京大学出版社、高等教育出版社2019年版，第266页。

③ 参见2021年最高人民法院、最高人民检察院《关于常见犯罪的量刑指导意见(试行)》。

身危险性、投案的主动性、供述的及时性和稳定性等因素综合作出判断。如果犯罪人罪行极其严重，人身危险性大，对其自首也可以不从宽处罚。

对于犯罪嫌疑人被亲友采用捆绑等手段送到司法机关，或者在亲友带领侦查人员前来抓捕时无拒捕行为，并如实供认犯罪事实的，虽然不能认定为自动投案，但可以参照法律对自首的有关规定酌情从轻处罚[①]。

【案例17-3-05】 甲交通肇事后，其父协助公安机关抓获甲，甲并没有自动投案，因而不属于自首，但考虑到甲父协助公安机关抓获甲的行为，在对甲量刑时可以酌情从轻处罚。

二、坦　白

（一）坦白的概念和意义

根据《刑法》第67条第3款的规定，坦白是指犯罪分子在被动归案之后，被依法提起公诉之前，如实供述自己罪行的行为。

坦白从宽一直是我国的刑事政策，《刑法修正案（八）》将坦白作为我国的一项量刑制度纳入刑法当中，成为法定从宽处罚情节。一方面，坦白从宽制度的运用有助于鼓励犯罪嫌疑人尽早交代犯罪事实，协助侦破案件，节约司法资源，提高诉讼效率；另一方面，坦白从宽也有助于促进犯罪分子认罪悔罪，有助于实现刑罚预防犯罪的目的。

（二）坦白的成立条件

根据《刑法》第67条第3款的规定，成立坦白需要具备如下条件：

1.坦白的主体是犯罪嫌疑人

坦白的主要功能在于鼓励犯罪嫌疑人尽早交代罪行，协助侦破案件，节约司法成本，提高诉讼效率。案件如果已经进入诉讼阶段，表明案件事实已经查清，案件已经被侦破，此时坦白对于节约资源，提升司法效率已经意义不大。因此，将坦白主体限定为犯罪嫌疑人是恰当的。

2.坦白的时间是在犯罪嫌疑人被动归案后，被依法提起公诉之前

坦白的犯罪嫌疑人是被动归案，不是自动投案。这也是坦白与一般自首的重要区别。被动归案有三种情形：①因司法机关采取强制措施，如拘传、拘留、逮

① 参见2010年《最高人民法院关于处理自首和立功若干具体问题的意见》。

捕而归案。②被传唤归案。根据《刑事诉讼法》第119条的规定，对不需要逮捕、拘留的犯罪嫌疑人，可以传唤到犯罪嫌疑人所在市、县内的指定地点或者到他的住处进行讯问。③被群众扭送归案。根据《刑事诉讼法》第84条的规定，对于正在实行犯罪或者在犯罪后及时被发觉的、通缉在案的、越狱逃跑的、正在被追捕的人，任何公民都可以立即扭送公安机关、人民检察院或者人民法院处理。坦白的时间节点应限定在被依法提起公诉之前。因为如若案件被提起公诉，表明司法机关已经掌握了行为人的犯罪事实，此时坦白对节约司法资源，提升司法效率已经没有实际的意义。

3.犯罪嫌疑人如实供述自己的罪行

此处的如实供述与自首犯的如实供述在表现与要求方面是一致的。如果犯罪嫌疑人在被动归案后，拒不交代犯罪事实，或者是在司法机关出示的证据面前无法抵赖，才交代其犯罪事实的，均不能成立坦白。

（三）坦白者的刑事责任

根据《刑法》第67条第3款的规定，对坦白者可以从轻处罚；因其如实供述自己罪行，避免特别严重后果发生的，可以减轻处罚。考虑到坦白对司法资源和司法效率的价值，以及行为人的悔罪态度，对坦白者可以从宽处罚。对于坦白情节，综合考虑如实供述罪行的阶段、程度、罪行轻重以及悔罪表现等情况，确定从宽的幅度。如实供述自己罪行的，可以减少基准刑的20%以下；如实供述司法机关尚未掌握的同种较重罪行的，可以减少基准刑的10%—30%；因如实供述自己罪行，避免特别严重后果发生的，可以减少基准刑的30%—50%[①]。但是具体是否从宽，以及从宽的幅度要综合犯罪事实、社会影响、行为人主观恶性和人身危险性等因素加以确定。

（四）坦白与自首的区别

坦白和自首都是在犯罪后交代自己的犯罪事实，都属于法定从宽处罚情节。但二者有着明显的区别：①自首一般是犯罪分子自动投案；坦白的犯罪分子是被动归案。②自首犯交代的既可以是已被发觉的罪行，也可以是未被发觉的罪行。如果是犯罪嫌疑人、被告人或者正在服刑的罪犯的自首，则要求交代的必须是被指控的犯罪以外的罪行。而坦白犯所交代的只限于已被发觉、被指控的罪行。③自首的犯罪分子可以是犯罪嫌疑人、被告人和正在服刑的罪犯，坦白的主体只能

① 参见2021年最高人民法院、最高人民检察院《关于常见犯罪的量刑指导意见（试行）》。

是犯罪嫌疑人。④对于自首的犯罪分子，可以从轻或者减轻处罚，其中，犯罪较轻的，可以免除处罚。对于坦白的，可以从轻处罚，因其如实供述自己罪行，避免特别严重后果发生的，可以减轻处罚。

（五）自首、坦白和认罪认罚的区分

自首、坦白是刑法明文规定的从宽量刑情节，但是在《刑事诉讼法》中还存在一种与自首和坦白类似的从宽情形，即认罪认罚从宽。《刑事诉讼法》第15条规定：犯罪嫌疑人、被告人自愿如实供述自己的罪行，承认指控的犯罪事实，愿意接受处罚的，可以依法从宽处理。2019年最高人民法院、最高人民检察院、公安部、国家安全部、司法部联合下发了《关于适用认罚从宽制度的指导意见》，规定：认罪认罚从宽制度没有适用罪名和可能判处刑罚的限定，所有刑事案件都可以适用，不能因罪轻、罪重或者罪名特殊等原因而剥夺犯罪嫌疑人、被告人自愿认罪认罚获得从宽处理的机会。“认罪”，是指犯罪嫌疑人、被告人自愿如实供述自己的罪行，对指控的犯罪事实没有异议。“认罚”，是指犯罪嫌疑人、被告人真诚悔罪，愿意接受处罚。认罪认罚从宽既包括实体上从宽处罚，也包括程序上从简处理。认罪认罚从宽制度目前在刑事诉讼中被广泛适用。认罪认罚中包含了“如实供述”，因而它与自首、坦白容易发生竞合。从司法实践看，认罪认罚与自首和坦白都是量刑情节。刑法中尚未明确认罪认罚从宽的地位，对于认罪认罚与自首和坦白之间关系还有待研究的深化与立法的完善。

三、立　功

（一）立功的概念和意义

根据《刑法》第68条的规定，立功是指犯罪分子到案后至判决确定前，具有揭发他人犯罪行为并经查证属实，或者提供重要线索，从而使其他案件得以侦破等有利于国家和社会的行为。

立功表明犯罪分子将功补过，真诚悔罪的态度，人身危险性减弱；立功在客观上有利于发现和侦破更多的犯罪活动，节约司法资源，提高司法效率。鉴于立功的多重价值，刑法将立功作为一项法定从宽处罚情节。

（二）立功的种类和成立条件

根据《刑法》第68条的规定，立功分为一般立功和重大立功两种类型。此外《刑法》第78条还规定了作为减刑条件的立功。从这个角度说，立功还可以分为

作为刑罚裁量情节的立功和作为刑罚执行情节的立功。这里仅对作为量刑情节的立功成立条件进行说明。

1.一般立功的成立条件

根据《刑法》第68条的规定和有关司法解释，一般立功包括：犯罪分子到案后有检举、揭发他人犯罪行为，经查证属实；提供侦破其他案件的重要线索，经查证属实；阻止他人犯罪活动；协助司法机关抓捕其他犯罪嫌疑人；具有其他有利于国家和社会的突出表现。成立一般立功，需要具备如下条件：

（1）立功者必须是犯罪分子，包含犯罪嫌疑人和被告人。

（2）立功行为必须在犯罪分子到案后至判决确定之前。犯罪分子到案是指犯罪分子及其实施的犯罪行为已经被司法机关掌握且犯罪分子已经被司法机关控制。

（3）立功必须具有有利于国家或社会的突出表现，包括：①犯罪分子到案后有检举、揭发他人犯罪行为。共同犯罪案件中的犯罪分子揭发同案犯共同犯罪以外的其他犯罪，经查证属实。②提供侦破其他案件的重要线索，经查证属实。③阻止他人犯罪活动。④协助司法机关抓捕其他犯罪嫌疑人（包括同案犯）。协助抓捕包括：第一，按照司法机关的安排，以打电话、发信息等方式将其他犯罪嫌疑人（包括同案犯）约至指定地点；第二，按照司法机关的安排，当场指认、辨认其他犯罪嫌疑人（包括同案犯）；第三，带领侦查人员抓获其他犯罪嫌疑人（包括同案犯）；第四，提供司法机关尚未掌握的其他案件犯罪嫌疑人的联络方式、藏匿地址等。犯罪分子提供同案犯姓名、住址、体貌特征等基本情况，或者提供犯罪前、犯罪中掌握、使用的同案犯联络方式、藏匿地址，司法机关据此抓捕同案犯的，不能认定为协助司法机关抓捕同案犯。如丁被抓获后，向侦查机关提供同案犯的体貌特征，同案犯由此被抓获，丁不属于立功。⑤具有其他有利于国家和社会的突出表现的，应当认定为有立功表现。

【案例17-3-06】乙因购买境外人士赵某的海洛因被抓获后，按司法机关要求向赵某发短信“报平安”，并表示还要购买毒品。赵某因此未离境，等待乙时被抓获。此例中，乙协助司法机关抓捕其他犯罪嫌疑人，属于立功。

需要注意的是，立功必须是犯罪分子本人实施的行为，立功线索来源影响立功的成立与否。犯罪分子通过贿买、暴力、胁迫等非法手段，或者被羁押后与律师、亲友会见过程中违反监管规定，获取他人犯罪线索并“检举揭发”的，不能认定为有立功表现。犯罪分子将本人以往查办犯罪职务活动中掌握的，或者从负有查办犯罪、监管职责的国家工作人员处获取的他人犯罪线索予以检举揭发的，不能认定为有立功表现。犯罪分子亲友为使犯罪分子“立功”，向司法机关提供他人犯罪线索、协助抓捕犯罪嫌疑人的，不能认定为犯罪分子有立功表现[①]。

【案例17-3-07】丙被抓获后，通过律师转告其父想办法协助司法机关抓捕同案犯，丙父最终找到同案犯藏匿地点，协助侦查机关将其抓获。此例中，丙不成立立功。

2.重大立功的成立条件

根据《刑法》第68条的规定和有关司法解释，重大立功包括：犯罪分子有检举、揭发他人重大犯罪行为，经查证属实；提供侦破其他重大案件的重要线索，经查证属实；阻止他人重大犯罪活动；协助司法机关抓捕其他重大犯罪嫌疑人（包括同案犯）；对国家和社会有其他重大贡献等表现的。“重大犯罪”“重大案件”“重大犯罪嫌疑人”，一般是指犯罪嫌疑人、被告人可能被判处无期徒刑以上刑罚或者案件在本省、自治区、直辖市或者全国范围内有较大影响等情形。

为了规范职务犯罪的立功，有关司法解释规定，有下列情形之一的，不能认定为立功：①本人通过非法手段或者非法途径获取的；②本人因原担任的查禁犯罪等职务获取的；③他人违反监管规定向犯罪分子提供的；④负有查禁犯罪活动职责的国家机关工作人员或者其他国家工作人员利用职务便利提供的。

（三）立功者的刑事责任

根据《刑法》第68条第1款的规定，犯罪分子有一般立功表现的，可以从轻或者减轻处罚；犯罪分子有重大立功表现的，可以减轻或者免除处罚。对于立功情节，综合考虑立功的大小、次数、内容、来源、效果以及罪行的轻重等情况，确定从宽的幅度。一般立功，可以减少基准刑的20%以下；重大立功，可以减少基准刑的20%—50%；犯罪较轻的，减少基准刑的50%以上或者依法免除处罚[②]。据此可知，立功可以从宽，但立功未必一定从宽，具体应根据行为人的犯罪事实、性质、情节和对于社会的危害程度决定是否从宽。在对立功者确定从宽时，应综合考虑立功的大小、次数、内容、来源、效果以及罪行轻重等情况，确定从宽的幅度。

【案例17-3-08】2021年1月21日，天津市高级人民法院二审认为：赖某某受

① 参见2010年《最高人民法院关于处理自首和立功若干具体问题的意见》。

② 参见2021年最高人民法院、最高人民检察院《关于常见犯罪的量刑指导意见（试行）》。

贿财物折合人民币共计17.88亿余元，贪污人民币2513万余元，在婚姻关系存续期间，与他人以夫妻名义共同生活，其行为构成重婚罪。虽然赖某某提供下属人员重大犯罪线索并经查证属实，具有重大立功表现，但综合其所犯受贿罪的事实、性质、情节和对于社会的危害程度，不足以对其从宽处罚。

（四）自首与立功的区别

自首与立功都是法定从宽处罚情节，但二者有着较大的区别：①如实供述本人的罪行是自首的条件之一；检举、揭发他人的犯罪行为是立功的表现之一。②共同犯罪案件中的犯罪嫌疑人，除如实供述自己的罪行外，还应当供述所知的同案犯，主犯则应当供述所知其他同案犯的共同犯罪事实，才能认定为自首。共同犯罪中的立功要求犯罪分子揭发同案犯共同犯罪以外的其他犯罪。但协助司法机关抓捕同案犯则认定为立功。③在一人犯有一罪的场合，自首与立功可以集于一身，但在一人犯数罪的场合，自首与立功的效力可能及于不同的罪行。

【案例17-3-09】甲和乙共同入户抢劫并致人死亡后分头逃跑，后甲因犯强奸罪被抓获归案，在羁押期间，甲向公安人员供述了自己和乙共同所犯的抢劫罪行，并提供了乙因犯故意伤害罪被关押在另一城市的看守所的有关情况，使乙所犯的抢劫罪受到刑事追究。此案中甲属于已经被采取强制措施的犯罪嫌疑人，由于其交代了司法机关尚未掌握的本人抢劫犯罪，因而对其抢劫罪应认定为准自首。同时，甲揭发了乙的犯罪行为，提供了线索，使乙所犯的抢劫罪受到刑事追究，由于其所揭发的乙“入户抢劫并致人死亡”，属重大犯罪，所以对甲应认定为有重大立功表现。

第四节　数罪并罚

数罪并罚制度是刑罚裁量制度的重要内容，它解决的是同一主体犯有数罪时刑罚的裁量与适用问题。数罪并罚制度是贯彻刑法罪责刑相适应原则的具体体现。

一、数罪并罚的概念

数罪并罚是指人民法院对一人所犯数罪合并处罚的制度，其实质在于按照一定的原则，解决行为人所犯数罪的各个宣告刑与执行刑之间的关系。

数罪并罚制度的意义在于便于审判人员对犯罪人正确适用法律，对于犯罪人裁量适用恰当的刑罚，确保罪责刑相适应。数罪并罚制度的运用也有利于防止司法实践中在对数罪进行并罚时的混乱，保障犯罪人的合法权益。

二、数罪并罚的原则

数罪并罚的原则是指一人所犯数罪在分别定罪量刑后，合并处罚所依据的原则。数罪并罚原则是数罪并罚制度的核心，它不仅体现了一个国家刑事政策的性质和特征，也从根本上制约着数罪并罚具体制度的内容及其适用效果。综观世界各国，数罪并罚采取的原则主要有四种。

（一）并科原则

并科原则也称相加原则，是指将一人所犯数罪分别宣告的刑罚相加，合并执行的处罚原则。该原则要求对犯罪分子所犯所有罪行都实际地进行处罚，体现了有罪必罚的思想，强调刑罚的威慑功能。但按照该处罚原则处理数罪对犯罪人过于严厉，也存在不合理之处，可能会出现有期徒刑刑期超过自然人生命极限的情形，而且当数罪中有死刑或无期徒刑时，受刑罚种类性质的限制，与其他主刑并科不仅难以实现，也没有意义。如犯罪人先执行有期徒刑再执行死刑将会导致行刑资源的浪费。因此，单纯的并科原则很少被采用。

（二）吸收原则

吸收原则指对一人所犯数罪采用重罪之刑吸收轻罪之刑的合并处罚原则，即以最重宣告刑吸收其他较轻的宣告刑，仅以宣告的最重刑罚作为执行刑罚，其余较轻刑罚因被吸收不再执行的合并处罚原则。吸收原则对于数刑中有死刑或无期徒刑时较为适宜、便利，但当数刑为有期自由刑或财产刑时，如采用吸收原则有重罪轻罚的嫌疑，有违罪责刑相适应原则。吸收原则也会变相鼓励犯罪人犯重罪后再犯更多的罪，从而有碍刑罚预防犯罪目的的实现。另外，它也可能导致犯一罪和犯数罪处罚相同的不公正现象。因此，对数罪并罚单纯采用吸收原则的国家也很少。

（三）限制加重原则

限制加重原则是指以一人所犯数罪中法定应当判处或已经判处的最重刑罚为基础，再在一定限度之内对其予以加重作为执行刑罚的合并处罚原则。限制加重原则克服了并科原则失之过严和吸收原则失之于宽的弊端，既使得数罪并罚制度贯彻了有罪必罚和罪责刑相适应的原则，又采取了较为灵活、合乎情理的合并处罚方式。但是，对于死刑、无期徒刑限制加重原则无法采用，因而也存在一定缺陷。

（四）折中原则

折中原则也称为混合原则，即根据不同情况以某一并罚原则为主，兼采其他原则。该原则不仅能避免单纯采用某种原则的缺陷，也能使各原则相互补充，适用于不同情况，使数罪并罚制度更具合理性和适应性。目前大多数国家都采用折中原则，我国采用的也是折中原则。

三、我国的数罪并罚制度

根据我国《刑法》第69至第71条的规定，数罪并罚的适用区分了如下三种情况：

（一）判决宣告以前一人犯数罪的并罚

我国《刑法》第69条规定："判决宣告以前一人犯数罪的，除判处死刑和无期徒刑的以外，应当在总和刑期以下、数刑中最高刑期以上，酌情决定执行的刑期，但是管制最高不能超过三年，拘役最高不能超过一年，有期徒刑总和刑期不满三十五年的，最高不能超过二十年，总和刑期在三十五年以上的，最高不能超过二十五年。""数罪中有判处有期徒刑和拘役的，执行有期徒刑。数罪中有判处有期徒刑和管制，或者拘役和管制的，有期徒刑、拘役执行完毕后，管制仍须执行。"数罪中有判处附加刑的，附加刑仍须执行，其中附加刑种类相同的，合并执行，种类不同的，分别执行。根据该条的规定，对判决宣告前一人犯数罪的，应先对数个犯罪分别确定刑罚，即宣告刑，然后对各罪的宣告刑按照相应的数罪并罚原则，决定对犯罪分子实际执行的刑罚。"判决宣告以前"是指判决已经宣告并发生法律效力以前。"一人犯数罪"中的"数罪"一般指异种数罪。

从该条的规定看，我国数罪并罚采用的是以限制加重原则为主，以吸收原则和并科原则为补充的折中原则。

1.吸收原则

判决宣告的数个刑罚中，最高刑为死刑或者无期徒刑时，采用吸收原则，只执行死刑或者无期徒刑，其他主刑不再执行。数罪中有判处有期徒刑和拘役的，只执行有期徒刑，拘役不再执行。

2.限制加重原则

判决宣告的主刑为数个有期徒刑、数个拘役或者数个管制时，采取限制加重原则，即对数罪分别判刑后，在其中最重的一个刑罚之上，在总和刑期以下，选择确定执行的刑罚，并规定刑期的最高限度。有期徒刑总和刑期不满35年的，最高不能超过20年，总和刑期在35年以上的，最高不能超过25年。拘役最高不能超过1年，管制最高不能超过3年。

3.并科原则

数罪中有判处有期徒刑和管制，或者拘役和管制的，在有期徒刑、拘役执行完毕后，执行管制。这是主刑之间的并科。数刑中有主刑和附加刑的，同样采取并科原则，附加刑不能被主刑吸收，仍须执行。根据《刑法》第69条第3款的规定，附加刑种类相同的，合并执行，种类不同的，分别执行。

（二）判决宣告后，刑罚执行完毕前，发现犯罪分子漏罪的并罚

《刑法》第70条规定："判决宣告以后，刑罚执行完毕以前，发现被判刑的犯罪分子在判决宣告以前还有其他罪没有判决的，应当对新发现的罪作出判决，把前后两个判决所判处的刑罚，依照本法第六十九条的规定，决定执行的刑罚。已经执行的刑期，应当计算在新判决决定的刑期以内。"

"判决宣告后"是指发生法律效力的判决宣告后。"新发现的罪"是指在原判决生效之前实施的未经判决，应当依法追诉并与原判决之罪进行数罪并罚的罪，理论上称为"漏罪"。"已经执行的刑期，应当计算在新判决决定的刑期以内"，是指在计算刑期时（除决定执行死刑、无期徒刑外），应当在两个判决合并决定执行的刑期中减去已经执行的刑期，作为应当执行的刑期。因此，该种计算刑期的方法，也称为"先并后减"。

【案例17-4-01】王某因贪污罪被判处有期徒刑7年，判决交付执行2个月后，又发现王某在判决以前还强奸过一名妇女，人民法院以强奸罪判处王某有期徒刑6年。此时应将强奸罪所判处的6年有期徒刑与贪污罪所判决宣告的有期徒刑7年实行并罚，其总和刑是13年，数刑中最高刑是7年，假如决定执行有期徒刑10年，但由于王某已经执行了2个月的有期徒刑，所以应当在其中减去已执行的2个月，所以王某实际还要执行9年10个月的刑期。

（三）判决宣告后，刑罚执行完毕前，犯罪分子又犯新罪的并罚

《刑法》第71条规定："判决宣告以后，刑罚执行完毕以前，被判刑的犯罪分子又犯罪的，应当对新犯的罪作出判决，把前罪没有执行的刑罚和后罪所判处的刑罚，依照本法第六十九条的规定，决定执行的刑罚。""判决宣告后"是指判决已经宣告并发生法律效力之后。其刑期计算（除决定执行死刑、无期徒刑外），应当从前罪应执行的刑罚中，减去已经执行的刑期，然后将前罪未执行的刑罚与后罪判处的刑罚按照《刑法》第69条规定的数罪并罚原则决定执行的刑罚。这种方法理论上称为"先减后并"。

【案例17-4-02】张某因犯抢劫罪被法院判处有期徒刑10年，刑期自2016年3月21日起开始计算。2019年3月22日，张某在劳改中趁机脱逃，脱逃后张某又继续抢劫作案，同年4月21日张某被捕押回监狱。人民法院对张某以脱逃罪判处有期徒刑3年，以抢劫罪判处有期徒刑9年，并与原判刑罚尚未执行的部分即7年有期徒刑实行并罚，按照《刑法》第69条规定的限制加重原则决定执行有期徒刑18年。

"先减后并"的刑期计算方法较之"先并后减"的刑期计算方法，在一定条件下，可能给予犯罪分子更重的惩罚。

第五节　缓　刑

缓刑为世界各国广泛采用。各国刑法规定的缓刑主要有暂缓起诉、刑罚暂缓宣告和刑罚暂缓执行三种。在我国，缓刑指的是刑罚的暂缓执行。

一、缓刑的概念和意义

我国的缓刑是指对原判刑罚附条件不执行的一种刑罚制度。缓刑不是刑种，而是刑罚具体运用的一种制度，是刑罚裁量制度的基本内容之一。缓刑依附于监禁刑，是附条件地不执行监禁刑，但在一定时间内保留执行监禁刑的可能性。

设立缓刑制度的意义在于：①缓刑有助于避免短期自由刑带来的社会隔离、社会适应困难和罪犯交叉感染的弊端。②缓刑有助于更好地发挥刑罚的功能，实现刑罚的目的。缓刑是判处刑罚并保持执行刑罚的可能性，缓刑犯须接受社区矫正，感受刑罚的威慑力，这些能促使犯罪分子增强自律，悔过自新，改恶从善，

防止自己再次犯罪。③缓刑还可以减少国家行刑成本，从而将有限的资源投入到惩治和矫正罪行严重的罪犯方面。

根据刑法相关规定，缓刑包括一般缓刑和战时缓刑两种情形。二者的成立条件存在很大不同。

二、一般缓刑

（一）一般缓刑的适用条件

《刑法》第72至第77条规定的是一般缓刑制度。一般缓刑是指人民法院对于被判处拘役、3年以下有期徒刑的犯罪分子，在其具备犯罪情节较轻、有悔改表现、没有再犯危险、宣告缓刑对所居住的社区没有重大不良影响的条件时，暂缓其刑罚执行，在规定的考验期内若没有出现再犯新罪、发现漏罪或违反有关规定等法定事由，原判刑罚就不再执行的制度。可见适用一般缓刑必须同时具备以下条件。

（1）犯罪分子被判处拘役或者3年以下有期徒刑的刑罚。拘役或者3年以下有期徒刑指的是人民法院判决犯罪分子的宣告刑。这说明被适用缓刑的犯罪分子犯的罪行较轻。对于判决宣告以前犯数罪的犯罪分子，数罪并罚，只要最终判决确定的刑罚为拘役、3年以下有期徒刑，也符合该条件。

【案例17-5-01】乙因倒卖文物罪被判处有期徒刑1年，罚金人民币5000元；因假冒专利罪被判处有期徒刑2年，罚金人民币5000元。对乙数罪并罚，决定执行有期徒刑2年6个月，罚金人民币1万元。此时，乙如果符合缓刑的其他条件，可以适用缓刑。

因犯罪被判处管制的犯罪分子，一般不适用缓刑。因为管制为限制犯罪分子一定的人身自由，没有缓刑的必要。

（2）同时符合犯罪情节较轻、有悔改表现、没有再犯危险、宣告缓刑对所居住的社区没有重大不良影响。这是缓刑的实质性条件。“犯罪情节较轻”是指犯罪手段平和、犯罪造成的后果相对较轻、犯罪分子的主观恶性和人身危险性很小。犯罪情节较轻是对上述因素的综合评价。“有悔罪表现”是指行为人对自己的罪行真诚悔悟，向被害人赔礼道歉，赔偿损失，获取被害人谅解等。“没有再犯罪的危险”是指综合其犯罪情节和悔罪表现以及犯罪分子的品性等情况，认为其人身危险性很小甚至没有人身危险性，可以预测其今后不会再次实行犯罪。对有再犯罪危险的犯罪分子不能适用缓刑。“对所居住的社区没有重大不良影响”是指对犯罪人适用缓刑不会对其所居住社区的安全、秩序和稳定等带来重大不良影响。之所以要考虑上述因素，是因为对缓刑犯不予关押，放在社会上进行监督考察，为了避免社会再次遭受犯罪分子的侵害，必须综合考虑上述因素准确判断其是否有再次犯罪的危险。

（3）犯罪分子不是累犯和犯罪集团的首要分子。累犯已经接受过教育改造，却屡教不改，表明其再次犯罪的概率高。犯罪集团的首要分子通常主观恶性较深，人身危险性较大，再次犯罪的危险高。因而这两类人即使被判处拘役或者3年以下有期徒刑，也不能适用缓刑。

【案例17-5-02】王某因犯盗窃罪被判处有期徒刑，执行完毕后第4年，犯故意伤害罪被人民法院判处2年零9个月有期徒刑。王某属于累犯，不能适用缓刑。

（二）缓刑的宣告

缓刑是在判处犯罪人拘役或者3年以下有期徒刑刑罚的同时予以宣告。缓刑宣告涉及如下几方面内容：

（1）是否适用缓刑的选择。根据《刑法》第72条第1款前半段的规定，对于被判处拘役、3年以下有期徒刑的犯罪分子，同时符合犯罪情节较轻、有悔罪表现、没有再犯罪的危险、宣告缓刑对所居住社区没有重大不良影响的，可以宣告缓刑。

【案例17-5-03】被告人谢某平的妻子陶某（已判决）于2015年结识了王某1（已判决）后，陶某委托王某1帮助自己办理由他人顶替自己的儿子参加2016年高考的相关事项，并和谢某平一起带着顶替自己儿子参加考试的孙某及另一男青年，先后三次找到王某1、侯某华（已判决）、陈某等人，办理了信息录入、信息修改、临时身份证等考试手续。2016年6月7日、8日，顶替被告人谢某平儿子考试的替考人员孙某（已判决）被查获。本案中被告人谢某平犯罪情节较轻，犯罪后有自首、认罪、悔罪表现，对其宣告缓刑不致再危害社会。最终，法院判决被告人谢某平犯组织考试作弊罪，判处有期徒刑6个月，缓刑1年，并处罚金人民币2000元。

对于符合上述条件的犯罪人可以宣告缓刑，但是根据《刑法》第72条第1款后半段的规定，对于不满18周岁的人、怀孕的妇女和已满75周岁的人，只要符合适用缓刑的条件，应当宣告缓刑。意即，对符合缓刑条件的上述群体必须适用缓刑。另外，根据《刑法》第72条第3款的规定，被宣告缓刑的犯罪分子，如果被判处附加刑，附加刑仍须执行。可见，缓刑针对的是主刑。附加刑不能适用缓刑。

（2）对决定缓刑的犯罪分子确定缓刑考验期。缓刑考验期是对被宣告缓刑的犯罪分子进行考察的一定期间。根据《刑法》第73条的规定，拘役的缓刑考验期限为原判刑期以上1年以下，但是不能少于2个月。有期徒刑的缓刑考验期限为原判刑期以上5年以下，但是不能少于1年。缓刑考验期限从判决确定之日起计算，即从判决发生法律效力之日计算。规定缓刑考验期的目的在于考察被缓刑人是否接受改造，悔过自新。

（3）根据犯罪情况向缓刑犯发布禁止令。根据《刑法》第72条第2款的规定，宣告缓刑，可以根据犯罪情况，同时禁止犯罪分子在缓刑考验期限内从事特定活动，进入特定区域、场所，接触特定的人。“犯罪情况”是指犯罪原因、犯罪手段、犯罪后的表现、个人一贯表现等。根据这些情况决定对犯罪分子是否发布禁止令以及确定禁止令的内容。“特定区域、场所”“特定的人”的范围，根据最高人民法院等单位联合发布的《关于对判处管制、宣告缓刑的犯罪分子适用禁止令有关问题的规定（试行）》加以确定。

【案例17-5-04】被告人董某某、宋某某（时年17周岁）迷恋网络游戏，平时经常结伴到网吧上网，时常彻夜不归。2010年7月27日11时许，因在网吧上网的网费用完，二被告人即伙同王某（作案时未达到刑事责任年龄）到某社区健身器材处，持刀对被害人张某某和王某某实施抢劫，抢走张某某5元现金及手机一部。后将所抢的手机卖掉，所得赃款用于上网。河南省平顶山市新华区人民法院作出判决，认定被告人董某某、宋某某犯抢劫罪，分别判处有期徒刑2年6个月，缓刑3年，并处罚金人民币1000元。同时禁止董某某和宋某某在36个月内进入网吧、游戏机房等场所。

（三）缓刑的执行

《刑法》第76条规定：“对宣告缓刑的犯罪分子，在缓刑考验期限内，依法实行社区矫正，如果没有本法第七十七条规定的情形，缓刑考验期满，原判的刑罚就不再执行，并公开予以宣告。”据此可知，对犯罪分子的缓刑由司法行政机关的社区矫正机构负责。社区矫正机构在缓刑考验期内对缓刑的犯罪分子进行监督考察。主要包括如下内容：①遵守法律、行政法规，服从监督。②按照考察机关的规定报告自己的活动情况。③遵守考察机关关于会客的规定。④离开所居住的市、县或者迁居，应当报经考察机关批准。除此之外，被宣告缓刑的犯罪分子还应遵守社区矫正机构依法作出的有关规定。如果人民法院对被宣告缓刑的犯罪分子发布了禁止令，其也应遵守禁止令。

（四）缓刑的法律后果

根据《刑法》第76、77条的规定，一般缓刑的法律后果有以下两种：①被宣告缓刑的犯罪分子，如果没有《刑法》第77条规定的情形，缓刑考验期满，原判的刑罚就不再执行，并公开予以宣告。②出现《刑法》第77条规定的情形，撤销缓刑。

具体而言，撤销缓刑的事由包括以下两个方面：第一，被宣告缓刑的犯罪分子，在缓刑考验期限内犯新罪或者发现判决宣告以前还有其他罪没有判决的，应当撤销缓刑，对新犯的罪或者新发现的罪作出判决，把前罪和后罪所判处的刑罚，依照《刑法》第69条的规定，数罪并罚，决定执行的刑罚。在缓刑考验期内犯新罪表明“没有再犯罪危险”的条件已经不存在，自然应该撤销缓刑。

【案例17-5-05】2015年8月21日，甲因犯诈骗罪被判处有期徒刑3年，缓刑5年。2020年6月20日，甲又犯盗窃罪。此例中，甲的缓刑考验期应从2015年8月21日到2020年8月20日，甲在考验期内又犯新罪，对甲应当撤销缓刑，按照《刑法》第69条规定的数罪并罚原则确定执行的刑罚。

需要注意的是，撤销缓刑后，将原罪与新罪或漏罪数罪并罚时，已经经过的缓刑考验期不能被减去，但是此时应将因前罪被先行羁押的时间和因犯新罪被羁押的时间一并从最后宣告的刑罚中予以折抵扣除。

第二，被宣告缓刑的犯罪分子，在缓刑考验期限内，违反法律、行政法规或者国务院有关部门关于缓刑的监督管理规定，或者违反人民法院判决中的禁止令，情节严重的，应当撤销缓刑，执行原判刑罚。根据有关司法文件，缓刑犯在缓刑考验期内，有下列情形之一的，由执行机关地同级社区矫正机构提出撤销缓刑建议：违反禁止令，情节严重的；无正当理由不按照规定时间报道或者接受社区矫正期间脱离监管，超过1个月的；因违反监督管理规定受到治安管理处罚，仍不改正的；受到社区矫正机构2次警告，仍不改正的；其他违反有关法律、行政法规和监督管理规定，情节严重的情形[①]。违反人民法院判决中的禁止令，“情节严重”的情形包括：3次以上违反禁止令的；因违反禁止令被治安管理处罚后，再次违反禁止令的；违反禁止令，发生较为严重危害后果的；其他情节严重的情形[②]。

【案例17-5-06】丙因无钱在网吧玩游戏而抢劫，被判处有期徒刑1年，缓刑1年，并处罚金人民币2000元，同时禁止丙在12个月内进入网吧。若在考验期限内，丙仍经常进入网吧，情节严重，则应对丙撤销缓刑，执行原判刑罚。但此时对其在宣告缓刑前羁押的时间应当折抵刑期。

缓刑是我国的一项刑罚裁量制度，它有着自身的特点，它与暂予监外执行、与死缓都有明显区别。

（1）缓刑不同于暂予监外执行。根据我国《刑事诉讼法》第265条的规定，对被判处有期徒刑或者拘役的罪犯，有下列情形之一的，可以暂予监外执行：有严重疾病需要保外就医的；怀孕或者正在哺乳自己婴儿的妇女；生活不能自理，适用暂予监外执行不致危害社会的。此外，对被判处无期徒刑的罪犯，怀孕或者正在哺乳自己婴儿的妇女，可以暂予监外执行。缓刑与暂予监外执行的区别体现在如下几方面：第一，性质不同。缓刑是附条件不执行原判刑罚的制度；暂予监外执行并非不执行原判刑罚，而是刑罚执行过程中的具体执行场所的变更。第二，适用对象不同。缓刑只适用于被判处拘役、3年以下有期徒刑的犯罪分子；暂予监外执行可以适用于被判处拘役、有期徒刑的犯罪分子，也可以适用于被判处无期徒刑的犯罪分子。第三，适用条件不同。缓刑适用的条件为犯罪情节较轻、有悔罪表现、没有再犯罪危险、对所居住社区没有重大不良影响；监外执行的适用条件为罪犯有严重疾病需要保外就医，以及怀孕或者正在哺乳自己婴儿等不宜收监执行的特殊情形。第四，适用方法不同。缓刑应在判处刑罚的同时予以宣告，依法确定缓刑考验期；监外执行是在判决确定以后适用的一种变通执行刑罚的方法。第五，适用依据不同。缓刑的适用依据是刑法，监外执行的适用依据是刑事诉讼法。

（2）缓刑不同于死缓。第一，适用前提不同。缓刑的适用以犯罪分子被判处拘役、3年以下有期徒刑为前提；死缓的适用以犯罪分子被判处死刑为前提。第

① 参见2020年最高人民法院、最高人民检察院、公安部、司法部《中华人民共和国社区矫正法实施办法》。

② 参见2011年最高人民法院、最高人民检察院、公安部、司法部《关于对判处管制、宣告缓刑的犯罪分子适用禁止令有关问题的规定（试行）》。

二，适用对象不同。缓刑适用的是犯罪情节较轻、有悔罪表现、没有再犯罪危险、宣告缓刑对所居住社区没有重大不良影响的犯罪分子；死缓适用的是罪行极其严重，应该判处死刑，但不必立即执行的犯罪分子。第三，执行方法不同。对于被宣告缓刑的犯罪分子不予关押，实行社区矫正；对于死缓犯必须予以关押，并实行劳动改造。第四，考验期不同。缓刑考验期必须依据刑种和刑期确定；死缓考验期由刑法确定，一律为2年。第五，法律后果不同。缓刑的法律后果依犯罪分子在考验期内是否发生法定情形而决定原判刑罚不再执行，或者撤销缓刑数罪并罚，或者撤销缓刑收监执行原判刑罚。死缓的法律后果为：在死缓考验期内故意犯罪，情节恶劣的，报请最高人民法院核准死刑立即执行；如果故意犯罪但不属于情节恶劣，死缓的期间重新计算；如果没有故意犯罪，则根据情况对罪犯予以减刑。

三、战时缓刑

《刑法》第449条规定："在战时，对被判处三年以下有期徒刑没有现实危险宣告缓刑的犯罪军人，允许其戴罪立功，确有立功表现时，可以撤销原判刑罚，不以犯罪论处。"

（一）战时缓刑的条件

战时缓刑需符合如下条件：①适用的时间是"战时"。《刑法》第451条规定，"战时"是指国家宣布进入战争状态、部队受领作战任务或者遭敌突然袭击时。部队执行戒严任务或者处置突发性暴力事件时，以战时论。非"战时"不成立此种缓刑。②适用对象只能是被判处3年以下有期徒刑的犯罪军人。③适用根据是在战时宣告缓刑没有现实危险。现实危险应根据犯罪军人所犯罪行的性质、情节、危害程度，以及其悔罪表现和一贯表现综合作出判断。

（二）战时缓刑与一般缓刑的区别

战时缓刑与一般缓刑在很多方面都存在不同：①适用对象不同。一般缓刑适用于除累犯和犯罪集团首要分子以外的被判处拘役、3年以下有期徒刑的犯罪分子；战时缓刑只适用于除累犯和犯罪集团首要分子以外的被判处3年以下有期徒刑的犯罪军人。②适用时间不同。一般缓刑的适用无时间方面的限制；战时缓刑只能在"战时"适用。③适用的关键条件不同。一般缓刑适用的关键条件是"犯罪情节较轻、有悔罪表现、没有再犯罪的危险、宣告缓刑对所居住的社区没有重大不良影响"；适用战时缓刑的关键条件是在战时状态下适用缓刑"没有现实危险”。④适用方法不同。一般缓刑的适用必须在宣告缓刑的同时依法确定缓刑考验期，考验期内的考察内容为犯罪分子是否具有《刑法》第77条规定的情形；战时缓刑的适用，没有考验期，缓刑的考验内容为犯罪军人是否具有戴罪立功表现。⑤法律后果不同。一般缓刑，在缓刑考验期内，被宣告缓刑的犯罪分子没有《刑法》第77条规定的情形，缓刑考验期满，原判刑罚不再执行，但犯罪仍然成立；但是战时缓刑，犯罪军人确有立功表现的原判刑罚可以撤销，不以犯罪论处。

思考题

1.减轻处罚如何适用？

2.一般累犯的成立条件有哪些？

3.自首、坦白、立功有何联系与区别？

4.缓刑的意义何在？

阅读书目

1.石经海：《量刑研究》（第6辑），社会科学文献出版社2021年版。

2.赵兴洪：《缓刑适用实质要件研究》，人民出版社2019年版。

3.陈志军：《刑法中的立功制度研究》，中国政法大学出版社2018年版。

4.劳佳琦：《累犯制度：事实与规范之间》，中国人民公安大学出版社2018年版。

第十八章　刑罚的执行制度

刑罚的执行是指司法机关将已经生效的判决所宣告的刑罚付诸实施。刑罚执行对于发挥刑罚功能，实现刑罚目的具有重要意义。在大多数情况下，刑罚的执行都会按照原判决的内容进行，但是在某些时候，由于出现了法定的事由，可能需要对原判刑罚作出变更与调整，减刑与假释就是在刑罚执行过程中经常出现的情形。

第一节　减　刑

减刑制度是惩罚与宽大原则在刑罚执行中的具体运用。减刑制度对于鼓励犯罪分子加速改造，实现刑罚目的具有积极的作用。

一、减刑的概念和意义

减刑，是指对被判处管制、拘役、有期徒刑或者无期徒刑的犯罪分子，因其在刑罚执行期间认真遵守监规，接受教育改造，确有悔改表现，而适当减轻其原判刑罚的制度。

减刑的意义主要表现在：①可以避免刑罚过剩。减刑作为行刑调控手段，在行刑过程中可以发挥其灵活多变的作用，根据罪犯在服刑过程中的改造表现变更调整其实际受刑量，从而有效避免刑罚的过剩。②维护监管秩序的稳定。通过设置减刑制度，会使服刑人员认识到可以通过自己的努力改造获得减刑的机会，争取提前出狱，早日回归社会，这会促使服刑人员服从监管，安心改造，增强监管秩序的稳定性。③减刑促使罪犯改过自新。建立将罪犯改造表现与减刑之间的对应关系，推动罪犯积极改造的主观能动性，鞭策他们自律，激励其努力改造，悔过自新。④减刑可以节约行刑资源。减刑缩短了罪犯的刑期，从经济性的原则角度看，节约了国家的行刑资源。

二、减刑的条件

我国《刑法》第78条至第80条对减刑制度作出了规定。最高人民法院颁布的《关于办理减刑、假释案件具体应用法律的规定》对减刑条件等问题作了更为详尽的规定。对犯罪分子适用减刑，可以分为可以减刑和应当减刑两种情形。二者对象条件相同，实质条件有区别。

（一）对象条件

根据我国《刑法》第78条第1款的规定，减刑适用于被判处管制、拘役、有期徒刑和无期徒刑的罪犯。

可见，我国减刑针对的是被判处剥夺自由和限制自由的犯罪分子，对被判处的刑罚和刑期没有任何限制。作出此规定的原因在于，对于被剥夺和限制人身自由的犯罪分子而言，人身自由尤为珍贵，减刑制度能给这些犯罪分子带去希望，促使他们认真遵守监规，积极接受教育改造，早日消除其主观恶性和人身危险性，从而获得减刑的机会。这在客观上会发挥刑罚特殊预防功能，因而对减刑适用对象不作刑种和刑期的限制是合理的。

需要注意的是，死刑缓期执行，2年期满后减为无期徒刑或者有期徒刑的属于死缓制度中法定的变更，与此处的减刑依据不同，不属于减刑制度。但是死缓减为无期徒刑或者有期徒刑后再减刑的，适用此处的减刑制度。

（二）实质条件

减刑的实质条件因减刑的种类不同而有所区别。

1. 可以减刑的实质条件

根据《刑法》第78条第1款以及有关司法解释的规定[①]，罪犯在执行刑罚期间，具备“确有悔改表现”或者“立功表现”之一的，可以减刑。对于罪犯符合《刑法》第78条第1款规定“可以减刑”条件的案件，应当综合考察罪犯犯罪的性质和具体情节、社会危害程度、原判刑罚及生效裁判中财产性判项[②]的履行情况、交付执行后的一贯表现等因素决定是否给予减刑。

“确有悔改表现”是指同时具备以下四个方面情形：认罪悔罪；遵守法律法规及监规，接受教育改造；积极参加思想、文化、职业技术教育；积极参加劳动，

① 参见2017年《最高人民法院关于办理减刑、假释案件具体应用法律的规定》。

② “财产性判项”是指判决罪犯承担的附带民事赔偿义务判项，以及追缴、责令退赔、罚金、没收财产等判项。

努力完成劳动任务。但是对职务犯罪、破坏金融管理秩序和金融诈骗犯罪、组织（领导、参加、包庇、纵容）黑社会性质组织犯罪等罪犯，悔改表现还应当考虑其是否通过主动退赃、积极协助追缴境外赃款赃物、主动赔偿损失等方式，积极消除犯罪行为所产生的社会影响。对服刑期间利用个人影响力和社会关系等不正当手段企图获得减刑、假释机会的，不认定其"确有悔改表现"。然而，罪犯在刑罚执行期间的申诉权利应当依法保护，对其正当申诉不能不加分析地认为是不认罪悔罪[①]。

"立功表现"是指以下情形：阻止他人实施犯罪活动的；检举、揭发监狱内外犯罪活动，或者提供重要的破案线索，经查证属实的；协助司法机关抓捕其他犯罪嫌疑人的；在生产、科研中进行技术革新，成绩突出的；在抗御自然灾害或者排除重大事故中，表现积极的；对国家和社会有其他较大贡献的[②]。

2.应当减刑的实质条件

根据《刑法》第78条第1款的规定，罪犯在刑罚执行期间有重大立功表现的，应当减刑。"重大立功"是指：阻止他人实施重大犯罪活动的；检举监狱内外重大犯罪活动，经查证属实的；协助司法机关抓捕其他重大犯罪嫌疑人的；有发明创造或者重大技术革新的；在日常生产、生活中舍己救人的；在抗御自然灾害或者排除重大事故中，有突出表现的；对国家和社会有其他重大贡献的[③]。

（三）减刑的限度

减刑的限度，是指犯罪分子经过减刑以后，应当实际执行的最低刑期。根据《刑法》第78条第2款的规定，减刑的限度为：减刑以后实际执行的刑期，被判处管制、拘役、有期徒刑的，不能少于原判刑期的1/2；判处无期徒刑的，不能少于13年；被判处死刑缓期执行的罪犯经过一次或者几次减刑后，其实际执行的刑期不得少于15年，死刑缓期执行期间不包括在内。人民法院依照《刑法》第50条第2款规定限制减刑的死刑缓期执行的犯罪分子，缓期执行期满后依法减为无期徒刑的，减刑后实际执行的刑期不能少于25年，缓期执行期满后依法减为25年有期徒刑的，减刑后实际执行的刑期不能少于20年。

三、减刑的时间和幅度

减刑的时间包括减刑的起始时间和间隔时间。减刑的起始时间是指犯罪分子

① 参见2017年《最高人民法院关于办理减刑、假释案件具体应用法律的规定》。
② 参见2017年《最高人民法院关于办理减刑、假释案件具体应用法律的规定》。
③ 参见2017年《最高人民法院关于办理减刑、假释案件具体应用法律的规定》。

可以被初次适用减刑的最低服刑刑期。减刑的间隔是指犯罪分子前后两次适用减刑之间的间隔时间。减刑幅度是指犯罪分子每一次被适用减刑可以减轻的刑期。刑法对减刑时间和减刑幅度都没有作出规定，为了贯彻刑法中的减刑制度，有关司法解释①对于减刑时间和减刑幅度作出了具体的规定。

1.有期徒刑罪犯的减刑

（1）减刑的时间和幅度。被判处有期徒刑的罪犯减刑起始时间为：不满5年有期徒刑的，应当执行1年以上方可减刑；5年以上不满10年有期徒刑的，应当执行1年6个月以上方可减刑；10年以上有期徒刑的，应当执行2年以上方可减刑。

确有悔改表现或者有立功表现的，一次减刑不超过9个月有期徒刑；确有悔改表现并有立功表现的，一次减刑不超过1年有期徒刑；有重大立功表现的，一次减刑不超过1年6个月有期徒刑；确有悔改表现并有重大立功表现的，一次减刑不超过2年有期徒刑。被判处不满10年有期徒刑的罪犯，两次减刑间隔时间不得少于1年；被判处10年以上有期徒刑的罪犯，两次减刑间隔时间不得少于1年6个月。减刑间隔时间不得低于上次减刑减去的刑期。罪犯有重大立功表现的，可以不受上述减刑起始时间和间隔时间的限制。

（2）应当从严掌握减刑标准的情形。对符合减刑条件的职务犯罪罪犯，破坏金融管理秩序和金融诈骗犯罪罪犯，组织、领导、参加、包庇、纵容黑社会性质组织犯罪罪犯，危害国家安全犯罪罪犯，恐怖活动犯罪罪犯，毒品犯罪集团的首要分子及毒品再犯，累犯，确有履行能力而不履行或者不全部履行生效裁判中财产性判项的罪犯，被判处10年以下有期徒刑的，执行2年以上方可减刑，减刑幅度应当从严掌握，一次减刑不超过1年有期徒刑，两次减刑之间应当间隔1年以上。

对被判处10年以上有期徒刑的上述罪犯，以及因故意杀人、强奸、抢劫、绑架、放火、爆炸、投放危险物质或者有组织的暴力性犯罪被判处10年以上有期徒刑的罪犯，数罪并罚且其中两罪以上被判处10年以上有期徒刑的罪犯，执行2年以上方可减刑，减刑幅度应当从严掌握，一次减刑不超过1年有期徒刑，两次减刑之间应当间隔1年6个月以上。罪犯有重大立功表现的，可以不受上述减刑起始时间和间隔时间的限制。

2.无期徒刑的减刑

（1）减刑的时间和幅度。被判处无期徒刑的罪犯在刑罚执行期间，符合减刑

① 参见2017年《最高人民法院关于办理减刑、假释案件具体应用法律的规定》。

条件的，执行2年以上，可以减刑。减刑幅度为：确有悔改表现或者有立功表现的，可以减为22年有期徒刑；确有悔改表现并有立功表现的，可以减为21年以上22年以下有期徒刑；有重大立功表现的，可以减为20年以上21年以下有期徒刑；确有悔改表现并有重大立功表现的，可以减为19年以上20年以下有期徒刑。无期徒刑罪犯减为有期徒刑后再减刑时，减刑幅度依照有期徒刑减刑的规定执行。两次减刑间隔时间不得少于2年。罪犯有重大立功表现的，可以不受上述减刑起始时间和间隔时间的限制。

【案例18-1-01】2017年10月30日，贵州省贵阳市中级人民法院判决认定，罗某胜犯故意伤害罪，判处无期徒刑，剥夺政治权利终身。罗某胜于2018年1月10日被送至贵州省王武监狱服刑。执行机关认为，罪犯罗某胜在服刑改造期间确有悔改表现，具体事实如下：一、认罪悔罪、遵守法律法规及监规方面：该犯自投入改造以来，在各级干警正确引导下，通过学习法律法规，认识到自己所犯罪行为的严重危害性，从而深挖犯罪根源，表示要痛改前非，积极追求改造，能自觉遵守《监狱服刑人员行为规范》。二、教育改造方面：该犯能积极参加“三课”学习，按时到课，遵守课堂纪律，按时完成作业，各科考核成绩合格。三、劳动改造方面：该犯在劳动中能服从安排，在规定的劳动时间内完成生产任务，积极肯干，劳动态度端正。四、履行财产性判项方面：其家属已代为履行民事赔偿5万元，全案执行完毕。五、考核奖励情况：2018年4月至2020年3月，获4个表扬。贵州省高级人民法院认为，罪犯罗某胜在服刑期间，认真遵守监规，确有悔改表现，符合减刑条件，依法可以减刑。裁定将罪犯罗某胜的刑罚，减为有期徒刑22年，剥夺政治权利10年。

（2）应当从严把握减刑标准的情形。对被判处无期徒刑的职务犯罪罪犯，破坏金融管理秩序和金融诈骗犯罪罪犯，组织、领导、参加、包庇、纵容黑社会性质组织犯罪罪犯，危害国家安全犯罪罪犯，恐怖活动犯罪罪犯，毒品犯罪集团的首要分子及毒品再犯，累犯以及因故意杀人、强奸、抢劫、绑架、放火、爆炸、投放危险物质或者有组织的暴力性犯罪的罪犯，确有履行能力而不履行或者不全部履行生效裁判中财产性判项的罪犯，数罪并罚被判处无期徒刑的罪犯，符合减刑条件的，执行3年以上方可减刑，减刑幅度应当从严掌握，减刑后的刑期最低不得少于20年有期徒刑；减为有期徒刑后再减刑时，减刑幅度从严掌握，一次不超过1年有期徒刑，两次减刑之间应当间隔2年以上。罪犯有重大立功表现的，可以不受上述减刑起始时间和间隔时间的限制。无期徒刑减为有期徒刑后，其减刑的起始时间和间隔时间按照有期徒刑减刑的规定掌握。

3. 死刑缓期执行罪犯的减刑

（1）普通死刑缓期执行罪犯的减刑。第一，减刑的起始时间和幅度。被判处死刑缓期执行的罪犯减为无期徒刑后，符合减刑条件的，执行3年以上方可减刑。减刑幅度为：确有悔改表现或者有立功表现的，可以减为25年有期徒刑；确有悔改表现并有立功表现的，可以减为24年以上25年以下有期徒刑；有重大立功表现的，可以减为23年以上24年以下有期徒刑；确有悔改表现并有重大立功表现的，可以减为22年以上23年以下有期徒刑。被判处死刑缓期执行的罪犯减为有期徒刑后再减刑时，比照无期徒刑罪犯减刑的规定办理。死刑缓期执行罪犯在缓期执行期间不服从监管、抗拒改造，尚未构成犯罪的，在减为无期徒刑后再减刑时应当适当从严。第二，应当从严掌握减刑标准的情形。对被判处死刑缓期执行的职务犯罪罪犯，破坏金融管理秩序和金融诈骗犯罪罪犯，组织、领导、参加、包庇、纵容黑社会性质组织犯罪罪犯，危害国家安全犯罪罪犯，恐怖活动犯罪罪犯，毒品犯罪集团的首要分子及毒品再犯，累犯以及因故意杀人、强奸、抢劫、绑架、放火、爆炸、投放危险物质或者有组织的暴力性犯罪的罪犯，确有履行能力而不履行或者不全部履行生效裁判中财产性判项的罪犯，数罪并罚被判处死刑缓期执行的罪犯，减为无期徒刑后，符合减刑条件的，执行3年以上方可减刑，一般减为25年有期徒刑，有立功表现或者重大立功表现的，可以减为23年以上25年以下有期徒刑；减为有期徒刑后再减刑时，减刑幅度从严掌握，一次不超过1年有期徒刑，两次减刑之间应当间隔2年以上。

（2）被限制减刑的死刑缓期执行罪犯的减刑。被限制减刑的死刑缓期执行罪犯，减为无期徒刑后，符合减刑条件的，执行5年以上方可减刑。减刑间隔时间和减刑幅度依照无期徒刑减刑的规定执行。被限制减刑的死刑缓期执行罪犯，减为有期徒刑后再减刑时，一次减刑不超过6个月有期徒刑，两次减刑间隔时间不得少于2年。有重大立功表现的，间隔时间可以适当缩短，但一次减刑不超过1年有期徒刑。有关司法解释①对依照《刑法》第八章贪污贿赂罪判处刑罚的原具有国家工作人员身份的罪犯的减刑有更加严格的要求，要按照相应规定处理。

4. 管制、拘役、余刑不满2年有期徒刑罪犯以及缓刑、假释罪犯的减刑

被判处管制、拘役的罪犯，以及判决生效后剩余刑期不满2年有期徒刑的罪

① 参见2019年《最高人民法院关于办理减刑、假释案件具体应用法律的补充规定》。

犯，符合减刑条件的，可以酌情减刑，减刑起始时间可以适当缩短，但实际执行的刑期不得少于原判刑期的1/2。这就意味着被判处短期自由刑的罪犯也有获得减刑的机会。

被判处拘役或者3年以下有期徒刑，并宣告缓刑的罪犯，一般不适用减刑。不过，如果罪犯在缓刑考验期内有重大立功表现的，可以参照《刑法》第78条的规定予以减刑，同时应当依法缩减其缓刑考验期。缩减后，拘役的缓刑考验期限不得少于2个月，有期徒刑的缓刑考验期限不得少于1年。

【案例18-1-02】罪犯蔡某，因犯受贿罪于2009年12月22日被江苏省南京市雨花台区人民法院判处有期徒刑3年，缓刑4年，缓刑考验期自2010年1月4日起至2014年1月3日止。另有罪犯陈某某、丁某某、胡某等11人分别因犯故意伤害、盗窃、诈骗等罪被人民法院判处有期徒刑并宣告缓刑。2013年1月，南京市司法局以蔡某等12名罪犯在社区矫正期间确有悔改表现为由，向南京市中级人民法院提出减刑建议。2013年2月7日，南京市中级人民法院以蔡某等12名罪犯能认罪服法、遵守法律法规和社区矫正相关规定、确有悔改表现为由，依照《刑法》第78条规定，分别对上述罪犯裁定减去6个月、3个月不等的有期徒刑，并相应缩短缓刑考验期。南京市人民检察院监督认为，12名罪犯均无重大立功表现，因而不符合缓刑犯减刑条件。最终南京市中级人民法院分别裁定对蔡某等12名缓刑罪犯不予减刑，剩余缓刑考验期继续执行。

5.剥夺政治权利的减刑

被判处有期徒刑罪犯减刑时，对附加剥夺政治权利的期限可以酌减。酌减后剥夺政治权利的期限，不得少于1年。被判处死刑缓期执行、无期徒刑的罪犯减为有期徒刑时，应当将附加剥夺政治权利的期限减为7年以上10年以下，经过一次或者几次减刑后，最终剥夺政治权利的期限不得少于3年。

6.未成年人、老弱病残罪犯的减刑

对在报请减刑前的服刑期间不满18周岁，且所犯罪行不属于《刑法》第81条第2款规定情形的罪犯（累犯以及因故意杀人、强奸、抢劫、绑架、放火、爆炸、投放危险物质或者有组织的暴力性犯罪被判处10年以上有期徒刑、无期徒刑的犯罪分子），认罪悔罪，遵守法律法规及监规，积极参加学习、劳动，应当视为确有悔改表现。对上述罪犯减刑时，减刑幅度可以适当放宽，或者减刑起始时间、间隔时间可以适当缩短，但放宽的幅度和缩短的时间不得超过有关司法解释规定的相应幅度、时间的1/3。

老年罪犯、患严重疾病罪犯或者身体残疾罪犯减刑时，应当主要考察其认罪悔罪的实际表现。对基本丧失劳动能力，生活难以自理的上述罪犯减刑时，减刑幅度可以适当放宽，或者减刑起始时间、间隔时间可以适当缩短，但放宽的幅度和缩短的时间不得超过本规定中相应幅度、时间的1/3。

7.刑罚执行期间又故意犯罪的减刑

被判处有期徒刑、无期徒刑的罪犯在刑罚执行期间又故意犯罪，新罪被判处有期徒刑的，自新罪判决确定之日起3年内不予减刑；新罪被判处无期徒刑的，自新罪判决确定之日起4年内不予减刑。被判处死刑缓期执行罪犯减刑后，在刑罚执行期间又故意犯罪的，依照前述规定处理。

罪犯在死刑缓期执行期间又故意犯罪，未被执行死刑的，死刑缓期执行的期间重新计算，减为无期徒刑后，5年内不予减刑。

四、减刑的刑期计算

减刑后刑期的计算方法，因原判刑罚种类不同而有所区别，对于原判管制、拘役、有期徒刑的，减刑后的刑期自原判决执行之日起算；原判刑期已经执行的部分，应计入减刑后的刑期之内。对于原判无期徒刑减为有期徒刑的，刑期自裁定减刑之日起算；已经执行的刑期，不计入减为有期徒刑之后的刑期之内。

五、减刑的程序

为防止减刑的滥用，减刑需要经过法定的程序。根据《刑法》第79条规定，对于犯罪分子的减刑，由执行机关向中级以上人民法院提出减刑建议书。人民法院应当组成合议庭进行审理，对确有悔改或者立功事实的，裁定予以减刑。非经法定程序不得减刑。社区矫正对象符合刑法规定的减刑条件的，社区矫正机关应当向社区矫正执行地的中级以上人民法院提出减刑建议。

六、限制减刑的情况

为了防止对罪犯的过分宽容，也是为了减少利用减刑逃避刑罚，《刑法》第50条第2款规定："对被判处死刑缓期执行的累犯以及因故意杀人、强奸、抢劫、绑架、放火、爆炸、投放危险物质或者有组织的暴力性犯罪被判处死刑缓期执行的犯罪分子，人民法院根据犯罪情节等情况可以同时决定对其限制减刑。"

七、不得减刑的情况

根据《刑法》第383条第4款和第386条的规定，犯贪污罪、受贿罪，数额特别巨大，并使国家和人民利益遭受特别重大损失的，被判处死刑缓期执行的，人民法院根据犯罪情节等情况可以同时决定在其死刑缓期执行2年期满依法减为无期徒刑后，终身监禁，不得减刑。

第二节　假　释

作为一项重要的刑罚执行制度，假释被世界各国广泛采用。

一、假释的概念和意义

假释，是指对被判处有期徒刑、无期徒刑的犯罪分子，在执行一定刑期之后，因其认真遵守监规，接受教育改造，确有悔改表现，没有再犯罪危险，而附条件地将其提前释放，在假释考验期内若没有出现法定情形，就认为原判刑罚已经执行完毕的制度。

假释有利于促进犯罪人悔过自新，鼓励犯罪人积极改造；假释可以减少罪犯长期服刑后的社会适应困难，降低他们再次犯罪的概率，实现刑罚特殊预防的功能；假释也有利于降低行刑成本，节约行刑资源。因而假释受到很多国家的重视。

二、假释的条件

我国《刑法》第81条第1款规定："被判处有期徒刑的犯罪分子，执行原判刑期二分之一以上，被判处无期徒刑的犯罪分子，实际执行十三年以上，如果认真遵守监规，接受教育改造，确有悔改表现，没有再犯罪的危险的，可以假释。如果有特殊情况，经最高人民法院核准，可以不受上述执行刑期的限制。"据此，可以得出我国假释的条件。

1.对象条件

根据《刑法》第81条第1款的规定，假释适用于被判处有期徒刑和无期徒刑的犯罪分子。但是根据《刑法》第81条第2款的规定，对累犯以及因故意杀人、强奸、抢劫、绑架、放火、爆炸、投放危险物质或者有组织的暴力性犯罪被判处10年以上有期徒刑、无期徒刑的犯罪分子，不得假释。有关司法解释进一步明确，因前述情形和犯罪被判处死刑缓期执行的罪犯，被减为无期徒刑、有期徒刑后，也不得假释。此外，对于生效裁判中有财产性判项，罪犯确有履行能力而不履行或者不全部履行的，不予假释①。

【案例18-2-01】丁犯抢劫罪被判有期徒刑9年，犯寻衅滋事罪被判有期徒刑5年，数罪并罚后，决定执行有期徒刑13年。丁因抢劫罪被判处有期徒刑9年，不属于不得假释的情形，故可以适用假释。

另外，根据《刑法》第383条第4款和第386条的规定，犯贪污罪、受贿罪，数额特别巨大，并使国家和人民利益遭受特别重大损失的，被判处死刑缓期执行的，人民法院根据犯罪情节等情况可以同时决定在其死刑缓期执行2年期满依法减为无期徒刑后，终身监禁，不得假释。

2.限制条件

根据《刑法》第81条第1款的规定，被判处有期徒刑的犯罪分子，在执行原判刑期1/2以上，被判处无期徒刑的犯罪分子，实际执行13年以上后，才可假释。

【案例18-2-02】甲因在学校饭堂投毒被判处8年有期徒刑。服刑期间，甲认真遵守监规，接受教育改造，确有悔改表现，甲在服刑4年以上可以假释。

对被判处死刑缓期执行的罪犯减为无期徒刑或者有期徒刑后，实际执行15年以上，方可假释，该实际执行时间应当从死刑缓期执行期满之日起计算。死刑缓期执行期间不包括在内，判决确定以前先行羁押的时间不予折抵。

执行一定的刑期是假释的限制条件，但如果有特殊情况，经最高人民法院核准，可以不受上述执行刑期的限制。"特殊情况"是指有国家政治、国防、外交等方面特殊需要的情况。

【案例18-2-03】丁系特殊领域专家，因贪污罪被判处有期徒刑8年。丁遵守监规，接受教育改造，有悔改表现，无再犯危险。1年后，因国家科研需要，经最高法院核准，可假释丁。此例中，丁未执行原判刑期1/2以上，但因国家科研需要，可以由最高人民法院核准假释，不受执行刑期的限制。

3.实质条件

根据《刑法》第81条第1款的规定，适用假释的实质条件是：犯罪分子认真遵守监规，接受教育改造，确有悔改表现，没有再犯罪的危险的。同时符合上述

① 参见2017年《最高人民法院关于办理减刑、假释案件具体应用法律的规定》。

条件的，才有可能获得假释。根据相关司法解释，"有悔改表现"需同时具备以下四个方面情形：认罪悔罪；遵守法律法规及监规，接受教育改造；积极参加思想、文化、职业技术教育；积极参加劳动，努力完成劳动任务①。"没有再犯罪的危险"，除符合《刑法》第81条规定的情形外，还应当根据犯罪的具体情节、原判刑罚情况，在刑罚执行中的一贯表现，罪犯的年龄、身体状况、性格特征，假释后生活来源以及监管条件等因素综合考虑②。此外，根据《刑法》第81条第3款的规定，对犯罪分子决定假释时，应当考虑其假释后对所居住社区的影响。

根据有关司法解释，对下列罪犯适用假释时可以依法从宽掌握：过失犯罪的罪犯、中止犯罪的罪犯、被胁迫参加犯罪的罪犯；因防卫过当或者紧急避险过当而被判处有期徒刑以上刑罚的罪犯；犯罪时未满18周岁的罪犯；基本丧失劳动能力、生活难以自理，假释后生活确有着落的老年罪犯、患严重疾病罪犯或者身体残疾罪犯；服刑期间改造表现特别突出的罪犯；具有其他可以从宽假释情形的罪犯。罪犯既符合法定减刑条件，又符合法定假释条件的，可以优先适用假释③。

【案例18-2-04】罪犯康某，1999年9月29日出生。2016年12月23日因犯抢劫罪被河南省安阳市中级人民法院终审判处有期徒刑3年，处罚金人民币1000元，刑期至2018年11月13日。2018年6月，郑州未成年犯管教所认定康某认真遵守监规，接受教育改造，确有悔改表现，拟对其提请减刑。郑州市人民检察院审查认为，康某符合法定减刑条件，同时符合法定假释条件，依据相关司法解释规定可以优先适用假释。2018年7月30日，郑州市中级人民法院依法对罪犯康某裁定假释。

三、假释的考验

假释是对罪犯附条件的提前释放，所附条件为：设置一定的考验期限，在考验期内接受监督和矫正。

1.假释考验期限

根据《刑法》第83条第1款的规定，有期徒刑的假释考验期限为没有执行完毕的刑期；无期徒刑的假释考验期限为10年。假释考验期从假释之日起计算。

① 参见2017年《最高人民法院关于办理减刑、假释案件具体应用法律的规定》。
② 参见2017年《最高人民法院关于办理减刑、假释案件具体应用法律的规定》。
③ 参见2017年《最高人民法院关于办理减刑、假释案件具体应用法律的规定》。

2.假释考验期内容

《刑法》第85条规定，对假释的犯罪分子，在假释考验期限内，依法实行社区矫正。社区矫正机构在假释考验期内对被假释的犯罪分子进行监督考察。考察内容涉及以下方面：第一，被假释的犯罪分子应遵守《刑法》第84条的规定：遵守法律、行政法规，服从监督；按照监督机关的规定报告自己的活动情况；遵守监督机关关于会客的规定；离开所居住的市、县或者迁居，应当报经监督机关批准。第二，被假释的犯罪分子应遵守国务院有关部门关于假释的监督管理规定。

四、假释的法律后果

根据我国《刑法》第85条、第86条的规定，假释的法律后果有如下几种：

（1）假释考验期内如果没有发生《刑法》第86条规定的法定撤销假释事由，假释考验期满，就认为原判刑罚已经执行完毕，并公开予以宣告。

（2）出现了《刑法》第86条规定的撤销假释事由，则撤销假释。三种撤销假释的事由为：第一，被假释的犯罪分子，在假释考验期限内犯新罪，应当撤销假释，依照《刑法》第71条的规定实行数罪并罚。所犯新罪无论在考验期内被发现还是考验期满后被发现，都应当撤销假释。第二，在假释考验期限内，发现被假释的犯罪分子在判决宣告以前还有其他罪没有判决的，应当撤销假释，依照《刑法》第70条的规定实行数罪并罚。上述两种情况下，假释后所经过的考验期，都不得计算在新判决决定的刑期以内。第三，被假释的犯罪分子，在假释考验期限内，有违反法律、行政法规或者国务院有关部门关于假释的监督管理规定的行为，尚未构成新的犯罪的，应当依照法定程序撤销假释，收监执行未执行完毕的刑罚。

五、假释的程序

为了规范地进行假释，刑法对假释规定了严格的程序。根据《刑法》第82条、第79条的规定，对于犯罪分子的假释，由执行机关向中级以上人民法院提出假释建议书。人民法院应当组成合议庭进行审理，对符合假释条件的，裁定予以假释。非经法定程序，不得假释。

思考题

1.减刑的条件有哪些？

2.假释的条件有哪些？

3.对近年来发生的“纸面服刑”问题，应该如何破解？

阅读书目

1.熊淼：《减刑、假释制度改革实证研究》，法律出版社2020年版。

2.刘强、武玉红：《社区刑罚执行评论》（第10卷），中国人民公安大学出版社2020年版。

3.王平：《刑罚执行现代化：观念、制度与技术》，北京大学出版社2017年版。

4.茅仲华：《减刑假释案件审理持续规范化研究》，中国法制出版社2017年版。

第十九章　刑罚的消灭

刑罚的消灭，是指由于法定的或事实的原因，致使司法机关不能对犯罪人行使具体的刑罚权。刑罚消灭的范围包括在判决确定前刑罚请求权的消灭和在判决确定后刑罚执行权的消灭。刑罚请求权的消灭事由包括罪犯死亡、大赦、超过追诉期限。刑罚执行权的消灭事由包括罪犯死亡（法人注销或消失）、刑罚执行完毕、赦免、假释考验期满、缓刑考验期满、行刑期间已过等。我国刑法规定了两种最为主要的刑罚消灭事由，即超过追诉时效和赦免。

第一节　追诉时效

一、追诉时效的概念和意义

时效分为追诉时效和行刑时效。追诉时效指刑法规定的对犯罪人追究刑事责任的有效期限。行刑时效指刑法规定的对被判处刑罚的人执行刑罚的有效期限。我国刑法只规定了追诉时效。在追诉时效内，司法机关有权追究犯罪人的刑事责任，超过了此期限，司法机关就不能再追究犯罪人的刑事责任。

设立追诉时效的意义在于：①促使被害人及时保护自身合法权益，怠于维护自身合法权益将导致刑罚请求权的消灭。②有利于敦促司法机关及时追诉案件，也有利于司法机关节约司法资源，集中精力办理当前的案件。③鼓励犯罪人改过自新，保持善行。如果犯罪后逃避侦查、审判或者再次犯罪，导致追诉时效的延长或中断，则不再受追诉时效的限制。

二、追诉时效的期限

根据《刑法》第87条的规定，犯罪经过下列期限不再追诉：①法定最高刑为不满5年有期徒刑的，经过5年。②法定最高刑为5年以上不满10年有期徒刑的，经过10年。③法定最高刑为10年以上有期徒刑的，经过15年。④法定最高刑为无